GUIDO KNOPP

Die Königskinder

Die Königskinder des 21. Jahrhunderts sind nicht nur schön und reich, sondern auch bestens ausgebildet, weltläufig und selbstbewusst. Ganz gleich, ob Viktoria von Schweden, Willem-Alexander der Niederlande, Kronprinz Haakon von Norwegen oder der britische Kronprinz William, die künftigen Herrscher in Europas Königshäusern werden ihre »Firma« ganz anders führen als ihre Eltern. Sie sind sich der jahrhundertealten Tradition und der Verantwortung für ihre Herrscherhäuser bewusst, beanspruchen aber auch ein Stück »normales« Leben. Immer häufiger wählen sie bürgerliche Partner und machen deutlich, dass sie notfalls eher auf die Krone als auf ihre Liebe verzichten. Die jungen Thron-Anwärter scheuen sich nicht, wie zuletzt Haakon von Norwegen bei der Hochzeit mit der bürgerlichen Mette-Marit, auch öffentlich für ihre Entscheidung einzustehen. Damit sind sie den Herzen ihrer Bürger näher als ihre Eltern.

Der renommierte ZDF-Historiker Guido Knopp porträtiert die bekanntesten europäischen Thronfolger-Paare aus neuer Perspektive. In Bild und Text dokumentiert er einfühlsam ihren bisherigen Weg und den zum Teil erbitterten Kampf um ihr Lebensglück.

Autor

Prof. Dr. Guido Knopp leitet seit 1984 die ZDF-Redaktion Zeitgeschichte und unterrichtet an einer deutschen Hochschule Journalistik. Für seine Fernseh-Dokumentationen, die auch in Buchform erschienen, hat er zahlreiche Auszeichnungen erhalten, u.a. den Jakob-Kaiser-Preis und das Bundesverdienstkreuz.

Im Goldmann Verlag ist von Guido Knopp außerdem erschienen:

Top-Spione (12725) · Hitler. Eine Bilanz (12742) · Hitlers Helfer Bd. I (12762) · Hitlers Helfer Bd. II (15017) · Vatikan (15007) · Die Saat des Krieges (15037) · Unser Jahrhundert (15044) · Hitlers Krieger (15045) · Kanzler (15067) · Hitlers Kinder (15121) · Holokaust (15152) · Hitlers Frauen (15212) · Die SS (15252) · Die Gefangenen (15323) · Sie wollten Hitler töten (15340) · Hitler. Eine Bilanz (15352) · Stalingrad (15372) · Hitlers Manager (15423) · Göring (15470) · Hitlers nützliche Idole (15500) · Die Königshäuser (15534)

Guido Knopp

Die Königskinder

Die Thronfolger der großen europäischen Monarchien

In Zusammenarbeit
mit Friederike Dreykluft, Anja Greulich,
Ulrike Grunewald, Katja Schupp,
Mario Sporn, Annette Tewes

Redaktion: Mario Sporn

GOLDMANN

Umwelthinweis:
Alle bedruckten Materialien dieses Taschenbuches
sind chlorfrei und umweltschonend.

1. Auflage
Taschenbuchausgabe Dezember 2008
Wilhelm Goldmann Verlag, München,
in der Verlagsgruppe Random House GmbH
Copyright © der Originalausgabe 2007
by C. Bertelsmann Verlag, München,
in der Verlagsgruppe Random House GmbH
Umschlaggestaltung: Design Team München
Umschlagfoto: Corbis (DWF15-716233)
KF · Herstellung: Str.
Druck und Bindung: CPI Clausen & Bosse, Leck
Printed in Germany
ISBN: 978-3-442-15535-4

www.goldmann-verlag.de

Inhalt

Prinz und Rebell
William von England
Knopp/Grunewald
-239-

Die Königskinder

Sie sind jung, meist reich, zumindest wohlhabend und weltberühmt: Europas Königskinder. Auf ihren Schultern lasten alte Traditionen und die zeitlose Verantwortung, den Fortbestand der Herrscherhäuser zu gewährleisten. »Des Königtums Mysterium ist sein eigentliches Leben. Wir dürfen kein Tageslicht eindringen lassen in seine Magie«, forderte 1867 der britische Staatsrechtler Walter Bagehot. Tatsächlich wurden die Privatgeheimnisse der Monarchien über die Jahrhunderte hinweg meist mehr oder minder diskret gewahrt, und lediglich wenigen gelang es, Einblick in das nur vermeintlich unbeschwerte Leben hinter den Palastmauern zu nehmen. Tempi passati: Die Königskinder der Moderne haben längst begriffen, dass die Zukunft ihrer Herrscherhäuser nicht zuletzt auch davon abhängt, wie beliebt sie sind. Für ihre Ahnen hatte es gereicht, von Gottes Gnaden zu regieren. Heute sind auch die Monarchen nur durch das Volk legitimiert. Und wie Politiker und Wirtschaftsführer müssen die modernen Royals heute für ihr Haus rund um die Uhr PR betreiben. »Ein Königshaus muss wie eine Firma geführt und wie eine Marke gepflegt werden«, beschrieb jüngst Prinzessin Mary von Dänemark passend die Situation. Dabei geht es nicht nur um bloße Repräsentation, sondern immer auch um einen Gleichklang mit der Zeit. Und dennoch dürfen sich die Königskinder ihrem jeweiligen Volk nicht anbiedern. Ein Restbestand Magie muss stets mitschwingen, um das Märchen von Prinz und Prinzessin halbwegs aufrechtzuerhalten. Will die Monarchie im 21. Jahrhundert überleben, so muss sie den Spagat zwischen Kontinuität und Flexibilität, zwischen Popularität und Mythos wagen und bestehen.

Die Monarchen von morgen sind zumindest darauf bestens vorbereitet: Auf den Universitäten in Europa und den USA haben sie meist Recht,

Geschichte, Politik und Wirtschaftswissenschaften studiert, sie haben eine militärische Ausbildung absolviert und mehrere Sprachen gelernt. Während ihre Vorfahren zumeist noch der Obhut von Privatlehrern und Gouvernanten anvertraut wurden, wachsen die Königskinder von heute so »normal« wie möglich auf, besuchen in der Regel mit Gleichaltrigen öffentliche Schulen, widmen sich eigenen Interessen – und suchen sich ihre Lebenspartner selber aus. Was noch vor fünfzig Jahren fast undenkbar schien, ist heute Alltag: Bürgerliche Geliebte werden nicht mehr versteckt, sondern geheiratet. Die modernen Royals bekennen sich zu ihren Beziehungen. Ob in Norwegen, Dänemark, Spanien oder Holland – längst stehen junge Frauen, die nicht dem Hochadel entstammen, auf dem Sprung zur Königin. Und auch weitere Bastionen bröckeln: In Großbritannien sind die Prinzen William und Harry in Begleitung »bürgerlicher« Freundinnen zu sehen. In Schweden hat Victoria ihr Herz an einen Fitnesstrainer verloren: Daniel Westling heißt der starke Mann an ihrer Seite. Liebe adelt. Ist die genetische Verbindung mit gemeinem Volk der Silberstreif am Horizont der Monarchie? Wohl ja: Die Königshäuser scheinen mehr denn je die Menschen zu begeistern, ja zu faszinieren. Ihre Hochzeiten und Taufen sind TV-Ereignisse, die Millionen vor den Bildschirm bannen.

Tulpen und Tango

Willem-Alexander und Máxima von Holland

Máxima hat Willem-Alexander gutgetan. Noch als Junggeselle hatte der Kronprinz vor allem Schlagzeilen wegen seiner ausgedehnten Zechtouren im Amsterdamer Nachtleben (»Prins Pils«) oder seiner häufig wechselnden Begleiterinnen gemacht. Ganz Holland konnte ihre Namen buchstabieren. »Alex führt ein sehr aktives Sexleben«, erklärte damals ein Kolumnist der liberalen Zeitung *Telegraaf*. Andere Blätter beschimpften den jungen Mann als »Karnevalsprinzen« oder gar als »königlichen Exhibitionisten«. Es schien, als könnte es der »Prins van Oranje« keinem recht machen.

Aber dann begegnete er Máxima, und Willem-Alexander gewann nicht nur an Liebesfähigkeit, sondern überdies an Statur – Beleg für den guten alten Satz: Die Frau macht den Mann. Doch als der Thronerbe es wagte, die energische Argentinierin den Niederländern 2001 als Verlobte zu präsentieren, kam es zur Kraftprobe. Nicht wenige im Tulpenstaat sahen Máxima Zorreguieta als »Braut, der man nicht traut«. Ihr Vater Jorge Zorreguieta hatte in den Jahren der Militärdiktatur Argentiniens, von 1976 bis 1983, zeitweise als Staatssekretär im Landwirtschaftsministerium fungiert. Er zählte zum Wirtschaftsteam des Generals Jorge Videla, dessen Regime Tausende von Gegnern hatte verschleppen, foltern, ermorden lassen. »Mit diesem Vater kann Máxima nicht meine Königin sein«, drohten linksliberale Abgeordnete. Willem-Alexander jedoch zeigte sich entschlossen: Wenn das Parlament seine Zustimmung verweigere, solle sich das Königreich nach einem anderen Thronfolger umsehen, ließ er die Öffentlichkeit wissen. Die Krise der niederländischen Monarchie erinnerte an 1966, als Kronprinzessin Beatrix ihren Bräutigam ehelichte: Claus von Amsberg, einen Deutschen, der als Panzerschütze im Zweiten Weltkrieg eine Wehrmachtsuniform getragen hatte. Trotz Rauchbomben und »Claus raus«-Rufen hielt Beatrix ebenso unbeirrt an ihrem Liebsten fest, wie es fast vierzig Jahre später ihr Sohn mit Máxima tat. Als die beiden am 2. Februar 2002 endlich heiraten durften, hatte sich der Pulverdampf bereits gelegt: Die Braut wurde umjubelt – mit enormem Charme und fließendem Holländisch hatte sie die Herzen ihrer neuen Untertanen im Sturm erobert. Das Heiratsopfer hatte sie selbst bringen müssen: Ihr Vater durfte an der Hochzeit seiner einzigen Tochter nicht teilnehmen. Die Mutter kam deshalb natürlich gleichfalls nicht.

Inzwischen haben sich die Gemüter beruhigt, das niederländische Königshaus ist so beliebt wie nie, und Máxima, die künftige Königin, hat daran großen Anteil. Nicht nur, weil sie den Bestand der Monarchie gesichert hat: Nach Willem-Alexander wird ein Mädchen, ihre Tochter Catharina-Amalia, den Thron besteigen. Máxima kann es sich mittlerweile leisten, mit durchaus provokanten Statements für die Monarchie zu punkten. Als Holland nach den politischen Morden an dem Politiker Pim Fortuyn und dem Filmemacher Theo van Gogh in eine Sinnkrise geriet, erklärte Máxima, gerade wenn Politiker auf brennende Probleme keine Antwort fänden, sei die Monarchie gefragt. Und was die Integration von Ausländern betreffe, so wolle sie erreichen, dass sich die anderen Zuwanderer ebenso in Holland wohlfühlten wie sie selber: »Ich jedenfalls fühle mich hier zu Hause.«

Ein Mittsommermärchen

Victoria von Schweden und ihr Daniel

Sie gilt als Musterbild einer künftigen Königin, stets fleißig, bescheiden und vor allen Dingen: skandalfrei! Wenn Kronprinzessin Victoria einmal den Thron von ihrem Vater übernimmt, dürfen sich die Schweden auf eine Monarchin freuen, die auf ihre Rolle bestens vorbereitet ist: Nach einem Abitur mit Bestnoten zog Victoria ihr Studium der Kunst, Politik, Geschichte und moderner Sprachen in Windeseile durch, absolvierte danach ein Praktikum nach dem anderen. Auch vor militärischem Drill scheute die sympathische Schwedin nicht zurück. Inzwischen lässt sich die beliebte Kronprinzessin überdies zur Diplomatin ausbilden. Königin sein – das bedeutet für Victoria mehr, als eine Krone zu tragen, dem Volk zuzuwinken und immer nett zu lächeln. Den einzigen privaten Luxus, den sich die fleißige Kronprinzessin gönnt, ist die Liebe. Seit mehreren Jahren ist die Musterthronfolgerin mit Daniel Westling liiert – einem Fitnesstrainer. Der starke Mann, der so gar nicht zu der Kronprinzessin zu passen scheint, sich in einer Fremdsprache kaum zu verständigen weiß und höfische Etikette zuerst einmal lernen musste, ist inzwischen König Carl Gustaf vorgestellt worden. Der zeigte sich anfangs nicht gerade begeistert über die Wahl seiner ältesten Tochter. Dabei hatte er selbst 1976 einer Bürgerlichen das Jawort gegeben: Silvia Sommerlath, die er bei den Olympischen Sommerspielen 1972 in München kennengelernt hatte. Die schöne Heidelbergerin eroberte damals die Herzen der Schweden im Sturm. Ob dies auch Daniel Westling gelingen wird, bleibt abzuwarten. Zurzeit wird aus dem sportlichen Studenten mit Baseballkappe und Jeans ein eleganter Prinzgemahl mit Goldrandbrille und Anzug geformt.

Der Kronprinz und die Journalistin

Felipe und Letizia von Spanien

Jahrelang war er der begehrteste Junggeselle des europäischen Hochadels. Schlank, hochgewachsen, gut aussehend, sportlich: Kronprinz Felipe von Spanien flogen die Herzen der Damen zu, wo auch immer er erschien. Den Charme und seine sportliche Natur hat er zweifelsohne von seinem Vater, König Juan Carlos, geerbt. Der Monarch, der nach rund vierzig Jahren Diktatur das Land in die Demokratie geführt hatte, ist das große Vorbild des Prinzen. Als Felipe gerade dreizehn Jahre alt war, erlebte er im Arbeitszimmer seines Vaters mit, wie dieser einen Putschversuch von Franco-Anhängern vereitelte. »Die Krone muss man sich jeden Tag neu verdienen«, lehrte ihn damals Juan Carlos – eine Botschaft, die Felipe nicht vergessen hat. Der König kann sicher sein, dass sein Sohn in seinem Sinne weiterregiert, wenn er einmal den Bourbonenthron besteigen wird. Dies bekräftigte Felipe 2005 mit einem leidenschaftlichen Plädoyer für die spanische Verfassung. In einem Land, das immer wieder von Terroranschlägen radikaler Separatisten erschüttert wird, wirkt der Monarch wie eine Klammer für die Einheit der Nation. Dem wird sich Felipe als künftiger König von Spanien stellen müssen. Immer öfter übernimmt der Thronerbe heute schon Pflichten seines Vaters, der aus gesundheitlichen Gründen kürzertreten muss. An seiner Seite steht seit 2004 die ehemalige Fernsehjournalistin Letizia Ortiz. Dass einmal eine Bürgerliche Königin von Spanien werden würde, schien noch vor wenigen Jahren mehr als unwahrscheinlich. Tatsächlich gilt das spanische Königshaus als eines der konservativsten in Europa. Gewiss hätten sich Juan Carlos und Sofia von Spanien eine andere Schwiegertochter gewünscht: aus europäischem Hochadel – und vor allem nicht geschieden. Doch Felipe traf seine Wahl selbst. »Ohne sie will ich nicht König werden!«, ließ er seine Eltern wissen.

Am 22. Mai 2004 wurde in Madrid die Hochzeit gefeiert – rund eine Milliarde Zuschauer verfolgten weltweit das Ereignis live an den Fernsehschirmen mit. Seitdem muss die ehemalige Journalistin am eigenen Leib erfahren, was es heißt, ein »öffentlicher Mensch« zu sein. Die spanische Nation nimmt regen Anteil an ihrem Leben: an ihrer vermeintlichen »Unfruchtbarkeit« und »Magersucht«, der anstrengenden Schwangerschaft, der Geburt von Töchterchen Leonor, das vielleicht einmal den spanischen Thron besteigen wird. Es sei denn, Leonor bekommt irgendwann einmal ein Brüderchen. Freilich ist das zweite, im Mai 2007 geborene Kind des Kronprinzenpaars erneut ein Mädchen. Sollte als drittes ein Junge zur Welt kommen, wird er die Krone erben – es sei denn, die Spanier ändern ihre Verfassung.

Aschenputtel und der Prinz

Mette-Marit und Håkon von Norwegen

Bei seinen Studienkollegen in Berkeley/USA hieß er nur »Magnus«. Fragen nach seiner Herkunft ging er lieber aus dem Weg. Seine Königliche Hoheit, Prinz Håkon Magnus, Kronprinz von Norwegen, genoss seine Studienzeit in den Vereinigten Staaten – konnte er dort doch weitgehend so »normal« leben, wie er es sich immer gewünscht hatte. Stets hat der norwegische Kronprinz darunter gelitten, eine herausgehobene Stellung in seinem Land einzunehmen. Es sei für ihn immer schwer gewesen zu unterscheiden, ob man ihn als Menschen schätze oder als Prinz, gestand er einmal in einem Interview. Seine Eltern, König Harald von Norwegen und Königin Sonja – eine Bürgerliche –, hatten Wert darauf gelegt, ihre Kinder so normal wie möglich zu erziehen. Kronprinz Håkon besuchte öffentliche Schulen, verbrachte viel Zeit auf dem Landgut Skaugum in Asker, das Großvater König Olav V. seinen Eltern zur Hochzeit geschenkt hatte. Von der Öffentlichkeit wurden Håkon und seine ältere Schwester Märtha Louise weitgehend abgeschirmt. Erst mit seinem achtzehnten Geburtstag übernahm der Kronprinz immer häufiger repräsentative Verpflichtungen. Als Håkon im Oktober 2000 seine Verlobung mit der Bürgerlichen Mette-Marit Tjessem-Hoiby bekannt gab, geriet der norwegische Thron ins Schwanken: Die blonde Osloerin spaltete die Nation und bot Monarchiegegnern reichlich Zündstoff: Aufgewachsen in einer zerrütteten Familie, Sozialhilfeempfängerin, Hausbesetzerin, Osloer Partygirl mit Kontakten zur Drogenszene und Mutter eines unehelichen Kindes – Mette-Marit schien als Besetzung für die Rolle der künftigen Königin denkbar ungeeignet. Hatten sich seit dem Zweiten Weltkrieg stets über neunzig Prozent für die Monarchie ausgesprochen, so waren es kurz nach Bekanntgabe der Verlobung nur noch fünfundsechzig Prozent. Doch Kronprinz Håkon blieb bei seiner »mutigen Entscheidung« und stand fest zu Mette-Marit. Mit seiner Hochzeitsrede am 25. August 2001 rührte er nicht nur seine Braut zu Tränen: »Liebe Mette-Marit, in deiner Seele strahlt das Licht. Niemals war ich so voller Liebe wie mit dir. Du bringst alles zum Vorschein, was in mir steckt. Ich bin stolz, mich dein Ehemann nennen zu dürfen. Ich liebe dich.« Das Märchen vom Aschenputtel, es scheint wahr geworden zu sein – zumindest vorerst.

Der Schatz des Wikingers

Frederik und Mary von Dänemark

Die Prinzessin ist ein Profi – so scheint es jedenfalls. Seit dem Tag ihrer Hochzeit mit dem dänischen Thronfolger Prinz Frederik strahlt die bürgerliche Australierin Mary Elizabeth Donaldson eine königliche Würde aus, um die sie manch echtes europäisches Blaublut beneiden könnte. Immer perfekt gekleidet, ist sie nicht nur für die Dänen im Handumdrehen zu einer Stilikone geworden, die mit Jackie Kennedy in einem Atemzug genannt wird. So begeistert ist ihr neues Volk von ihr, dass schon von der »dänischen Diana« die Rede ist.

»Ein Königshaus muss wie eine Firma geführt und wie eine Marke gepflegt werden«, so beschreibt die ehemalige Mitarbeiterin einer Werbeagentur ihre Vorstellung von royaler Verantwortung in moderner Zeit. Inzwischen sind Mary und Frederik die neuen Stars des europäischen Hochadels. Wo immer sie auftauchen, lösen sie Begeisterungsstürme aus – mit perfekt inszenierten Auftritten.

Dieses Image dürfte vor allem das Ergebnis harter Arbeit sein: Als der Prinz und die Australierin sich bei den Olympischen Sommerspielen in Sydney kennenlernten, soll Mary nicht einmal gewusst haben, dass sie es mit dem Thronerben der ältesten Monarchie Europas zu tun hatte. Wenige Monate nach dem ersten Date buchte sie schließlich sogar einen Benimmkurs der Marke »StarQuest«.

So begann die Wandlung von der eher kurvenreichen, ausgelassenen Tochter eines Hochschulprofessors zum Mitglied des europäischen Hochadels. Am 14. Mai 2004 gaben sich Frederik und Mary das Jawort. Es war eine Zeremonie, die zu Herzen ging. Königin Margrethes Sohn, sonst eher kühl und beherrscht, konnte sich seiner Tränen nicht erwehren, als er am Altar auf seine Braut wartete. Und auch die Schwiegermutter selbst war höchst zufrieden, dass die von zahlreichen Blondinen begleitete Junggesellenzeit ihres Sohnes ein solches Ende fand – zumal auch die Vergangenheit der jungen Frau makellos zu sein scheint: keine Skandale, keine kompromittierenden Fotos, keine zu lüftenden Geheimnisse.

Drei Jahre nach der Hochzeit werden freilich auch Stimmen laut, die fragen, was hinter der perfekten Maske steckt. Kritikern der Monarchie ist der Lebensstil von Frederik und Mary schon längst ein Dorn im Auge: Mit zwei Millionen Euro staatlicher Apanage pro Jahr erhalten sie das höchste Gehalt der jungen europäischen Adligen. Ihr Leben sei zu ausschweifend, ihre Vorliebe für perfekten Stil koste den Steuerzahler zu viel Geld. Bezeichnenderweise wird Königin Margrethe gerade wegen ihrer Bescheidenheit so sehr geschätzt.

Kann Mary Vorbild einer neuen Generation von Königskindern werden? Wie geht es einer jungen Frau, deren Leben sich so radikal verändert: Abschied von der australischen Heimat, Umzug nach Dänemark, fern von der Familie und dem geliebten Vater, Abschied von Beruf und selbstbestimmtem Leben? Wie einem jungen Mann, der von Kindesbeinen an im Rampenlicht der Öffentlichkeit stand und auf dem eine große Verantwortung lastet? Der endlich den Menschen in seinem Leben gefunden zu haben glaubt, der ihm Wärme und Geborgenheit schenkt? Wie finden beide, die von entgegengesetzten Enden der Welt stammen, zueinander? Wird Mary die Hoffnung der Menschen auf die dänische Diana erfüllen? Oder ist sie, wie ihr Vorbild, zum Scheitern verurteilt?

Prinz und Rebell

William von England

Er gilt als der begehrteste Junggeselle in europäischen Adelskreisen. Seine Freundinnen sucht sich Prinz William allerdings lieber in bürgerlichen Kreisen. »Prince Charming« ähnelt sehr seiner lebenslustigen Mutter Diana, die der britischen Krone so viel Ungemach bereitete. William soll es einmal besser machen, und schon jetzt gibt es ernst zu nehmende Stimmen, die in ihm den erfolgreicheren künftigen König sehen als in seinem Vater, Prinz Charles. Wieder einmal geht es um nichts weniger als um den Fortbestand der britischen Monarchie. Humanitäres Engagement liegt William durchaus im Blut, es vermochte ihn aber noch nie von martialischen Freizeitbeschäftigungen wie dem Jagen abzuhalten.

Gelegentlich hat der Prinz schon öffentlich in Zweifel gezogen, ob er jemals den Job als König antreten werde. Er ist bemüht, sein Leben so »normal« zu gestalten, wie dies in seiner Position möglich ist. Darauf hatte schon seine Mutter Diana entgegen den Regeln des royalen Haushalts Wert gelegt – und dazu beigetragen hat nach deren Tod ein spezielles Stillhalteabkommen mit der britischen Presse. Fast unbehelligt konnte der »sanfte Prinz« seine Schulzeit, sein Studium und sein soziales Jahr in Südamerika verbringen. Gelegentlich wird die Presse mit Bildern und Interviews versorgt, die einen bescheidenen und sympathischen jungen Mann zeigen. Doch die Schonfrist ist inzwischen abgelaufen.

Seit Anfang 2006 ist William Präsident des englischen Fußballverbandes und hat gerade seine militärische Ausbildung in der Akademie Sandhurst absolviert. Aus dem einstigen »Rebellenprinzen« ist ein höflicher und pflichtbewusster Repräsentant der britischen Krone geworden. »Er weiß jetzt, worum es geht«, urteilen Kenner des Palastes. Und er weiß auch, dass er sich möglicherweise auf eine lange Wartezeit einrichten muss, bevor ihm die britische Krone aufs Haupt gesetzt wird – das lehrt ihn das Beispiel seines Vaters Charles.

Von seiner bürgerlichen Langzeitfreundin Kate Middleton hat er sich inzwischen getrennt. Der Vierundzwanzigjährige fühlt sich zu jung für eine Ehe. Und er hat recht: Besser vor der Ehe noch die Puppen tanzen lassen als in einer solchen! Und so werden denn noch eine Reihe junger

Frauen an der Seite des royalen Twens auftauchen, bis die Hochzeitsglocken läuten.

Der Weg des künftigen Königs von England, der Weg eines schüchternen Jungen, der allzu früh um seine Mutter trauern musste, zum Hoffnungsträger für die britische Krone – er ist bislang gut verlaufen. Doch die Stolpersteine warten.

»Monarchien sind Lotterien«, gab der britische Königshauskritiker Paul Flynn einst mit Blick auf Williams Vater Charles zu bedenken. »Wenn man ein System ererbter Privilegien hat, muss man nehmen, was kommt – egal, wie schwerfällig der arme Kerl ist oder wie bizarr sein Geschmack an Geliebten«, diagnostizierte auch der Schriftsteller Bill Bryson scharfzüngig.

So gesehen dürfen wir mit unseren Königskindern in der Regel recht zufrieden sein. Gut aussehend, wohlerzogen, selbstbestimmt, vermitteln sie ein nahezu perfektes Bild moderner Monarchie im 21. Jahrhundert. Dass bei »Königs« mittlerweile nicht mehr nur »nach Stand« geehelicht wird, sondern dass die Liebesheirat sich auch dort durchsetzt, erhöht das Faszinosum des Royalen nur. Das alte Märchen vom Aschenputtel, das Prinzessin wird, ist immer noch reale Möglichkeit. Vielleicht nicht mehr für uns, doch immerhin für unsere Kinder oder Enkel – schließlich haben die meisten Thronfolgerpaare schon fleißig für königlichen Nachwuchs gesorgt. Der »Zirkus Krone« – er spielt weiter.

Tulpen und Tango

Willem-Alexander und Máxima
von den Niederlanden

Wenn die stolzen Spanier nach Ostern in traditioneller Tracht auf ihren rassigen Pferden zu Tausenden durch Sevillas Straßen reiten und der Sherry in Strömen fließt, herrscht Ausnahmezustand in der andalusischen Hauptstadt. Die Feria, das größte und schönste Volksfest Spaniens, lockt jeden April Heerscharen von Besuchern in die

> Es wird ein anderes Königtum sein. Sie werden es ganz anders anpacken. Davon ist noch wenig zu sehen, aber ich gehe davon aus, dass sie dies gut angehen werden.
>
> Jan Hoedeman, Hofberichterstatter

sonnige Metropole. Auch der niederländische Kronprinz Willem-Alexander wollte sich das Fest der Superlative nicht entgehen lassen, als er 1999 einer Einladung zur Feria folgte. Das Schicksal meinte es gut mit ihm, denn dort traf er die Liebe seines Lebens: Máxima. Die Argentinierin war eigens aus New York angereist, um mit Freunden aus der ganzen Welt im kleinen Kreis zu feiern. »Eigentlich wollte ich gar nicht dorthin fahren, da ich schon die ganze Zeit so viel beruflich unterwegs war«, erinnert sich Máxima, »aber zwei Tage vorher hatte ich mich doch spontan entschieden zu reisen.«

Dass ein echter Prinz eingeladen war, noch dazu ein zukünftiger König und reicher Erbe, hatte sich unter den Gästen schnell herumgesprochen. Der Prinz von Oranien galt als begehrter Junggeselle im heiratsfähigen Alter. Seine wilden Jahre hatte er bereits hinter sich gelassen. Seinem Spitznamen aus Studienzeiten, »Prins Pils«, machte er keine Ehre mehr. »Ich wusste, dass er kommen würde«, bestätigt Máxima, »aber ich wusste nicht, wer er war. Ich hatte noch nie ein Foto von ihm gesehen. Als er hereinkam, sagte er nur seinen Vornamen, Alexander.« Da die Gastgeber keinen Fotoapparat greifbar hatten, baten sie Máxima, Fotos von der Feier zu machen. Die Bankerin hatte viele Talente, doch mit der Hofetikette war sie nicht vertraut. Sogleich unterlief ihr ein folgenreicher Fauxpas, als sie unbedacht ihre Kamera zückte, um den niederländischen Prinzen abzulichten. Willem-Alexander zeigte wenig Verständnis für solche Aufdringlichkeiten. Er fühlte sich in seiner Privatsphäre gestört und reagierte verärgert. »Das Erste, was ich sah, war diese Frau mit ihrem großen Fotoapparat«, schildert Willem-Alexander ihre erste Begegnung. »Dabei wollte ich nur ein gemütliches Wochenende verbringen.« Immerhin erregte die hübsche Endzwanzigerin mit ihrer missglückten Aktion die Aufmerksamkeit des hochgewachsenen Mannes. Es dauerte nicht lange, und die beiden vertieften sich in ein munteres Gespräch. Es heißt, beim Prinzen habe es sofort »gefunkt«. Máxima Zorreguieta berichtete später, dass sie zunächst überhaupt nicht verliebt gewesen sei. »Das war keine Liebe auf den ersten Blick«, bestätigt auch die Historikerin und Königshausexpertin Reinildis van Ditzhuyzen, »auch nicht Liebe auf den zweiten Blick, eher schon Liebe auf den dritten Blick.« Willem-Alexander, erzählte Máxima später, habe sie nach ihrer Rückkehr nach New York drei Wochen lang mit Daueranrufen bombardiert. Eine Hochzeit von Freunden in New York nahm er schließlich zum Anlass, sich mit der schönen Argentinierin zu verabreden. »Er ist zu mir gekommen«, gesteht die Bankerin, »aber ich hatte sein Gesicht vergessen. Ich war sehr nervös, als er klingelte und ich die Tür öffnete.« Dem ersten heimlichen Rendezvous folgten in den nächsten Wochen weitere Treffen in New York. »Es war wie fischen«, beschreibt Willem-Alexander sein Werben um die südamerikanische Schöne, »ab dem Augenblick, an dem ich sie mir geangelt hatte, kam Máxima fast immer in die Niederlande, um mich zu treffen.« Wie es ihm gelungen war, ihr Herz zu erobern, wird wohl ein gut gehütetes Geheimnis bleiben.

Nachdem er sich die temperamentvolle Argentinierin »geangelt« hatte,

Ungefähr zwei Monate habe ich meinen Eltern nichts gesagt. Aber schließlich konnte ich nicht mehr und erklärte ihnen: »Ich habe einen Niederländer kennengelernt, sein Name ist Alexander, und er ist Jurist.« Irgendwann reichte das nicht mehr. Ich rief meinen Vater an und sagte: »Er ist ein Prinz der Niederlande.« Mein Vater glaubte, er wäre der jüngste Sohn von Königin Beatrix. Und ich sagte: »Nein, der älteste.« Da rief er: »Bist du verrückt geworden?«

Máxima

offenbarte er sich seiner Mutter, Königin Beatrix. »Sie heißt Máxima«, verriet er ihr, »sie ist Argentinierin und wohnt in New York. Vertrau mir, und stelle jetzt keine weiteren Fragen.« Beatrix hat sich daran gehalten.

Auch Máxima war es sicherlich nicht leichtgefallen, ihrer Familie und ihren Freunden klarzumachen, wer der neue Mann in ihrem Leben war. Bei einem ersten Besuch in Buenos Aires hatte sie den Kronprinzen noch als niederländischen Anwalt Alexander vorgestellt. Erst Wochen später lüftete sie vor ihren Eltern das Geheimnis um seine wahre Identität. Dass es sich bei Willem-Alexander nicht um irgendeinen Prinzen, sondern um den zukünftigen König handelte, erfüllte den Vater mit großer Sorge. »Bist du verrückt geworden?«, habe Jorge Zorreguieta ihr entgegnet. »Du hast dein eigenes Leben, du bist unabhängig. Das ist nichts für dich.« Die besorgten Eltern machten sich kurz darauf auf den weiten Weg nach New York, um sich persönlich davon zu überzeugen, dass mit ihrer Tochter alles in Ordnung sei. »Sie haben mich so glücklich erlebt«, erinnert sich Máxima, »dass sie am Ende nichts mehr gegen die Beziehung vorbrachten.« Willem-Alexander hält die Reaktion der Schwiegereltern für normal. »Es wäre seltsam, wenn Eltern jubeln würden, wenn sie hören, dass ihre Tochter mit so jemandem wie mir ankommt. Die erste Reaktion muss einfach Entsetzen sein...«, scherzt der zukünftige König der Niederlande, dessen Leben mit Máxima eine unerwartete Wende nahm.

> Ich finde, das ist eine ganz logische Reaktion. Es wäre seltsam, wenn Eltern jubeln würden, wenn sie hören, dass ihre Tochter mit so jemandem wie mir ankommt. Die erste Reaktion muss einfach Erschrecken sein.
>
> Willem-Alexander

Der Thronfolger

Willem-Alexander Claus George Ferdinand erblickte am 27. April 1967 als erstes Kind von Kronprinzessin Beatrix und Prinz Claus das Licht der Welt. Damit war er der erste männliche Thronfolger im Haus Oranien-Nassau seit mehr als hundert Jahren. In der Abgeschiedenheit des Wasserschlösschens Drakensteyn wuchs der kleine Prinz mit zwei jüngeren Brüdern heran: Johan Friso, Jahrgang 1968, und Constantijn, Jahrgang 1969. Da noch Königin Juliana, die Großmutter Willem-Alexanders, das Land regierte, konnten sich Beatrix und Claus Zeit für die Erziehung ihrer Kinder nehmen. Den Sommer verbrachte die Familie regelmäßig auf dem königlichen Anwesen in Porto Ercole, einem idyllischen Ort an der Küste der Toskana, im Winter fuhr sie Ski im österreichischen Lech.

Willem-Alexander denkt gern an die sorglosen Jahre seiner frühen Kindheit zurück, als seine Mutter noch Kronprinzessin war: »Die unbekümmertsten Erinnerungen habe ich an die Zeit in Drakensteyn, mitten in den Wäldern, weg von allem. Wir hatten ein sehr freies Leben, abgesehen davon, dass immer Sicherheitsbeamte dabei waren, aber das war nun einmal so, und das wird immer so sein.« Die kleinen Prinzen besuchten die öffentliche Schule von Baarn. Nach dem Willen der Eltern sollten die Jungen so normal wie möglich aufwachsen. Und doch mussten auch sie schon früh den Umgang mit den Medien lernen. »Niederländische Presse – verpissen!«, soll Söhnchen Willem-Alexander einmal wenig standesgemäß der wartenden Pressemeute entgegengekräht haben.

Mit der Krönung von Beatrix im Jahr 1980 nahm das beschauliche Leben im märchenhaften Wasserschloss ein Ende. Die Familie siedelte um ins Schloss Huis ten Bosch vor den Toren Den Haags. Beatrix, die sich bis dahin wenig um die Staatsgeschäfte gekümmert hatte, musste nun ein ganzes Land regieren. Willem-Alexander erhielt als Erstgeborener den Titel »Prinz von Oranien«, in der Thronfolge war er auf Platz eins gerückt – keine leichte Bürde für einen heranwachsenden, pubertierenden Jungen.

Sein Vater, der seine berufliche Karriere als Diplomat mit der Hochzeit hatte aufgeben müssen, kümmerte sich fortan fast allein um die Erziehung seiner Söhne. Immerhin galt es, einen zukünftigen König auf seine Rolle vorzubereiten. »Er hat großen Einfluss auf mich gehabt«, bestätigt Willem-Alexander. »Während der ersten dreizehn Jahre meines Lebens, als wir noch auf Schloss Drakensteyn lebten, war er ein fürsorglicher Vater, der mit uns spielte und uns Autos und Gokarts baute. Später war er mit seinen enormen Kenntnissen und seinem Relativierungsvermögen für meine Entwicklung sehr wichtig. Er ist ein vorzüglicher Diskussionspartner und vertrauenswürdiger Ratgeber und

Er hat sicherlich sehr viel Einfluss auf meinen Werdegang gehabt. Auf Schloss Drakensteyn war er immer bei uns, jede freie Minute. Er war ein ganz normaler Vater, der viel mit uns spielte. Später war er dann sehr wichtig für die Formung meines Charakters.

Willem-Alexander, 1999

hat manchen jugendlichen Überschwang in die richtigen Bahnen gelenkt.«

Den jugendlichen Überschwang übertrug Willem-Alexander auf den Sport: Er brillierte als Eisschnellläufer, 1992 lief er sogar den New-York-Marathon mit. Bis heute liebt er das Skifahren, Tennisspielen, Joggen, Segeln, Reiten und Tauchen.

Seine schulischen Leistungen dagegen vermochten mit den sportlichen nicht Schritt zu halten. »Zu Beginn fiel mir das Lernen sehr leicht«, erzählt Willem-Alexander, »dann ist es schwierig geworden, da ich nie richtig gelernt hatte, Hausaufgaben zu machen. Auf der weiterführenden Schule, wo es ohne Hausaufgaben und Lernen einfach nicht mehr ging, hatte ich vorübergehend Probleme, danach lief aber alles gut. Ich war nie jemand, der lange vor einer Klausur gebüffelt hatte. Ich tat es immer im letzten Moment, aber es ging immer gut.« Auf eigenen Wunsch wechselte er später auf ein College in Wales. »Ich wollte von zu Hause weg«, begründet er diese Entscheidung. Nach dem internationalen Bakkalaureat 1985 in England startete er, wie es sich für einen jungen Prinzen geziemt, die militärische Laufbahn. »Ich habe heimlich bei der Luftwaffe geschaut, aber Berufspilot zu werden war für mich einfach nicht möglich. Die Marine fand ich dann doch am interessantesten«, erklärt er seine Wahl. »Man lernt dort zu verzichten, weiterzumachen, auch wenn man denkt, was mache ich hier eigentlich«, gesteht er rückblickend. »Ich denke, dass ich dort zum Mann geworden bin.«

Nach seiner Entlassung in das Zivilleben nahm er an der Universität Leiden das Studium im Fach Geschichte mit den Schwerpunkten Niederlän-

Ich hätte mir natürlich so etwas wie ein Praktikum vorstellen können bei allen drei Waffengattungen, was zum Beispiel mein spanischer Kollege Felipe gemacht hat. Aber ich habe mich für eine komplette Ausbildung entschieden – von Anfang an in der Marine bis zum Ende.

Willem-Alexander

dische Geschichte, Staatsrecht, Völkerrecht und Wirtschaftswissenschaften auf. Obwohl ihn die Geschichte nicht übermäßig faszinierte, hielt er durch. Nebenbei machte er mehrere Flugscheine und flog in den Ferien für gemeinnützige Einrichtungen wie die »Flying Docs« und den »Wild Life Service« in Afrika. Doch neben all den guten Taten für das Gemeinwohl lebte er auch die Bedürfnisse aus, wie sie die meisten jungen Männer seines Alters haben. Es waren keine leichten Jahre für Königin Beatrix, die Mutter von drei Söhnen im sogenannten »Flegelalter« war. 1988 verlor Willem-Alexander die Kontrolle über sein Auto und landete in einem Graben. Er hatte Glück im Unglück und verletzte sich dabei nur leicht.

Ganze Abende und Nächte sollen der Kronprinz und seine Brüder in jenen Jahren regelmäßig in Diskotheken und Kneipen verbracht haben. Es kam schließlich zu einer Beschwerde vonseiten der Leibwächter, die Nacht für Nacht Überstunden leisten mussten. Seine wechselnden Affären nahmen ihm die Niederländer ebenso wenig übel wie seine temporären Trinkgelage. Dass er aber wie ein Junker an Jagden teilnahm, hießen seine Landsleute überhaupt nicht gut. Es hagelte Protestbriefe, und Meinungsumfragen ergaben, dass drei Viertel der Bevölkerung dagegen waren, dass der Prinz Wildschweine und Hirsche erlegte. Wie Beatrix die Eskapaden des Kronprinzen aufnahm, ist nicht bekannt. Willem-Alexander selbst hat lange Zweifel an seiner Berufung gehegt. »Es ist keine Frage des Wollens«, erklärt er, »es ist eine Frage von Zweifeln. Ist man bereit, sich lange und intensiv auf das Amt vorzubereiten, um es dann gut zu machen? Daran habe ich gezweifelt. Man möchte doch selbst den Weg finden, selbst wenn er festgelegt ist.« Wer möchte schon von Anfang an wissen, wohin die Reise führt? »Der Kronprinz hatte anfangs große Mühe damit, seine Rolle zu akzeptieren«, sagt der Hofjournalist Jan Hoedeman. »Es ist nicht einfach, wenn man als Sohn einer Königin geboren wird und später König werden muss. Daran hat er sich aber inzwischen gewöhnt.«

Nach sechs Jahren, der zugelassenen Studienhöchstdauer, legte er 1993 sein Examen mit einem zufriedenstellenden Ergebnis ab. Darüber soll seine Mutter so erleichtert gewesen sein, dass sie ihm einen Tauchkurs auf der Insel Curaçao, einer ehemaligen niederländischen Kolonie in der Karibik, spendierte. Auf die Fragen von Journalisten, wie es mit ihm nun weitergehe, antwortete Willem-Alexander lakonisch: »Das sehen wir später, jetzt fahre ich erst einmal in Urlaub.«

Nach dem Studienabschluss und einigen Reisen ins Ausland verfolgte Willem-Alexander seine militärische Ausbildung, jetzt bei der Luftwaffe,

> **Das Fliegen ist ein außer Kontrolle geratenes Hobby, ist eine Leidenschaft geworden. Aber ich mache es, um fortzukommen. Ich finde es herrlich, ab und zu kurz weg zu sein. Mit dem Flugzeug in die Luft und dann hinunterzuschauen. Das genieße ich.**
> Willem-Alexander

weiter. Der Prinz im Wartestand, der nicht wie andere Menschen einen »normalen« Beruf ergreifen konnte, musste beschäftigt werden. An Auszeichnungen und Titeln sollte es ihm jedenfalls nicht mangeln: Heute ist er Kapitän zur See der Reserve der Königlichen Marine, Oberst der Reserve des Königlichen Heeres, Oberst der Reserve der Luftwaffe und Adjutant Ihrer Majestät der Königin. Bei der Luftwaffe legte er die militärischen Flugprüfungen mit Erfolg ab. Das Fliegen machte ihm so viel Spaß, dass er zusätzlich die Pilotenlizenz für mehrmotorige Verkehrsmaschinen erwarb. In einem Interview gab er preis, warum ihn das Fliegen so sehr fesselt. »Meine Faszination für das Fliegen wurde geweckt, als ich einmal bei meinem Großvater mitfliegen durfte. Ich empfinde es immer wieder als wunderbares Erlebnis, denn es tut gut, hinunterzublicken und zu sehen, wie klein die Welt ist. Das relativiert Probleme. Oben bin ich allein verantwortlich für die Sicherheit des Flugzeugs, meine eigene und die der Passagiere. Es ist eine Beschäftigung, bei der man sich hundertprozentig konzentrieren muss. Wenn ich einen falschen Knopf drücke, gibt es keinen Menschen, der das in Ordnung bringen kann.« Um seinen Pilotenschein behalten zu dürfen, fliegt er alle paar Wochen eine niederländische Verkehrsmaschine der KLM oder den Fokker-Regierungsjet. Zudem absolviert er dreimal im Jahr ein Training im Flugsimulator. Bei KLM-Flügen sollen ihn öfter schon Passagiere auf seine frappierende Ähnlichkeit mit Prinz Willem-Alexander angesprochen haben. Darauf habe er ganz cool reagiert und gesagt: »Das habe ich auch schon von anderer Seite gehört.« Sein ausgeprägter Sinn für Humor zeichnet ihn bis heute aus. Das verbindet ihn mit der stets gut gelaunten Máxima, die ihr offenes Lachen gerne zeigt.

Das »Verhör«

Nur wenige Monate nach dem ersten Treffen in Sevilla wollte Königin Beatrix nun doch wissen, wer die neue Freundin ihres Sohnes ist. Im August 1999 kam es in der königlichen Sommerresidenz Porto Ercole in der Toskana zur ersten Begegnung zwischen Máxima und der Familie ihres Freundes. Das »königliche Verhör« verlief für Máxima glimpflich: »Willem-Alexander war ganz entspannt. Ich muss gestehen, dass ich ziemlich nervös war, aber es ging gut. Die Mutter von Alexander stellte ein paar Fragen. Ganz direkt – was ich in New York mache, was ich studiert habe und was ich mit meinem Leben machen möchte.« Einmal mehr hatte die Königin ihrem Ruf als berühmt-berüchtigter »Controlfreak« alle Ehre gemacht. Prinz Claus, so heißt es, habe der Befragung schließlich ein Ende bereitet und sich mit Máxima auf Spanisch über Argentinien, die Kunst und die Literatur unterhalten. Da war er wieder ganz Diplomat, ein Kavalier der alten Schule.

Willem-Alexander wird dieser »ersten Prüfung« seiner Angebeteten nicht ohne hohe Erwartungen entgegengefiebert haben, denn alles hing vom Segen seiner Mutter ab. Anders als »normale Menschen« ist der zukünftige König der Niederlande nicht frei in der Wahl seiner Partnerin. Das hat der junge Prinz schon mehr als einmal schmerzlich zur Kenntnis nehmen müssen. Bis dahin hatten alle seine Freundinnen vor den Augen der Königin nicht bestehen können; sie waren sämtlich Töchter aus bürgerlichem Hause. Mit Emily Bremers, der Tochter eines gut situierten Kieferorthopäden, war er sogar vier Jahre liiert gewesen. Kennengelernt hatten die beiden sich während des Studiums in der gemeinsamen Stammkneipe. Seit 1995 wusste ganz Holland von der Liaison. Doch Beatrix schenkte der Freundin ihres Sohnes nur wenig Beachtung. Emily Bremers, so heißt es, habe den Palast immer nur durch den Dienstboteneingang betreten dürfen und sei bei Veranstaltungen der königlichen Familie allein in die letzte Reihe gesetzt worden. Hatte die ablehnende Haltung der Königin damit zu tun, dass Emily Bremers bürgerlicher Herkunft und überdies katholisch war? »Jeder hat doch Freundinnen, bevor man heiratet. Man kann also nicht behaupten, dass Willem-Alexander sie wegen der Bedenken der Königin nicht geheiratet hat. Das wissen wir nicht.

Aber die beiden waren schon sehr eng miteinander«, berichtet die Königshausexpertin und Historikerin Reinildis van Ditzhuyzen.

Schon bei der Verlobung ihrer Schwester Margriet mit dem nichtadligen Politikersohn Pieter van Vollenhoven im Jahr 1965 soll Beatrix ihr Veto eingelegt haben. Dass ihre volksnahe Mutter, Königin Juliana, die Verbindung ihrer Schwester mit einem Bürgerlichen auch noch gutgeheißen hatte, war ihr unbegreiflich. Margriet ignorierte Beatrix' Einwände und heiratete am 10. Januar 1967 ihre große Liebe Pieter van Vollenhoven. Damit hatte sie eine gute Entscheidung getroffen, wie sich später herausstellen sollte. Bei der Wahl ihres eigenen Ehemanns hatte Beatrix darauf geachtet, dass er »nicht von schlechten Eltern« kam. Der Prinzgemahl entstammte zwar nicht dem Hochadel, jedoch floss in seinen Adern eindeutig »blaues Blut«. Am 10. März 1967 gab die Prinzessin dem deutschen Diplomaten Claus von Amsberg gegen den Widerstand vieler Niederländer ihr Jawort.

Willem-Alexander, der die Haltung seiner Mutter gut kannte, war fest entschlossen, für seine Liebe zu kämpfen – und sei es um den Preis des Thrones. Schon bevor er Máxima kennenlernte, hatte er in der Öffentlichkeit betont, dass er für die Liebe seines Lebens, wenn es sein musste, auch auf die Krone verzichten würde. Die Eltern waren vorgewarnt und hielten sich mit ihrer Kritik zurück. Es scheint vor allem Prinz Claus' Vermittlung zuzuschreiben zu sein, dass Máxima eine

> Willem-Alexander hat, schon lange bevor er Máxima kennenlernte, in einem Fernsehinterview gesagt, dass er nie die Liebe für den Thron aufgeben würde. Wenn er eine Frau finden würde, die er heiraten möchte, und dies würde auf politische Probleme stoßen, dann würde er sich doch für die Liebe entscheiden.
>
> Jan Hoedeman, Hofberichterstatter

Chance bei Hofe bekam. »Er war der Erste, der verstanden hatte, dass sie ein sehr wertvoller Mensch ist, und hat sie sehr unterstützt«, erinnert sich Avi Primor, ein guter Freund der Familie. Prinz Claus hatte ihn damals zu einem Abendessen »zu dritt« eingeladen. »Ich wusste überhaupt nicht, wer sie ist«, berichtet der ehemalige Botschafter Israels in Berlin mit euphorischer Stimme. »Ich war sehr von ihr beeindruckt. Es war ein wunderbares Gespräch mit ihr; sie hat eine ungeheure Ausstrahlung. Claus fragte mich hinterher, was ich von ihr halte. Ich habe geantwortet, dass ich ganz begeistert von ihr sei, und gefragt, wer sie eigentlich ist. Abgesehen davon, dass sie Argentinierin war, habe ich ja nichts über sie gewusst. Das war eine Art Prüfung.« Eine Prüfung, die Máxima mit Bravour bestand. »Sie ist

> *Sie war es, die Willem-Alexander einfing und das Volk aus dem Schlaf riss. Sie war exotisch. Und Willem-Alexander, gegen den Prinz Charles ein intellektueller Latin Lover ist, wuchs in ihrer Gegenwart: Er begann abzunehmen und wurde das Image eines speckigen Muttersöhnchens los.*
>
> Leon de Winter, niederländischer Schriftsteller

sehr intelligent«, schwärmt Avi Primor, »beherrscht sehr viele Sprachen, abgesehen von ihrer spanischen Muttersprache auch hervorragend Englisch und inzwischen auch fließend Holländisch, daneben noch Portugiesisch und Italienisch.«

Die vielen Reisen Willem-Alexanders nach New York konnten der Presse nicht verborgen bleiben. Schon bald kursierten wilde Gerüchte: Die »Neue« des Prinzen stamme aus Argentinien, heiße Máxima Herzog und habe deutsche Eltern. Doch wer war die unbekannte Schöne wirklich, und hatte sie das Zeug zu einer niederländischen Prinzessin?

Eine Bilderbuchkarriere

Am 17. Mai 1971 kam die schöne Argentinierin als Tochter des Lobbyisten und Geschäftsmanns Jorge Horacio Zorreguieta und seiner zweiten Frau María del Carmen Cerruti in Buenos Aires zur Welt. Ihre Eltern ließen sie auf den für Argentinien eher ungewöhnlichen Namen Máxima, auf Deutsch »die Größte«, taufen. Sie hat zwei Brüder, eine Schwester und drei Halbschwestern aus der ersten Ehe ihres Vaters. Auch wenn ihre Familie nicht zu den reichsten der Stadt zählt, gehört sie doch zu den angesehensten. Der Vater Jorge Horacio Zorreguieta bekleidete seit 1976 eine hohe Position in der Regierung, von 1979 bis 1981 arbeitete er als Staatssekretär im Landwirtschaftsministerium. Es war die Zeit der Militärdiktatur unter General Jorge Videla – eine düstere Epoche in der Geschichte Argentiniens. Ungeachtet der politischen Verhältnisse in ihrem Land wuchs die kleine Máxima wohlbehütet in einer Stadtwohnung im Viertel Recoleta auf, in der die Eltern noch heute leben. Da sie größten Wert auf eine gute Schulbildung legten, schickten sie Máxima auf das renommierte

Northlands College, eine erstklassige Privatschule für höhere Töchter. »Máxima war immer von Freunden umgeben und sehr lustig«, erinnert sich Laurencio Adot, ein Freund aus Jugendtagen. »Sie war aber gleichzeitig sehr schüchtern; sie wurde zu Hause und in der Schule streng katholisch erzogen.« Den Großteil ihrer Kindheit und Jugend verbrachte sie in der argentinischen Hauptstadt, einer wuchernden Megacity. Schon in den Siebzigerjahren war Buenos Aires eine zweigeteilte Stadt: Ihr Norden war gepflegt und wohlhabend, der Süden heruntergekommen und arm. Heute hausen viele Menschen inmitten der Stadt in Slums, wie man sie eigentlich nur aus anderen südamerikanischen Ländern kennt; mitunter haben sie nicht einmal mehr ein Dach über dem Kopf. Die wirklich Reichen leben in streng bewachten Villenvororten oder in den »guten Stadtvierteln«. Man bleibt unter sich, besucht dieselben Schulen und Urlaubsorte. Auch wenn Familie Zorreguieta als nicht besonders reich gilt, bewegte sich die junge Máxima in der Welt der »oberen Zehntausend«. Im Winter zog sich die Familie regelmäßig in das Ferienhaus nach Villa La Angostura bei Bariloche zurück, einem noblen Urlaubsort in den patagonischen Anden, zwei Flugstunden von Buenos Aires entfernt. Dort erlernte Máxima auch das Skifahren, eine Sportart, der sie bis heute begeistert nachgeht. Die Sommerferien verbrachte sie wie die meisten ihrer Schulfreundinnen im mondänen Badeort Punta del Este in Uruguay. Tagsüber genoss der Teenager das Strandleben, abends das Tanzen mit den Freundinnen. Dabei blieb sie, wie ihre Freunde bestätigen, aber immer ihrer konservativen Erziehung treu und fiel nie aus der Rolle. »Sie hatte eine schüchterne, aber auch eine extrovertierte Seite«, bestätigt Laurencio Adot. »Irgendwie ist sie eine typische Latina, eine hundertprozentige Argentinierin, die das Leben genießt, die auch Freude an der Natur hat, die aber vor allem ihre Freunde liebt.« Wie bei den meisten Argentiniern fließt auch in Máximas Adern spanisches und italienisches Blut. Das erklärt ihr unbändiges Temperament und heiteres Wesen, aber ebenso ihren Stolz und ihre Anmut.

Neben Spaniern und Italienern suchten auch Engländer, Franzosen, Deutsche und Niederländer im Land der Gauchos und riesigen Rinderherden ihr Glück. Wie in keiner anderen Kultur spiegelt ein besonderer Tanz, der Tango, das vorherrschende Lebensgefühl in der Stadt am Rio de la Plata: Er erzählt von enttäuschter Hoffnung und Leidenschaft, von Sehnsucht nach Heimat und Liebe der Immigranten. Stolz und Leidenschaft, aus Melancholie geboren? Die meisten Argentinier scheinen dieses Lebensgefühl mit der Muttermilch aufgesogen zu haben – auch Máxima? Ein Freund aus Jugendtagen erinnert sich an ein Mädchen, das stets gut gelaunt und voller Energie war. Zuweilen sei die sportliche, hochgewachsene Freundin etwas burschikos aufgetreten, etwa wenn sie ihren Freunden kumpelhaft von hinten kräftig auf die Schultern klopfte, doch konnte man mit ihr »Pferde stehlen«, wenn es darauf ankam. Sie habe wenig »Damenhaftes« an sich gehabt, und nichts habe damals darauf hingedeutet, dass ausgerechnet sie einmal Prinzessin werden sollte.

1988 immatrikulierte sich Máxima an der katholischen Universität von Buenos Aires, um Wirtschaftswissenschaften zu studieren. Nach ihrem erfolgreichen Abschluss begann sie ihre Karriere zunächst bei der Bank of Boston in ihrer Heimatstadt. Schon damals zeichnete sich Máximas außergewöhnliche Gabe ab, sich schnell in schwierige Themen einzuarbeiten. »Sie konnte hervorragend mit neuen Situationen umgehen. Ich erinnere mich, dass eine ihrer letzten Prüfungen an der Universität ziemlich kompliziert war. Máximas Professor hieß Ricardo Arriazu, ein bekannter argentinischer Wirtschaftswissenschaftler. Máxima war besorgt wegen ihres Examens, doch es lief ganz gut für sie«, berichtet ihr ehemaliger Arbeitgeber Mario Rossi. »Ich erkundigte mich später bei ihrem Professor, den ich gut kannte, und er sagte: ›Um ehrlich zu sein, Máxima hätte nie ein Problem damit gehabt.‹«

Von ihrem Büro im dreiundzwanzigsten Stockwerk genoss die aufstrebende Betriebswirtin einen atemberaubenden Blick über den großen braunen Strom, den Río de la Plata, der zweihundert Kilometer weiter westlich in den Atlantik mündet. Ob sie damals schon ahnte, dass sie eines Tages auf der anderen Seite des Ozeans leben würde? Noch arbeitete sie hart an ihrer Karriere. Das hinderte sie aber nicht daran, zuweilen etwas unkonventioneller aufzutreten. »Máxima hat oft lange gearbeitet. Abends lief sie auch schon mal barfuß durch das Büro, weil ihr dann die Füße wehtaten«, erinnert sich Mario Rossi mit einem Lächeln. Wenn es darauf ankam, verhielt sich Máxima aber immer instinktiv richtig. Sie liebte es, Empfänge und Partys zu besuchen, bei denen sie wichtige Kontakte knüpfen konnte. Mit ihrer ungekünstelten Art fiel es ihr damals schon leicht, Menschen unterschiedlichster Herkunft für sich einzunehmen. »Máxima hatte immer viel Unterstützung von ihrer Familie«, sagt ihr ehemaliger Chef Mario

Rossi. »Eine ihrer älteren Schwestern lebte in New York. Mit einer solchen Unterstützung und ihrer eigenen Fähigkeit, auf andere Menschen zuzugehen, konnte sie jeden erreichen, jeden Kontakt herstellen. Wenn es nicht ein Freund von Máxima war, dann war derjenige ein Freund eines Freundes oder Freund von jemandem, den sie kontaktieren konnte. Für Máxima war es nie ein Problem, das hat sie von ihren Kollegen unterschieden. Ihr Leben war wie eine Einheit: Die sozialen Aspekte, die Familie, der Job – alles war miteinander verwoben; es war ganz natürlich.«

Der Investmentbanker Miguel Reynal lernte Máxima zufällig auf einer Estancia außerhalb von Buenos Aires kennen, als diese gerade verletzt von einem Polospiel zurückkam. »Ich fand Máxima faszinierend: Sie war elegant und gleichzeitig stark genug, so einen anspruchsvollen Sport wie Polo zu spielen«, erinnert er sich. »Ich brachte eine Gruppe ausländischer Bankkunden zu diesem Ort und kannte niemanden dort. Máxima stand mit einer Gruppe von etwa zwanzig Leuten am Swimmingpool. Sie trat sofort auf uns zu und hat uns alle ihre Freunde einzeln mit Vor- und Nachnamen vorgestellt. Sie hat uns alle mit ihrer netten Art beeindruckt. Ich war damals schon Vizepräsident der UBS und wollte ein neues Mitarbeiterteam für Argentinien zusammenstellen. Máxima hatte mir erzählt, dass sie mit ihrem Studium fertig ist. Ich hielt sie für eine gute Kandidatin für den Job. Doch sie sagte ab, weil sie schon andere Pläne hatte, und bat mich, ihrer Freundin den Job zu geben.«

Mit fünfundzwanzig Jahren hatte Máxima beschlossen, Argentinien zu verlassen und ihr Glück in New York zu suchen. Am Abend vor ihrer Abreise traf sie zufällig ihren alten Bekannten Laurencio Adot: »Máxima war mit ihrem Freund zusammen und sehr traurig, weil sie Buenos Aires, ihre Familie und ihren Freund zurücklassen

> Von Anfang an hat sie mich beeindruckt, weil sie so nett und offen war, sehr viel Humor besaß und eine Intelligenz, die ihr erlaubte, mit allen möglichen Leuten schnell in Kontakt zu kommen.
>
> Miguel Reynal, Freund von Máxima

musste. Ich sagte zu Máxima: ›Hier in Argentinien wirst du keinen passenden Mann für dich finden.‹ Sie sah mich an und fragte: ›Meinst du das wirklich?‹ Ich sagte: ›Ja, es wird schwierig sein, einen Mann zu finden, der eine so intelligente und schicke Frau wie dich zu schätzen weiß.‹ Sie trug ein Kleid von Yves Saint Laurent und hatte einen Drink in der Hand. Sie wusste, dass sie ein neues Leben beginnen würde. Und ich war mir sicher, dass sie in New York finden würde, wonach sie suchte.«

In der Finanzmetropole New York arbeitete sie zunächst bei Kleinwort Benson, dann bei der Deutschen Bank als Salesmanagerin für den Bereich Lateinamerika. »Ich habe immer gedacht, dass sie unglaublich begabt ist«, sagt der Investmentbanker und Freund Miguel Reynal. »Als sie nach New York ging, habe ich gesagt: ›Pass auf dich auf in New York. Das Leben dort ist ziemlich anstrengend. Die Leute arbeiten zu viel und sind sehr aktiv, und du bist auch so aktiv ...‹ Aber sie wusste genau, was sie wollte. Sie hat ihr Leben immer unter Kontrolle.« Máxima genoss die Zeit in New York und ihr neues eigenständiges Leben, bis sie der Einladung nach Sevilla folgte. »Ohne damit zu rechnen, hat sie dort den Prinzen kennengelernt«, erzählt Laurencio Adot, »und es ist schön, dass es solche Märchen wie die Liebesgeschichte von Máxima und Willem-Alexander im wirklichen Leben tatsächlich gibt.«

Im Sommer 1999 bekam die Presse Wind von der neuen Liebe des Prinzen. Auf Máxima begann eine wahre Hetzjagd. Fernsehteams und Fotografen lauerten ihr auf, um Bilder von ihr zu erhaschen, die sie dann meistbietend vornehmlich in die Niederlande verkauften. Um an die begehrten Fotos zu gelangen, scheuten Paparazzi selbst vor einem Einbruch in die Wohnung einer Freundin nicht zurück. »Das war sehr schlimm«, erinnert sich Máxima an ihre Gefühle von damals, »ich konnte meine Freunde nicht beschützen. Das war schwer für mich zu begreifen, und für sie auch.« Ein harmloses Video, das Máxima auf einer privaten Party zeigt, soll einem holländischen Journalisten immerhin hunderttausend US-Dollar wert gewesen sein. Der *Telegraaf* druckte Bilder daraus ab. »Endlich eine swingende Königin!«, schrieb Hollands größte Tageszeitung begeistert.

> Das erste gemeinsame Foto wurde in Italien gemacht, auf einem Boot. Da war ein Fotograf, der noch nicht einmal wirklich wusste, wer an Bord war. Aber er dachte, ich mache einfach mal ein paar Fotos. Getroffen!
> Willem-Alexander

> Ich hatte mich für Alexander entschieden und akzeptierte auch die Folgen. Allerdings wurden auch meine Eltern und meine Familie, meine Freundinnen und Freunde von der Presse verfolgt.
> Máxima

Andere Stimmen sprachen abfällig von einem »Partyluder«, das unmöglich die Frau an Willem-Alexanders Seite werden könnte.

Erst im Dezember 1999 bestätigte der Hof offiziell die Liebesbeziehung der beiden. Vieles sprach für eine baldige Verlobung: Immerhin lernte die achtundzwanzigjährige Argentinierin schon Niederländisch und besuchte in New York einen Kurs zur Einbürgerung – übrigens den gleichen wie Asylbewerber. Darauf angesprochen, bestätigte der niederländische Ministerpräsident Wim Kok, es blühe »etwas Schönes zwischen den beiden«. Von einer baldigen Verlobung wollte er aber nichts wissen. »Ich finde es nicht außergewöhnlich, dass die Dame unsere Sprache lernt«, erklärte er diplomatisch. Warum aber, so fragten sich Hofbeobachter, durfte Máxima mit der königlichen Familie die Silvesterferien vom 26. Dezember 1999 bis zum 3. Januar 2000 in Indien verbringen, wenn das Paar noch gar keine festen Zukunftspläne hatte? Wie stand Königin Beatrix, die so viel Wert auf »blaues Blut« in der Familie legte, zu dieser nicht standesgemäßen Verbindung? »Willem-Alexander hat sehr viel Kritik von seinen Eltern und Brüdern geerntet, weil klar war, dass seine Liebe zu Máxima zu großen politischen Problemen führen würde«, erzählt der Vorsitzende der königlichen Hofschreiber, Jan Hoedeman, »doch hatte er auch, lange bevor er sie kennenlernte, in einem Fernsehinterview gesagt, dass er die Liebe nie für den Thron aufgeben werde.« Allein die Tatsache, dass Máxima mit nach Indien reisen durfte, deutet Jan Hoedeman, der Beatrix' Familie im Pressetross nach Indien begleitete, als deutliches Indiz dafür, dass sich die Königin mit den neuen Gegebenheiten langsam abzufinden begann. Neben Kronprinz Willem-Alexander und Máxima waren noch Beatrix' jüngster Sohn, Prinz Constantijn, mit seiner bürgerlichen Freundin Laurentien und ihr zweitältester Sohn Johan Friso mit von der Partie. Hoedeman sieht den Millenniumswechsel als den entscheidenden Moment für den Paradigmenwechsel im Königshaus Oranien-Nassau.

Im Auftrag Ihrer Majestät

Noch bevor Willem-Alexander seiner Angebeteten den von vielen erwarteten Heiratsantrag machen durfte, wurde hinter verschlossenen Türen heftig recherchiert und diskutiert. Máxima machte es den mit ihrem Fall betrauten Staats- und Verfassungsrechtlern nicht gerade leicht. Viele offene Fragen mussten geklärt werden, bevor eine Heirat ernsthaft ins Auge gefasst werden konnte: Passte eine Katholikin, dazu noch eine Bürgerliche, ins calvinistische Königshaus der Oranier? Wie würden die Kinder getauft und erzogen werden? Der niederländische Geheimdienst wurde mit der Überprüfung Máximas und ihrer Familie in Argentinien betraut: War der Lebenswandel der Auserwählten auch wirklich untadelig? Welchen familiären Hintergrund hatte sie? War ihr Vater Jorge Horacio Zorreguieta als Regierungsmitglied in die Machenschaften der argentinischen Militärjunta verstrickt gewesen? Das waren Fragen, auf die es eine klare Antwort geben musste, wollte Willem-Alexander seine Máxima eines Tages vor den Traualtar führen.

Die erste Hürde, die es für das Paar zu meistern galt, waren jedoch Königin Beatrix und Prinz Claus selbst. »Die Eltern haben schon sehr viel darüber nachgedacht«, berichtet der Freund der Familie, Avi Primor. »Die Tatsache, dass ihr Sohn wirklich verliebt war, war ein echtes Argument in ihren Augen. Ist die zukünftige Prinzessin würdig, ist sie fähig, liebt sie Alexander? Das waren Fragen, die sich Beatrix und Claus stellten.« Mit ihrem Charme, ihrer Intelligenz und ihrer außergewöhnlichen Ausstrahlung dürfte es Máxima nicht allzu schwergefallen sein, die Herzen ihrer zukünftigen Schwiegereltern zu erobern. Selbst die strenge Schwiegermama revidierte ihre anfänglichen Vorbehalte. Genau betrachtet hatte sich Beatrix immer eine solche Schwiegertochter gewünscht: eine gebildete, humorvolle, gut aussehende und herzenswarme Frau, die ihrem Sohn in seinem einsamen Amt eine wichtige Stütze sein würde. Wie wichtig das war, wusste die Königin nur zu gut aus persönlicher Erfahrung. Ihr eigener Vater, Prinz Bernhard, hatte die Geduld ihrer Mutter, Königin Juliana, immer wieder auf das Heftigste strapaziert. Immer wieder hatte er Affären mit anderen Frauen gehabt, aus denen sogar zwei Töchter hervorgegangen waren. Seine zahlreichen Eskapaden müssen Juliana schwer zugesetzt haben. Zeitweise war sogar von Scheidung die Rede. Beatrix' Ehemann Prinz Claus hatte dagegen immer loyal zu seiner Frau gestanden, war stets ein treuer Partner »in guten wie in schlechten Tagen«, ein guter Ratgeber und liebevoller Familienvater. Noch kurz vor seinem Tod machte der Prinzgemahl seiner Frau in aller Öffentlichkeit eine wunderschöne Liebeserklärung: »Beatrix, du bist fabelhaft.« Welche Mutter wünscht sich nicht das Gleiche für ihren geliebten Sohn? Beatrix konnte fühlen, wie sehr sich Willem-Alexander und Máxima mochten, doch würde ihre Liebe dem dauerhaften Druck von außen standhalten? Die attraktive Argentinierin sollte ihre Chance bekommen.

Um ihrem Willem-Alexander nahe zu sein und sich mit dessen Familie vertraut zu machen, zeigte Máxima ihrerseits Flagge und ließ sich im Mai 2000 vom Büro der Deutschen Bank in New York nach Brüssel versetzen. Nun trennten die Liebenden nur noch wenige Autostunden. Endlich hatte Máxima Gelegenheit, die Heimat ihres Prinzen kennenzulernen, in der auch sie bald leben sollte. Bei einer Hochzeit in Brabant stellte Willem-Alexander sie seinen Freunden vor. Er wünschte sich nichts sehnlicher, als mit Máxima leben und mit ihr eine Familie gründen zu können. Doch vorher mussten noch weitere Hürden genommen werden.

Ein Einbürgerungskomitee wurde berufen aus Historikern, Kulturwissenschaftlern und Politikern, die Máxima in den wichtigsten Disziplinen, Landeskunde, Staatswesen, Sprache und Kultur, unterrichten sollten. Es war ein besonders kluger Schachzug der Königin, auch Mitglieder zu berufen, die monarchiekritisch, wenn nicht gar monarchiefeindlich eingestellt waren. »Wer die schärfsten Kritiker der Monarchie die Frau des zukünftigen Königs unterrichten lässt, der macht sie für immer mundtot«, soll der Parlamentarier und Republikaner Harry van Bommel das geschickte Vorgehen Beatrix' kommentiert haben. Schon wurde Máxima als »Musterimmigrantin« vorgeführt. Das sei purer Unsinn, meinten viele Niederländer, immerhin stamme die Argentinierin aus privilegierten Verhältnissen und sei absolut nicht auf eine Stufe mit armen Einwanderern zu stellen. Diesem Vorwurf hielt die intelligente Bankerin bei passender Gelegenheit entgegen, dass sie nicht minder hart dafür gearbeitet habe als andere Immigranten auch.

Der Fall Zorreguieta

Die Tatsache, dass die königliche Familie der Verbindung ihren Segen gab, bedeutete noch lange nicht, dass die beiden nun heiraten konnten. In den Niederlanden ist Privates nicht automatisch privat, zumindest wenn es den zukünftigen König betrifft. So muss das niederländische Parlament der Eheschließung des Kronprinzen zustimmen. Bei einem Verstoß gegen dieses Gesetz droht Thronverlust. Verfassungsgemäß reichte Willem-Alexander also die Anfrage um Zustimmung zur Ehe mit Máxima Zorreguieta beim Parlament ein. »Das niederländische Parlament muss sich vom Hintergrund des Ehekandidaten vergewissern. Es darf nämlich nicht sein, dass der zukünftige Prinz oder die Prinzessin das Königshaus in Verlegenheit bringt. Deshalb muss der Hintergrund der Person, die in die Königsfamilie eintritt, gut recherchiert sein«, erklärt der Hofjournalist Jan Hoedeman. Das anachronistisch anmutende Gesetz hängt mit der Sonderstellung des Monarchen in den Niederlanden zusammen. Beatrix ist als einziges gekröntes Haupt in Europa auch Regierungsmitglied. Rein nominell spielt die Königin nur eine untergeordnete Rolle im politischen Entscheidungsprozess: Sie unterzeichnet Gesetze, beruft Minister und verliest Regierungserklärungen. Sie hat jedoch die Möglichkeit, Einfluss auf die Zusammensetzung des Parlaments zu nehmen, und kann bei Neuwahlen mögliche Kabinettskonstellationen ausloten. Bei Verfassungsrechtlern stößt so viel königlicher Einfluss auf Kritik. De facto lenkt Beatrix die Geschicke ihres Landes indirekt mit – nicht zuletzt bedingt durch ihre lange Amtszeit. Mit dem niederländischen Ministerpräsidenten trifft sie sich einmal in der Woche zum Tee, um sich mit ihm zu besprechen. Auch von den Ministern lässt sie sich regelmäßig informieren. Ihre Aktenkenntnis ist in aller Munde. »Die Königin weiß alles«, raunen die niederländischen Politiker. Manch einer, der zum Gespräch gebeten wurde, empfand dies als Prüfung. Die Königin darf niemals in der Öffentlichkeit zitiert werden, ihre Ideen und Impulse sollen aber in die Politik einfließen. »Die Macht der Königin ist das Geheimnis des Palastes«, sagt die Hofkennerin und Historikerin Reinildis van Ditzhuyzen.

Den Republikanern im Land ist diese »Geheimniskrämerei« ein Dorn im Auge. 1996 hatten einige von ihnen einen Verein gegründet, die »Republikanische Gesellschaft«, die sich für die Abschaffung der vererbbaren Monarchie von Gottes Gnaden einsetzt. Bisher ist es ein aussichtsloser Kampf: So votierten 2005 weniger als achteinhalb Prozent der Niederländer für die Abschaffung der Monarchie. »Am besten wäre es, wenn die Königin gar nichts tun würde, wie es in Schweden der Fall ist«, meint der Monarchiegegner Hans van den Bergh. »Dann hätte sie eine rein zeremonielle Funktion. Politisch sollte sie eigentlich absolut keinen Einfluss haben. Je weniger sie macht, desto besser ist es.« Doch muss auch er eingestehen, dass Beatrix ihre

Sache sehr gut macht: »Sie ist ein echter Manager, sie hat dem ganzen Königshaus eine straffe Einrichtung verpasst.« Laut der Verfassung tragen die Minister die Verantwortung für alles, was Beatrix sagt und macht. »Der König ist unverletzlich«, heißt es da, »die Minister sind verantwortlich.« Ansprachen und Reden müssen mit dem Ministerpräsidenten abgesprochen werden. Schließlich hat das Parlament sogar das Recht, das Königshaus bis in den »privaten« Bereich hinein zu kontrollieren.

Die Zustimmung des Parlaments zu einer Eheschließung in der Königsfamilie – normalerweise mehr oder weniger eine Formalie – geriet in diesem Fall, ungeachtet der Entschlossenheit des Prinzen, zu einem langwierigen und unangenehmen Prozess. »Mir war schon bald klar, dass ein großes Problem entstehen könnte«, erzählt der ehemalige Ministerpräsident Wim Kok, der die Brisanz des Falls Zorreguieta erkannte. »Deshalb habe ich schon frühzeitig Gespräche mit allen direkt Beteiligten geführt. Das waren natürlich nicht immer einfache Gespräche.« Für Máxima muss die Erkenntnis, dass die Vergangenheit ihres Vaters zu einem möglichen Ehehindernis werden könnte, ein schwerer Schock gewesen sein. Nachdem sich Wim Kok persönlich von der tiefen Liebe des Kronprinzen zu Máxima überzeugt hatte, beauftragte er in Absprache mit Königin Beatrix im Herbst 2001 den Südamerikaexperten Dr. Michiel Baud, einen geheimen Bericht anzufertigen. Dessen Recherchen in Argentinien förderten Unerfreuliches zutage. So untadelig die strahlende Máxima selbst war, so zweifelhaft erschien nun die politische Integrität ihres Vaters. Die mögliche Vermählung Willem-Alexanders mit der Argentinierin wurde über Nacht zum Politikum in einem Land, das stolz auf seine internationalen Gerichtshöfe ist, die mit der Wahrung der Menschenrechte beauftragt sind. Doch darf man die dunkle Vergangenheit des Vaters seiner Tochter vorwerfen, die viele Niederländer für eine ideale Königin hielten?

Jorge Horacio Zorreguieta diente von 1976 bis 1979 als Unterstaatssekretär und von 1979 bis 1981 als Staatssekretär im Landwirtschaftsministerium dem Militärregime des argentinischen Diktators General Jorge Videla. Nach dem Bericht, den sich der niederländische Ministerpräsident Wim Kok heimlich anfertigen ließ, mussten Zorreguietas Ämter als politisch einflussreich gewertet werden. Zorreguieta selbst hatte sich immer als neoliberaler Technokrat dargestellt. Doch hatte er sich fünf Jahre lang in einem politischen Amt aktiv und mit Überzeugung für ein Regime eingesetzt, das im In- und Ausland für seine Menschenrechtsverletzungen in großem Maßstab verurteilt wurde. Die Videla-Regierung war weltweit berüchtigt für ihr brutales Vorgehen gegen Widersacher. Oppositionelle oder Menschen, die man dafür hielt, verschwanden zu Zehntausenden in geheimen Todeslagern. In den Jahren von 1976 bis 1981 waren bis zu dreißigtausend Argentinier entführt, gefoltert und anschließend ermordet worden. Die meisten Leichen wurden nie gefunden, weil man die Opfer tot oder gefesselt aus Flugzeugen ins Meer geworfen hatte. Von all dem, behauptet Jorge Horacio Zorreguieta, habe er nichts gewusst.

Das Gutachten der Untersuchungskommission brachte keinen eindeutigen Beweis für eine mögliche Mittäterschaft an den Verbrechen: »Es kann praktisch ausgeschlossen werden, dass Zorreguieta im Zeitraum seiner Teilnahme an der Regierung persönlich bei der Unterdrückung und Verletzung der Menschenrechte involviert war. Andererseits ist es undenkbar, dass er nichts von der Praxis der Unterdrückung und der Situation der Menschenrechte gewusst hat.« Tatsächlich verschwanden auch aus Zorreguietas Zuständigkeitsbereich mehrere Menschen, manche von ihnen wurden über Monate ohne Gerichtsprozess inhaftiert, von einigen jedoch, darunter auch junge Mütter, hörte man nie wieder. »Zorreguieta ist ein Mann, der sich als Technokrat sehr gut in seinem Fach auskannte, das lässt sich nicht bestreiten. Aber ich glaube auch, dass gerade darin seine Verantwortung liegt«, sagt der Anwalt und Menschenrechtler Ricardo Monner Sans. »Hat er nicht gemerkt, dass manche seiner Mitarbeiter einfach nicht mehr da waren?«, fragt er ungläubig. Der konservative Historiker Felix Luna räumt zwar ein, dass zunächst der Mantel des Schweigens über die Verbrechen gebreitet wurde und viele Argentinier wirklich ahnungslos waren, doch im Falle Zorreguietas hegt auch er große Zweifel: »Damals wandte sich so mancher Hilfe suchend an Freunde oder Bekannte bei der Regierung, um Unterstützung bei der Suche nach verschwundenen Angehörigen zu finden. Und egal, was damals die Antwort war – sie wussten natürlich alle, dass es diese Verbrechen gab.« Nachdem die Architekturstudentin Lidia Amigo im Dezember 1976 zusammen mit Kommilitonen entführt worden war, bat ihr verzweifelter Vater Alberto, der bis zur Machtübernahme der Militärs Unterstaatssekretär im Agrarministerium war, seinen Nachfolger Jorge Zorreguieta um Hilfe. Ob dieser etwas in der Sache unternahm, ist ungewiss. Zumindest aber hat er von den »Desparecidos«, wie die Verschwundenen in Argentinien genannt werden, gewusst – und dem Regime weiter treu gedient.

Die Tatsache, dass die Täter kaum Spuren hinterlassen haben, macht die Aufklärung Tausender ungeklärter Schicksale so schwer. Noch heute, mehr als dreißig Jahre später, wollen sich die betroffenen Familienangehörigen damit nicht abfinden. Regelmäßig versammeln sich einige von ihnen vor dem Regierungsgebäude, der Casa Rosada, auf der Plaza 9 Mayo, um auf sich und ihre vermissten Angehörigen aufmerksam zu machen. Unterstützt werden sie dabei auch von der Regierung des jetzigen Präsidenten Néstor Carlos Kirchner. Die juristische und historische Aufarbeitung der Juntazeit ist noch lange nicht abgeschlossen.

Die Rolle Zorreguietas während der düsteren Jahre der Diktatur beschäftigte die Niederländer, die viel auf ihre demokratischen Grundwerte halten, nachhaltig. »Ohne Máxima zu kennen, haben wir alle gedacht, das ist unmöglich, der Prinz ist verrückt, dass er so eine Frau will«, schildert die Königshausexpertin Reinildis van Ditzhuyzen ihre eigene skeptische Haltung, die der vieler Niederländer entsprach. »Mit diesem Vater kann Máxima nicht Königin sein. Wenn Willem sie heiraten will, muss er seine Rechte auf den Thron abtreten«, forderte der Politiker Jan van Walsem. Hiesige Menschenrechtler bezichtigten Máximas Vater, »Blut an den Händen« zu haben. Verbrechen gegen die Menschlichkeit warf auch der frühere UNESCO-Botschafter Maarten Mourik dem ehemaligen Staatssekretär vor. Jorge Zorreguieta könne sich nicht der Verantwortung für die Ermordung Tausender Argentinier entziehen, meinte der sozialdemokratische Parlamentarier Peter Rehwinkel. Finanzminister Gerrit Zalm bezeichnete Zorreguieta gar als einen »Mann, der nichts taugt«. Andere Parlamentarier allerdings wandten sich gegen eine »Sippenhaft« Máximas; sie hielten es für ausreichend, wenn sich die Tochter von ihrem Vater öffentlich distanziere. In einem Videoclip einer Menschenrechtsorganisation waren Momente aus dem Endspiel der Fußballweltmeisterschaft 1978,

Argentinien gegen Holland, zu sehen, bei dem es hart zur Sache ging. Mit eingeblendeten Schlagwörtern wie »Folter«, »Gewalt«, »Demütigung« sollten die Gräueltaten des Videla-Regimes in Erinnerung gerufen werden. Ein Riss ging durch alle Parteien, dem Land drohte eine Verfassungskrise.

Rote Rosen und Champagner

Willem-Alexander stellte sich schützend vor seine Freundin. Offensichtlich war er fest entschlossen, seine große Liebe zu heiraten – komme, was da wolle. Im Januar 2001, also inmitten der Kontroverse, lockte er an einem Freitagnachmittag Máxima unter einem Vorwand zum Eislaufen auf den Schlossteich von Huis ten Bosch. Die Zeit verging, und Willem-Alexander drehte eine Runde nach der anderen. Die fröstelnde Máxima soll zum ersten Mal auf Schlittschuhen gestanden und nach zweieinhalb Stunden nur noch einen Wunsch gehabt haben: eine Tasse heißen Kakao. Was sie nicht wusste: Willem-Alexander hatte Champagner und einen Strauß roter Rosen hinter einem Busch versteckt, wartete aber noch auf den geeigneten Moment. »Da dachte ich, nun muss ich es aber wirklich machen«, schildert der Prinz den romantischen Moment. »Ich bin ein Stückchen mit den Schlittschuhen übers Land gelaufen und habe den Champagner und die Rosen geholt.« Wie im Märchen nahm der Prinz all seinen Mut zusammen und hielt förmlich um die Hand Máximas an. »Ich hatte vorher endlos geübt«, verrät er, »aber letztlich kommt der Satz nie so heraus wie geplant. Ich sagte ungefähr: ›Ich frage dies zum ersten Mal in meinem Leben und das einzige Mal ...‹« Máxima habe keinen Moment gezögert und sei spontan mit ihrem Ja herausgeplatzt. »Ich hätte nie gedacht, dass ich jemanden fände, der so verliebt in mich und ich so verliebt in diesen Mann wäre, dass wir einmal heiraten würden«, gesteht die Frau an der Seite des zukünftigen Königs.

Mit ihrem gegenseitigen Eheversprechen traten die beiden die Flucht nach vorne an. Jetzt standen sie vor der schwierigen Aufgabe, das Parlament und das Volk auf ihre Seite zu ziehen. Die

Ich fragte sie auf Englisch. Ich musste schon sicher sein, dass sie mich beim ersten Mal verstehen würde. Und dass die Antwort auch gleich die richtige sein würde und nicht: »Wie bitte?«

Willem-Alexander

Vorstellung, dass ein ehemaliger Juntaminister als Brautvater einer königlichen Hochzeit beiwohnen könnte, möglicherweise sogar huldvoll winkend in der goldenen Kutsche der Königin sitzend, bereitete vielen Niederländern, darunter auch königstreuen Politikern, großes Unbehagen. Die Sache schien zu kippen, als der sozialdemokratische Ministerpräsident Wim Kok hinter den Kulissen folgenden Vorschlag unterbreitete: Die Hochzeit findet unter der Bedingung statt, dass Jorge Horacio Zorreguieta der Trauung fernbleibt. »Da habe ich zum ersten Mal die Tränen von Máxima gesehen, und es ist auch mir schwergefallen, meine eigenen Gefühle zu verbergen«, erinnert sich Wim Kok, selber Familienvater, an die Gespräche von damals. Für Máxima, die fest an die Unschuld ihres Vaters glaubte, war diese Forderung zunächst inakzeptabel, doch der Ministerpräsident blieb in der Sache hart. »Anfang Januar habe ich den früheren Außenminister van der Stoel gebeten, natürlich mit dem Wissen der Königin und von Willem-Alexander und Máxima, Gespräche mit Herrn Zorreguieta zu führen, um eine gemeinsame Basis zu finden, die eine Heirat, die auch die Zustimmung des Parlaments erhält, ermöglichen würde«, berichtet Kok. Nach zwei Monaten kam es schließlich zum Konsens. »Der Vater hat es letzten Endes eingesehen und dem Druck nachgegeben«, sagt der Hofjournalist Jan Hoedeman. »Es war spannend, da Willem-Alexander Máxima den Antrag schon gemacht hatte, bevor klar war, ob ihr Vater bei der Trauung anwesend sein würde oder nicht. Vom Antrag bis zu dem Moment, in dem der Vater sich bereit erklärte, auf seine Teilnahme zu verzichten, wusste Beatrix nicht, ob ihr Sohn ihr auf den Thron folgen würde.«

Gerade als sich die Gemüter etwas beruhigt hatten, entfachte Willem-Alexander mit einer unbedachten Bemerkung die Diskussion aufs Neue. In einem Interview, das er in New York gab, verteidigte er seinen zukünftigen Schwiegervater gegen den Vorwurf, an den Vorbereitungen zum Militärputsch beteiligt gewesen zu sein. Dabei berief er sich auf einen Leserbrief, der kurz zuvor in der argentinischen Zeitung *La Nación* abgedruckt worden war. Darin ging es um nichts anderes als um die Rechtfertigung der Juntapolitik. Auf die Frage, ob Willem-Alexander denn auch wisse, von wem der Brief stamme, musste er eingestehen, darüber nichts sagen zu können. Wie pfiffige Journalisten

> **Er ging davon aus, dass man die Vergangenheit eines Vaters einer Tochter nicht vorwerfen kann. Das wäre nicht fair.**
>
> Jan Hoedeman, Hofberichterstatter

schnell herausfanden, war der Verfasser des Schreibens niemand Geringerer als der ehemalige General Jorge Videla. Ein neuer Skandal bahnte sich an. »Es hätte nicht blöder, dümmer und schlimmer sein können. Da war die Hölle los. Da hat man gesagt, um Gottes willen, ist der wirklich so dumm? Es war wirklich der Tiefpunkt«, berichtet die Königshausexpertin Reinildis van Ditzhuyzen. »Vom Kronprinzen können wir erwarten, dass er sich distanziert von Videla und dessen Regime – und dass er Sympathie zeigt für die Opfer. Jetzt erweckt er, vermutlich unabsichtlich, den gegenteiligen Eindruck«, schrieb der Kolumnist der Tageszeitung *De Volkskrant* bissig. Premierminister Kok, der hinter den Kulissen die Fäden zugunsten einer Heirat gezogen hatte, platzte nun endgültig der Kragen. Er rief Willem-Alexander noch nachts in New York an, um ihn zur Ordnung zu rufen: »Ich habe ihm gesagt, dass ich das für keine besonders glückliche Aussage hielt. Das Ganze war kontraproduktiv, da wir damals eigentlich schon relativ nah an einer Lösung waren. Wir haben den Vorfall natürlich hinterher besprochen, und er hat sich dafür entschuldigt. Für mich war die Sache damit erledigt, aber es hat natürlich in den Niederlanden für Aufregung gesorgt.« Vielleicht, so mögen manche Holländer gehofft haben, lässt er sich das mit seiner Heirat noch einmal durch den Kopf gehen. »Also, ich weiß noch, dass ich gedacht habe: Diese Máxima, wer sie auch ist, sie mag noch so toll sein, aber das wird nichts. Durch die negative Berichterstattung war schon so viel kaputtgemacht worden«, erinnert sich Reinildis van Ditzhuyzen. »Und dann war plötzlich dieser große Tag der Verlobung.«

Die Verlobung

Am 30. März 2001 ließ Königin Beatrix über das königliche Presseamt folgende Erklärung verlautbaren: »Het is voor mijn man en mij een grote vreugde u de verloving aan te kondigen van onze zoon Willem-Alexander met Máxima Zorreguieta.« Es sei für sie und ihren Mann eine große Freude, die Verlobung ihres Sohnes mit Máxima bekannt zu geben. Vor laufenden Kameras präsentierten sich die Königin und Prinz Claus mit einem sichtbar glücklichen Brautpaar. Stolz trug Máxima ihren Verlobungsring, den ein orangefarbener Diamant ziert – eine Anspielung auf das Herrscherhaus Oranien, dessen Ursprung unter anderem im südfranzösischen Orange liegt. Besonders rührend war die Rede des von schwerer Krankheit gezeichneten Prinz Claus: »Lerne so schnell wie möglich Niederländisch«, riet er der strahlenden jungen Frau, die er offenkundig in sein Herz geschlossen hatte.

Dabei fühlte er sich an seine eigene Verlobungs-Pressekonferenz im Jahr 1965 mit Beatrix erinnert: »Máximas Niederländisch ist nicht zu vergleichen mit dem Gestammel, das ich damals von mir gab«, sagte er mit einem Augenzwinkern. Das war natürlich reine Tiefstapelei, denn auch Claus von Amsberg hatte die Sprache sehr schnell erlernt. Überhaupt gab es einige Parallelen: Auch seine Verlobung mit Kronprinzessin Beatrix war äußerst umstritten, da er Deutscher und bei Kriegsende Wehrmachtssoldat war. Das Land war noch immer traumatisiert von dem Einmarsch deutscher Truppen im Mai 1940. Die meisten Niederländer waren empört, dass sich Beatrix ausgerechnet einen »Mof«, einen dieser hässlichen Deutschen, zum Prinzgemahl erkoren hatte. Wie bei Máxima hatten die niederländischen Behörden Nachforschungen angestellt und überprüft, ob Claus von Amsbergs Einheit in Italien an Kriegsverbrechen beteiligt gewesen war. Sie waren zwar nicht fündig geworden, und doch hatte ein Eklat gedroht. Bei der Pressekonferenz anlässlich seiner Verlobung hatte sich der Diplomat ganz in seinem Element gezeigt. »Ich bin mir der Gefühle wohl bewusst und weiß, dass viele von Ihnen Schwierigkeiten damit haben, was in der jüngsten Vergangenheit geschehen ist«, sagte er in der Sprache seiner Verlobten. »Ich verstehe und respektiere das, aber ich werde mein Bestes tun, um Ihr Vertrauen zu gewinnen.« Trotz der Charmeoffensive des smarten Deutschen hatten sechzigtausend Niederländer eine Protestschrift gegen die Hochzeit unterschrieben. Über neun Stunden debattierte damals das Parlament über die Heiratsabsicht der Kronprinzessin, bis es sich zu einer Zustimmung durchringen konnte. »Die Zeit, in der die Eltern bestimmen, wen die Kinder heiraten sollen, ist vorbei«, hatte Prinz Bernhard, Beatrix' Vater, damals verkünden lassen. Die Hochzeit am 10. März 1966 fand nach dem Willen Beatrix' ausgerechnet in Amsterdam, der Hochburg des Widerstands gegen Claus, statt. Die Feierlichkeiten wurden von antideutschen Krawallen überschattet. »Claus raus« und »Trix ist nix«, skandierten Demonstranten. Rauchbomben flogen, Fensterscheiben gingen zu Bruch, als das Liebespaar des Jahres in der goldenen Kutsche zur Nieuwe Kerk fuhr.

Mit den Jahren wurde »Prinz Claus«, wie er mit neuem Titel hieß, zum beliebtesten Mitglied der Königsfamilie. Sollte sich die Geschichte der Eltern bei den Kindern wiederholen? »Ja, es gab Vorbehalte in beiden Fällen«, bestätigt Avi Primor, ein enger Freund von Prinz Claus, »und in beiden Fällen haben sie sich als falsch erwiesen.«

Die Empörung über Willem-Alexanders »Ausrutscher« in New York war noch nicht verflogen, als sich der Kronprinz und seine Verlobte am 30. März 2001 im Palast Nordeinde der Presse stellten. Entgegen dem Hofprotokoll blieben die Journalisten beim Eintreten des Paares auf ihren Plätzen sitzen – ein deutlicher Affront. »Man konnte eine Nadel fallen hören, so still wurde es, als sie hereinkamen. Niemand sprach ein Wort, alle starrten sie nur an«, berichtet die Historikerin Reinildis van Ditzhuyzen. »Man konnte fast denken, die werden jetzt den Löwen zum Fraß vorgeworfen. Es herrschte eine feindselige Stimmung in dem Saal.« Wie zu erwarten, geriet die Pressekonferenz, die live im Fernsehen übertragen wurde, zu einem Spießrutenlaufen für Willem-Alexander und Máxima. Dem Bräutigam sah man die Anspannung an. Die argentinische Braut, die den schwersten Part hatte, da sie der niederländischen Sprache noch nicht hundertprozentig mächtig war und für sie komplizierte Fragen beantworten musste, nahm die Herausforderung mit einem offenen Lachen an. Noch bevor das Frage- und-Antwort-Spiel begann, verkündete Máxima die diplomatische Lösung in der Zorreguieta-Frage. »Mein Vater hat entschieden, nicht zur Hochzeit zu kommen«, erklärte sie schweren Herzens. Doch das war noch lange nicht alles. »Máxima musste drei Dinge machen: Als Erstes musste sie sich deutlich distanzieren vom Regime in Argentinien, für das ihr Vater gearbeitet hatte, zweitens musste sie zeigen, dass sie selbst eine Vollblutdemokratin war, und drittens, dass sie mit dem Regime nichts zu tun hatte«, berichtet Jan Hoedeman, der damals dabei war. Auf die unvermeidliche Frage der Journalisten, was sie dazu zu sagen habe, dass ihr zukünftiger Mann in New York den argentinischen Diktator Jorge Videla zitiert habe, reagierte sie schlagfertig: »Het was een beetje dom«, dies sei »ein bisschen dumm« gewesen. Mit einer solchen entwaffnenden Antwort hatte im Publikum niemand gerechnet. Ein Raunen ging durch den Saal, und von einem Moment auf den anderen herrschte eine heitere Stimmung unter den Anwesenden. »Das hat sie so genial gemeistert, dass das heikle Thema damit beendet war«, erzählt Reinildis van Ditzhuyzen. »Een beetje dom« wurde zum geflügelten Wort in den Niederlanden. In der aufgelockerten Atmosphäre gab Willem-Alexander sogar Herzensdinge preis. Er verriet den Neugierigen, wie er nach zwei Jahren intensiver Vorbereitung um Máximas Hand angehalten habe. Kritische Geister waren allerdings von der offenbar ungezwungenen Heiterkeit des Paares nicht ganz überzeugt. Jan Hoedeman vermutet, dass das Brautpaar heimlich ein bisschen geübt hatte. »Aber es erweckte nicht den Eindruck eines Theaterstücks«, räumt er ein. »Von entscheidender Bedeutung war, dass sie die Sprache recht gut unter Kontrolle hatte. Trotz der unangenehmen Fragen sind sie gut weggekommen. Man darf nicht vergessen: Es wurde alles live übertragen, und es ging immerhin darum, ob sie akzeptiert wird oder nicht. Und das ist ihnen gelungen bei der Pressekonferenz.«

Willem-Alexander hatte in New York auf einen Brief von Videla verwiesen. Es wurde deutlich, dass er Zorreguieta verteidigte. Das war nicht so geschickt von ihm. Als Maxima danach gefragt wurde, antwortete sie, dass dies ein »bisschen dumm« von Alexander war. Damit überzeugte sie auch viele der großen Kritiker. Da schlug die Atmosphäre tatsächlich um. Ihr Humor hat funktioniert.

Jan Hoedeman, Hofberichterstatter

Nach dem Ende der Pressekonferenz verließ ein strahlendes Brautpaar den Saal, um die jubelnden Menschen auf der Straße zu begrüßen. Es schien, als wollte Máxima die ganze Welt an ihrem Glück teilhaben lassen. In einem entzückenden kurzärmligen roten Kleid ging sie auf die Wartenden zu und schüttelte Hunderte winkender Hände. Sie genoss sichtlich das Bad in der Menge – eine gute Voraussetzung für die Frau an der Seite des zukünftigen Königs. Übrigens schickte noch am selben Tag der unerwünschte Brautvater eine schriftliche Erklärung an die argenti-

> *Das war fast ein historischer Moment, denn alle, die zuvor negativ gegenüber
> Máxima eingestellt waren, waren am Ende begeistert von ihr – und seitdem ist das
> so geblieben. Das ist unwahrscheinlich. Ich fand es unglaublich, wie eine Stim-
> mung von minus vierzig Grad in einer halben Stunde sich umdreht zu plus vierzig
> Grad tropischer Hitze.*
>
> Reinildis van Ditzhuyzen, Königshausexpertin

nische Tageszeitung *La Nación,* in der er die Menschenrechtsverletzungen,
die während seiner Amtszeit als Staatssekretär begangen wurden, zutiefst
bedauerte, gleichzeitig aber jede Mitschuld von sich wies. In diesem
Schreiben beteuerte er ferner, keinerlei Kenntnis von diesen ungeheuer-
lichen Vorgängen gehabt zu haben. Erst seit 1984 seien die Exzesse der
Diktatur bekannt geworden. Außerdem versicherte er, dass er fest an die
demokratischen Grundprinzipien glaube und seine Kinder in diesem
Sinne erzogen habe. Wie jeder Vater habe er natürlich großen Wert darauf gelegt, bei der Hochzeit seiner Tochter anwesend zu sein. Um ihr
aber nicht zu schaden, habe er beschlossen, auf seine Teilnahme zu verzichten. Soweit die offizielle Version. »Ich halte die Einstellung der Niederländer für richtig. Da es oft keine juristische Strafe gibt oder nur sehr
spät, ist die moralische Strafe umso wichtiger. Uns Menschen, die involviert sind, gibt die Haltung der Niederländer eine gewisse Genugtuung.
Nicht aus Rache, sondern weil es ein Akt der Gerechtigkeit ist«, kommen-
tierte der argentinische Menschenrechtler Ricardo Monner Sans das Fern-
bleiben des Brautvaters von der Hochzeit.

Der gordische Knoten war durchschlagen, von nun an ging alles seinen
Weg. Im Mai 2001 erhielt Máxima die niederländische Staatsbürgerschaft,
im Juli stimmte das Parlament der Heirat schließlich auch offiziell zu.
Dass die Verbindung am Ende doch noch möglich wurde, ist vor allem
dem damaligen Ministerpräsidenten Wim Kok zu verdanken, der viel Lob
für sein diplomatisches Geschick erhielt. »Wenn es anders gelaufen wäre,
dann hätten sie mir das bestimmt vorgeworfen«, resümiert er heute nüchtern.

Eine Trauung voller Emotionen

Für die Trauung hatte sich das Brautpaar ein symbolisches Datum, den 2. Februar 2002, ausgewählt. Nachdem sich in der Frühe der Himmel verhangen gezeigt hatte, klarte er auf, noch bevor die Gäste aus aller Welt eintrafen. Die Feierlichkeiten begannen am Morgen mit der standesamtlichen Trauung in der ehemaligen Amsterdamer Kaufmannsbörse. Der Bürgermeister Job Cohen vollzog die Trauung, bei der viele Verwandte und niederländische Würdenträger anwesend waren. In Anspielung auf die politische Vergangenheit ihres Vaters richtete er ernste Worte an die Braut: Sie habe schon erfahren, dass ihr mit ihrem neuen Status – sie wurde durch die Heirat Prinzessin der Niederlande, Prinzessin von Oranien-Nassau und Frau von Amsberg – auch »schmerzliche Einschränkungen« auferlegt würden. Doch habe sie sich als würdig und fähig erwiesen, ihre Position einzunehmen. Als sie nur wenige Tage zuvor das Amsterdamer Stadttheater besucht habe, das den Nazis als zentraler Sammelort für Judentransporte gedient hatte, habe sie folgende Worte ins Besucherbuch geschrieben: »Lasst das 21. Jahrhundert ein Jahrhundert des Vergebens werden. Aber vergessen dürfen wir niemals.« Damit habe sie den Niederländern so unendlich viel geschenkt, ebenso wie mit ihrem hinreißenden Lachen. Es schien, als wollte der Bürgermeister die Braut mit seiner Rede gewissermaßen rehabilitieren. Mit dem Trauakt wurde Máxima in den Adelsstand erhoben und hatte fortan das Recht, mit »Königliche Hoheit« angesprochen zu werden.

Zur kirchlichen Trauung nach protestantisch-reformiertem Ritus begab sich die Hochzeitsgesellschaft anschließend in die Nieuwe Kerk. Dabei galt höchste Sicherheitsstufe, da viele gekrönte Häupter, Politiker und Prominente zu den Feierlichkeiten angereist waren: Der belgische König Albert II. und Königin Paola, der belgische Kronprinz Philippe und Prinzessin Mathilde, Königin Margrethe II. von Dänemark und Kronprinz Frederik, Kronprinz Naruhito von Japan, König Harald und Königin Sonja von Norwegen, Kronprinz Håkon und Kronprinzessin Mette-Marit, Königin Nur von Jordanien, Großherzog Henri und Großherzogin Marie Teresa von Luxemburg, Erbprinz Alois und Erbprinzessin Sophie von Liechtenstein, König Carl XVI. Gustaf und Königin Silvia von Schweden, deren Tochter Kronprinzessin Victoria, der britische Kronprinz Charles, Königin Sofia von Spanien und Kronprinz Felipe, der frühere südafrikanische Präsident Nelson Mandela, UN-Generalsekretär Kofi Annan und viele andere gaben sich an jenem strahlenden Februartag ein Stelldichein. Für den von Krankheit gezeichneten Vater des Bräutigams, Prinz Claus, bedeutete die Hochzeit seines Ältesten den letzten großen Auftritt in der Öffentlichkeit.

Als Máxima im elfenbeinfarbenen Valentino-Brautkleid mit langer Schleppe die Kirche betrat, war von den Problemen im Vorfeld der Hochzeit nichts mehr zu spüren. Die Braut sah umwerfend aus: Das Kleid aus Mikado-Seide war hochgeschlossen und mit einem weiten Stehkragen versehen. »Ich habe den Ausschnitt ganz besonders in Erinnerung«, sagt ein Freund der Braut, der argentinische Designer Laurencio Adot, »nach einem Kleid, das Jackie Kennedy in den Sechzigerjahren getragen hatte.« Der lange Seidenschleier war mit Blumenmotiven bestickt und fiel vom Diadem bis auf die etwa fünf Meter lange Schleppe. In ihren Händen hielt Máxima einen Brautstrauß aus Lilien, Rosen und Gardenien. »Sie war so natürlich«, erinnert sich Miguel Reynal, einer der Hochzeitsgäste. »Sie war ganz entspannt und wunderschön. Sie schien überhaupt nicht nervös zu sein. Sie hat den Moment sehr genossen.« Willem-Alexander erschien in der dunkelblauen Uniform eines Kapitäns zur See, zu dem er kurz zuvor noch schnell befördert worden war, mit royalblauer Schärpe und goldenem Säbel. Die Brautjungfern, darunter Máximas Schwester Ines, und die Blumenkinder trugen weinrote Kleider.

Die Fernsehsender melden Rekordeinschaltquoten. Unzählige Neugierige verfolgten die Märchenhochzeit vor der Kirche mit und freuten sich mit dem Brautpaar. Schon in seiner Begrüßungsrede sprach Pfarrer Carel ter Linden an, was viele Gäste beschäftigte: die Abwesenheit der Eltern. »Wir denken an die Eltern«, sagte er einfühlsam an Máxima gerichtet, »ohne deren Liebe und Sorge Sie nicht das geworden wären, was Sie sind. Wir denken an das Land Argentinien, das große Probleme hat.« Mit diesen Worten überraschte er die Braut. »Davon wusste sie nichts, das hatte ich nicht mit ihr abgesprochen«, erzählte Carel ter Linden später. »Aber ich sah an ihrem dankbaren Blick, dass sie sehr gut begriff, was ich sagte.

Ich sprach schließlich von Liebe und Treue. Ich dachte dabei aber auch an die Eltern, von denen ich wusste, dass sie irgendwo anders, in einem anderen Land, den Gottesdienst verfolgten. Und ich wollte sie, so weit es mir möglich war, teilhaben lassen an diesem Gottesdienst.« An der Seite Pfarrers ter Linden stand der katholische Priester Rafael Braun, ein Freund der Familie Zorreguieta. Das war ein Zugeständnis an die katholische Braut, die katholisch bleiben wollte. Dabei hatte das niederländische Königshaus großen Wert darauf gelegt, dass es sich rein formell nicht um eine ökumenische, sondern um eine ausschließlich protestantische Trauung handelte. Alles war bis ins kleinste Detail zwischen den Konfessionsvertretern im Vorfeld ausgehandelt worden, auch das Zugeständnis Máximas, etwaige Kinder nicht katholisch taufen zu lassen. Auf die Gestaltung des Gottesdienstes hatte das Brautpaar selbst Einfluss nehmen können. »Wir saßen oft zusammen«, erinnert sich Carel ter Linden, »und haben CDs gehört, um eine Auswahl zu treffen, oder ich habe am Klavier eine Melodie vorgespielt.« Einen Musikwunsch Máximas fand Pfarrer ter Linden dann aber doch etwas befremdlich. »Sie wollte einen ›Tango‹! Ich erschrak und dachte, wie soll das gehen, Tango in einer Kirche? Da fragte ich, wie lange das dauern würde, und sie sagte, sieben Minuten.« Als die wehmütigen Klänge des Tangos in der Kirche erklangen, war es um Máximas Fassung geschehen. Herzzerreißend schluchzte sie in ihr Taschentuch, während Willem-Alexander ihr liebevoll die Hand hielt. »Adios, Nonino«, »Auf Wiedersehen, Papa«, lautete der Titel des berühmten Tangokomponisten Astor Piazzola, vorgetragen vom niederländischen Bandoneonspieler Carel Kreyenhof. Es schien, als sei das Lied als heimlicher Gruß an den abwesenden Vater gedacht gewesen. »Als der Tango gespielt wurde, veränderte sich ihr Gesichtsausdruck. Es war für sie ein unglaublich emotionaler Moment – auch für uns Argentinier, die in der Kirche waren«, meint ihr Freund Miguel Reynal. »Ich glaube, Máxima hat erst in dem Augenblick wirklich realisiert, dass sie nun für immer ihre Familie und ihre Heimat verlassen hat, um den Rest ihres Lebens in Europa zu verbringen.« Während der Trauungszeremonie ergriff auch der argentinische Pfarrer mehrfach das Wort. Die Predigt selbst behielt sich Carel ter Linden vor. Als die Brautleute einander das Jawort gaben, jubelten die Menschen auf den Straßen, die auf Großleinwänden die Trauung verfolgten, so laut, dass man es bis in die Kirche hinein hören konnte. Nur die Trauringe, schmale Gebilde aus Platin, bereiteten kurzfristig Probleme. Als Willem-Alexander versuchte, den Ring über den rechten Ringfinger seiner Frau zu streifen, wollte das gute Stück nicht so recht. Er musste mit der anderen Hand nachhelfen, was ihm einige Lacher seitens der Gäste einbrachte. Was wäre eine Hochzeit ohne Pannen?

Nach der Trauung präsentierte sich ein strahlendes Brautpaar den Niederländern. Aus der goldenen Kutsche, in der schon Generationen königlicher Brautpaare durch Amsterdam gefahren waren, winkten sie überglücklich den wartenden Menschen am Straßenrand zu. Nur einige randalierende Demonstranten trübten vorübergehend die festliche Stimmung. Sie schleuderten Toilettenpapierrollen, Wasserflaschen und sogar Farbbeutel in Richtung der sechsspännigen Kutsche. Zwei Rabauken wurden festgenommen, während das Brautpaar weiter zum Palast fuhr. Auf dem Balkon zeigte es sich noch einmal dem Volk, das noch immer auf den ersehnten Kuss wartete. Hunderte skandierten: »Küss den Frosch«, sogar auf Fahnen wurde der Kuss eingefordert. Endlich gab das frischgebackene Ehepaar den Forderungen nach und küsste sich innig.

Nicht nur für Máxima begann mit der Hochzeit ein neues Leben. Auch für ihre Familie in Argentinien sollte sich einiges ändern. Immer wieder belagerten Paparazzi die Wohnungen ihrer Eltern und Geschwister in Buenos Aires. Damit teilen sie das Schicksal der anderen bürgerlichen Familien, deren Angehörige in Königshäuser eingeheiratet haben. Heute besuchen die Eltern ihre Tochter oft in der Villa Eikenhorst nahe bei Den Haag, dem Wohnsitz des Kronprinzenpaares. Für die Niederländer ist die Vergangenheit von Jorge Zorreguieta schon lange kein Thema mehr. »Das Kapitel ist abgeschlossen«, meint auch der ehemalige Ministerpräsident Wim Kok.

Familienskandale

Das Vater-Drama war nicht das einzige Problem, das Königin Beatrix bewältigen musste. Für ersten Unmut hatte bereits eine Meinungsumfrage anlässlich ihres zwanzigjährigen Regierungsjubiläums Anfang 2000 gesorgt. Demnach befürwortete die Hälfte der Niederländer eine Pensionierung Beatrix' mit nur fünfundsechzig Jahren, also im Jahr 2003. Ihre volks-

Ende der Neunzigerjahre stand die Monarchie in der Diskussion. Sollten die Niederlande eine Republik werden? Das war eine öffentliche Diskussion, die es lange nicht mehr gegeben hatte. Damals hat Beatrix mit Sachverständigen diskutiert und die Frage gestellt, wie man die Monarchie modernisieren könnte. Eine der Schlussfolgerungen war: Sie ist Staatsoberhaupt, und das macht sie sehr gut. Aber die Rolle der Mutter des Vaterlandes, einer herzlichen Frau — diese Seite zeigte sie nie, und das war ein Problem. Sie ist sich dessen bewusst und arbeitet daran. Sie versucht, diese andere Seite in verstärktem Maße zu zeigen.

Jan Hoedeman, Hofberichterstatter

nähere Mutter Juliana war immerhin bis einundsiebzig Königin gewesen, bevor sie aus eigenen Stücken zurücktrat. Das schlechte Umfrageergebnis mochte mit den Feierlichkeiten zu Beatrix' sechzigstem Geburtstag in Zusammenhang gestanden haben, den sie »ganz privat« und unter Ausschluss des Volkes gefeiert hatte. Beatrix war klar, dass sie etwas ändern musste. Am »Königinnentag« im April 2002 schlug sie in ihrer Rede selbstkritische Töne an. Sie wolle Bilanz ziehen, erklärte sie öffentlich. Doch es sei nicht oberflächliche Popularität, nach der sie strebe. Sondern sie wolle an ihrer Linie festhalten, ruhig weiterarbeiten, Dinge machen, an die sie glaube.

Als am 6. Oktober 2002 nach langer Krankheit Prinz Claus starb, stand das Volk in seiner Mehrheit wieder geschlossen hinter seiner Königin. Ihre offensichtliche Trauer weckte das Mitgefühl ihrer Landsleute. Der Tod von Prinz Claus hatte ein großes Loch in ihr Leben gerissen. Sie habe tagelang ununterbrochen geweint, erinnert sich der Freund der Familie, Avi Primor: »Die beiden waren nicht nur nach außen hin ein Paar. Sie haben sich wirklich geliebt und waren sehr, sehr glücklich.« Auch Willem-Alexander, der sehr an seinem Vater hing, zeigte ungewohnt offen seine Gefühle – genauso wie seine junge Frau, die ihre Ehe nicht zuletzt der Fürsprache von Prinz Claus verdankte. Es sind solche Momente, für die sie die Niederländer besonders lieben. »Man sieht, dass durch das Trauern und Heiraten die Familie näher zum niederländischen Volk gerückt ist«, bestätigt Jan Hoedeman. »Es ist wie eine nationale Soap, man identifiziert sich mit der Familie.«

Die schlechten Umfrageergebnisse von 2000 und der Tod ihres geliebten Ehemanns waren jedoch nur der Anfang einer Reihe von Tiefschlägen, die Beatrix verkraften musste. Dem Drama um Máximas Vater folgte eine Reihe weiterer Familienskandale, die das niederländische Königshaus nachhaltig erschütterten: Margarita von Bourbon, Beatrix' Patenkind, warf der Königin in aller Öffentlichkeit Mobbing vor, weil sie ihren bürgerlichen Gatten, einen Geschäftsmann mit dubiosen Kontakten, habe bespitzeln lassen. Um sich an der Tante zu rächen, plauderte die Nichte aus dem Nähkästchen: Beatrix sei herrschsüchtig und spreche dem Wein stärker zu, als es ihr guttue; außerdem mache sich die königliche Familie über das Volk lustig. »Sie missbrauchen ihre Macht und ihre Position. Das darf nicht sein, bestimmt nicht gegen Verwandte, aber eigentlich gegen niemanden. So kann man mit Menschen nicht umgehen.« Die Abhöraffäre empörte die ganze Nation und schadete Beatrix' Ansehen. Im Windschatten des Familienstreits wagte es ein Blatt der Klatschpresse, Fotos von der Villa des Kronprinzenpaars, die dieses wenige Wochen später beziehen wollte, zu veröffentlichen. Ein anderes Blatt zeigte eine Wein trinkende und rauchende Máxima, dabei hatte man doch so sehr auf eine baldige Schwangerschaft gehofft. Aber es kam noch ärger: Johan Friso, zweiter Sohn von Beatrix und Claus und nur ein Jahr jünger als Willem-Alexander, war so lange ohne Freundin in der Öffentlichkeit aufgetaucht, dass es bereits Gerüchte gab, er sei homosexuell.

> **Sie will die totale Kontrolle über alle Informationen haben, die nach außen dringen, um zu wissen, wie sie ihre Position am besten behalten und verteidigen kann.**
> Prinzessin Margarita von Bourbon, Nichte von Königin Beatrix

Der Prinz fühlte sich genötigt, dies offiziell durch den königlichen Reichspressedienst RVD dementieren zu lassen. Als Johan Friso dann endlich 2003 mit der Bürgerlichen Mabel Wisse Smit seine Zukünftige vorstellte, was das Interesse groß. Wie im Falle Máximas musste sie die Überprüfung ihres gesellschaftlichen und familiären Umfelds über sich ergehen lassen, bevor das Parlament dem Ehegesuch zustimmte. Immerhin stand Johan Friso damals noch auf Rang zwei der Thronfolge. Auf Fragen nach ihrer Vergangenheit verstrickte sich Mabel Wisse Smit in Widersprüche. Nur sehr widerstrebend gab sie die Bekanntschaft mit dem Kriminellen Klaas Bruinsma zu, einer

> **Das Königshaus wehrt sich heute viel schneller gegen die Klatschpresse, wenn Unwahrheiten geschrieben werden.**
> Jan Hoedeman, Hofberichterstatter

führenden Figur der Drogenszene. 1991 war Bruinsma von einem Killer der jugoslawischen Mafia auf offener Straße erschossen worden. Ein ehemaliger Leibwächter des Drogenbarons bezeugte, sein Chef sei ganz wild nach der jungen Mabel gewesen. Diese wiederum bestritt, eine Affäre mit ihm gehabt zu haben. Weitere Ungereimtheiten kamen hinzu, die Mabel in keinem guten Licht erscheinen ließen. Premierminister Jan Peter Balkenende musste sie immer wieder mit neuen Erkenntnissen der Untersuchungskommission konfrontieren, bis die Wahrheit schließlich ans Tageslicht kam. »Lügen, gegen die kein Kraut gewachsen ist«, schimpfte der Politiker, der sich wie Königin Beatrix über das scheibchenweise Informationsgebaren des Paares ärgerte. Auch wenn sich Johan Friso und Mabel in aller Form dafür entschuldigten, stand fest, dass Mabel niemals eine »Reservekönigin« werden könnte. »Die Ehre des Königshauses ist stark beschädigt«, verkündigte Balkenende öffentlich. Johan Friso zog daraufhin sein Gesuch beim Parlament zurück und verzichtete auf seinen Thronfolgerang zugunsten seiner Ehe mit Mabel Wisse Smit. Königin Beatrix hielt weiterhin zur Freundin ihres Sohnes, eine Menschenrechtlerin, die immerhin zwei Doktortitel vorzuweisen hatte und die sie bereits in ihr Herz geschlossen hatte.

Nach den peinlichen Enthüllungen der Presse nahm sie Mabel und Johan Friso demonstrativ mit zur Kirche. »Für die Mitglieder der Familie kämpft die Königin wie eine Löwin«, bestätigt Coos Huijsen, der Biograph der Königin. Die Hochzeit von Beatrix' Sohn und Mabel Wisse Smit fand schließlich am 24. April 2004 in Delft statt – ein glanzvolles Ereignis, dem jedoch die Vertreter des ausländischen Hochadels fernblieben.

Nur wenige Wochen zuvor war im hohen Alter von vierundneunzig Jahren die Königinmutter Juliana verstorben. Neun Monate später, am 1. Dezember 2004, verlor Beatrix auch ihren Vater Prinz Bernhard. Er war dreiundneunzig geworden. Fünf Töchter begleiteten den Vater zur letzten Ruhestätte: neben Beatrix und ihren drei Schwestern auch die Französin Alexia Grinda, Prinz Bernhards uneheliche Tochter aus seiner Beziehung zu einem französischen Fotomodell. Ihre Existenz war längst ein offenes Geheimnis.

> **Ich bin glücklich darüber, dass mit ihr eine sehr liebe und begabte Schwiegertochter unsere Familie bereichert.**
> Beatrix anlässlich der Verlobung von Johan Friso mit Mabel

> **Einer seiner jüngeren Brüder sagte einmal: »Ihr dürft Willem-Alexander zusammenschlagen – aber nicht zu schlimm, sonst muss ich König werden.«**
> Jan Hoedeman, Hofberichterstatter

Nur drei Tage nach der Beerdigung schockierte Beatrix' Vater mit seiner postumen Lebensbeichte, abgedruckt in der vierundzwanzigseitigen Sonderbeilage des *Volkskrant* unter dem Titel »Der Prinz spricht«, die niederländische Öffentlichkeit und das Königshaus. Innerhalb weniger Stunden waren die Bekenntnisse Bernhards ausverkauft. Es war seine späte Rache an allen, die ihm untersagt hatten, zu Vorwürfen und Verdächtigungen, die seine Person betrafen, Stellung zu nehmen. Aus erster Hand erfuhren nun die Niederländer vom lockeren Lebenswandel des Prinzen und von der Existenz einer sechsten Tochter in den USA. Auch wollte der Prinz die Nachwelt wissen lassen, dass er kein Nazi war und dass er tatsächlich eine Million Dollar Schmiergeld vom US-Flugzeugkonzern Lockheed genommen hatte, was er nachträglich aber zutiefst bedauerte. Ferner sprach er freimütig über das Vermögen der Königsfamilie. Bernhards Enthüllungen kamen zu einer Zeit, die ohnehin schon durch die diversen Skandale im Vorfeld äußerst angeheizt war. Das Jahr 2004 geriet so zum »annus horribilis« der niederländischen Königin.

Die Charmeoffensive

Bereits in einer Umfrage des Niederländischen Instituts für Öffentliche Meinung von 2003 hatte ein Drittel aller Befragten angegeben, dass sie den Mitgliedern des Königshauses weniger vertrauten als im Jahr zuvor. Die Meinungsforscher führten diese Entwicklung auf die Affären um Mabel Wisse Smit und Prinzessin Margarita zurück. »Beatrix vergegenwärtigte sich, dass sie sich von ihrer warmen Seite zeigen musste«, sagt Jan Hoedeman, Vorsitzender der niederländischen Hofschreiber. »Also ging sie in die Offensive, in die sogenannte Charmeoffensive.« Es war die Stunde der PR-Experten am Hofe. Binnen Kurzem entwarfen sie ein Programm, in dessen Zentrum die Königin und ihre Schwiegertochter Máxima standen.

Die Frauen der Königsfamilie sollten ihr soziales Engagement medienwirksam gestalten. Sogleich besuchte die Königin eine Ausbildungsstätte für Behinderte und eine Schule für Blindenhunde. Die Galionsfigur der Charmeoffensive war zweifellos Prinzessin Máxima, die in kürzester Zeit zur beliebtesten Oranierin avanciert war. Mit ihrer natürlichen, heiteren Art hatte sie die Herzen der Niederländer in Windeseile erobert. »Máxima ist überhaupt nicht hochnäsig«, meint der Freund der Familie, Avi Primor. »Die Leute, die nicht aus dem Königshaus kommen und plötzlich zu Prinzessinnen oder sogar Kronprinzessinnen werden wie die Prinzessin der Niederlande, die können sehr schnell hochnäsig werden. Man kann da schnell aus dem Gleichgewicht kommen, aber bei Máxima war das überhaupt nicht der Fall.«

Bei Staatsbesuchen in Südamerika begleitete sie ihre Schwiegermutter und war ihr dabei mit ihrem sympathischen Auftreten eine starke Stütze. Beatrix soll so begeistert von ihr gewesen sein, dass sie verkündete, Máxima künftig immer mit auf Reisen nehmen zu wollen. Die Prinzessin fand offensichtlich großen Gefallen an ihrer Rolle. Wo sie erschien, lachte sie und verbreitete gute Laune, stellte kompetente Fragen und zeigte sich interessiert am Leben der einfachen Leute. Sie fühlte mit den Menschen und reagierte betroffen, wenn sich ein Unglück ereignete. Mit der Charmeoffensive sind zwei große Bereiche in ihr Aufgabenspektrum gerückt: Máxima engagiert sich für die Probleme von Immigrantinnen und die Vergabe von Mikrokrediten, das heißt Kleinstkrediten zur Existenzgründung für Menschen in der Dritten Welt. Als Südamerikanerin weiß sie um die soziale Situation der vom Leben Benachteiligten. Bei einer Promotiontour für die Vermittlung von Mikrokrediten durch den strukturschwachen Nordwesten Argentiniens besichtigte sie 2004 eine Landwirtschaftskooperative in der Provinz Jujuy. »Ich war überrascht, wie viel sie über uns gelesen und recherchiert hatte«, erzählt Javier Rodríguez, der Leiter des Betriebs. »Sie war sehr gut vorbereitet.« Bei diesem Besuch ging Máxima auch auf die Landarbeiterinnen der Kooperative zu. »Die Prinzessin hat sich mit uns in unserer Sprache unterhalten«, berichtet die

> **Mit ihrem Ziel, die Monarchie abzuschaffen, sind die Republikaner dank ihrer Charmeoffensive um zwanzig Jahre zurückgeworfen worden.**
> Arend Jan Dunning, Republikanische Gesellschaft

> **Es sieht von außen immer so aus, als ob es nur um Politik und Schriftstücke geht, aber eigentlich geht es um Menschen.**
> Máxima

Arbeiterin Paolina Gutierrez. »Sie wollte wissen, wie es läuft, was wir machen, wie die Arbeit ist. Sie hat mir sehr gut gefallen.« Professionell und voller Power erfüllt Máxima ihre neuen Aufgaben. Im Gegensatz zu den meisten anderen Kronprinzessinnen bürgerlicher Herkunft scheint ihr das Prinzessinnendasein Spaß zu machen. In ihrer neuen Heimat Holland kümmert sich die »Musterimmigrantin« vor allem um die Integration ausländischer Frauen. Das ist keine leichte Aufgabe, denn auch in den Niederlanden, in denen Toleranz immer großgeschrieben wurde, wächst der Extremismus, ist spätestens seit dem Mord am islamkritischen Filmemacher Theo van Gogh im Jahr 2004 der Traum vom friedlichen multikulturellen Miteinander zerplatzt. Da will Máxima motivieren und Mut machen. »Ihre Lebensfreude ist ein Vorbild für viele Leute«, sagt ihr Freund Miguel Reynal, »auch ihr sensibler Umgang mit Menschen.« In Gesprächen mit Immigrantinnen fordert sie diese auf, sich in das Land und seine Sprache zu integrieren. Wie der Monarchiegegner Hans van den Bergh meint, kann das Kronprinzenpaar für die stattliche Apanage von 1,8 Millionen Euro ruhig auch etwas tun. »Das Königshaus kostet die Niederlande achtzig Millionen Euro im Jahr«, kritisiert er. »Das ist natürlich ein irrsinniger Betrag, der absolut nicht im Verhältnis zu den Verdiensten dieser Leute steht, die das Geld einkassieren und verbrauchen. Unser Ministerpräsident verdient ungefähr zweihunderttausend Euro. Das halte ich für einen angemessenen Betrag.«

Trotz aller Kritik wächst Máximas Fangemeinde von Tag zu Tag. Doch ist sie nicht nur ein Vorbild, sondern darüber hinaus eine Stilikone. Wo Máxima ist, sind auch die Fotografen. Ihre Kleider kauft sie noch immer gern in ihrer Heimatstadt Buenos Aires, die sie jedes Jahr für mehrere Wochen besucht. »Máxima hat ihren eigenen Geschmack«, erzählt der Modedesigner Laurencio Adot, der Máxima noch aus Jugendtagen kennt. »Kurz nach der Hochzeit trug sie sehr schlichte Kleidung. Heute ist sie schicker, eleganter geworden. Das sieht man am Schmuck und an den Accessoires. Obwohl sie heute ein größeres Budget hat, trägt sie keine Valentino-Kleider wie Victoria Beckham, sondern die einer Prinzessin. Máxima ist nicht neureich. Sie ist ih-

> Sie ist jemand, den die Leute vom Fernsehen kennen, und das ist natürlich sehr spannend. Aber meine Erfahrung ist, dass sie sehr gut darin ist, die Leute zu beruhigen. Und wenn die Menschen das merken und über ihre eigene Arbeit erzählen können, ist es sehr schnell sehr entspannt.
> Pien Zaaijer, persönliche Beraterin der Prinzessin

rem Stil treu geblieben.« Viele Frauen wollen so sein wie sie. Doch was ist ihr Erfolgsgeheimnis? »Sie verkörpert viele Frauen auf einmal. Frauentypen, die – jede für sich genommen – schon ein starkes Stück sind: Sie ist sexy und sogar erotisch, sie hat einen untrüglichen Instinkt für feminine Eleganz, sie hat Ausstrahlung, und sie ist hochintelligent«, sagt die Diplompsychologin Christine Baumanns. »Und doch reagieren Männer oft verstört und Frauen misstrauisch auf den perfekten Frauentyp. Bei Máxima scheint das anders zu sein, weil bei ihr Sinnlichkeit zu spüren ist, eine Genussfähigkeit, Lust am Leben. Und keinen Moment lang hat man das Gefühl, dass sie nur so tut als ob. Noch eins: Máxima hat nicht nur Charme und Esprit, sie hat auch Humor. Der verschafft ihr die Fähigkeit, ihre Stärken zu kultivieren und ihre Schwächen zu akzeptieren. Máxima würde nicht so hundertprozentig von allen akzeptiert werden, wäre nicht so präsent, wenn sie nicht etwas wäre, nach dem wir instinktiv Sehnsucht haben.«

Ein Prinz im Wartestand

Ebenso wie Máxima schlägt Willem-Alexander bei seinen zahlreichen sozialen Engagements große Sympathie entgegen. Schon während seines Studiums übernahm der Kronprinz Aufgaben seiner Mutter – wie 1990 bei der Inthronisation des japanischen Kaisers Akihito in Tokio, 1991 bei der Einäscherung des ermordeten indischen Premierministers Rajiv Gandhi oder 1994 bei der Vereidigung des südafrikanischen Präsidenten Mandela.

»Er ist modern, aufrichtig interessiert, einfach ansprechbar und benimmt sich ausgezeichnet gegenüber den Medien«, beurteilt ihn der ehemalige Ministerpräsident Wim Kok. »Er schottet sich nicht ab, aber versteht es, im richtigen Moment zu schweigen oder die passende Antwort zu geben.«

Fast jede Woche nimmt er an den Sitzungen des Staatsrats teil, in denen er über die gesellschaftlichen und politischen Fragen des Landes informiert wird. Daneben bereist er die verschiedenen Provinzen, besucht Gemeinden und soziale Einrichtungen. Der sportbegeisterte Prinz ist Mitglied im Internationalen Olympischen Komitee. Seit 1998 engagiert er

Es ist nicht so, dass ich bei Gesprächen mit dem Ministerpräsidenten, mit Ministern oder Parlamentsmitgliedern anwesend bin. Aber über offene Fragen sprechen wir schon informell beim Abendessen, wenn wir zu zweit sind. Meine Mutter findet es auch wichtig, dass ich weiß, was los ist, und nicht nur Informationen aus der Presse habe.

Willem-Alexander

sich in besonderem Maße für die Global Water Partnership, die internationale Umweltschutzbestimmungen und Wasserwirtschaftspolitik in Einklang bringen will. Kein Geringerer als UNO-Generalsekretär Kofi Annan hatte ihn um den Vorsitz gebeten. Doch woher rührt das Interesse des Kronprinzen für Wasser? »Wir sind auf zwei Seiten von Wasser umgeben und zugleich davon auch bedroht«, erklärt Willem-Alexander. »Auf der einen Seite gibt es das Meer, von dem Sturmfluten auf uns zukommen können, auf der anderen Seite den Rhein mit seinen Hochwassern. Wir brauchen das Wasser, um zu leben, und müssen es zugleich fürchten. Deswegen ist es für uns wichtiger als für andere Länder, dass wir immer ein wachsames Auge auf das Wasser haben.« Ein Viertel der Niederlande liegt unter dem Meeresspiegel, Deiche und Dämme müssen die Wassermassen bändigen. Nicht von ungefähr sind die Holländer seit Jahrhunderten im Wasser- und Deichbau für ihre Kenntnisse, die sich bereits Friedrich der Große zunutze machte, berühmt.

Das Interesse für die Wasserwirtschaft teilt Willem-Alexander mit einem anderen Thronfolger: Naruhito von Japan, der sich während seines Studiums in England auf Wasserwege spezialisiert hat. Tatsächlich verbindet die beiden Kronprinzen eine intensive Freundschaft. Erst im Sommer 2006 verbrachten Naruhito, seine Frau Masako und Töchterchen Aiko ihre Ferien bei den Freunden in Holland.

Prinz Claus, der als Diplomat die Dimension der Wasserproblematik schon frühzeitig erkannt hatte, sensibilisierte seinen Sohn für das wichtige Thema. »Sein Vater sagte: Man interessiert sich für die Dritte Welt, man spricht über die Dritte Welt, man fährt in die Dritte Welt – aber was kann man tatsächlich tun? Was können wir, das holländische Königshaus, tun?«, bestätigt Avi Primor, der enge Freund von Prinz Claus. Die ernsten Gespräche, die sie gemeinsam über die Wasserproblematik führten, sind ihm noch gegenwärtig. Er erinnert sich, wie wichtig dem Vater Willem-Alexanders dieses Thema war: »Die meisten Menschen in der Dritten Welt trinken verseuchtes Wasser«, hatte Claus gesagt, »und kaum einer ist sich im Klaren darüber, was ein Tsunami für Holland bedeuten könnte. Innerhalb von zwölf Stunden müssten vier Millionen Menschen evakuiert werden. Da müssen wir etwas unternehmen und einen Beitrag leisten.« Willem-Alexander scheint seine Aufgabe ernst zu nehmen. Er sieht sein ehrgeiziges Ziel darin, bis 2015 achtzig Prozent der Afrikaner mit sauberem Wasser zu versorgen.

Republikanische Kritiker betrachten das alles mit Skepsis. »Auf den ersten Blick hat es den Anschein, als ob Prinz Willem-Alexander und seine Frau Máxima sozial sehr engagiert seien. Das wirkt sehr nett, aber das sind natürlich Dinge, die man sich für sie ausgedacht hat, die andere auf ihren Terminkalender gesetzt haben. Sie machen dies vor allem zu PR-wirksamen Zwecken«, meint der Monarchiegegner Hans van den Bergh. In der Beliebtheitsskala der Niederländer ist Willem-Alexander jedenfalls nicht zuletzt auch aufgrund seines Engagements in den letzten Jahren rasant gestiegen. »Ich denke, dass er direkter auf Menschen zugeht als seine Mutter«, versucht Hofschreiber Jan Hoedeman eine Erklärung für das Phänomen zu finden. »Die Leute fühlen sich in seiner Gegenwart wohl. Er macht oft Witze, um die Stimmung aufzuheitern. Wenn man sich mit ihm unterhält, gibt er einem nicht das Gefühl, alles besser zu wissen. Das unterscheidet ihn von seiner Mutter.« Im Vergleich zu Beatrix halten ihn viele für weniger intellektuell. »Er hat selber mal gesagt: Ich werde mehr im Stil meiner Großmutter Juliana regieren, also lockerer«, berichtet die Historikerin Reinildis van Ditzhuyzen, die oft bei Soireen des Königshauses zugegen ist.

Familienglück

Die beste Werbung für das Königshaus ist die neue Generation. Am 7. Dezember 2003 erblickte Wunschkind Catharina-Amalia das Licht der Welt. Mit hunderteins Salutschüssen wurde die neue Kronprinzessin begrüßt. Anders als in anderen Ländern bietet das Geschlecht des Kindes keinen Anlass zum Trübsalblasen. In den Niederlanden gilt das Recht der

Erstgeburt. So wird Catharina-Amalia eines Tages ihrem Vater Willem-Alexander auf den Thron folgen. Bei der Taufe waren auch die Großeltern aus Buenos Aires anwesend. Schwesterchen Alexia ließ nicht lange auf sich warten, sie wurde am 26. Juni 2005 geboren, Schwesterchen Ariane folgte am 10. April 2007. »Im Augenblick ist fünf eine schöne Zahl«, sagte der stolze Vater, als er sich nach der Entbindung am Klinikfenster zeigte. Ob er sich nicht einen Sohn erhofft habe, wollen Journalisten wissen. Nein, antwortete der Prinz, er habe immer nur auf ein gesundes Baby gehofft, und das habe er bekommen. »Meine Frau und meine Kinder sind das Wichtigste in meinem Leben«, verkündete ein zufriedener Papa. »Man sieht, dass sie noch immer total verliebt ineinander sind«, bestätigt der Freund der Familie, Avi Primor. »Das sieht man auch im Verhältnis zu den Kindern. Das erinnert mich sehr an die Eltern von Willem-Alexander, die genauso eng miteinander waren. Man spürt, wenn man in der Nähe ist, dass es nicht aufgesetzt ist. Es ist eine echte Liebe, eine tiefe Verbindung.« Womit die beste Voraussetzung für eine gute Teamarbeit gegeben ist. Seit dem Tod von Prinz Claus treten sie bei Staatsbesuchen zunehmend häufiger an die Seite der Königin. Immer mehr Niederländer sehen in Willem-Alexander den würdigen Nachfolger seiner Mutter. Dabei profitiert er auch von der Beliebtheit seiner Frau, die ihren Humor und ihre Natürlichkeit trotz ihrer Rolle als Prinzessin auf wundersame Weise bewahrt hat. »Ich erinnere mich an eine lustige Geschichte beim Abendessen bei uns zu Hause«, erzählt Miguel Reynal. »Máxima war schon verheiratet. Sie entdeckte ein Schälchen auf dem Tisch, das sie faszinierte. Sie sagte: ›Oh, wie schön. Das ist doch sehr hübsch, wunderschön.‹ Ich musste lachen. ›Wie schön dieses silberne Ding ist!‹, fuhr sie fort. Ich sagte: ›Das ist die Butterdose.‹ – ›Oje‹, sagte sie, ›ich sollte wohl besser überlegen, bevor ich was sage. Manchmal rede ich zu schnell und zu viel, ohne vorher überlegt zu haben.‹ Dann haben wir beide gelacht.«

Viele Niederländer halten Máxima inzwischen für ein großes Glück. Auf ihre Rolle als Frau an der Seite des zukünftigen Königs ist die Mutter dreier Kinder gut vorbereitet. Nach den Königinnen Wilhelmina, Juliana und Beatrix wird sie die Frauenpower am niederländischen Hof in

Sie ist eine gute Ergänzung zu Prinz Willem-Alexander. Er ist doch ein nüchterner Niederländer. Sie trägt mit ihrer weiblichen Intuition und sozialen Kompetenz dazu bei, dass sie gemeinsam ein gutes Team sind.

Jan Hoedeman, Hofberichterstatter

bester Tradition fortführen. Doch noch ist unklar, wann Beatrix ihrem Sohn den Thron überlässt. Selbst im wohlverdienten Skiurlaub muss sich Willem-Alexander dieser Frage stellen. Doch er trägt's mit Humor: »Das müssen Sie die Frau fragen, die gerade ins Haus gegangen ist«, entgegnete er schlagfertig den neugierigen Journalisten und deutete dorthin, wo soeben noch seine Mutter gestanden hatte.

Ein Mittsommermärchen

Victoria von Schweden und ihr Daniel

Normalerweise hätte von der Szene wohl kaum jemand Notiz genommen, die sich im Winter 2007 auf einer Piste im oberitalienischen Skiort Cortina d'Ampezzo zutrug: Eine auffallend gut aussehende junge Frau und ein auffallend gut gebauter junger Mann schickten sich an, eine Abfahrt zu absolvieren. Nicht aber, ohne sich zuvor verliebt zuzulächeln, sich in den Arm zu nehmen

> Wenn man sich die Bilder anschaut, kann man feststellen, dass sie immer schöner wird und immer glücklicher aussieht mit jedem Bild, das von ihr und Daniel geschossen wird. Ich glaube, er ist gut für sie.
>
> Agneta Bolme-Börjefors, Hofberichterstatterin

und, das ist der entscheidende Punkt, sich zu küssen! Doch die junge Dame, die sich da so hingebungsvoll in die Arme ihres Begleiters schmiegte, war niemand anderer als Victoria, die Kronprinzessin von Schweden.

Der Fotograf, der die Szene einfing, machte das Geschäft seines Lebens, denn nahezu alle europäischen Gazetten mit Herz für Königshäuser druckten das Bild ab. Auch in Deutschland, wo seit Jahrzehnten das Interesse am schwedischen Königshaus besonders groß ist, rauschte es kräftig im Blätterwald. »Gott sei Dank!«, jubilierte *Das Neue Blatt*. »Victoria von Schweden lässt Taten sprechen«, konstatierte erleichtert die *Bunte*.

In fünf Jahren Beziehung hatte Victoria ihren Freund, den Fitnesstrainer Daniel Westling, zwar zunehmend häufiger auch auf offiziellen Anlässen an ihrer Seite gezeigt, doch geküsst hatte sie ihn öffentlich noch nie. Auch wenn nie so ganz klar wurde, ob der Kuss nun einfach Paparazzoglück oder aber eine gezielte PR-Aktion der Kronprinzessin war – mehr denn je wird europaweit gerätselt: Wann heiratet sie endlich? Das schwedische Königshaus aber hüllt sich in Schweigen.

Anzeichen für eine bevorstehende Hochzeit gab es zuhauf. Im Sommer 2006 stellte der Hof eine neue Pressechefin ein. In Dänemark war auf einen solchen Wechsel die Hochzeit des Thronfolgers gefolgt. Ebenfalls unlängst hat der König eine Erhöhung der jährlichen Apanage für den Hofstaat gefordert – um die Hochzeit seiner Tochter zu finanzieren? Die Journalistenphantasie kennt schon seit Jahren keine Grenzen mehr, was dieses Ereignis angeht. So wird spekuliert, welchen Modeschöpfer sich Victoria für ihr Hochzeitskleid ausgesucht hat, welchen Pfarrer Daniel bevorzugt und was es bei Tisch angeblich zu essen geben wird. Doch so eindeutig die Zeichen auch sein mochten – geschehen ist bis heute nichts. Mehr als ein kryptisches »An dem Tag, an dem es etwas mitzuteilen gibt, werden Sie es erfahren« lässt die zuständige Pressereferentin nicht verlautbaren.

Und so geht das Rätselraten weiter. Immerhin ist Victoria von Schweden die einzige Frau, die in absehbarer Zeit einen europäischen Thron übernehmen wird. Alle anderen Königshäuser Europas werden männliche Nachfolger haben: Håkon von Norwegen, Felipe von Spanien, Frederik von Dänemark, Willem-Alexander von den Niederlanden, Philippe von Belgien oder – in der übernächsten Generation – William von England. Auch wen sich diese Prinzen zu Gefährtinnen erkoren, verfolgten die Royalfans mit Argusaugen. Mal fiel die Wahl zur vollen Zufriedenheit aus, wie bei Mary in Dänemark oder Máxima in Holland. In anderen Fällen blieben die Untertanen distanzierter, wie bei Mette-Marit von Norwegen oder Letizia von Spanien. Doch keine Auswahl wird so kritisch beäugt wie die Victorias von Schweden. Denn die schwedische Thronfolgerin gleicht einer Prinzessin aus dem Bilderbuch. Noch nie hat sie sich einen wirklichen Ausrutscher geleistet. Selbst ihre Teenagerzeit hat sie ohne Fotos mit Zigarette oder Bierglas überstanden, von noch unpassenderen Situationen gar nicht zu reden. Während sich ihre royalen Generationsgenossen, allen voran Britenprinz Harry, Jahr um Jahr aufs Neue durch gesellschaftliches Fehlverhalten blamieren, ist die Vita der Kronprinzessin blütenweiß. Wie die ihrer Familie übrigens auch: Im europäischen Vergleich ist das Skandalniveau bei den Bernadottes lächerlich niedrig. Mal wird der König wegen zu schnellen Autofahrens geblitzt, mal zeigt Prin-

> **Irgendwann wird sich die Kronprinzessin entscheiden müssen. Das ist nicht einfach, auch für die Eltern nicht, wer an der Seite der künftigen Königin stehen wird als Prinzgemahl. Man kann nur den Daumen drücken, dass das gutgeht. Das Königspaar ist schon ein bisschen besorgt. Aber ich hoffe – nachdem so ein gütiges Wesen über dieser Monarchie in Schweden schwebt –, dass das alles gut weitergeht.**
>
> Johann Georg Prinz von Hohenzollern, Schwager des Königs

zessin Madeleine auf einer Party zu viel Ausschnitt – wilder wird es am Stockholmer Hof selten. Vor allem Victoria weiß sich zu benehmen, sie ist charmant, eloquent und hat Stil. Umso erstaunlicher, dass »Prinzessin Perfekt« sich noch nicht vor den Traualtar gewagt hat. Aber vielleicht ist der Posten schwerer zu besetzen, als sich der bürgerliche Betrachter vorstellt. Denn das Amt, das sie an ihrer Seite zu vergeben hat, ist kein beneidenswertes. Der Mann, der Victoria von Schweden heiratet, wird immer einen Schritt hinter ihr stehen müssen. Er wird nicht König werden, sondern wohl nur Prinzgemahl. Da es in der schwedischen Geschichte aber einen solchen Fall noch nie gegeben hat, steht noch nicht einmal fest, wie er wirklich heißen würde. Möglich ist auch, dass er in Anlehnung an einen weiteren Posten seiner Frau lediglich Herzog von Västergötland genannt werden wird. Aber wie auch immer er heißt – ein bürgerlicher Gemahl der Königin muss einen königlichen Alltag absolvieren, auf den er nicht vorbereitet wurde. »Es ist sehr wichtig, wen Victoria heiratet«, sagt der schwedische Historiker Herman Lindqvist. »Dieser Mann muss zu hundert Prozent an ihrem Leben teilnehmen. Es ist nicht, als wenn Herr Svensson morgens zur Arbeit geht und dann seine Frau mal abends trifft und mit ihr den Tag bespricht.« Victoria kennt das royale Leben von Kindesbeinen an. Das strahlende Lächeln und die durchaus hohe Kunst des unermüdlichen Händeschüttelns wurden ihr in die Wiege gelegt. Ihr Mann wird es als Erwachsener lernen und aushalten müssen. Denn auch wenn die schwedische Monarchie die wohl modernste und aufgeschlossenste der Welt ist – ein Zurück wird es für den Gemahl der Königin nicht geben.

Ein Prinz der Herzen?

Ob Daniel Westling diesen Anforderungen gewachsen sein wird, wurde von den Schweden lange bezweifelt. Denn der junge Mann stammt aus einfachen Verhältnissen. Seine Wiege stand in einem Reihenhaus in der schwedischen Kleinstadt Ockelbo. Passt so einer ins Stockholmer Stadtschloss? König Carl Gustaf genießt durchaus den Ruf, auf höfische Etikette nur begrenzten Wert zu legen. Doch in diesem Fall steckt wohl mehr gestrenger Königsvater in ihm, als das liberale Schweden erwartet hatte.

Der König sei von seinem Schwiegersohn in spe nicht sonderlich begeistert, hieß es. Der Empfang Daniels in Schloss Drottningholm habe in eher unterkühlter Atmosphäre stattgefunden. Auch die schwedische Presse lästerte, Daniel sei simpel. Er spreche fehlerhaft Englisch, sein einziges Potenzial sei ein durchtrainierter Körper. Belege für all diese Behauptungen gibt es allerdings nicht. Denn Daniel Westling hält sich Medien gegenüber enorm zurück. Vor Jahren gab er ein kaum erwähnenswertes Interview für eine Schülerzeitung seiner Heimatstadt. Schon interessanter war sein Gespräch im Herbst 2005 mit der Wirtschaftszeitung *Dagens Industri.* Doch auch hier äußerte er sich lediglich zu seinen Aktivitäten in der schwedischen Fitnessbranche. Sein Privatleben blieb wohlweislich ausgespart. Und so existiert aus der fünfjährigen Beziehung zu Victoria keine eindeutige öffentliche Äußerung ihres Freundes – ein ausgesprochen kluges Verhalten.

Überhaupt hat sich der als »Frosch« gescholtene Daniel, seit er mit Victoria zusammen ist, zu einem ansehnlichen Prinzenanwärter gemausert. Die sportlichen Kapuzenpullover sind adretten Anzügen gewichen, die Baseballkappe, mit der er sich gern tarnte, hat ausgedient. Stattdessen präsentiert sich Victorias Liebster stets mit modischem Haarschnitt über einer Designerbrille. Vor allem das Lächeln, das auf den ersten Aufnahmen mit Victoria oft eher genervt und peinlich berührt wirkte, ist einem souverän freundlichen Gesichtsausdruck gewichen. Der Mann weiß, was auf ihn zukommt, und er will sich dieser Herausforderung stellen. Beruflich hat es zwar nicht ganz perfekt hingehauen – seine Fitnessstudiokette geriet in finanzielle Schieflage –, doch das sollte den Jungunternehmer in Anbetracht der Apanage seiner Braut wohl weniger kümmern. »Dass die Eltern sich nicht unbedingt einen Fitnesstrainer für ihre Tochter gewünscht haben, versteht sich von selbst«, meint die ehemalige »Leute-heute«-Moderatorin Nina Ruge. »Aber Victoria geht ihren Weg mit Charme und Selbstbewusstsein. Sie sagt: ›Ich lass ihn nicht fallen.‹«

Von Monarchie und Demokratie

Aber ist diese Geschichte es wirklich wert, seit mehr als fünf Jahren zu mindestens einer Schlagzeile in einer europäischen Zeitschrift zu führen? Wer das ernsthaft verneint, kann nur zu den ganz wenigen gehören, die als Kind nie davon geträumt haben, Prinz oder Prinzessin zu sein. Denn wen reizt nicht die Vorstellung, in einem Schloss zu leben und Tag für Tag von Dienern und Lakaien umgeben zu sein? Wer würde es nicht mögen, wenn die schwerste Entscheidung des Tages darin besteht, ob man heute den Sieben- oder den Achtkaräter am Finger tragen möchte oder ob die goldenen oder silbernen Manschettenknöpfe besser zum Anzug passen? Und auch, wenn eigentlich jeder weiß, dass diese romantischen Vorstellungen des royalen Lebens mittlerweile nur noch wenig mit der Realität zu tun haben – die Träume bleiben. »Solange es Königshäuser auf der Welt gibt, werden die Menschen sie lieben«, ist Gesellschaftsreporter Paul Sahner überzeugt.

Aber sind es wirklich nur die Kindheitsträume, die den Monarchien Bedeutung verleihen? Der schwedische Geschichtsprofessor Dick Harrison verneint das vehement. »Die Macht der schwedischen Königsfamilie darf man nicht unterschätzen«, gibt er zu bedenken.

Auf den ersten Blick ist dies eine bizarre Aussage, denn die Familie Bernadotte hat im europäischen Vergleich die geringsten Einflussmöglichkeiten. In der Verfassungsreform von 1973 musste sie alle politischen Befugnisse abtreten. Auf dem Papier ist der schwedische König seither zum Grüßaugust degradiert. Doch die Schweden wissen um den Einfluss, den ihr Königshaus immer noch ausübt. »Laut Verfassung haben sie gar keine Macht, aber das läuft in der Realität anders«, bestätigt der Historiker Lindqvist denn auch. »Was immer ein Mitglied der Königsfamilie sagt, es wird sofort veröffentlicht. Es ist wirklich seltsam: Sie hatten noch nie so wenig Macht wie heute, und sie hatten noch nie so viel öffentlichen Einfluss wie heute.« Offiziell sind die schwedischen Royals angehalten, sich bei ihren mündlichen oder schriftlichen Aussagen auf Kommentare bezüglich des Wetters oder zum Wohlbefinden des Gegenübers zu beschränken. Tatsächlich aber wagen sich auch die Bernadottes zunehmend aus der Deckung und äußern sich dezent, aber bestimmt zu Fragen, die ihnen am Herzen liegen. So engagiert sich Königin Silvia seit Jahren für Kinder in aller Welt und hat sich oftmals sehr deutlich für Gesetzesänderungen zur Verhinderung von Kinderprostitution eingesetzt. Carl XVI. Gustaf hat nach dem verheerenden Tsunami in Südostasien, bei dem auch viele Schweden starben, öffentlich die schwedische Regierung als Versager gescholten, da sie die Rettungsmaßnahmen nur unzureichend koordiniert hätte. Auch Kronprinzessin Victoria lässt immer mehr durchblicken, dass sie Themen wie Umweltschutz und Friedensforschung besonders interessieren. Und es steht zu erwarten, dass eine Äußerung der schwedischen Kronprinzessin in solchen Angelegenheiten mehr bewirken dürfte als manche tagelange Konferenz. Ebendiese Entwicklung aber wird vom schwedischen Reichstag argwöhnisch beäugt. Denn die gewählten Parlamentarier möchten sich nicht von jemandem kritisieren lassen, der sein Amt ererbt hat und nicht vom Volk per Wahl legitimiert wurde. Viele Abgeordnete, laut jüngster Zählung immerhin sechsundfünfzig Prozent, würden die Blaublüter lieber heute als morgen aufs bürgerliche Altenteil schicken. In einigen Parteiprogrammen, beispielsweise dem der Sozialdemokraten, ist der Wille zur Abschaffung der Monarchie sogar schriftlich fixiert. Britta Lejon von der Sozialdemokratischen Partei ärgert sich seit Jahren über das schwedische Staatssystem: »Die Monarchie ist völlig antiquiert. Wenn wir ein modernes Schweden aufbauen wollen, muss sie abgeschafft werden.«

Tatsächlich wäre es recht leicht, aus der traditionsreichen schwedischen Monarchie eine schnöde Republik zu machen. So würde im Reichstag eine einfache Mehrheit reichen, deren Beschluss nach der nächsten Wahl noch einmal bestätigt werden müsste, und die Ära der Bernadottes als Herrscher Schwedens gehörte der Vergangenheit an. Und am einfachsten wäre der Stockholmer Thronsturz bei einem Wechsel von Carl Gustaf auf Victoria zu bewerkstelligen. Die Monarchiegegner wetzen dementsprechend schon für diesen Tag die Messer. Zum Ärger der Königskritiker mag das schwedische Volk hier aber so gar nicht mitziehen. Die überwiegende Mehrheit der Schweden liebt ihr

> Es ist möglich, dass wir einen Teil der Medienaufmerksamkeit verlieren würden, wenn wir einen Präsidenten hätten, aber auf der anderen Seite könnte ein demokratisch gewählter Präsident als Politiker auftreten und sich auch so äußern.
>
> Britta Lejon, Mitglied des Reichstags

> Er wird nicht gewählt, er wird nicht von Wahlmännern berufen, sondern der Posten wird einfach vererbt – und das widerstrebt nun wirklich allen demokratischen Prinzipien.
>
> Mats Einarsson, Reichstagsabgeordneter der Linkspartei

Königshaus. Es ist Teil der schwedischen Identität, genau wie Astrid Lindgren und ihre Buchhelden Pippi Langstrumpf, Michel aus Lönneberga oder die Kinder von Bullerbü. König Carl Gustafs sechzigster Geburtstag 2006 brachte zigtausende Untertanen auf die Straßen, die ihrem Monarchen frenetisch zujubelten. Die jährliche royale Weihnachtssendung des schwedischen Fernsehens SVT erzielt regelmäßig höchste Einschaltquoten, und ein Lächeln der Prinzessinnen Victoria und Madeleine kann die Auflagenzahl einer Zeitschrift über Nacht in die Höhe schnellen lassen. Eine Umfrage ergab, dass drei von vier Schweden für den Erhalt der Monarchie plädieren. Doch der Grund dafür ist nicht etwa in einer Vorliebe für die Monarchie als Staatsform zu suchen – ganz im Gegenteil: Schweden ist seit Jahrzehnten ein Vorreiter in Sachen Demokratie und Fortschritt. Nein – die Schweden lieben die Monarchie, weil sie die Bernadottes lieben! Carl Gustaf, Silvia und Kronprinzessin Victoria gelten seit Jahren als die beliebtesten Schweden. Prinzessin Madeleine ist der Schwarm der allermeisten Jungschweden, und der attraktive Prinz Carl Philip schmückt als angehimmeltes Poster so manches Mädchenzimmer zwischen Malmö und Stockholm.

Die Monarchiegegner haben sich jahrelang die Finger verbrannt in dem Bemühen, die Königsfamilie bei irgendwelchen Verfehlungen zu ertappen. Doch der Lebenswandel der Bernadottes ist einfach zu makellos, um ihnen Übles nachzusagen. Seit einiger Zeit haben sich die schwedischen Republikaner daher auf eine andere Strategie verlegt und die Stoßrichtung geändert. Statt gegen die Königsfamilie zu wettern, stellen sie sich angeblich auf ihre Seite. »Lasst uns die Königskinder befreien«, so der Slogan einer Pressekampagne, die 2004 Schlagzeilen machte. Kampagnenleiter Ulf Bergström verkündete vollmundig: »Die Monarchie verstößt gegen die Menschenrechte. Die Königskinder haben kein Privatleben. Wir müssen sie aus der Sklaverei herausholen.« Ein Ende der Monarchie, so die etwas krude Argumentation, wäre ganz im Interesse der Bernadottes. Keine freie Berufswahl, kein Stimmrecht, keine Religionsfreiheit – ein trauriges Leben in einem goldenen Käfig sei es, was die Königskinder aushalten müssten. Doch ob diese Argumentationsstrategie aufgeht, ist mehr als fraglich. Der Hof hat die Kampagne mit gelassenem Amüsement hingenommen.

Dennoch sind sich auch die Bernadottes der Tatsache bewusst, dass sie keine Angriffsflächen bieten dürfen. Denn ein Benehmen, wie es im britischen Königshaus gang und gäbe ist, würden die Schweden gewiss nicht tolerieren. Für Victoria steht also in Zukunft einiges mehr auf dem Spiel als ihr persönliches Glück. An ihr ist es zunächst einmal, die Monarchie über die Hürde des Regentenwechsels zu bringen. Und was dann passiert, wird ein neues Kapitel in der Geschichte des schwedischen Throns. ZDF-Societyexpertin Nina Ruge hat das schwedische Königshaus über Jahre in der Berichterstattung verfolgt. Sie weiß um Victorias zahlreiche Möglichkeiten, in ihre Rolle zu finden. »Möchte ich die Königin der Herzen sein? Möchte ich einfach eine gute Verwalterin der Aufgaben sein, die dieser Beruf mit sich bringt? Möchte ich eine Anwältin der Kinder sein wie Königin Silvia? Passt das zu mir?« Nina Ruge geht davon aus, dass Victoria eine gewisse Zeit brauchen wird, bis sie ihren Platz in der Welt der amtierenden Monarchen gefunden hat. »Die Bernadottes werden in der Regel uralt«, sagt deren ebenfalls schon hochbetagte Hofdame Alice Trolle-Wachtmeister. »Victoria hat mindestens noch dreißig Jahre Zeit.« Und für den Fall, dass es nicht ganz so lange dauern sollte, haben ihre Eltern sie bereits jetzt aufs Vortrefflichste auf ein Leben als Königin von Schweden vorbereitet.

> Was ihr natürlich passieren kann, ist das, was dem armen Charles in England auch passiert: dass der Vater – im Fall von Charles die Mutter – den Thron nicht räumen will. Carl Gustaf ist ja noch in vollster Blüte mit seinen gerade sechzig Jahren; und er wird wohl nicht freiwillig abtreten.
>
> Paul Sahner, Gesellschaftsreporter

Eine ganz normale Kindheit

»Wir haben immer versucht, dem schwedischen Volk nahe zu sein, und wir wollten, dass unsere Kinder auch in diesem Gefühl aufwachsen«, antwortete Königin Silvia im ZDF-Interview auf die Frage, wie sie ihre Kinder erzogen habe. Tatsächlich ähnelt die Kindheit von Victoria und ihren jüngeren Geschwistern Carl Philip und Madeleine in mancher Hinsicht eher der ihrer bürgerlichen Nachbarn als der der übrigen europäischen Blaublüter. Während deren Sprösslinge, wie etwa Frederik von Dänemark, ihre Kindheit in gestrengen Eliteinternaten fristen mussten, genossen die kleinen Bernadottes ein fast normales Elternhaus mit größtmöglichen Freiheiten. Auf die Erfolge dieser Erziehung ist die Königin heute auch stolz. »Wenn man unsere Kinder jetzt anschaut, kann man sehen, wie natürlich sie mit allen Menschen umgehen«, sagt sie, »sie zeigen Respekt und gehen offen auf andere zu.«

Vor allem Silvia war es gewesen, die auf einer ungezwungenen Kindheit für ihre drei Sprösslinge Victoria, Carl Philip und Madeleine beharrt hatte. Alles andere wäre für sie selbst auch völlig ungewohnt gewesen, denn auch die Königin hatte eine unbeschwerte Jugend genießen dürfen. Sie ist bürgerlich geboren als Tochter ihrer brasilianischen Mutter Alice und des deutschen Vaters Walter Sommerlath. Als jüngstes von vier Kindern verbrachte Silvia einen Großteil ihrer Kindheit und Jugend in São Paulo, inmitten einer quirligen Großfamilie. Zahlreiche Cousins und Cousinen und nicht zuletzt Kapuzineräffchen »Micki« waren dauerhafte Spielkameraden für endlose Sommer auf der Kaffeefarm der Verwandtschaft. Erst 1957 zog Familie Sommerlath wieder zurück nach Deutschland. Zwar musste sich das junge Mädchen hier schnell wieder den strengen gesellschaftlichen Vorgaben der Fünfzigerjahre unterwerfen, doch die Jahre in Brasilien sind es, die sie offenbar am meisten geprägt haben. »Sie hat einen deutschen Verstand und eine schwedische Seele«, charakterisiert die Brasilianerin Rosana Camargo ihre Freundin Silvia, »aber ihr Herz ist brasilianisch. Denn das Charisma und diese offene Art, mit Menschen umzugehen, die hat sie von ihrer Mutter. Das kann man nicht lernen.«

> **Meine Mutter war katholisch. Mein Vater evangelisch. Viele in seiner Familie waren Priester oder Theologen. Wir haben noch viel gebetet. Was mir Halt gab für mein ganzes Leben, ist, dass wir wirklich eine Familie gelebt haben. Das war ein Zusammenspiel.**
>
> Silvia, 2000

> *Als Kind habe ich lange in Brasilien gelebt. Dort an einem weißen Strand hatte mir mein Vater einmal auf rührende Weise versucht zu erklären, wie es ist, wenn man eine Schneedecke berührt. Er bat mich, die Augen zu schließen, und zog mich über den feinen Sand. »So etwa fühlt sich Schnee an, nur etwas kälter«, sagte er damals zu mir.*
>
> Silvia, 1999

Die Kindheit von Victorias Vater König Carl XVI. Gustaf hätte gegensätzlicher nicht sein können. Am 20. April 1946 hatten hundertein Salut-

73

schüsse in Stockholm die Geburt des lang ersehnten Thronfolgers in der Familie Bernadotte vermeldet. Der Junge war das fünfte Kind der Familie. Seine Eltern Sibylla und Erbprinz Gustav Adolf hatten bereits vier Töchter. Da der Thron in Schweden zur damaligen Zeit aber nur in männlicher Linie vererbt werden konnte, war der Töchtersegen für die Bernadottes zunehmend ein Grund zur Verzweiflung gewesen. »Lieber Gott, lass es diesmal ein Junge sein, ich weiß nicht, ob ich gesund genug bin, um danach noch einmal ein Kind auszutragen«, hatte Sibylla in ihrem Tagebuch gefleht. Carl Gustaf war zum Zeitpunkt seiner Geburt lediglich Vierter in der Erbfolge. Auf dem Thron saß sein Urgroßvater Gustav V., nach ihm würde Großvater Gustav Adolf übernehmen, um schließlich die Königswürde an seinen gleichnamigen Sohn, den Erbprinzen Gustav Adolf, zu übergeben. Erst nach seinem Vater würde dann der kleine Carl Gustaf in die Pflicht genommen werden. Doch dieser Zeitpunkt trat früher ein als erwartet. Am 26. Januar 1947 kam Erbprinz Gustav Adolf nahe Kopenhagen bei einem Flugzeugabsturz ums Leben. Der Tod des Erbprinzen riss eine Lücke in die Thronfolge am schwedischen Hof. Das Ableben des amtierenden Königs Gustav V. war absehbar, da der alte Herr fast neunzig Jahre alt war. Auch sein Sohn stand bereits kurz vor dem Pensionsalter. Und der Nächste in der Reihe musste nun der gerade einmal neun Monate alte Carl Gustaf sein.

Sie hat einen sehr schweren Stand gehabt: Ihr Mann ist 1947 tödlich verunglückt, sodass sie allein dastand mit dem jungen Kronprinzen und seiner Erziehung. Aber vor allem war sie Deutsche in einer Zeit, wo es sehr schwierig war, Deutsche zu sein – nicht nur in Schweden, aber eben auch in Schweden. Nicht zuletzt auch, weil sich ihr Vater, der frühere regierende Herzog von Sachsen und Coburg, sich Hitler angenähert hatte und auch Positionen innehatte. Das alles hat natürlich die junge, sehr schöne Prinzessin belastet.

Johann Georg Prinz von Hohenzollern, über Prinzessin Sibylla

Nach dem tragischen Tod ihres Mannes zog sich Prinzessin Sibylla mit ihren fünf Kindern nach Schloss Haga außerhalb Stockholms zurück. Sie mied die meisten Einladungen und Feste und führte mit den Kindern ein zurückgezogenes Leben. »Er war anfangs sehr introvertiert«, berichtet sein langjähriger enger Freund Prinz Leopold von Bayern über Carl Gustaf. »Er ging selten aus sich heraus. Meistens schwieg er und beobachtete die Leute eher.« Als die Bernadottes wegen einer Renovierung des Haga-Palastes ins Stockholmer Stadtschloss umziehen mussten, erweiterte sich die Welt des kleinen Prinzen schlagartig. Er lernte im eigens für ihn eingerichteten Schlosskindergarten andere Kinder kennen und ging danach auf eine normale öffentliche Schule. Zwar hielten sich die schulischen Leistungen des Thronfolgers in Grenzen – er litt unter einer ausgeprägten Lese-Rechtschreib-Schwäche –, doch knüpfte er viele soziale Kontakte, die ihm bis dahin verwehrt geblieben waren. Seine Welt hatte aus der Mutter, der Kinderfrau und den Schwestern bestanden. Dennoch verlief sein weiterer Bildungsweg in gestrengen Bahnen. »Er ist zum Landesfürsten erzogen worden«, erzählt Schwager Johann Georg von Hohenzollern. »Er hatte ja kein Vorbild außer dem alten König, und der hat alles darangesetzt, ihn zu einem guten Nachfolger zu machen.« Carl XVI. Gustaf ist seinem Großvater bis heute dankbar für all die Zeit und Mühe, die dieser in den schüchternen Enkel investierte: »Mein Großvater hat mich gelehrt, das Positive am Leben und an den Menschen zu sehen. Er hat mir die Kunst beigebracht, anderen zuzuhören, und er hat mich gelehrt, dass man bestimmte Situationen mit einem Lächeln leichter meistern kann als mit vielen Worten.« Nach eigenem Bekunden allerdings wäre er als Knabe lieber Bauarbeiter geworden. Auf den Spaziergängen mit seiner Amme sei er immer wieder fasziniert bei Baustellen stehen geblieben, berichtete seine ältere Schwester Christina. Statt eines Helms aber wartete auf ihn die Krone. Nachdem Carl Gustaf mit Ach und Krach sein Abitur geschafft hatte, heuerte er als Offiziersanwärter mit der Nummer 001 bei der schwedischen Marine an. Es folgten Etappen bei Armee und Luftwaffe. Ein anschließendes Studium an der Universität Uppsala mit den Schwerpunkten Wirtschaft, Staatskunde, Soziologie und Geschichte rundeten die Königsschule schließlich ab.

Wie hatten Silvia und Carl Gustaf, dieses auf den ersten Blick so ungleiche Paar, zueinander finden können? Die Romanze ist längst Geschichte. Bei den Olympischen Spielen 1972 in München trug es sich zu, dass der Blick des schwedischen Thronfolgers auf eine bezaubernde Hostess fiel, die im VIP-Bereich für die Gästebetreuung verantwortlich war. »Es hat klick

Ich erinnere mich genau, es war am 26. August 1972. Ich spürte plötzlich, wie mich ein Mann durch ein Fernglas anschaute. Nur – dieser Mann stand nicht etwa weit weg, sondern ganz in meiner Nähe. Und weil diese Situation so komisch war, mussten wir beide lachen. Da hat es »klick« gemacht. Ein Zufall kann das nicht gewesen sein.

Silvia, 1999

gemacht«, hat der König später immer den Moment beschrieben, in dem er seine spätere Ehefrau zum ersten Mal sah. Vier Jahre später traten die beiden an einem strahlenden Sommertag in Stockholm vor den Traualtar. »War die Entscheidung schwierig, einen König zu heiraten?«, fragte ein Reporter die Braut. »Es ist nicht die Entscheidung, einen König zu heiraten, sondern die Entscheidung, den Mann zu heiraten, den man liebt«, antwortete Silvia. Ein modernes Märchen, das die Herzen der Monarchiefans in aller Welt, vor allem aber in Deutschland, höher schlagen ließ. Schließlich war Silvia damit irgendwie auch »unsere Königin«. Dabei war der Weg ins Stockholmer Schloss für die Deutsche nicht einfach gewesen. Ihre Liaison mit dem schwedischen Kronprinzen hatte sie über Monate geheim halten müssen, und auch als Paparazzi dem jungen Glück auf die Schliche gekommen waren, standen noch längst nicht alle Weichen auf »Hochzeit«. Carl Gustaf war damals der wohl begehrteste Junggeselle Europas und offenbar auch entschlossen, diesen angenehmen Status noch ein Weilchen beizubehalten. Als Kronprinz war es ihm ohnehin noch nicht gestattet, Silvia um ihre Hand bitten, denn nach schwedischer Tradition konnte sich nur der König selbst für eine Bürgerliche entscheiden. Doch auch nachdem der junge Mann 1973 sein Erbe angetreten hatte, war von Hochzeitsglocken noch immer nichts zu hören. Den Schweden wäre es zu dieser Zeit noch lieber gewesen, wäre Carl Gustaf bei seiner langjährigen Freundin Titti Wachtmeister geblieben. Und immer wieder wurde der König mit anderen Schönen an seiner Seite gesichtet, was allerlei Anlass zu Spekulationen gab. Die Wahrheit dahinter war allerdings viel schlichter. »Mein Mann hat mir vier Jahre Zeit gegeben, um mir gründlich zu überlegen, ob ich das will«, sagt Königin Silvia. Nach all den Jahren war sie sich sicher und wusste auch, was ihr bevorstand. Die Herzen ihrer neuen Untertanen gewann sie im Sturm, denn sie fügte sich außergewöhnlich souverän in die Rolle der Königin. Sie winkte und lächelte, als hätte sie ihr Leben lang nichts anderes gemacht. Und sie verlieh ihrem Mann eine Sicherheit, die der als Prinz in der Öffentlichkeit oftmals eher unbeholfene Monarch bis dahin häufig hatte vermissen lassen. Mit Silvias Einzug in Stockholm schnellten die royalen Beliebtheitswerte in die Höhe. Es gibt nicht wenige Stimmen, die davon überzeugt sind, dass Silvia, die Bürgerliche, das Überleben der schwedischen Monarchie gesichert hat. »Das ist die Frau, die ich liebe, die ich heiraten werde und mit der ich den Rest meines Lebens verbringen möchte«, hatte Carl Gustaf am 12. März 1976 auf der Pressekonferenz anlässlich seiner Verlobung verkündet. Sieht man das Königspaar heute, so scheinen beide ihren Entschluss nie bereut zu haben.

Mit Königin Silvia war die Monarchie gerettet. Vor allem der König. An ihrer Seite trat er selbstsicher auf. Er verhaspelte sich nicht mehr, wenn er eine Rede hielt. Kam es vor, dass ihm wieder mal die Buchstaben seines Manuskripts vor den Augen tanzten, brauchte er nur von Silvias Lippen abzulesen, wie es weiterging. Sie wurde seine stumme Souffleuse. Die Schweden liebten sie dafür.

Alf Schmidt, Journalist und Adelsreporter

Bereits wenige Monate nach der Hochzeit kündigte sich Nachwuchs im Hause Bernadotte an. Schweden freute sich auf das erste Kind eines regierenden Monarchen, das seit zweihundertfünfzig Jahren in Stockholm zur Welt kommen sollte. Carl Gustafs Vorgänger hatten alle bereits im fortgeschrittenen Alter ihr Amt angetreten, sodass das Stockholmer Stadtschloss schon seit Generationen kein Kinderlachen mehr gehört hatte. Ganz entgegen royalen Gebräuchen entschied sich das Königspaar für eine Entbindung im Krankenhaus. Im Stockholmer Karolinska-Klinikum sollte der Bernadottespross das Licht der Welt erblicken. Am 14. Juli 1977 war es dann so weit: nationaler Jubel über die Geburt von Victoria Ingrid Alice Desirée. Zwar hatten die Medien fest mit einem kleinen Prinzen gerechnet, doch auch die kleine Prinzessin wurde herzlich willkommen geheißen. Und mehr noch – kaum war Victoria geboren, als eine öffentliche Diskussion darüber begann, ob das überkommene Gesetz der männlichen Thronfolge nicht langsam reif für den Kehrichthaufen der Geschichte sei. Im emanzipierten Schweden erschien die männliche Thronfolge schon längst wie ein Fossil aus alten Zeiten. Als dem Königspaar zwei Jahre später mit Prinz Carl Philip dann der männliche Erbe geboren wurde, war die Debatte bereits so weit fortgeschritten, dass ihr Ausgang nicht mehr ernsthaft infrage gestellt wurde. Nur wenige Monate nachdem Carl Philip als Kronprinz das Licht der Welt erblickt hatte, war er die Krone auch schon wieder los.

Mit dem 1. Januar 1980 trat eine Verfassungsänderung in Kraft, laut der das jeweils erstgeborene Kind des Herrschers – ungeachtet seines Geschlechts – auf den Thron folgen würde. Victoria war damit Kronprinzessin. Aller Wahrscheinlichkeit nach wird sie die tausendjährige Tradition der schwedischen Monarchie weiterführen und als sechste Bernadotte zur Königin Schwedens gekrönt werden.

Die Bürde der Geschichte

Die Bernadottes sind im europäischen Vergleich eine recht junge Dynastie und streng genommen nicht einmal von adliger Herkunft. Stammvater Jean-Baptiste Bernadotte war ein bürgerlicher Marschall Napoleons, der sich in dessen Kriegen als besonders fähig erwiesen hatte. 1809 erkoren die Schweden den baumlangen Franzosen zu ihrem Kronprinzen, da ihr amtierender Regent kinderlos geblieben war. Man berief sich dabei auf eine bewährte Tradition, denn bis das Geschlecht der Wasa an die Macht kam, war Schweden ohnehin eine Wahlmonarchie gewesen. Als Karl XIII. 1818 schließlich starb, trat Jean-Baptiste Bernadotte als Karl XIV. seine Nachfolge an. Der neue König tat sich zunächst nicht leicht mit seinen Untertanen. Seiner Gemahlin Desirée, einer Exverlobten Napoleons, missfiel das raue skandinavische Klima und dem Herrscher selbst das schwedische Essen. Wenn sich in der königlichen Küche überhaupt nichts fand, was dem französischen Gaumen mundete, servierte man Karl XIV. ein weich gekochtes Ei, mit dem er sich dann auch zufrieden gab. Aus dieser Zeit resultiert der bis heute am schwedischen Hof beibehaltene Brauch, demzufolge am Platz des Königs stets ein goldener Eierbecher steht. Erst mit den Jahren fanden Karl und Desirée Gefallen am Land im Norden, und auch die Untertanen entdeckten ihr Herz für die fremden Herrscher. Diese Beliebtheit beruhte vor allem darauf, dass Karl XIV., der alte Haudegen Napoleons, schaffte, was ihm wohl niemand zugetraut hätte: Er brachte Schweden dauerhaften Frieden. Nur noch einmal – in der Völkerschlacht bei Leipzig – marschierten schwedische Truppen auf. Seitdem hat sich das Land an keinem einzigen Krieg beteiligt. Sowohl im Ersten als auch im Zweiten Weltkrieg wahrte Schweden seine Neutralität. Heute erinnern die in einer Stockholmer Kirche aufgestellten imposanten Marmorsärge des »französischen« Königspaars an die Zeit ferner Königsherrlichkeit. Die schwedische Krone vererbte sich nach Jean-Baptistes Tod auf seine Söhne und Enkel, unter deren Ägide das Land sich schnell zu einem modernen Industriestaat entwickelte. Fortschritt und Entwicklung gingen einher mit einer zuerst schleichenden, dann immer drastischeren Beschneidung der königlichen Machtbefugnisse. Zwar blieben die Rechte des Herrschers formal weitgehend unangetastet, doch faktisch übte kaum noch ein König Einfluss auf die Tagespolitik aus. 1873 wurde mit Oskar II. zum letzten Mal ein schwedischer König gekrönt. Seither ist die güldene Kopfbedeckung nur noch Museumsstück. Keiner von Oskars Nachfolgern mochte sich dem antiquierten Ritual noch unterziehen. Der letzte erwähnenswerte Versuch eines schwedischen Monarchen, in der hohen Politik eine Rolle zu spielen, war die berüchtigte »Burghof-Rede« Gustavs V. im Jahre 1914. Gegen die Pläne der Regierung plädierte er für eine Erweiterung der Streitkräfte. Dreißigtausend Bauern waren zum Schloss beordert worden, um ihm pflichtgemäß zu applaudieren. Gustavs Versuch, sich noch einmal als Potentat zu gerieren, missriet gründlich, denn in der nachfolgenden konstitutionellen Krise wurde erstmals auch die Forderung nach der Abschaffung der Monarchie laut, die bis heute wie ein Damoklesschwert über den Schlössern der Bernadottes hängt. Generation für Generation hatte die Familie um einen männlichen Thronfolger gebetet, denn wäre ein solcher ausgeblieben, so wäre das Schicksal ihrer Dynastie mit Sicherheit besiegelt gewesen.

Im Jahr 1980 wurden diesbezügliche Befürchtungen längerfristig ausgeräumt. Carl Gustaf und Königin Silvia nahmen die Entwicklung durchaus mit gemischten Gefühlen hin. Der Job sei zu hart für ein Mädchen, wird Carl Gustaf zitiert – ein

Schweden hat eine Tradition der Gleichberechtigung für Männer und Frauen. Deshalb war es ziemlich natürlich, dass auch in der königlichen Familie Frauen die gleiche Chance haben sollten, eine Führungsposition einzunehmen. Das war gar keine große Debatte. Die meisten Leute fanden das ziemlich natürlich.

Ingvar Carlsson, ehemaliger Ministerpräsident von Schweden

Satz, dessen er sich heute allerdings nur widerstrebend entsinnt. Aber auch Königin Silvia machte sich Sorgen um die Zukunft ihrer Tochter. Partnerwahl, Familiengründung – das alles würde für eine künftige Königin von Schweden schwieriger werden als für einen König – Emanzipation hin oder her. Dennoch begrüßten die Bernadottes offiziell die Änderung der Erbfolge, nicht zuletzt auch, da die Ausweitung einer möglichen Thronfolge auf eine Tochter den Thron in Zukunft mit viel größerer Wahrscheinlichkeit erhalten würde. Mancher Sozialdemokrat hatte gerade deshalb gegen die Verfassungsänderung gewettert – allerdings vergebens.

Das große Glück der kleinen Bernadottes

Silvia und Carl Gustaf hatten sich viele Kinder gewünscht. Der kleine Carl Philip war, wie seine Schwestern, ein ausgesprochen hübsches Baby und bevorzugtes Motiv der Fotografen. Auch Victoria schloss den Wonneproppen vom ersten Tag an in ihr Herz.

Die Kronprinzessin erinnert sich – obwohl sie damals erst zwei Jahre alt war – noch ganz bewusst an die ersten Wochen mit dem neuen Familienmitglied. In einem blauen Zimmer habe Königin Silvia den kleinen Bruder gestillt, erzählte sie in einem Interview. Sie habe das ungeheuer aufregend gefunden. Sie akzeptierte Carl Philip sofort ohne Eifersucht und muss sich bis heute scherzhaft von ihm vorwerfen lassen, sie bemuttere ihn viel zu viel. Tatsächlich nahm Victoria ihre Rolle als »große« Schwester von Anfang an sehr ernst. Auch dem »Nesthäkchen« Madeleine gegenüber, die die Familie 1982 komplettierte, sieht sie sich bis heute in der Funktion einer Beschützerin. Es trifft stets Victoria am härtesten, wenn ihre Geschwister in den Medien schlecht wegkommen. In solchen Fällen kann sie auch ausgesprochen rabiate Gegenwehr leisten. Die jüngeren Bernadottes haben die »Löwinnenader« ihrer Schwester zu schätzen gelernt, auch wenn sie sie damit oft aufziehen.

Spätestens mit der Geburt von Carl Philip drängte Königin Silvia auf einen Auszug aus dem düsteren Stadtschloss von Stockholm. Der trutzige Palast auf der Insel Gamlastan war für die Erziehung von Kindern denkbar ungeeignet. Mit seinen mehr als vierhundert Zimmern war das Stadtschloss damals das größte von einem Regenten bewohnte Schloss

Als wir sehr klein und Mama und Papa oft weg waren, hat sich Victoria immer um uns gekümmert. Es war unglaublich, wie viele Spiele sie erfand, um uns zu beschäftigen. Ehrlich, sie war und ist heute noch eine ganz tolle große Schwester. Vielleicht war sie manchmal zu streng. Aber so sind große Schwestern, sie wollen immer Vorbild sein. Das ist ja irgendwo auch ganz gut so. Was ich an Victoria besonders mag: Sie ist unglaublich tierlieb. Wenn sie einen Hund sieht, dann legt sie sich sofort neben ihn auf den Boden und kuschelt mit ihm. Ist das nicht wunderbar?!

Prinzessin Madeleine

der Welt. Die boten für die kleine Victoria unzählige Möglichkeiten zum Versteckspielen. Das Kindermädchen »Nenne« Björberg, die bereits ihren Vater als Kind betreut hatte, nahm sich auch der kleinen Victoria an und spielte mit ihr geduldigst in den langen Schlossfluren »Fangen«. Victoria sagt heute, dass der Geruch des Stadtschlosses sie jedes Mal, wenn sie es betritt, an ihre ersten Kinderjahre erinnert. Doch so viel Spaß die Kleine hier auch hatte, für ihre Mutter zählten andere Kriterien. So gibt es um das Schloss herum kaum einen Baum, geschweige denn eine nennenswerte Grünanlage. Und der kleinste Ausflug mit dem Kinderwagen vor das Schlosstor hätte Silvia in die Arme Tausender Touristen und Royalfans getrieben, die den Gebäudekomplex tagtäglich besichtigen. Tradition hin oder her – Silvia und Carl Gustaf wollten da raus. Einen Zufluchtsort für die Familie fanden die Bernadottes 1981 in Drottningholm auf der Insel Lovö am Mälarsee, elf Kilometer außerhalb der Stadt gelegen. Es gilt als eines der schönsten Schlösser Skandinaviens und wurde als erstes schwedisches Kulturdenkmal in die Weltkulturerbe-Liste der UNESCO aufgenommen. Drottningholm hatte den jeweiligen Regenten bis dahin lediglich als Sitz verwitweter Königinnen oder als Sommerfrische gedient. Für eine Familie mit Kleinkindern war es jetzt ein idealer Wohnort. Eingebettet in herrliche Parkanlagen, bot das Schloss ausreichend Spazier- und Spielmöglichkeiten. Von einem Bootssteg direkt vor der Haustür bot ergab sich die Gelegenheit zu Touren auf dem Mälarsee, und auch für Tiere, das ausgesprochene Lieblingshobby der Bernadottekinder, war ausreichend Platz. Hier in Drottningholm richtete sich Familie Bernadotte ein wie ein normales berufstätiges Paar. »Sie machten es wie die meisten Schweden«, erinnert sich Alice Gräfin Trolle-Wachtmeister, die erste Hofdame der Bernadottes. »Sie hatten ein Haus auf dem Land und fuhren zum Arbeiten in die Stadt.« Und auch der Tagesrhythmus unterschied sich nur wenig von dem der Larssons und Svenssons. »Sie fuhren morgens um neun zur Arbeit und kamen dann um siebzehn Uhr zurück«, so Trolle-Wachtmeister. »Die Kinder haben das akzeptiert. Sie waren der Meinung, Mama und Papa machen zuerst ihren Job, und dann haben sie Zeit für uns.«

Zwar dürfen Besucher auch in Drottningholm durch die königlichen Gartenanlagen spazieren, und ein Großteil der Zimmer des Schlosses ist sogar für Touristen zugänglich. Ein kompletter Flügel allerdings ist seit dem Einzug der Bernadottes für Presse und Öffentlichkeit tabu, und nur wenigen gelingt es, in diese privaten Räumlichkeiten vorzudringen. Kaum Sperren allerdings gab es in den Achtzigerjahren für kleine Besucher. Silvia und Carl Gustaf ermunterten ihre Sprösslinge, Freunde und Spielkameraden einzuladen. Die Kinder übernachteten im Schloss, und Victoria, Carl Philip und Madeleine wurden ebenso im Elternhaus der Freunde einquartiert. Ein bisschen Scheu befiel manches Kind dann aber doch, wenn es bei Königs zu Gast war. »Da ging es schon recht luxuriös zu«, erinnert sich Moa Mattson, eine Freundin der Königskinder. »Mich hat bei einer Einladung sehr beeindruckt, dass es eine Schokoladenente für uns Kinder gab und eine Eisskulptur.«

Anderes wiederum erschien genauso wie in jedem anderen Haushalt. Moa Mattson amüsiert sich noch heute über den Bademantel des Königs. »Der war aus Frottee, blau, und darauf waren kleine gelbe Kronen. Ich fand das wunderschön. Und das Tollste war – da hing sogar noch ein Faden raus. Das hat mich gefreut, weil es so normal war!«

Doch schon früh hatten auch die Königskinder begriffen, dass ihr Leben eben doch nicht ganz so

> **Ich würde sagen, bei uns geht's fast sozialistisch zu. Das sollte ich wohl nicht sagen. Aber es gibt im Alltag bei Hofe keine Etikette.**
> Alice Gräfin Trolle-Wachtmeister, erste Hofdame

> **In der Familie sind sie völlig locker. Sie mögen sich alle sehr. Da geht es recht salopp zu wie in jeder anderen Familie auch.**
> Johann Georg Prinz von Hohenzollern, Schwager des Königs

> **Silvia war eine sehr fürsorgliche Mutter. Wenn ich reinkam und meine Kleidung nass war, da hat sie die Sachen auf die Heizung gelegt, sodass sie trocken waren, bis ich wieder nach Hause ging.**
> Moa Mattson, Jugendfreundin

war wie das der Schulkameraden. Wie sich Victoria heute erinnert, ist ihr als Erstes aufgefallen, dass die Eltern der Schulfreunde abends stets zu Hause waren, ihre eigenen Eltern aber immer zu auswärtigen Abendessen gingen. Die Kronprinzessin hat diese ständigen Abschiede als schmerzhaft in Erinnerung. Besonders Madeleine, die Jüngste der Bernadottes, habe oft herzzerreißend geweint und sich vom Kindermädchen nur mit Mühe wieder beruhigen lassen. »Sie hatten schon Begrenzungen, die wir natürlich nicht hatten«, sagt Moa Mattson. »Victoria durfte nicht einfach bei mir anrufen, wenn sie spielen wollte. Da rief dann der Adjutant des Königs an, der ausrichten ließ, dass Königin Silvia ausrichten lasse, dass Victoria ausrichten ließ, dass ich willkommen sei, um mit ihr zu spielen.«

Doch vor allem Victoria versuchte auch schon früh, auszutesten, wo die Grenzen des durch den Hof geregelten Lebens waren. Moa Mattson erinnert sich, dass die Kronprinzessin einmal die Idee hatte, sich an einem Leibwächter vorbeizuschleichen. Die beiden versuchten ihr Glück – vergeblich. »Wir sind natürlich auf eine ganz nette, aber bestimmte Art abgefangen worden«, sagt Moa.

Die Medien durften die Kindheit der Königskinder wohl dosiert begleiten. Zu offiziellen Terminen wurden die Kameras hinzugebeten, um festzuhalten, wie die Bernadottes mit den Kindern schwimmen gingen, Plätzchen buken oder mit den Hunden spielten. Aus dieser Zeit stammen zahlreiche Filme, die es so wohl von keinem anderen Königshaus der Welt gibt: König Carl Gustaf, der zur kreischenden Freude seiner Sprösslinge voll bekleidet ins Schwimmbecken hechtet, Kinderfahrräder repariert oder das Auto im Schlamm festgefahren hat. Oder die Königin beim vergeblichen Versuch, den Kindern kleckerfreies Melonenessen beizubringen. Und die kleinen Bernadottes hoch zu Ross, beim Formen von »Köttbullar«, den typisch schwedischen Fleischbällchen, oder beim Singen auf dem Luziafest.

Die Königskinder gewöhnten sich so schon früh an den Umgang mit Kameras, und die Öffentlichkeit bekam den gewünschten Einblick in den Alltag bei Hofe. Und auch wenn die Filmleute extra eingeladen worden waren – die gedrehten Szenen wirken völlig natürlich. Die Familie hatte augenscheinlich keinerlei Scheu vor den Journalisten und gewährte offenen Einblick in ihr harmonisches und vor allem sehr lustiges Leben. »Die Bernadottes haben unheimlich viel Humor«, bestätigt die schwedische Journalistin Agneta Bolme-Börjefors, die die Familie seit Jahren mit der Kamera begleiten darf. »Leider dürfen wir das nicht immer so zeigen. Es soll ja würdig sein. Aber bei denen daheim wird richtig viel Spaß gemacht und gelacht.«

Kinderstube Königsschloss

Obwohl sich das Königspaar nach eigenem Bekunden sehr bemühte, die drei Kinder gleich zu behandeln, stand Victoria als Thronfolgerin schon früh im Zentrum der Aufmerksamkeit. Wie Alice Gräfin Trolle-Wachtmeister, die erste Hofdame, berichtet, war es der kleinen Prinzessin bereits im Alter von vier oder fünf Jahren bewusst, dass sie etwas von ihren Geschwistern unterschied. »Carl Philip sagte immer: ›Ich werde der König‹«, erinnert sie sich schmunzelnd. »Und Victoria entgegnete dann: ›Nein! Ich bin die Kronprinzessin. Also werde ich der König.‹«

Ihr erstes Interview absolvierte die Kronprinzessin bereits an ihrem fünften Geburtstag. Zahlreiche Journalisten hatten sich in Schloss Solliden auf der Insel Öland eingefunden, wo die Familie die Sommerwochen verbrachte. »Hast du viele Geschenke bekommen?«, fragte ein Reporter die kleine Prinzessin. Die antwortete mit stolz geschwellter Brust: »Fast das ganze Bett voll!« Bei der nächsten Frage, welches Geschenk denn das schönste sei, verließ sie allerdings der Mut, und sie versteckte sich Schutz suchend hinter den Eltern. »Weiß nicht!«, so die verschämte Antwort. Doch mit den Jahren wuchs auch ihr Selbstbewusstsein. Heute setzt Victoria selbst die Grenzen, was die Nähe zu Journalisten angeht. Sie bestimmt, zu welchen Themen sie etwas sagen möchte und zu welchen nicht. Und wer sich nicht an diese Grenzen hält, bekommt das auch deutlich zu spüren.

Königin Silvia und ihr Mann legten Wert darauf, trotz voller Terminkalender so viel Zeit wie möglich mit ihren Kindern zu verbringen. Oftmals war das nur möglich, indem die Kleinen in den höfischen Tagesablauf integriert wurden. Auch Victorias jüngere Geschwister absolvierten schon in jüngsten Jahren offizielle Defilees. Zwar taten sich Carl Philip und Madeleine auch oft vor allem durch Albereien hervor, doch ganz erspart

> **Die Kronprinzessin wusste von ihrer Rolle, seit sie klein war. Sie ist darauf eingestellt und weiß, dass ihr Leben ein besonderes sein wird.**
>
> Agneta Bolme-Börjefors, Hofberichterstatterin

blieb der Ernst des Hoflebens auch ihnen nicht. Hofhistoriker Herman Lindqvist fragte bei einem Besuch in Drottningholm nach der Bewandtnis eines besonderen Fotos. Darauf zu sehen: die siebenjährige Madeleine, die von Papst Johannes Paul II. bei einem Besuch in Schweden hochgehoben wird – barfüßig! Die Königin gab bereitwillig Auskunft. Madeleine hatte sich geweigert, ein bestimmtes Kleid anzuziehen, und letztlich widerwillig zugestimmt, unter der Bedingung, es allein anzuziehen. Unter größtem Zeitdruck war der Königin erst im Auto aufgefallen, dass Madeleine die Strumpfhose vergessen hatte. Als die Kleine die darauf folgende Rüge mit ohrenbetäubendem Gebrüll quittierte, gab Königin Silvia schließlich auf und nahm sie einfach so mit. Im Stadtschloss angekommen, wartete bereits der halbe Hof – entgeistert über das Kind ohne Strümpfe. Wieder begann Madeleine hemmungslos zu schreien, und inmitten des ganzen Chaos traf dann der Papst ein, der das Kind einfach hochhob und küsste. Zu allem Überfluss verlor die kleine Prinzessin in diesem Moment dann auch noch ihre Schühchen. Woraus ersichtlich wird, dass selbst Königs es bei der Kindererziehung offenbar keinen Deut leichter haben als andere Eltern.

Allzu streng ging es bei Hofe für die Königskinder aber nicht zu. Bei offiziellen Empfängen durfte mit den Kindern der Gäste auch mal wild herumgetollt werden, kichern war durchaus erlaubt und lockerte die oftmals steife Hofetikette auf angenehme Art und Weise auf. Der ehemalige Bundespräsident Richard von Weizsäcker erinnert sich an einen Staatsbesuch in Stockholm, bei dem es aus heiterem Himmel anfing, stark zu regnen. Die Königin hatte wohlweislich vorgesorgt und schützte sich und die Gattin des Gastes mit einem Schirm. König und Präsident aber mussten Haltung bewahren und das militärische Zeremoniell im strömenden Regen absolvieren. Weizsäcker erzählt schmunzelnd im ZDF-Interview: »Und da standen wir nun in unseren hübschen Anzügen und wurden klitschnass, und man konnte nicht nur sehen, sondern geradezu hören, wie die Kinder des Königs hinter dem Fenster sich kaputtlachten, dass der Vater und der Gast da so richtig abgewaschen wurden.«

> **Prinzessin Madeleine und Prinz Carl Philip leben nicht so wie Victoria unter dem Brennglas der öffentlichen Meinung. Sie dürfen sich natürlich auch nicht benehmen wie die Axt im schwedischen Walde. Aber sie sind wesentlich unbeschwerter, weil die Thronfolgerin im Fokus steht.**
>
> Paul Sahner, Gesellschaftsreporter

»Victoriatag«

Einmal im Jahr bekamen die Kinder eine ausgiebige Auszeit vom höfischen Alltag. Die Sommer verbrachte und verbringt die gesamte Familie stets in Schloss Solliden auf der Insel Öland. Solliden als »Schloss« zu bezeichnen, erfordert einige Phantasie, denn eigentlich ist es kaum mehr als ein hübsches Herrenhaus an der Küste. Victorias gleichnamige Ur-Urgroßmutter hatte es sich 1903 errichten lassen. Als Liebhaberin italienischer Architektur entschied sie sich für ein Haus im Stil der italienischen Renaissance. Das strahlend weiße Anwesen bot zwar genügend Platz für die Königsfamilie, aber auch kaum mehr. Im Gegensatz zu allen anderen Schlössern ist Solliden Privatbesitz des Königs. Die übrigen schwedischen Sitze gehören dem Staat. Für die Bedürfnisse der Bernadottes war das Haus bestens geeignet: abgeschieden und inmitten der Natur. Hier verbrachten die Sprösslinge unbeschwerte Sommer mit Pferden, Hunden und allerlei anderen Haustieren. Die Insel war ein einziges riesiges Spielzimmer für die kleinen Bernadottes und ihre Freunde. Auch das Königspaar konnte sich hier völlig frei fühlen. König Carl Gustaf ist passionierter Hobbykoch und übernahm in Solliden auch oftmals die Rolle des Küchenchefs. Der Schwager des Königs, Prinz Johann Georg von Hohenzollern, war häufig zu Gast auf Öland. Er berichtet: »Es geht da zu wie in jeder anderen Familie auch. Da wird gelacht und gespielt und gestritten.«

Und da Victoria am 14. Juli Geburtstag hat, fiel ihr Festtag immer in die Sollidenzeit. Seither wird hier der »Victoriatag« gefeiert, und auch heute noch finden sich die Einwohner von Öland an diesem Tag vor Solliden ein, um dem Geburtstagskind ein Ständchen zu bringen und Blumen und Geschenke zu überreichen. Die Kronprinzessin liebt nach eigenem Bekunden diese traditionelle Art, ihren Geburtstag zu begehen. Völlig zwanglos bewegt sie sich inmitten der Untertanen, lässt sich umarmen und nimmt die oft schon ganz aufregungsfeuchten Blumensträußchen entgegen. In ihren Kindheitsjahren folgte auf den Gratulationschor in der Regel ein fröhlicher Kindergeburtstag, bei dem oftmals der König höchstpersönlich das Spielkommando führte. Heute gibt's

> **Die Schweden sind sehr volksnah. Das ist ein Herrscherpaar zum Anfassen; sicherlich vor allem bedingt durch Silvia, die gesagt hat: »Wir müssen uns öffnen nach allen Seiten.«**
>
> Paul Sahner, Gesellschaftsreporter

ein Popkonzert in der angrenzenden imposanten Ruine eines Wasa-schlosses. Und die Creme der schwedischen Popmusik reißt sich darum, bei diesem Anlass auftreten zu dürfen.

Der erste Ernst des Lebens

So fröhlich die kleine Victoria in den meisten Fernsehaufnahmen wirkt – sie selbst hat sich als ernsthaftes Kind in Erinnerung. »Ich habe die Gesellschaft von Erwachsenen immer gemocht«, sagt sie im Buch »*Victoria, Victoria*«, dass ihre Erzieherin Elisabeth Tarras-Wahlberg gemeinsam mit der Autorin Alice Bah verfasste. Mit sieben Jahren wurde sie in die staatliche Smedslätt-Schule in Bromma unweit des elterlichen Schlosses eingeschult. Die Entscheidung, die Kinder auf ganz normale Schulen zu schicken, war für König und Königin selbstverständlich. Prinz Johann Georg von Hohenzollern: »Es war für die Kinder ganz wichtig, Kontakte und Freundschaften schließen zu können. Mit Privatlehrern abgeschottet hinter Schlossmauern zu lernen wäre nicht mehr zeitgemäß gewesen.«

Victoria hatte sich eigentlich auf die Schule gefreut. Doch schon bald merkte sie, dass da etwas nicht stimmte. Während die Freunde und Freundinnen scheinbar mühelos Buchstaben zu Wörtern und Wörter zu Sätzen formten, blieb für die Kronprinzessin vieles seltsames Kauderwelsch. Nur mit größter Anstrengung konnte sie den geschriebenen Texten folgen, Diktate strotzten nur so von Fehlern. Victoria leidet unter Legasthenie, einer angeborenen Lese-Rechtschreib-Schwäche, mit der auch schon ihr Vater zu kämpfen hatte. »Es war sehr frustrierend«, blickte Victoria später auf diese Zeit zurück. »Ich dachte lange, dass es an mir liege, dass ich nicht gut genug sei, sondern einfach zu dumm.«

Erst ein Schulwechsel und vor allem intensives Training halfen dem Mädchen, dem Unterrichtsinhalt ausreichend folgen zu können und auch Freude am Schulstoff zu entwickeln. Der Preis, den die Kronprinzessin dafür zahlte, war allerdings hoch. »Wenn die anderen ins Café gingen, musste ich nach Hause, um zu lernen.« Victorias Hartnäckigkeit zahlte sich jedoch aus. Mit dreizehn Jahren wechselte

> **Ich fühlte mich so dumm. Ich musste immer besonders hart arbeiten, um mit den anderen mithalten zu können. Ich fühlte mich in der Schule wirklich immer als die Dümmste.**
> Victoria

sie auf das Enskilda-Gymnasium in Stockholm und machte dort ihre schulischen Abschlüsse mit Erfolg. Bereits in jungen Jahren hatte sie lernen können, dass Zielstrebigkeit sich lohnt – eine Lehre, die ihr auf ihrem Weg zum Königinnenamt noch hilfreich sein sollte, die Last auf ihren Schultern aber manchmal noch verstärkte. »Ich denke immer, alles noch besser, noch genauer machen zu müssen als alle anderen«, meinte sie im Rahmen des Buchprojekts gegenüber ihrer Erzieherin Elisabeth Tarras-Wahlberg. »Alles, was ich tue, kann so unerwartete Konsequenzen haben. Deshalb kann ich einfach nicht aufhören, über alles zweimal nachzudenken.«

Im Alter von fünfzehn Jahren begann Victoria, offiziell an einigen ausgewählten Terminen ihrer Eltern teilzunehmen. Das Mädchen sollte langsam an den Alltag eines Regenten herangeführt werden. »Ich hab da erst verstanden, warum meine Eltern abends immer so müde nach Hause kamen«, lacht Victoria heute. Sie lernte, wie anstrengend es ist, stundenlang zuzuhören und sich dabei auch noch zu merken, was das Gegenüber sagte. Man konnte ja wenig später wieder danach gefragt werden. Als Teenager seien ihr öffentliche Auftritte zuerst unendlich peinlich gewesen, erinnert sich die Kronprinzessin. »Winken und vor den Leuten sprechen ist mir zunächst sehr schwergefallen.« Ihre Mutter habe ihr den Tipp gegeben, sich über jeden Untertanen wirklich zu freuen, der von ihr ein Lächeln oder einen Händedruck wollte. Diesen Rat beherzigt sie bis heute – mit Erfolg. Carl Gustaf und Königin Silvia legten allerdings Wert darauf, den Zeitplan für Victoria nicht zu überlasten. Gerade in Anbetracht der dringend benötigten Lernzeit für die Schule sollte dem Mädchen auch noch Zeit für Hobbys und Freunde bleiben. Traditionell an einem Dienstag sitzen das Königspaar und die Kronprinzessin auch heute noch im Stockholmer Stadtschloss mit den Managern des Hofstaats zusammen und besprechen die Terminpläne und die Frage, welches Mitglied des Königshauses welche Veranstaltung besuchen soll. Und heute ist es zunehmend häufiger die Kronprinzessin, die den Hof repräsentiert.

Die machtlose Monarchie

Am 14. Juli 1995 wurde Victoria achtzehn Jahre alt und damit volljährig. Gemäß der schwedischen Verfassung war sie ab diesem Tag fähig, ihrem Vater in sein Amt zu folgen, sollte ihm etwas zustoßen oder er zurücktreten. Victorias Geburtstag war ein nationales Ereignis. Am Vorabend des Geburtstags verlieh Carl XVI. Gustaf ihr den Seraphinen-Orden, die höchste Auszeichnung des Landes. »Der Orden soll dich an deine zukünftige Verantwortung erinnern.« Am nächsten Tag dann stand der offizielle Festakt im Reichssaal des Stadtschlosses auf dem Programm, den die Fernsehstationen landesweit live übertrugen. Alle Augen im Saal waren auf die Kronprinzessin gerichtet, die in einem himmelblauen Kleid mit einer adretten Hochsteckfrisur neben dem silbernen Thron ihrer Vorfahren stand. Kabinettsmitglieder, der Premierminister, royale Gäste, zahlreiche Angehörige, König und Königin schauten ihr erwartungsvoll entgegen. Victoria hatte sich nach eigener Aussage ein halbes Jahr vor diesem Auftritt gegruselt und den Tag herbeigesehnt, an dem sie es endlich hinter sich haben würde. Doch entgegen den Befürchtungen, dass die Belastung für die jugendliche Prinzessin zu groß sein könnte, wirkte Victoria gefasst und selbstbewusst. Sie richtete ihre Rede an ihren Vater und hielt ihre Augen fest auf die Eltern gerichtet: »Eure Majestät, lieber Papa! Der Tag, an dem man volljährig wird, bedeutet für alle eine große Veränderung. Denn nach diesem Tage ist man für seine Zukunft selbst verantwortlich. Für mich bedeutet dieser Tag jedoch auch, dass ich dem König und der Königin in Zukunft bei ihrer schweren Arbeit als Staatsoberhäupter helfen kann. – Ich bedanke mich bei meinen Eltern für die Erziehung, die ich genossen habe. Ich verspreche, dass ich dem schwedischen Königshaus, dem Reichstag und dem schwedischen Grundgesetz immer treu sein werde.«

Tosender Applaus belohnte sie für ihre gelungene Premiere, und die erleichterte Kronprinzessin konnte gemeinsam mit ihren Eltern vor dem Stadtschloss ein Bad in der Menge nehmen.

Mit ihrer Volljährigkeit begann für Victoria auch ihre »offizielle« Ausbildung zur Thronfolgerin. Im Oktober 1996 schrieb sie sich an der Université Catholique de l'Ouest in Angers für ein Französischstudium ein.

Fremdsprachen gehören sicherlich zu den wichtigsten Fähigkeiten, die die Repräsentantin eines Landes beherrschen muss. Victoria sprach bereits perfekt Englisch, auch auf Deutsch, der Sprache ihrer Mutter, vermag sie sich recht gut zu verständigen. In Stockholm folgten Praktika in den königlichen Kunstsammlungen und im Antikenmuseum. Im Reichstag absolvierte sie eine Hospitanz beim damaligen schwedischen Ministerpräsidenten Göran Persson. Im Gegensatz zu ihrem Vater, der einen Großteil seiner Ausbildung beim Militär durchlief, bemühte sich der Hof, dem Mädchen wirklich auch das beizubringen, was sie als Königin beherrschen muss – auch wenn Spötter behaupten, die größte Kunst des Königseins bestehe darin, mit interessiertem Gesicht langweilige Reden anzuhören. Es gehört doch einiges mehr dazu. Denn: Worüber plaudert man mit einem Nobelpreisträger in Physik, wie vermeidet man Grammatikfehler beim Gespräch mit der britischen Queen, und wie merkt man sich die Namen aller aktuellen Staatsoberhäupter, denen man begegnen könnte? Nicht zuletzt Durchhaltevermögen ist gefordert, denn von der bleiernen Müdigkeit, die sich nach stundenlangen Empfängen, Reden und Belobigungen bemerkbar macht, wissen alle gekrönten Häupter der Welt ein Lied zu singen.

Mit den überkommenen Rechten und Pflichten des Königsamts hat all das nur noch wenig zu tun. Denn der schwedische König ist seit der Inthronisation Carls XVI. Gustaf nur noch nominell das Oberhaupt des Staates. Mit seinem Regierungsantritt war 1973 die Chance zu einer Modernisierung der angestaubten Verfassung verbunden, auf die die Schweden lange gewartet hatten. Carl Gustafs Großvater war zweiundneunzig Jahre alt geworden. Zu seinen Lebzeiten hatte man den alten Mann mit einer Reform des antiquierten Gesetzeswerks, dessen Alter nur noch von der amerikanischen Verfassung übertroffen wurde, nicht mehr belästigen wollen. Doch der Neubeginn wurde nun mit einer gründlichen Erneuerung des Verhältnisses zwischen Parlament und Königshaus verbunden. Das antiquierte Zweikammernsystem des Parlaments wich dem heutigen Reichstag, dem gleichzeitig die komplette politische Verantwortung übertragen wurde. Aber welcher Job blieb dann noch für den König übrig? Eigentlich war das royale Staatsoberhaupt längst überflüssig. Obwohl die schwedischen Könige formal noch über politische Macht verfügten, hatten sie sich nie mehr ihrer bedient. Vor allem die regierenden Sozialdemokraten hätten kein Problem damit gehabt, die Monarchie einfach abzuschaffen. Aber trotz aller vollmundiger Ankündigungen – so ganz trauten sie sich dann doch nicht, sich über den Willen der Bevölkerung hinwegzusetzen.

Zwar hatte das Königshaus in den Siebzigerjahren noch lange nicht jene Beliebtheitswerte, welche es heute genießt. Doch die Schweden schätzten sie immerhin so sehr, dass sie eine Verbürgerlichung Carl Gustafs entrüstet abgelehnt hätten. »Die Schweden wollten keinen Präsidenten – sie wollten schlichtweg ihren König behalten«, fasst Historiker Dick Harrison zusammen. Ingvar Carlsson, langjähriger Ministerpräsident des Landes, war damals an der Verfassungsänderung beteiligt. Ihm ist das jahrlange Ringen, das der Verfassungsänderung vorausgegangen war, noch lebhaft im Gedächtnis: »Wir entschieden uns schließlich für einen Kompromiss. Der König blieb, aber er verlor alle politische Macht.« Während die alte Verfassung noch mit dem Satz begonnen hatte: »Der König allein hat das Recht, das Reich zu lenken«, stand nun zu lesen: »Alle Staatsgewalt in Schweden geht vom Volke aus.« Die Bernadottes lehnten sich gegen diese Entmachtung nicht auf – ganz im Gegenteil: Carl Gustaf schien sogar ganz erleichtert zu sein, dass seine Rechte und Pflichten nun offiziell neu definiert wurden. Und eine übermäßige Leidenschaft für Politik hatte der junge König ohnehin nie an den Tag gelegt.

Schnelle Autos standen bei Carl Gustaf schon immer höher im Kurs als

> **Die Sozialdemokratische Partei Schwedens, die im 20. Jahrhundert die dominierende politische Kraft war, wollte die Monarchie abschaffen. Zumindest auf dem Papier wollen sie das heute noch. Aber auf der anderen Seite wussten sie, dass die überwiegende Mehrheit der Schweden keine Republikaner, sondern Monarchisten sind. Und die Schweden wollten keinen Präsidenten – sie wollten ihren König behalten.**
>
> Dick Harrison, Historiker

Ich hatte nicht das Gefühl, dass die Königsfamilie etwas gegen diese neue Rolle einzuwenden hatte, dass der König jetzt keine politische Macht mehr hatte. Es hätte alles sehr kompliziert gemacht. Jetzt hatten wir eine klare Ansage, was die Aufgaben der Königsfamilie waren – und was eben nicht ihre Aufgaben waren. Ich glaube, beide Seiten – Parlament und Königsfamilie – waren damit sehr zufrieden.

Ingvar Carlsson, ehemaliger Ministerpräsident von Schweden

das Aktenstudium. Nichtsdestotrotz war dem König aber auch klar, dass er in eine zeitgemäße Verfassung einwilligen musste, wollte er seine Krone behalten. Und so beendete der fünfte Bernadotte die mehr als tausendjährige Tradition regierender schwedischer Monarchen mit der neuen Verfassung, die ab 1. Januar 1974 gültig wurde. Die Pflichten, die ein schwedischer Regent erbringen muss, sind seitdem durchaus übersichtlich. Er eröffnet am Beginn eines Regierungsjahres feierlich den Reichstag, er wird vom Staatsrat über aktuelle politische Fragen unterrichtet, er akkreditiert die Botschafter, und er hat den höchsten militärischen Rang inne, allerdings ohne über die Streitkräfte verfügen zu dürfen. Diese Position ist durchaus zeitgemäß, möchte man meinen, allerdings haben sich einige andere europäische Königshäuser erheblich mehr Macht konservieren können. Den zumindest theoretisch größten politischen Einfluss übt die britische Queen aus, denn ihre Unterschrift ist noch immer nötig, um ein Gesetz in Kraft zu setzen. Auch der norwegische König kann ein aufschiebendes Veto bei Parlamentsbeschlüssen einlegen. Der schwedische Regent darf das alles nicht – und mehr noch: Er hat sich jeglicher politischer Äußerung zu enthalten. Dieser Maulkorb ist zwar verfassungsrechtlich nicht fixiert, doch ist es ein ungeschriebenes Gesetz, dass sich die Mitglieder der Königsfamilie auf höflichen Smalltalk beschränken müssen. Wie schwer es ist, diese Grenze nicht zu überschreiten, wird auch Kronprinzessin Victoria erleben müssen. Ihr Vater hat diesbezüglich bereits Lehrgeld gezahlt. Bei einem Staatsbesuch im Sultanat Brunei im Februar 2004 lobte Carl XVI. Gustaf den Sultan für seine Volksnähe. Offenbar war der Monarch zuvor nur unzureichend informiert worden, denn Sultan Haji Hassanal Bolkiah von Brunei regiert sein Land seit Jahrzehnten mit eiserner Hand. Keine freien Wahlen, dafür ein mittelalterlich anmutendes Strafrecht und ein Monarch, der auf Kosten seines Volkes in schwindelerregendem Luxus lebt. Die unbedachte Äußerung des schwedischen Königs zog in Schweden einen Sturm der Entrüstung nach sich. Landesweit sendeten die Radiostationen den verhängnisvollen Satz, und die Republikaner witterten Morgenluft. War das die lang ersehnte Chance zum Stockholmer Thronsturz? Carl Gustaf tat sein Bestes, um die Wogen der Erregung wieder zu glätten, und bedauerte öffentlich, hier für Unstimmigkeiten gesorgt zu haben. Es habe nicht in seiner Absicht gelegen, irgendjemanden zu brüskieren. Im Grunde genommen hatte der König nur das wiedergegeben, was ihm Mitarbeiter des Außenministeriums vorformuliert hatten. Allerdings hatte er das Manuskript offenbar nicht bis zum Ende gelesen, denn da war durchaus auf die offenkundigen Defizite im bruneischen Demokratieverständnis hingewiesen worden. Eigentlich war die Affäre vor allem peinlich, denn sie wies deutlich auf die Unselbstständigkeit des Monarchen hin. Doch die fatalste Folge der Sache war für die Bernadottes, dass die seit einigen Jahren ruhende Debatte um Sinn oder Unsinn der schwedischen Monarchie wieder aufflammte. Und kaum zwei Jahre später gab es den nächsten Anlass zu Querelen mit der schwedischen Regierung. König Carl Gustaf ließ sich nach dem verheerenden Tsunami, bei dem an Weihnachten 2004 auch 652 Schweden ums Leben gekommen waren, den Mund nicht verbieten. Er kritisierte die Regierung für ihr Unvermögen im Krisenmanagement und wurde von den regierenden Sozialdemokraten dringend ermahnt, sich aus der Tagespolitik herauszuhalten.

> *Was kann ich denn sagen, dass euch helfen könnte. … Viele Kinder haben ihre Eltern verloren. Ich war selber ein solches Kind. Mein Vater ist bei einem Flugzeugunglück gestorben, als ich sehr klein war. Ich weiß, was es bedeutet, ohne einen Vater aufzuwachsen.*
>
> Carl Gustaf nach der Tsunami-Katastrophe

Doch Carl Gustaf tat etwas, was wohl nur die wenigsten von ihm erwartet hätten: Er wandte sich mit einer höchst emotionalen Rede an sein Volk, berichtete von seiner einsamen, vaterlosen Kindheit und appellierte an seine Untertanen, einander zu helfen und Mitgefühl zu zeigen. Seitdem steht die schwedische Nation fester denn je hinter ihrem Monarchen. »Mit seiner Rede hat er das ganze Land geeint«, urteilte eine Zuhörerin.

Eine zu große Last?

Dennoch: Die Bernadottes wissen, wie dünn das Eis ist, auf dem sie sich bewegen. Die Gunst der Schweden ist wankelmütig, und ein Fehltritt im öffentlichen Verhalten kann Zustimmungswerte auch ganz schnell wieder in den Keller rauschen lassen. Umso wichtiger ist es da, Leistungen zu zeigen, die nicht nur dem emotionalen, sondern auch dem wirtschaftlichen Wohlergehen der Nation Rechnung tragen. Und so bemüht sich die Königsfamilie, ihrer Rolle als wichtigster schwedischer Exportschlager neben IKEA, ABBA und H & M immer wieder gerecht zu werden. Jahr für Jahr werden die königlichen Koffer gepackt, um in aller Welt Werbung für Schweden zu machen. Mit kaum neun Millionen Einwohnern hat das kleine Land im Norden weltweite Beachtung dringend nötig. Und die mediale Aufmerksamkeit, die ein Besuch des schwedischen Königs im Ausland bewirkt, zieht auch so manchen hochdotierten Auftrag an ein schwedisches Unternehmen nach sich. »Der König kann in der Wirtschaft Türen öffnen, die für andere verschlossen bleiben würden«, lobt der ehemalige Ministerpräsident Ingvar Carlsson die Arbeit des amtierenden Monarchen.

Jan Eliasson vom schwedischen Außenministerium hat die Königsfamilie schon auf zahlreichen Auslandsreisen begleitet. »Sie kommen überall unheimlich gut an. Gerade bei den Reisen nach Brasilien und Deutschland stelle ich immer wieder fest, dass vor allem Königin Silvia und die Kronprinzessin enorm beliebt sind.« Ein »normaler« Präsident, der zudem noch alle paar Jahre von einem anderen abgelöst wird, könnte eine derartige Popularität niemals erreichen. Finnland, das einzige skandinavische Land ohne Monarchie, weiß davon ein Lied zu singen. Jan Eliasson berichtet, dass seine finnischen Amtskollegen immer wieder neidisch sind, weil ihre royalen Nachbarn sich der gesamten Aufmerksamkeit des Auslands erfreuen dürfen.

> **So ein König ist einfach ein gutes PR-Instrument, also warum sollten wir ihn abschaffen?**
> Herman Lindqvist, Historiker

> **Vor ein paar Jahren habe ich die Kosten für die schwedische Monarchie mit dem finnischen Präsidenten verglichen. Schon zu dieser Zeit war der finnische Präsident teurer als der schwedische Monarch.**
> Elisabeth Tarras-Wahlberg, Sprecherin des schwedischen Hofes

Das wichtigste Datum des royalen Pflichtenkalenders ist der 10. Dezember, denn an diesem Tag verleiht der schwedische König traditionsgemäß die Nobelpreise für Medizin, Chemie, Physik und Literatur. Alfred Nobel, der am 10. Dezember 1896 gestorbene Erfinder des Dynamits, hatte sein gewaltiges Vermögen in eine Stiftung umgewandelt, die von den Zinsen die jeweils größten Wissenschaftler in den genannten Disziplinen auszeichnen sollte. Die Feier im Stockholmer Statshüset ist alljährlich Nachrichtenthema weltweit. Und selbst die rationalsten Wissenschaftler können sich dem besonderen Flair des Abends nicht entziehen. Der König in ordengeschmückter Uniform verleiht die Preise. Flankiert wird er dabei von seiner gut aussehenden Frau und den attraktiven Töchtern in Abendrobe. Der schmucke Carl Philip rundet das Bild ab. »Dass die Königsfamilie dabei ist, macht das Ganze zu etwas wirklich Besonderem«, berichtet George F. Smoot, der 2005 den Nobelpreis für Physik bekam. »Es ist das höchstmögliche zeremonielle Level, auf dem sich die Verleihung abspielt.« Wie weit die Bernadottes nachvollziehen können, wofür genau ein Preisträger geehrt wird, bleibt im Dunkeln – aber vor allem bei den Nobelpreisen für Naturwissenschaften erschließt sich das ohnehin nur einem kleinen Kreis von Spezialisten. Doch die Nobelpreisverleihung hat die schwedische Monarchie zu den bekanntesten Königshäusern der Welt aufsteigen lassen. Die Bernadottes freuen sich jedes Jahr auf diesen besonderen Tag. Prinzessin Madeleine hatte bei der Verleihung 1997 ihren ersten offiziellen Auftritt. Die Königsfamilie ist sich der Tatsache bewusst, dass sie an diesem Tag weltweit in allen Zeitungen und Fernsehsendungen präsent ist, und sie weiß, wie gut das der Bekanntheit ihres Landes tut. Denn auch und gerade eingefleischte Demokratien schielen manchmal seufzend auf die Königshäuser der Nachbarn. »Es sind die Traditionen dieser Familien, die die Menschen begeistern«, sagt Nina Ruge, »die großen Güter, die Schlösser, Jagden, Jagdhunde, Porzellan, Kristall, große Feste, noble Roben. Also all die Sachen, die schon in den ›Sissi‹-Filmen vermittelt wurden.«

Doch wie empfinden das diejenigen, die in einen solchen »Sissi«-Film hineingeboren werden? Kronprinzessin Victoria hatte sich offensichtlich all die Jahre in ihrer Rolle recht wohl gefühlt. Außer den schulischen Schwierigkeiten war nie von nennenswerten Problemen mit der Erstgeborenen im Hause Bernadotte berichtet worden. Alles schien dementsprechend vorbereitet für einen reibungslosen Übergang von Kronprinzessin Victoria ins Erwachsenenleben. Ihre Eltern hatten sie nach Kräften unterstützt, Hofdamen und Ratgeber standen ihr zur Seite. Victoria, das fröhliche, offene Naturkind, war auf dem besten Wege, eine freundliche, ausgeglichene Monarchin zu werden. Doch plötzlich kam alles ganz anders. Schon als Kind war Victoria eher pummelig gewesen. Als »dick« konnte man sie nicht bezeichnen, doch neben ihrer gertenschlanken Schwester Madeleine wirkte sie manchmal etwas weniger grazil. Jetzt, 1997, ent-

Wir hatten beobachtet, dass sie wie viele in ihrem Alter mal zu- oder abgenommen hatte. Wie die meisten Eltern haben mein Mann und ich uns auch die Frage gestellt: Warum? Aber dann ging es plötzlich rasend schnell. Victoria kann es selbst noch nicht erklären. Ich habe mich ausführlich informiert, sehr viel gelesen über dieses Thema. Es sind meistens junge Mädchen, die aufgeweckt und intelligent sind, hohe Ansprüche an sich stellen und an die darum sehr hohe Erwartungen gestellt werden. Das kann dazu führen, dass diese Mädchen sich unter einen wahnsinnigen Druck setzen. Victoria ist sehr tüchtig. Das merkten Menschen und erwarteten sehr viel von ihr. Victoria spürte das und hungerte sich in diese Verzweiflung.

Silvia, 2000

wickelten sich ihre weiblichen Rundungen recht vorteilhaft. Sie wuchs zu einer wohlgeformten jungen Frau heran, die den Anforderungen eines üppigen Ballkleiddekolletés problemlos gewachsen war. Sie selbst aber begann, sich in ihrem Körper nicht mehr wohl zu fühlen. Ein Mechanismus geriet in Gang, der für allzu viele Mädchen ihres Alters, nicht nur in Schweden, typisch ist: Victoria verweigerte das Essen.

Zunächst nahm davon kaum jemand Notiz. Die Kronprinzessin wuchs schließlich, und ein paar Kilo weniger würden ihr vielleicht auch nicht schaden. Die Hofschneider taten ihr Bestes, um durch ständige Anpassung ihrer Kleidung zu vertuschen, dass das Mädchen rasend schnell abnahm. Doch schrittweise wurde auch der Öffentlichkeit klar, dass hier etwas nicht stimmte. Bei der Feier der Nobelpreisverleihung am 10. Dezember 1998 war es nicht mehr zu übersehen. Victoria bestand nur noch aus Haut und Knochen. Die Augen lagen tief in den Höhlen, und das breite, strahlende Lächeln, mit dem die Prinzessin in früheren Jahren immer geglänzt hatte, war einem gehetzten Gesichtsausdruck gewichen. Selbst üppige Samtroben konnten nicht mehr kaschieren, dass das Gewicht der Kronprinzessin in einem gesundheitsgefährdenden Bereich angelangt war. Königin Silvia und König Carl Gustaf zogen die Notbremse. Sie leugneten die Probleme ihrer Tochter nicht, sondern informierten die Medien darüber, dass Victoria gesundheitliche Probleme habe. Gleichzeitig appellierten sie an die Verantwortung der Journalisten, Zurückhaltung zu üben, um Victoria eine Chance auf eine Heilung zu geben. »Es war ein

1 »Der erste männliche Thronfolger im Haus Oranien-Nassau seit mehr als hundert Jahren«:
Prinz Willem-Alexander wird am 2. September 1967 in Den Haag getauft.

2 »Glückliches Familienleben«: Prinz Claus, Königin Juliana, Prinzessin Beatrix und Prinz Bernhard präsentieren den Thronfolger während des Sommerurlaubs 1968 in Porto Ercole.

3 »Ein fürsorglicher Vater«: Zu Prinz Claus hatte Willem-Alexander stets ein hervorragendes Verhältnis (Foto aus dem Jahr 1976).

4 »Er hatte große Mühe damit, seine Rolle zu akzeptieren«: Im Jahr 1985 wurde der Thronfolger in den niederländischen Staatsrat aufgenommen.

6 »Ich denke, dass ich dort zum Mann geworden bin«: Der Kronprinz (Mitte) am ersten Tag seiner Ausbildung bei der Marine

5 »Durchs Leben gestolpert«: Lange Zeit musste sich Willem-Alexander als »Prins Pils« verspotten lassen

7 »Das Fliegen ist ein außer Kontrolle geratenes Hobby«: Willem-Alexander an Bord eines Flugzeugs vom Typ Fokker

8 »Sie wusste genau, was sie wollte«: Máxima Zorreguieta im Jahr 1994 in ihrer argentinischen Heimat.

9 »Eine wahre Hetzjagd«: Nachdem die Presse Wind von ihrer Beziehung zu Willem-Alexander bekommen hatte, wurde Máxima auf Schritt und Tritt verfolgt, wie hier im September 1999 in New York.

10 »Mit diesem Vater kann Máxima nicht Königin sein«: Jorge Zorreguieta hatte der argentinischen Militärjunta mehrere Jahre als Staatssekretär gedient.

11 »Der gordische Knoten war durchschlagen«: Nach langwierigen Verhandlungen stimmte im Juli 2001 auch das niederländische Parlament der Hochzeit des Thronfolgers zu.

12 »Ein unglaublich emotionaler Moment«: Als während der Trauung ein argentinischer Tango erklang, kämpfte die Braut mit den Tränen.

13 »Wie eine nationale Soap«: Während des Trauergottesdienstes für seinen verstorbenen Vater im Oktober 2002 konnte Willem-Alexander seine Gefühle nicht verbergen.

14 »Beste Werbung fürs Königshaus«: Der Kronprinz nach der Anmeldung seiner Tochter Catharina-Amalia im Rathaus von Den Haag im Dezember 2003.

15 »Hoffnung auf eine baldige Schwangerschaft«: Dass nach der Hochzeit Fotos von einer rauchenden und Alkohol trinkenden Kronprinzessin publik wurden, kam bei den Holländern nicht gut an.

16 »Professionell und voller Power«: Prinzessin Máxima begleitete Königin Beatrix während eines Staatsbesuchs in Argentinien im Frühjahr 2006.

17 »Meine Frau und meine Kinder sind das Wichtigste in meinem Leben«: Die Königin, das Kronprinzen-paar und dessen Kinder Catharina-Amalia, Alexia und Ariane, April 2007.

18 »Die Krönung ihres Glücks«: Königin Silvia und König Carl Gustaf präsentieren zu Weihnachten 1977 ihre Tochter Victoria.

19 »Eine ganz tolle große Schwester«: Die schwedische Königsfamilie nach der Taufe des jüngsten Mitglieds, Prinzessin Madeleine, im August 1982.

20 »Ein ernsthaftes Kind«: Prinzessin Victoria während der Feierlichkeiten zum schwedischen Nationalfeiertag im Juni 1988.

21 »Eure Majestät, lieber Papa!«: Die »Jungfernrede« der schwedischen Kronprinzessin an ihrem achtzehnten Geburtstag, 14. Juli 1995.

22 »Ich dachte, ich sei einfach zu dumm«: Trotz einer Lese-Recht-schreib-Schwäche, die ihr schwer zu schaffen machte, konnte Victoria im Juni 1996 ihr bestandenes Abitur bejubeln.

23 »Die schwere Arbeit als Staatsoberhaupt«: Als Vorbereitung auf ihre Rolle als zukünftige Königin absolvierte sie 1997 auch ein Praktikum bei Ministerpräsident Göran Persson.

24 »Nur noch Haut und Knochen«: Bereits während einer Galaveranstaltung in Stockholm im November 1997 war Victorias Magersucht unübersehbar.

25 »Eine unerhört feine Person«: Mit dem zwei Jahre älteren Daniel Collert verband Victoria eine langjährige Beziehung.

26 »Im Brennglas der öffentlichen Meinung«: Im Jahr 2003 absolvierte die Kronprinzessin eine drei-
wöchige Militärübung.

27 »Ohne politische Macht«: Zum Aufgabenfeld der Kronprinzessin gehören auch Besuche bei im
Ausland eingesetzten schwedischen Soldaten, wie hier im Kosovo.

28 »Von fünfzig ausgewachsenen Schweinen eingekreist«: Auch die heikelsten Besuchstermine bewältigt die Prinzessin inzwischen mit souveräner Gelassenheit.

29 »Ich weiß, welche Spielregeln gelten«: Nur sehr selten gelingt es Fotografen, von Victoria und ihrem Freund Daniel Westling Bilder wie diese zu schießen.

30 »Nicht mit offenen Armen aufgenommen«: Ihre Eltern waren anfangs wenig begeistert, dass sich die Prinzessin ausgerechnet in ihren Fitnesstrainer verliebt hatte.

31 »Bereit, das Amt zu übernehmen«: Auch der Besuch beim EU-Außenbeauftragten Javier Solana in Brüssel dient der Vorbereitung Victorias auf ihre zukünftige Rolle.

Schock für mich, als ich davon erfuhr«, sagte Königin Silvia in einem Interview im Jahr 2000. »Ich habe mich oft gefragt, was ich falsch gemacht habe und worin die Ursachen für die Krankheit lagen, habe aber keine Antwort gefunden. Vorwürfe mache ich mir natürlich trotzdem.« Wohl kaum ein Königshaus hatte je so frei und offen über innerfamiliäre Probleme gesprochen. Doch dem Königspaar ging es nicht um die Reputation der Bernadottes, es ging um das Leben ihrer Tochter. »Wir von der Presse wussten, dass wir sie in Ruhe lassen mussten«, sagt Agneta Bolme-Börjefors. »Soweit ich weiß, hat keine einzige schwedische Zeitung die Geschichte verfolgt. Das hätte in Schweden auch nicht ein Mensch wollen.«

Wie sollten König und Königin Victoria schützen? In Schweden kannte sie jedes Kind. Selbst bei größter Zurückhaltung vonseiten der Reporter: Jeder Bissen, den sie getan hätte, wäre von Außenstehenden registriert und wahrscheinlich auch kommentiert worden. Die Lösung war schließlich eine Reise in die USA. Hier, fernab aller Popularität, bekam Victoria die Zeit, über sich selbst und ihre künftige Rolle nachzudenken. Sie hat rückblickend über diese wichtigen Monate ihres Lebens sehr frei gesprochen. »Ich bin nach dem Abitur ins Zweifeln geraten. Habe mich gefragt: Wer sind meine Freunde, auf wen kann ich mich verlassen? Ich habe lernen müssen, dass meine Freundschaft auch missbraucht wurde und angebliche Freunde Geschichten an die Presse verkauften.« Sie habe die Person Victoria und die Kronprinzessin in dieser Zeit einfach nicht unter einen Hut bringen können, sagt sie heute. Sie sei permanent von ihrer Umgebung beeinflusst und gesteuert worden. Das Einzige, was sie selbst habe kontrollieren können, sei das Essen gewesen. »Ich habe es gehasst, wie ich aussah«, sagt sie. »Es war, als würde es mich, Victoria, gar nicht mehr geben.«

2000 kehrte sie von ihrem Studium in Yale nach Schweden zurück – sichtlich mit sich im Reinen und gereift zu einer schönen jungen Frau. In

> **Die Lösung des Problems war damals der USA-Aufenthalt. Ihre Eltern haben sie regelrecht nach Amerika geschickt, dass sie da in Ruhe studieren konnte. In Schweden hatten sich ja die Medien sehr für die Kronprinzessin interessiert; insbesondere, als sie nicht ganz gesund war. Das war nicht nur die Lösung, sondern auch die Rettung.**
> Elisabeth Tarras-Wahlberg, Sprecherin des schwedischen Hofes

> **In Amerika ist alles irgendwie anders. Es ist eine Freiheit, die jeder junge Mensch genießen möchte, der zum ersten Mal von zu Hause weggeht.**
> Victoria, 2001

Amerika habe sie gelernt, dass »Victoria« und die »Kronprinzessin« sehr wohl miteinander existieren können, sagt Victoria heute.

Von Fröschen und Prinzen

Die Stationen von Victorias Ausbildung wurden stets von zahlreichen Journalisten und Fotografen begleitet. Höflich dokumentierten sie, wie Victoria Staatsoberhäupter kennenlernte, Stiftungen besuchte und Ausstellungen eröffnete. Sie waren dabei, als die Kronprinzessin ein Training bei der Armee absolvierte und im Tarnanzug durch den Wald robbte. Sie begleiteten sie zu den schwedischen KFOR-Truppen in den Kosovo und dokumentierten ihre Aufenthalte in Ministerien und Botschaften. Doch allzu lange ließ sich die öffentliche Neugierde mit solchen Berichten wohl kaum zufriedenstellen. Denn die eine drängende Frage blieb unbeantwortet. Was ist mit der Prinzessin und der Liebe?

Ja, da hatte es einen jungen Mann in ihrem Leben gegeben. Daniel Collert, ein gut aussehender Spross aus reichem schwedischem Haus. Ganz passend eigentlich, aber irgendwie schien die Sache nicht von Dauer gewesen zu sein. Und dann, beginnend im Jahr 2002, tauchte immer häufiger ein Mann auf Fotos neben Victoria auf, den man bis dahin im höfischen Kreis noch nie wahrgenommen hatte. Gewiefte Journalisten hatten schnell raus: Es handelte sich um einen Sportler namens Daniel Westling. Eigentlich hatte Madeleine die beiden zusammengebracht, denn sie war es, die ihre Schwester zum Training mit in Westlings Fitnessclub schleifte. Und siehe da – der Kronprinzessin gefiel es dort ausnehmend gut. Obwohl Daniel Westling zunächst offiziell noch als »Victorias Fitnesstrainer« firmierte, war schnell klar, dass mehr dahintersteckte. Seither ist Daniels Geburtsort Ockelbo – ein Sechstausend-Seelen-Nest drei Stunden nördlich der Hauptstadt – in aller Munde. Hier wuchs er auf im simplen Reihenhaus seiner Eltern Eva und Ole, hier war er Mitglied in fast jedem Sportverein, spielte Eishockey und Fußball, fuhr Motocross. Das war aber auch schon nahezu alles, was man über Victorias Lebensgefährten herausbekam. Denn der ist schlau genug, keine Interviews zu seiner Bezie-

> Er ist eine unerhört feine Person, von der ich hoffe, dass sie immer ein enger Freund für mich sein kann.
>
> Victoria, über Daniel Collert

hung zu geben. Auch Freunde und Verwandte halten sich zurück, bezeichnen ihn auf hartnäckige Nachfrage als »Prachtburschen« und loben sein »gutes Herz« und sein »offenes Wesen«. Mit beidem hat er offenbar auch schnell die Sympathien Königin Silvias gewonnen. Denn die, so heißt es, habe den Jungen auf Anhieb gemocht. Selbst bürgerlich geboren, weiß sie am besten, was es heißt, Knall auf Fall prominent zu sein. Aber vor allem dürfte sie gesehen haben, dass Daniel ihrer Tochter einfach guttat. Von Magersucht, Bulimie oder anderen Essstörungen ist keine Rede mehr, seit es Daniel gibt. Ganz im Gegenteil: Die Kronprinzessin sieht blendend aus und ist augenscheinlich kerngesund. Die schwedische Journalistin Agneta Bolme-Börjefors begleitet das schwedische Königshaus seit Jahrzehnten und freut sich über die Entwicklung Victorias. »Wenn man sich die Fotos anschaut, die von ihr und Daniel gemacht werden, ist nicht zu übersehen, dass sie mit jedem Bild schöner und glücklicher aussieht.«

Heute antworten die allermeisten Schweden auf die Frage, ob sie den bürgerlichen Daniel standesgemäß finden, Victoria solle doch ihrem Herzen folgen und den Mann heiraten, den sie liebt. Und auch die im restlichen Europa erscheinenden, auf das Leben der Royals fixierten Zeitschriften geben langsam die Hoffnung auf, Victoria doch noch mit einem Blaublut vor dem Altar zu sehen. Dabei hatte man all die Jahre so schön spekulieren können. Kaum ein Prinz im heiratsfähigen Alter wurde nicht per Fotomontage an die Schulter Victorias gelehnt. Felipe von Spanien, Willem-Alexander von Holland und all die anderen hatten angeblich schon längst den Ring in der Tasche, um ihn Victoria in einer romantischen Nacht unter schwedischem Himmel an den Finger zu stecken. Allein: Einer nach dem anderen zückte wirklich einen Ring, um damit eine andere Frau zu beglücken. Und so reduzierte sich das vor wenigen Jahren noch so üppige Angebot an europäischen Prinzen auf die altersmäßig wohl kaum noch passenden William und Harry von England. Victoria war auf jeder Adelshochzeit strahlend schöner Gast – doch sie kam stets allein. Dennoch erlahmte vor allem die deutsche Regenbogenpresse nicht in ihrem Bemühen, immer neue Geschichten von angeblich bevorstehenden Verlobungen und Hochzeiten, gebrochenen Herzen und vermeintlichen

> **Das schwedische Volk sagt: Okay, wenn sie diesen Mann liebt – er hat vielleicht nur ein Fitnessstudio und ist vielleicht auch nicht der Hellste, aber die Liebe zählt. Und wenn sie ihn gern hat, dann sollten auch die Eltern ihren Segen dazu geben.**
> Paul Sahner, Gesellschaftsreporter

Schwangerschaften auf die Titelseiten zu heben. Und was Daniel anging, so wurden alle Gerüchte, die auf Zwist oder Trennung hinzielten, mit Begeisterung ausgewalzt. Die Zeitschrift 7 Tage wusste beispielsweise im Juli 2003 zu berichten, Victoria habe den Heiratsantrag ihres Freundes abgelehnt. Aber damit noch nicht genug. Alle Einzelheiten des Ereignisses seien bekannt. »Als sich die Dunkelheit langsam über die Dächer von Stockholm senkte«, so die Zeitschrift, »zündete Daniel Westling (29) eine dunkelrote Kerze an und sah ihr tief in die Augen. ›Liebling, bitte, heirate mich! Ich will und kann nicht mehr länger warten. Doch die Prinzessin reagierte anders als erwartet. Mit tränenfeuchten Augen sprang sie auf: ›Ich kann das nicht, es tut mir leid‹, sagte sie mit heiserer Stimme, packte ihre Handtasche und flüchtete aus der Wohnung ihres Freundes.«

Die Wochenzeitungen in Deutschland haben eine unglaubliche Fähigkeit, Bilder zu fälschen, und überschreiten permanent die akzeptierbaren Grenzen.
Gerade vor Kurzem musste ich in deutschen Blättern lesen, dass Roger Moore der wahre Vater der Prinzessin ist, dass Madeleine und Victoria Mitglieder einer Sekte sind und dass König Carl Gustaf eine Geliebte hat.
Elisabeth Tarras-Wahlberg, Sprecherin des schwedischen Hofes

Über die Quelle ihrer Informationen hüllte sich 7 Tage wohlweislich in Schweigen. Längst wehrt sich das schwedische Königshaus gegen die fast immer frei erfundenen Storys per Anwalt. Doch der Effekt ist begrenzt. So widerrief Das Neue Blatt im Januar 2006 eine Schlagzeile, die es fast drei Jahre zuvor auf dem Titel platziert hatte, mit den vieldeutigen Worten: »Auf der Titelseite von Das Neue Blatt Nr. 34 vom 13. 8. 03 hatten wir berichtet: ›Victoria, Daniel die Überraschungshochzeit, weil die Kronprinzessin ein Baby bekommt‹. Diese Behauptung widerrufen wir als unwahr. Eine Hochzeit zwischen Kronprinzessin Victoria von Schweden und Herrn Daniel Westling war nicht geplant. Kronprinzessin Victoria war auch nicht schwanger.«

Was aber ist so skandalös an Victorias Herzbuben? Der junge Mann sieht blendend aus und ist nach Auskunft derer, die ihn kennen, gutherzig und verlässlich. Er verschmäht Alkohol, fettes Essen und Zigaretten und ist bei seinen öffentlichen Auftritten mit der Prinzessin noch nie aus der Rolle gefallen. Bleibt nur der »Makel« seiner bürgerlichen Geburt, auch wenn das zu Beginn des dritten Jahrtausends wohl kaum noch zeitgemäß erscheint.

Höfische Liebe

Doch so lange sind sie noch nicht vorbei, die Zeiten, in denen königliche Ehen nicht im Himmel, sondern aus knallhartem Kalkül geschlossen wurden. »Es hat in der schwedischen Geschichte unter vierundfünfzig namentlich bekannten Königinnen nur zwei gegeben, die aus Liebe geheiratet haben und glücklich waren«, berichtet Historiker Herman Lindqvist. »Die erste war Karin Mansdotter, die Braut Eriks XIV., der sich im 15. Jahrhundert mutig für die Tochter eines Gefängniswärters entschied, und die andere ist bereits die aktuelle Königin Silvia.«

Die Geschichte der schwedischen Monarchie ist voller tragischer Liebesgeschichten, deren bekannteste wohl die Gustavs II. Adolfs, des berühmt-berüchtigten »Löwen aus Mitternacht«, sein dürfte, der im Dreißigjährigen Krieg Europa in Angst und Schrecken versetzte. Zwar hatte der Haudegen sein Herz an die bürgerliche Ebba Brahe verloren, doch musste er die deutsche Fürstentochter Eleonore aus dem Hause Brandenburg vor den Altar führen. Von der Geliebten Ebba Brahe blieb dem König nur ein resignierter Zweizeiler, den sie mit einem Diamantring in ein Fenster des Stockholmer Schlosses eingeritzt hatte: »Zufrieden mit dem Lose mein, danke ich Gott für die Gnade sein.«

Noch Victorias Urgroßvater hatte seine Söhne unter dem Diktum, nur standesgemäß heiraten zu dürfen, leiden lassen. König Gustaf VI. Adolf nahm zweien seiner Söhne alle Adelstitel, als diese ihre Herzen an bürgerliche Damen verloren. Prinz Sigvard ehelichte eine Berlinerin und trug von da an nur noch den schlichten Nachnamen Bernadotte. Sein Bruder -Johann verzichtete wegen einer schönen Schwedin auf das »von und zu«. Sogar der Königsneffe Prinz Lennart, in Deutschland vor allem als Herr der Blumeninsel Mainau bekannt, verlor am Tag seiner Hochzeit mit einer Nichtadligen die königlichen Rechte und Titel. Die ehemaligen Prinzen nahmen ihre »Strafe« gelassen auf sich und blieben bei ihren Entscheidungen. Hart allerdings traf die Starrsinnigkeit Gustavs VI. seinen verbliebenen Sohn Prinz Bertil. Denn dieser war der Einzige außer dem damals noch minderjährigen Carl Gustaf, der überhaupt noch für eine Thronfolge infrage gekommen wäre. Und auch Bertil verguckte sich – in eine Bürgerliche. Seine Herzdame war die britische Kabarettistin Lilian Craig. Sie wurde die Liebe seines Lebens – eine Liebe, der immer auch ein wenig Tragik anhaftete, denn Prinz Bertil fügte sich in den Willen des gestrengen Patriarchen und heiratete seine Lilian nicht. Zwar lebten die beiden zusammen, und es war ein offenes Geheimnis, dass sie ein Paar waren, doch offiziell fungierte Lilian als seine »Haushälterin«. Erst nach dem Tod seines Vaters und der Hochzeit seines Neffen Carl Gustaf traten Bertil und Lilian in einer rührenden Zeremonie 1976 vor den Traualtar. Sie konnten noch mehr als zwanzig Ehejahre genießen, bis Prinz Bertil starb. Seine heute hochbetagte Lilian ist derzeit das fast populärste Mitglied der Königsfamilie. Die »Rocky Grandma«, wie sie viele Schweden liebevoll nennen, erfreut sich wegen ihres Witzes und ihrer Schlagfertigkeit großer Beliebtheit.

Auch Carl XVI. Gustaf hatte sich innerhöfische Kritik anhören müssen, als er sein Herz an die bürgerliche Silvia verlor, die zu allem Überfluss auch noch aus Deutschland kam. Doch der natürliche Adel, den Silvia vom ersten Tag an zeigte, versöhnte die Schweden schnell wieder. Wirklich gemindert hat ihre »normale« Herkunft Silvias Ansehen nicht. Und doch ist es offenbar etwas anderes, wenn eine Frau sich einen »nicht ebenbürtigen« Mann aussucht. Victoria von Schweden haben all die Meckerer und Murrer offenbar ohnehin nie interessiert. Sie hängte sich demonstrativ eine Kette mit ihren und Daniels Initialen um und setzte schrittweise immer häufiger durch, dass ihr Freund sie auch auf offiziellen Anlässen begleiten durfte. Den Ritterschlag erhielt er 2006 durch eine Einladung zum sechzigsten Geburtstag des Königs. Auch der gestrenge Vater hat sich offenbar mittlerweile mit Daniel als Schwiegersohn in spe angefreundet. Victoria hat sich durchgesetzt. Leise, ohne Radau, aber bestimmt und erfolgreich. »Sie ist reif«, meint Nina Ruge. »Sie wird noch lange nicht Königin werden, aber die stürmischen Zeiten sind für sie vorbei. Sie ist bereit, das Amt zu über-

> Ehrlich gesagt, ist es manchmal schon sehr schwierig, in allen Situationen zu wissen, wie man sich zu verhalten hat, um keinen Fehler zu machen. Mein Vater hatte nicht die Möglichkeit, von seinem Vater zu lernen. Und meine Mutter auch nicht – sie heiratete einfach in diese Situation hinein.
>
> Victoria, 2001

nehmen.« Aber vielleicht kommt ja alles doch noch ganz anders. Die überraschende Trennung von Prince William und Kate Middleton in England hat gezeigt, dass die künftigen europäischen Monarchen durchaus noch bereit sind, ihre Liebeswege zu revidieren, selbst wenn die Konterfeis der angeblichen Auserwählten schon auf Kaffeetassen und Untersetzer gedruckt sind.

»Königin Victoria I.«

Wohin steuert die schwedische Monarchie? Es läuft alles darauf hinaus, dass das Land im Norden in absehbarer Zeit eine moderne junge Frau als ihr Staatsoberhaupt begrüßen kann. Bereits der aktuelle Monarch Carl Gustaf ist ein sehr geerdeter Herscher, der die Nähe zu seinem Volk in keiner Weise scheut. Seine Tochter wird aller Wahrscheinlichkeit dem Volk noch näher am Herzen sein. Hofhistoriker Herman Lindqvist erzählte im ZDF-Interview auf die Frage nach einer typischen Situation mit Victoria von folgender Begegnung: »Vergangenes Jahr am Nationalfeiertag hatte ich einen Termin mit ihr. Sie kam von einem offiziellen Anlass und hatte Blumen bekommen. Sie kam mit diesen Blumen rein und fing sofort an, sich darum zu kümmern, sie schnitt sie an und stellte sie in neues Wasser, fragte, ob das Wasser auch nicht zu kalt sei, und so weiter. Sie benahm sich also genauso wie jede andere Frau, die ein Geschenk bekommen hat, während wir über ihren bevorstehenden Besuch in Paris sprachen. Sie kletterte auf einen Stuhl, um eine neue Vase zu finden. So ist sie. Sie hat die Blumen nicht einfach irgendjemandem in die Hand gedrückt, sie hat sie als Geschenk akzeptiert.« Die Journalistin Agneta Bolme-Börjefors darf die Königsfamilie über das Jahr bei zahlreichen Anlässen mit der Kamera begleiten. Die Bilder werden dann traditionell an Weihnachten im schwedischen Fernsehen gezeigt. Sie erinnert sich an einen Tag, an dem sie mit den Bernadottes auf einem Bauernhof war. Noch während sie sich umschaute auf der Suche nach dem besten Motiv, hatte Victoria die Sache schon in die Hand

> Seit hundertneunzig Jahren sitzen die Bernadottes auf dem schwedischen Thron. Heiratet Victoria einen Nichtadligen, so verschwinden nicht nur die Bernadottes als Adelsgeschlecht, es tauchen dann auch etliche Möchtegerne auf, die im Schatten des Gemahls in die Oberklasse aufsteigen wollen.
>
> Per Andersson, Historiker und Schriftsteller

Es ist auf jeden Fall ein Experiment, denn die Königinnen, die es bisher in Europa gab, hatten immer standesgemäße Männer wählen müssen. Nun haben wir es mit einer modernen jungen Frau zu tun, die sagt: »Ich folge meinem Herzen, ich habe schon genug zu tun mit der Aufgabe, die mir auferlegt worden ist. Da möchte ich nicht auch noch beim Wichtigsten in meinem Lebens fremdbestimmt sein.

Nina Ruge, ZDF-Societyexpertin

genommen und rannte vor den Stall, um zu schauen, ob sie Schweine finden konnte. »Die Schweine sprangen aus allen Richtungen auf sie zu«, schildert die Journalistin die Szene. »Und sie hat sich einfach hingekauert und blieb komplett ruhig. Ich glaube, das wäre mir nicht gelungen, wenn mich fünfzig ausgewachsene Schweine eingekreist hätten.«

Aber bei aller Natürlichkeit wird auch Victoria vor der Hürde stehen, einen Thron in einer Zeit zu erhalten, in der die Notwendigkeit von Monarchien immer stärker infrage gestellt wird. Nicht zuletzt die Kosten, die Hofstaat und Monarchie verursachen, lassen bereits jetzt die Debatten immer wieder aufflammen. Doch der schwedische Historiker Dick Harrison ist überzeugt, dass der Wechsel von Carl XVI. Gustaf auf Victoria die Monarchie in Schweden stärken wird: »Schweden hat keine wirkliche Tradition in Sachen regierender Königinnen. Da kommt etwas ganz Neues, und die Leute werden es lieben.« Der deutsche Gesellschaftsreporter Paul Sahner sieht das ebenso. »Die Menschen lieben Königshäuser ganz besonders, wenn sie von einer Königin geführt werden. Das sieht man an der britischen Queen und an Beatrix von Holland.« Für Victoria wird sich auch die Frage stellen, inwieweit sie ihre Geschwister in den royalen Alltag einbinden wird und kann. Denn Kritik am Hof bezieht sich in Schweden in jüngster Zeit auch immer deutlicher auf die beiden jüngeren Königssprosse. Eigentlich ist deren Rolle recht beneidenswert. Sie genießen Privilegien, ohne eine wirkliche Gegenleistung erbringen zu müssen. Doch die als »Partyprinzessin« gescholtene Madeleine und der wegen seiner Vorliebe für zu schnelles Autofahren gerügte Prinz Carl Philip müssen eine Rolle im höfischen Alltag bekommen. Drohnen am Königshof wird auch das liberale Schweden nicht mehr lange dulden. Prinzessin Victoria weiß auch um die Verantwortung, die sie für ihre Geschwister hat.

Die Prinzessin feierte am 14. Juli 2007 ihren dreißigsten Geburtstag. Längst wäre sie alt genug, um den Thron zu übernehmen. Doch sie genießt die Schonfrist, die ihr die jugendliche Gesundheit ihres Vaters beschert. König Carl Gustaf erzählte in einem Interview, dass er aus Anlass seines sechzigsten Geburtstages 2006 gab: »Als die Kronprinzessin siebenundzwanzig wurde, sagte ich ihr: ›Weißt du, dass ich in deinem Alter meinem Großvater auf den Thron folgte?‹ Da war sie völlig geschockt. Sie fühlte sich noch nicht reif dafür – aber das ist man vielleicht nie. Man wird König, und man ist es dann für den Rest seines Lebens. Victoria kann sich also in Ruhe auf ihre Aufgaben vorbereiten, das ist gut für sie und für Schweden.«

> **Sie geht auf diesem Weg der Herzlichkeit, der Volksverbundenheit – und ist sich gleichzeitig aber auch ihrer Sonderrolle bewusst. Diesen Weg geht sie mit Charme und Selbstbewusstsein. Das finde ich für eine knapp Dreißigjährige außerordentlich.**
>
> Nina Ruge, ZDF-Societyexpertin

Die überwiegende Mehrheit der Schweden freut sich auf »Königin Victoria I.«. »Sie liebt ihren Job«, sagt ihr Lehrer Herman Lindqvist. »Sie liebt ihr Land, und sie wird Schweden nie im Stich lassen.«

Die meisten Bernadottes starben hochbetagt. Sollte das auf Carl XVI. Gustaf auch zutreffen, bleiben Victoria vielleicht noch Jahrzehnte, bis sie die volle Verantwortung für den schwedischen Thron übernehmen muss. Und vielleicht die Möglichkeit, in Ruhe eine Familie gründen zu können. »Zeit«, antwortete sie einmal bestimmt auf die Frage, was das Wichtigste sei, was sie ihren eigenen Kindern geben wolle. Und die Entscheidung, mit wem sie diese Kinder haben möchte, braucht vielleicht auch noch ein bisschen Zeit.

Der Kronprinz und die Journalistin

Felipe und Letizia von Spanien

Es hatte die strahlende royale Hochzeit des Jahres werden sollen – die Vermählung des spanischen Thronfolgers Felipe mit der TV-Journalistin Letizia Ortiz Rocasolano am 22. Mai 2004. 1400 geladene Gäste – Monarchen, Präsidenten, Regierungschefs und sonstige Auserwählte – hatten sich in der Madrider Almudena-Kathedrale eingefunden. Mehr als eine Milliarde Fernsehzuschauer in aller Welt verfolgten das Spektakel via Bildschirm. Gemeinsam mit seinem Vater, König Juan Carlos von Spanien, und seiner Mutter, Königin Sofia, seinen Geschwistern und deren Angehörigen war Felipe Juan Pablo Alfonso de Todos los Santos de Borbón y Grecia – so sein wohlklingender voller Name – kurz vor elf Uhr vormittags vor dem gewaltigen Gotteshaus eingetroffen. Kardinal Rouco Varela, der Erzbischof von Madrid, hatte die königliche Familie am Kirchenportal begrüßt und war dann zusammen mit ihr durch den Mittelgang der Kirche zum Altarraum geschritten. Während sich die Hochzeitsgäste auf ihren Plätzen niederließen, blieb der in der blauen Paradeuniform des spanischen Heeres gekleidete Felipe stehen – in freudiger Erwartung seiner Braut. Doch dann geschah – nichts. Immer wieder blickte der Prinz zur Eingangspforte der Kathedrale. Aber Letizia kam nicht. Die Minuten schienen sich endlos zu dehnen. Langsam machte sich unter den Anwesenden Unruhe breit. Auch der Bräutigam wurde zusehends nervös: Sollte Letizia womöglich etwas zugestoßen sein?

Manche Spanier wurden in diesen Minuten an ihre heimlichen Befürchtungen erinnert. In dem mythengläubigen Land auf der Iberischen Halbinsel wähnten nicht wenige die Verbindung von Felipe und Letizia von

> Natürlich hat Doña Letizia ein paar ewiggestrige Monarchisten gegen sich. Aber die große Mehrheit der Spanier ist sehr glücklich über diese Verbindung.
>
> José Luis de Vilallonga, Biograph von Juan Carlos

bösen Omen begleitet. Nicht allein, dass die ehemalige Journalistin als erste Bürgerliche in der mehr als ein halbes Jahrtausend währenden Geschichte der spanischen Monarchie in die königliche Familie einheiratete. Zudem war sie erst die zweite gebürtige Spanierin, die ein Thronfolger zur Frau nahm – nach der Hochzeit von Alfonso XII. mit seiner Cousine María de las Mercedes de Orléans im Jahr 1878. Damals war es eine Heirat gegen den Widerstand der Mutter gewesen. Im Palacio Real starb die junge Königin schon fünf Monate später an Typhus – zwei Tage nach ihrem achtzehnten Geburtstag. Und war es nicht auch die erste königliche Trauung in der spanischen Hauptstadt seit fast hundert Jahren? Damals, am 31. Mai 1906, hatte Felipes Urgroßvater Alfonso XIII. die Deutsche Victoria Eugenie von Battenberg (»Ena«) geehelicht. Als das Paar die Klosterkirche von San Geronimo in Madrid verließ, stellte sich ihnen eine schwarz gekleidete Bettlerin in den Weg und bat um ein Almosen. Königliche Leibwächter vertrieben die Frau mit Peitschenhieben, woraufhin die Gezüchtigte die Arme zum Himmel reckte und die Frischvermählten und ihre Nachkommen verfluchte. Kurz darauf entging das Brautpaar nur knapp einem heimtückischen Attentat. Als die Hochzeitskutsche durch die Calle Mayor fuhr, warf ein Anarchist eine in einem Blumenstrauß verborgene Bombe aus einem Fenster. Das königliche Paar blieb wie durch ein Wunder unverletzt, doch der Sprengsatz zerriss die Pferde und tötete das Begleitpersonal. Umherfliegende Scherben, Blut und Fleischfetzen besudelten das Kleid der jungen Braut. Die Ehe, die so dramatisch begann, sollte auch in den folgenden Jahren unter keinem guten Stern stehen: Zwei der vier Söhne des Königspaars litten unter der Bluterkrankheit, die sie schon in jungen Jahren sterben ließ. Ein weiterer Sohn war von Geburt an taubstumm.

Gerüchte über ein mögliches Attentat schwirrten auch an diesem 22. Mai 2004 durch Madrid – den gewaltigen Sicherheitsvorkehrungen zum Trotz. In der spanischen Hauptstadt herrschte Alarmstufe Rot. Der Luftraum war im Umkreis von 80 Kilometern abgesperrt. Zwei F-18-Jagdbomber, ein Awacs-Aufklärungsflugzeug sowie mehrere Flugabwehr-Einheiten hielten sich in Bereitschaft. 23 000 Sicherheitsbeamte bewachten die Stadt. Entlang der Route des Hochzeitszugs wurden 15 000 Wohnungen kontrolliert, alle Papierkörbe entfernt und die Gullydeckel verschweißt. Auf den Dächern waren zweihundert Scharfschützen postiert.

Aus Sicherheitsgründen mussten alle Hochzeitsgäste ein digitales Armband tragen. Die Menschen auf der Straße, die dem Paar zujubeln wollten, hatten drei Kontrollstellen zu passieren.

Die aufwendigen Sicherheitsmaßnahmen waren alles andere als unbegründet: Ganz Madrid stand noch unter dem Schock der islamistischen Terroranschläge, die gut zwei Monate zuvor, am 11. März 2004, die spanische Hauptstadt erschüttert hatten. Mehrere gleichzeitig ausgelöste Bombenexplosionen in voll besetzten Vorortzügen hatten am Bahnhof Atocha fast zweihundert Menschen getötet, mehr als zweitausend waren verletzt worden. Zwar galten diese Bomben vorrangig der Politik der spanischen Regierung – Ministerpräsident José María Aznar unterstützte die USA im Irak-Krieg nahezu bedingungslos –, doch wäre nicht auch das streng katholische spanische Königshaus ein perfektes Ziel für ein Attentat von El Kaida? Auch die baskische Separatistenorganisation Eta hatte mit Anschlägen während der Hochzeitsfeierlichkeiten gedroht. Drei Monate vor dem Hochzeitstermin hatte die Polizei zwei Eta-Terroristen samt einem Lieferwagen mit über fünfhundert Kilo Sprengstoff aufgegriffen. Mit der explosiven Fracht, so gaben die Männer an, hätten sie während der Hochzeitsfeierlichkeiten einen »Stromausfall« provozieren wollen. Doch dass es den Terroristen allein darum ging, glaubte niemand. War Letizia also in Gefahr?

Traumhochzeit mit Hindernissen

Erst nach einer guten Viertelstunde löste sich die Spannung. Zunächst sahen es die Fernsehzuschauer an den Bildschirmen, und bald verbreitete sich die Nachricht auch im Kirchenschiff: Die Braut kommt! Schuld an ihrer Verspätung war das miserable Wetter. Der Himmel über Madrid, der zu dieser Jahreszeit sonst stets ein makelloses Blau zeigt, hatte sich in den frühen Morgenstunden zugezogen. Zweiundzwanzig Jahre lang war es laut meteorologischen Statistiken am 22. Mai in Madrid trocken geblieben – doch ausgerechnet an diesem Vormittag ließ Petrus den Wassermassen freien Lauf. Zuerst fielen nur ein paar Tropfen. Doch bald schüttete es wie aus Kübeln. Schon Felipe hatte die gut dreihundert Schritte vom Königspalast bis zur Almudena-Kathedrale auf einem völlig durchnässten roten Teppich zurücklegen müssen. Gewitter am Hochzeitstag? Manch einer der Schaulustigen vor der Kathedrale wollte auch das als schlechtes Omen für die royale Verbindung sehen. Dagegen protestierten freilich andere königstreue Besucher – und hatten sofort ein paar passende Sprichwörter parat: »Regen bei der Hochzeit bedeutet Sonnenschein in der Ehe«, diktierte ein älterer Herr aus Granada den Journalisten in den Block. Und eine Letizia-Anhängerin aus deren Heimat Asturien prophezeite: »Novia mojada, novia embarazada.« Was auf Deutsch in etwa so viel bedeutet, dass eine verregnete Braut bald schwanger werde.

Letizia, so sah es die Regie des Hochzeitstags eigentlich vor, hätte ihrem zukünftigen Ehemann ebenfalls zu Fuß vom Palast in die Kirche folgen sollen. Doch das sündhaft teure Brautkleid mit seiner viereinhalb Meter langen Schleppe, das der spanische Modezar Manuel Pertegaz entworfen hatte, hätte man unmöglich den wolkenbruchartigen Niederschlägen aussetzen können. Kurzerhand verfrachtete man Letizia samt ihrem ausladenden Gewand in einen noblen Rolls-Royce aus dem königlichen Fuhrpark und chauffierte sie trockenen Hauptes zur Kirche. Als Letizia vor der Kathedrale dem Wagen entstieg, brandete Jubel auf: »Que bonito!« – »Wie schön!« In der Tat: Die zukünftige Prinzessin von Spanien sah in ihrem elfenbeinfarbenen Kleid aus valencianischer Seide einfach umwerfend aus. Eng am Körper anliegend, ab der Taille leicht ausgestellt, mit langen Ärmeln und wenig Ausschnitt, entsprach es den strengen Vorstellungen des spanischen Königshauses, vor allem denen von Königin Sofia. Kragen, Ärmel und die Schleppe waren dezent mit Mustern aus Gold und Silberfäden bestickt. Ein raffinierter hoher Kaminkragen umspielte elegant Letizias Hals. Der mit Lilien – dem Symbol der Bourbonenfamilie – handbestickte Schleier war ein Geschenk des Prinzen. Das Haar der Braut zierte ein mit Brillanten besetztes Platindiadem, das schon ihre Schwiegermutter Königin Sofia bei ihrer Hochzeit 1962 in Athen getragen hatte.

Als Letizia die Kirche betrat, war ihr jedoch anzumerken, dass sie an der Bürde ihrer neuen Aufgabe mindestens genauso schwer zu tragen hatte wie an der ausladenden Schleppe ihres Brautkleids. Sie wirkte angespannt, ihr Gesicht war wie versteinert. Mancher Beobachter konnte sich des Gefühls nicht erwehren, sie hätte dem Ereignis lieber in ihrer alten Funktion als Journalistin beigewohnt denn als Hauptdarstellerin. Letizia tauschte kaum zärtliche Gesten oder verliebte Blicke mit ihrem Bräutigam aus. Lediglich ab und zu wagten beide ein schüchternes Lächeln oder flüsterten vertraut miteinander. Auch die Trauungszeremonie selbst verlief in feierlichem Ernst – eine Vermählung, so gefühlvoll wie ein Staatsakt. Erst als das Brautpaar mit einem dreifachen »Si, quiero« – »Ja, ich will« – sein Eheversprechen besiegelte, fiel die Anspannung zumindest etwas von den beiden Frischvermählten ab. Zu den Klängen des »Halleluja«-Chors aus Händels »Messias« verließ schließlich nach gut anderthalb Stunden ein sichtlich erleichtertes Brautpaar die Kathedrale.

Danach ging es – unter dem feierlichen Geläut sämtlicher Glocken der spanischen Hauptstadt – im gepanzerten Wagen durch die Stadt. Um die Stelle des Attentats von 1906 machte man dabei wohlweislich einen Bogen. In der Basilika der Jungfrau von Atocha, der Patronin des Königshauses, gedachten Felipe und Letizia der Terroropfer des 11. März, ehe sie sich auf dem Balkon des Königspalastes noch einmal dem jubelnden Volk zeigten. Inzwischen hatte auch Petrus ein Einsehen – der Himmel weinte nicht mehr. Über der spanischen Hauptstadt strahlte wieder die Sonne. Auf die großen Gefühle mussten romantisch veranlagte Gemüter jedoch auch weiterhin verzichten – statt eines innigen Hochzeitskusses wie eine Woche zuvor beim dänischen Kronprinzenpaar Frederik und Mary in Kopenhagen gab es im strengen Spanien nur ein verschämtes Küsschen auf die Wangen. Nichtsdestotrotz verkündete Prinz Felipe beim anschließenden Bankett voller Stolz: »Ich will es nicht verbergen, ich nehme an, es springt ins Auge: Ich bin ein glücklicher Mann.« Und Juan Carlos setzte hinzu: »Geliebte Letizia, wir nehmen dich mit offenen Armen und der größten Zuneigung auf« – nicht ohne jedoch hinzuzufügen, das Brautpaar solle »immer an Spanien denken«. Zu guter Letzt wurde es also doch noch eine Hochzeit mit Happy End.

> **Es war einfach schrecklich. Letizia sah aus wie ein Vogel, dabei ist sie doch so schön.**
> Paco Rabanne, französischer Modeschöpfer

> **Die Szene war kalt und der Kuss einfach erbärmlich: Das hatten ja Charles und Diana noch besser hingekriegt.**
> Jaime Peñafiel, Journalist und Königshausexperte, über die Hochzeit

Der Fluch der Bettlerin

Ein Happy End auch für die spanische Monarchie? Lange Jahre schien es so, als sollte sich für sie der Fluch der Bettlerin nach der Hochzeit von König Alfonso XIII. mit Victoria Eugenie erfüllen. Alfonso war nicht nur im Privatleben vom Pech verfolgt – auch seine Regentschaft stand unter keinem guten Stern. Spanien kam in den ersten Jahrzehnten des 20. Jahrhunderts nicht zur Ruhe – heftige politische Auseinandersetzungen zwischen Konservativen und Sozialisten, wiederholte Regierungswechsel sowie Aufstände und Putschversuche waren an der Tagesordnung. Als 1931 eine Revolution ausbrach und Spanien zur Republik erklärt wurde, war Alfonso sogar gezwungen, das Land verlassen – wobei er freilich nicht auf die Krone verzichtete. Doch das politische Chaos war nach seinem Weggang keineswegs beendet. Im Gegenteil – schon wenig später befand sich das Land in einem blutigen Bürgerkrieg, der von 1936 bis 1939 dauern sollte und viele Menschenleben forderte. Aus den Auseinandersetzungen ging General Francisco Franco klar als Sieger hervor. Er verlieh sich selbst den Ehrentitel »Caudillo« – »Führer« – und errichtete ein faschistisches Regime, das sich hauptsächlich auf die Armee stützte. Mit Franco triumphierten die Konservativen, unter denen sich rund achtzig Prozent Monarchisten befanden. Um seine eigene Macht zu festigen, gab ihnen der General das Versprechen, die Monarchie »zu gegebener Zeit« wieder einzuführen. Im 1947 proklamierten »Nachfolgegesetz« wurde demgemäß festgehalten, dass Spanien ein Königreich sei, ohne jedoch Details hinsichtlich der Wiederherstellung der Monarchie zu nennen. Es wurde lediglich bestimmt, dass der künftige König von Spanien mindestens dreißig Jahre alt, männlichen Geschlechts und königlicher Herkunft sein müsse. Alfonso verzichtete kurz vor seinem Tod 1941 zugunsten seines dritten – und einzigen gesunden – Sohnes Don Juan auf alle seine Thronansprüche. Der hoffte nun, anstelle seines Vaters irgendwann als rechtmäßiger König nach Spanien zurückkehren zu können. Doch General Franco hatte andere Pläne. Die »liberalen« Ansichten des Thronprätendenten machten ihn in den Augen des Diktators zu einem ungeeigneten Kandidaten. Der künftige König sollte ein absoluter Monarch sein, Don Juan galt hingegen als Demokrat.

So begann der »Caudillo«, sein Restaurierungsvorhaben auf die nächste Generation auszurichten – auf Don Juans 1938 im italienischen Exil geborenen ersten Sohn, Juan Carlos. Aus ihm hoffte er, einen geeigneten Nachfolger formen zu können. Im Alter von zehn Jahren wurde Juan Carlos Ende 1948 allein nach Spanien geschickt und sollte dort unter den Augen General Francos erzogen werden. Seine Lehrer waren vorher sorgfältig vom Diktator ausgewählt worden. Nur von Zeit zu Zeit empfing der »Caudillo« den Jungen, doch stets war Franco über alles unterrichtet, was den Prinzen betraf. Über seine wahren Absichten ließ der spanische Diktator Juan Carlos, dessen Vater und die gesamte Öffentlichkeit allerdings lange im Unklaren. 1954 bestand der Prinz sein Abitur und wurde danach in allen drei Waffengattungen – Heer, Luftwaffe und Marine – ausgebildet. Zugleich schloss er in dieser Zeit Freundschaften mit anderen Offizieren – Kontakte, die sich später als nützlich erweisen sollten. Nach der Beendigung seiner militärischen Ausbildung studierte er in Madrid Politologie, Volkswirtschaft, Philosophie und Literaturgeschichte.

Trotz eines vollen Stundenplans fand Juan Carlos Zeit, sich dem weiblichen Geschlecht anzunähern. Immer wieder berichteten die Zeitungen über tatsächliche oder vermeintliche Favoritinnen des Prinzen. Doch die Richtige zu finden erwies sich für Juan Carlos nahezu als unmöglich – mal legte General Franco sein Veto gegen eine Beziehung ein, dann wieder war sein Vater mit der Wahl des Prinzen nicht einverstanden. Es schien,

> Er hatte schon lange vorher entschieden, dass zu seinen, Francos, Lebzeiten mein Vater nicht den spanischen Thron besteigen sollte, und behielt sich vor, mich so lange auf die Probe zu stellen, wie es ihm richtig erschien. Erst dann hat er mich anstelle meines Vaters nominiert.
>
> Juan Carlos

> *Ich wusste, dass ich, indem ich meinem Sohn erlaubte, in Spanien zur Schule zu gehen und zu studieren, meinen Thronanspruch relativieren würde. Aber dennoch musste ich es tun. Es war notwendig, dass der Prinz unter Spaniern erzogen wurde und seine Ausbildung nicht weiter im Ausland fortsetzte. In einer Monarchie sind Personen von sekundärer Bedeutung, das Wesentliche ist die Institution. Wichtig war allein, dass die Monarchie wieder eingesetzt wurde, und nicht, ob ich oder mein Sohn sie verkörpern würde.*
>
> Don Juan, Vater von Juan Carlos

als würden Juan Carlos' Herzensangelegenheiten der gleichen strengen Kontrolle unterliegen wie seine militärische und zivile Ausbildung. Erst 1961 sollten sich Liebe und Staatsräson miteinander verbinden. Bei der Hochzeit des Herzogs von Kent in York blieb keinem verborgen, dass Juan Carlos nur noch Augen für seine Tischdame hatte: Sofia von Griechenland. Sie war 1938, im selben Jahr wie Juan Carlos, als erstes Kind des griechischen Kronprinzen Paul und seiner Frau Friederike in Athen zur Welt gekommen. Friederike, eine Enkelin des deutschen Kaisers Wilhelm II., war mit der preußischen und dänischen Dynastie verwandt, ihre Vorfahren waren Mitglieder der griechischen, englischen und russischen Herrscherhäuser.

Eine Verbindung von Juan Carlos mit Sofia war für beide Seiten von Vorteil. Die griechische Dynastie war wenig angesehen an den Höfen Europas. Sofias eher dürftige Mitgift machte sie als Heiratskandidatin für viele Königs- und Fürstenhäuser unattraktiv. Die spanische Dynastie galt dagegen zwar als eine der ältesten und angesehensten Herrscherfamilien, doch lag ihr Schicksal damals allein in den Händen General Francos. Ob Juan Carlos jemals den spanischen Thron besteigen würde, war nicht voraussehbar und abhängig von der Gunst des spanischen Diktators. Darüber hinaus hatten auch die Bourbonen mit finanziellen Schwierigkeiten zu kämpfen. Sofias Mitgift – so gering sie auch sein mochte – kam der spanischen Königsfamilie damals mehr als gelegen. Kurzentschlossen arrangierte Königin Friederike ein sommerliches Tête-à-tête auf Korfu. Dort machte der spanische Prinz der griechischen Königstochter prompt einen Heiratsantrag. Dabei soll es dem Vernehmen nach wenig gefühlvoll zugegangen sein: Seiner jungen Braut habe er ein Kästchen, das den Verlobungsring enthielt, zugeworfen und dabei gerufen: »Hier, das ist für dich!« Sicher – Juan Carlos fand seine Zukünftige attraktiv, doch hatte eher sein Verstand als das Herz die Wahl getroffen. Denn auch Franco stimmte einer Verbindung mit dem griechischen Königshaus zu – für Juan Carlos war damit eine wichtige Hürde auf dem Weg zum spanischen Thron genommen. Am 12. September 1961 wurde die Verlobung Sofias mit Juan Carlos bekannt gegeben und schon für ein gutes Dreivierteljahr später die Hochzeit angesetzt.

Am 14. Mai 1962 strömten aus aller Welt blaublütige Gäste nach Athen. Die erste Trauung fand in der katholischen Kathedrale statt, wo der Erzbischof von Athen dem Paar seinen Segen erteil-te. Anschließend wurde die Trauungszeremonie nach byzantinischem Ritus in der griechisch-orthodoxen Verkündigungskathedrale vollzogen. Um die Gemüter der stolzen Griechen nicht zu überhitzen, konvertierte Sofia erst nach der Trau-ung zum für die spanische Herrscherfamilie un-umgänglichen katholischen Glauben. Fünf Mo-

nate lang waren Juan Carlos und Sofia nach ihrer Hochzeit in der ganzen Welt unterwegs, präsentierten sich den Menschen auf fünf Kontinenten und machten damit Werbung für Spanien. Im Oktober ließ sich das frisch-vermählte Paar in Madrid nieder. Der »Caudillo« stellte ihm als Zeichen seiner Gunst den soeben renovierten Zarzuela-Palast nordwestlich von Madrid zur Verfügung, den die Königsfamilie bis heute bewohnt. Kaum jemand zweifelte jetzt noch daran, dass Franco Juan Carlos zu seinem Nachfolger machen würde. Dennoch hatten der Kronprinz und Sofia noch längere Zeit keinerlei offizielle Funktion in Spanien.

Zwischen Diktatur und Demokratie

Im Gegensatz zu seinem politischen Dasein gestaltete sich das Privatle-ben von Juan Carlos überaus glücklich. Am 23. Dezember 1963 erblickte Infantin Elena das Licht der Welt, ihr folgte die Schwester Cristina am 13. Juni 1965. Als am 30. Januar 1968 der Infant Felipe geboren wurde, hatte die spanische Königsfamilie allen Grund zur Freude: Das Fortbeste-hen der Dynastie war gesichert. Juan Carlos war außer sich vor Glück – schon lange hatte er sich einen Sohn gewünscht. Nun war sein Herzens-wunsch in Erfüllung gegangen. »Ich weiß überhaupt nicht mehr, was ich gesagt habe. Auf jeden Fall bin ich vor Freude in die Luft gesprungen und habe alle umarmt«, gestand er später einmal. Gerührt nahm er seinen Sohn auf die Arme und küsste Sofia, der die Freudentränen über das Ge-sicht liefen. Schon eine Woche später sollte die Taufe Felipes stattfinden. Dessen Urgroßmutter Victoria Eugenie, die ein Jahr zuvor ihren achtzigs-ten Geburtstag gefeiert hatte, bat darum, Patin des Kindes zu werden. Die alte Dame hatte dabei nicht nur die Patenschaft im Auge. Sie hoffte, erstmals nach siebenunddreißig Jahren wieder spanischen Boden betreten und eine Unterredung mit dem »Caudillo« herbeiführen zu können. Der Plan ging auf: Der Diktator gab seine Einwilligung zur Einreise der populären »Ena«, die unter großem Jubel am Madrider Flughafen empfangen wurde. Bei der Taufe hielt die Exkönigin ihren Urenkel über das kostbare Taufbecken aus Silber, weißem Stein und Gold. Nach der feierlichen Zeremonie, die der Erzbischof von Madrid vollzog, gelang es Victoria Eugenie tatsächlich, einige Worte mit General Franco zu wechseln. Sie war fest entschlossen, für den Erhalt des spanischen Throns zu kämpfen: »Damals, vor einundzwanzig Jahren, gab es einen regierenden Bourbonen«, sagte sie zu ihm mit Verweis auf Francos »Nachfolgegesetz« von 1947. »Nun haben Sie drei Bourbonen, unter denen Sie wählen können: Vater, Sohn und Enkel.« Auch wenn der Mut Enas dem Diktator imponierte, ihrem Drängen gab er deshalb noch lange nicht nach.

Bei Felipes Taufe kam auch seine Urgroßmutter Victoria Eugenie aus der Schweiz. Sie kannte Franco noch aus der Zeit, als dieser ein junger, aufstrebender Armeeoffizier gewesen war, den ihr verstorbener Mann, König Alfonso XIII., stets gefördert hatte. Aber sie hatte keine besonders hohe Meinung von Franco. Ebenfalls anwesend bei der Taufe waren damals ihr Sohn Don Juan – der rechtmäßige Thronerbe – und ihr Enkel Juan Carlos, von dem gesagt wurde, dass er Francos Favorit für den spanischen Thron sei. Mehrere Augenzeugen berichten, dass sie Franco nach der Taufe beiseitegenommen und in sehr gebieterischer Weise gesagt habe: »Jetzt haben Sie drei Bourbonen, aus denen Sie wählen können.« Damit hatte sie sehr deutlich zum Ausdruck gebracht, was sie von Francos Absicht hielt, sich immer alle Möglichkeiten offenzuhalten.

Paul Preston, Historiker

Es sollte noch gut anderthalb Jahre dauern, bis sich der »Caudillo« endlich dazu durchrang, Juan Carlos offiziell zu seinem Nachfolger zu bestellen. Am 23. Juli 1969 erhielt der Bourbone den Titel des Prinzen von Spanien. In einer feierlichen Zeremonie unterzeichnete Juan Carlos die Ernennungsurkunde. Zuvor hatte der Diktator vor den »Cortes«, dem Pseudoparlament von Francos Gnaden, in dem die meisten Mitglieder der

Staatspartei angehörten, erklärt: »Im Bewusstsein meiner Verantwortung vor Gott und der Geschichte und nachdem ich mit angemessener Objektivität die Qualitäten, die sich in der Person Juan Carlos' de Borbón y Borbón vereinen, beurteilen konnte, habe ich beschlossen, ihn der Nation als meinen Nachfolger vorzustellen.« Auf diesen Satz hatte Juan Carlos mehr als zwanzig Jahre gewartet. Er erhielt innerhalb der protokollarischen Ordnung den zweiten Rang direkt nach dem Staatschef und wurde gleichzeitig zum General in allen drei Waffengattungen ernannt. Obwohl der »Caudillo« Juan Carlos jetzt repräsentative Aufgaben übernehmen ließ und ihm gestattete, ins Ausland zu reisen, hielt er ihn von Staatsgeschäften dennoch fern. Der Prinz von Spanien durfte weder an den Ministerratssitzungen teilnehmen, noch teilte man ihm mit, worum es in geheimen Beratungen ging. Das änderte sich im Juli 1974, als Franco erkrankte und in eine Klinik eingewiesen wurde. Im September übernahm der General zwar wieder die Staatsgeschäfte, doch der inzwischen Sechsundachtzigjährige sollte sich nie mehr richtig erholen. Am 21. Oktober 1975 schien sein Ende gekommen. »Koronale Insuffizienz« hieß es in den amtlichen Pressemitteilungen. Noch einen Monat lang rang der spanische Staatschef mit dem Tod. Juan Carlos erhielt am 30. Oktober alle Vollmachten als Staatsoberhaupt – diesmal per Gesetz und nicht aus den Händen des Generals. Dennoch waren die meisten Spanier nicht von Juan Carlos' Fähigkeiten überzeugt. Zu sehr hatte er in den vergangenen Jahren im Hintergrund gestanden, niemand hatte sich ein rechtes Bild von Francos Nachfolger machen können. Am 20. November 1975 starb General Franco. Nur zwei Tage später wurde Juan Carlos zum König ausgerufen. Nach vierundvierzig Jahren hatte Spanien wieder einen Bourbonen auf dem Thron – und kaum jemand wusste, wie es nun weitergehen sollte.

»Heute beginnt eine neue Etappe in der Geschichte Spaniens. Ich möchte ein Mittler sein, ein Wächter der Verfassung und ein Wortführer der Gerechtigkeit. Der König wünscht ein König aller zu sein und zugleich jedes Einzelnen in seiner eigenen Geschichte, Kultur und Tradition.« Juan Carlos' Rede vor dem Parlament bei der feierlichen Vereidigung war kurz, aber deutlich. Gerechtigkeit, Modernität und Mitspracherecht – das klang nicht so, als hätte er die Absicht, Francos Regierungsstil fortzusetzen. Und in der Tat – der frisch gekürte König führte Spanien in den darauffolgenden Jahren in beispielloser Art und Weise auf den Weg zur Demokratie. Zunächst nutzte er noch die diktatorischen Vollmachten, die ihm als Staatschef zustanden, um die verkrusteten politischen Strukturen aufzubrechen. Doch schon nach drei Jahren legte Juan Carlos die Macht zurück in die Hände des frei gewählten Parlaments. Damit war Spanien ein demokratischer Rechtsstaat in Form einer parlamentarischen Monarchie. In der Folgezeit arbeitete Juan Carlos hart daran, Spaniens neue Staatsform zu stabilisieren und so das Land in die Moderne zu führen.

Lehrjahre eines Thronfolgers

> Ich habe jahrelang mit dem Wissen gelebt, dass jedes meiner Worte einer höheren Stelle hinterbracht wird, nicht ohne vorher von Leuten analysiert und in ihrem Sinn interpretiert zu werden, die mir nicht immer wohlwollend gegenüberstanden.
>
> Juan Carlos

Von dieser Entwicklung profitierte auch der kleine Felipe. Denn während die königlichen Familien in Norwegen, Dänemark oder den Niederlanden bereits seit Langem die Freiheiten einer Demokratie genossen, lebte seine Familie bis zum Tode Francos in einer Diktatur. Es war ein offenes Geheimnis, dass der »Caudillo« die königliche Familie permanent überwachen ließ. Einige Hausangestellte waren verdeckte Mitarbeiter des Geheimdienstes und meldeten jede kritische Äußerung sofort dem Diktator. Felipe spürte diese Spannungen und hatte früh gelernt, sich zu verstellen. Instinktiv begriff er, dass er sich nur ganz wenigen Menschen anvertrauen durfte. Der Tod Francos war deshalb auch für ihn persönlich ein Befreiungsschlag. Von jetzt an kümmerte sich allein Königin Sofia um die Erziehung des Thronfolgers. Sie bestimmte: »Wir schicken unsere Kinder auf öffentliche Schulen. Sie sollen den normalen Alltag lernen. Allerdings«, so fügte sie hinzu, »muss Felipe lernen, dass er eine besondere Verantwortung tragen wird.« Das hieß für ihn: Sonderschichten, wenn seine Klassenkameraden längst toben und spielen konnten. Schon in der Grundschulzeit hatte er nach der letzten Stunde Fremdsprachen, Rhetorik und Protokoll zu pauken. Zum Glück fiel ihm das Lernen nicht schwer – seine Lehrer bescheinigten ihm, er habe das Wissen wie ein Schwamm aufgesaugt. Dennoch fand er Zeit, seinen sportlichen Hobbys zu frönen, unter anderem Fußball, Skifahren, Segeln und Judo. Sofia kümmerte sich rührend um ihren Jüngsten, doch gängelte sie ihn mitunter mehr, als ihm lieb war. Als sich Felipe einmal arg betrübt zeigte, weil er zu einem Kindergeburtstag eines Mitschülers nicht eingeladen worden war, rief Sofia sogar bei den betreffenden Eltern an und sagte, ohne ihren Namen zu nennen: »Ich bin die Mutter von Felipe, er würde auch gerne kommen.« Danach setzte sie sich ins Auto und fuhr den unglücklichen Jungen hin. Sosehr sich Sofia jedoch bemühte, dem designierten Thronfolger eine »normale« Kindheit zu bieten:

> Die Königin und ich sind glückliche Eltern. Unsere Kinder sind, jedes für sich genommen, außergewöhnliche Menschen. Sie sind vergnügt, unkompliziert und so ungezwungen, dass wir sie manchmal erinnern müssen, wer sie sind.
>
> Juan Carlos

Felipe blieb immer das Königskind, das eben doch irgendwie anders war als die anderen Kinder. Auch das Verhältnis zu seinen beiden älteren Schwestern war nicht immer einfach – Felipe, der Kronprinz, war ständig gefragt, bekam die schönsten Geschenke und die meiste Aufmerksamkeit der Öffentlichkeit. Die spanischen Thronfolgegesetze waren streng: Der Jüngste würde eines Tages die Krone erben, weil er ein Junge war – die Mädchen würden das Nachsehen haben. Seine Ausnahmestellung machte Felipe bisweilen schwer zu schaffen. Nicht selten flüchtete er sich in die Welt der Comics: Er war ein großer Fan der Abenteuer von »Tim und Struppi«. Noch heute schmückt eine Comicgalerie sein Büro. Später hatte es ihm die Astronomie angetan. Sein Kinderzimmer glich jahrelang einer Sternwarte mit Fernrohr, Planetenmodellen und unzähligen astronomischen Postern.

König Juan Carlos dagegen achtete darauf, dass Felipe früh lernte, zu repräsentieren und öffentliche Ämter zu übernehmen. Schon mit neun Jahren wurde der Thronfolger ehrenhalber in eine Eliteabteilung des spanischen Heeres aufgenommen. Er begleitete seinen Vater fortan bei Truppenbesuchen und stand bei Paraden stolz in dessen Schatten. Nicht selten warteten die beiden Bourbonen bei Staatsbesuchen auch gemeinsam an der Eingangstür des Zarzuela-Palastes auf den Gast. Sein Vater wurde für Felipe zum wichtigsten Vorbild. »Ich hatte es mir zur Aufgabe gemacht, nicht so sehr von meinem Vater abzuschauen, als vielmehr seine Entscheidungen zu begreifen«, schilderte der Thronfolger später. »Ja, ich musste begreifen, ich wollte verstehen, was er denkt, fühlt und unter-

> Mein Vater sagte, ich solle immer daran denken, wer ich bin, und mir stets die Zukunft, die mich erwartet, vor Augen halten. Als ich noch ein kleiner Junge war, konnte ich das nicht verstehen. Erst später wurde mir klar, was mein Vater damit meinte.
>
> Felipe

121

nimmt. Diese Beobachtungen gehören zu den wichtigsten Momenten meiner Lehrjahre als zukünftiger König.«

Auch bei der schwersten Bewährungsprobe, die dem König und der jungen spanischen Demokratie auferlegt wurde, war Felipe an der Seite seines Vaters. Am späten Nachmittag des 23. Februar 1981 stürmten zweihundert bewaffnete Gendarmen der gefürchteten Guardia Civil das spanische Parlament. Ihr Anführer, Oberstleutnant Antonio Tejero, erklomm das Rednerpult und erklärte die Abgeordneten mit vorgehaltener Waffe zu Gefangenen. Mit einem Handstreich war es den Putschisten gelungen, die gesamte Regierung in ihre Gewalt zu bringen, denn das Parlament war vollzählig versammelt. »Auf den Boden, alle!«, schrie Tejero, ein überzeugter Franco-Getreuer, und feuerte mit seiner Pistole in die Decke des Saals. Zeitgleich rief Generalleutnant Jaime del Bosch in Valencia den Ausnahmezustand aus und forderte die Regierung auf, die Macht an das Militär abzutreten. Die Stunde des Königs war gekommen. Zwar waren Radio und Fernsehen in den Händen der Putschisten, doch blieb Juan Carlos das Telefon. Die Drähte glühten. Die ganze Nacht über verbrachte er in seinem Arbeitszimmer in Zarzuela – und Felipe war immer bei ihm. »Ich habe den Prinzen gezwungen, die Nacht in meinem Büro zu verbringen und dem König bei der Arbeit zuzusehen«, erklärte Juan Carlos später. »Mehrere Male – der arme Junge war ja erst dreizehn Jahre alt – schlief er in seinem Sessel ein. Aber ich weckte ihn jedes Mal: ›Felipe, schlaf nicht! Sieh zu, was man als König tun muss!‹« Als intimem Kenner der Kommandostrukturen aller drei Waffengattungen gelang es dem König, die Kommandeure in den Schlüsselstellungen zur Ordnung zu rufen. Dabei waren ihm alte persönliche Bindungen aus seiner Zeit in den Militärakademien sehr hilfreich.

»Alle warteten, was ich sagen würde, was ich tun würde«, erinnerte sich Juan Carlos später an das schicksalsträchtige Datum, das in Spanien nur »23-F« genannt wird. »Aber andererseits gab es auch niemanden, der mir den Gehorsam verweigerte. Der eine oder andere vielleicht zähneknirschend, aber sie gehorchten alle.« Tejero und Bosch gerieten immer mehr in die Enge, als sich die Mehrheit der königstreuen Befehlshaber ihren Forderungen verweigerte. Gegen zwei Uhr nachts konnte dann eine Fernsehansprache des Königs ausgestrahlt werden – und die Revolte brach in sich zusammen. In der knappen Sprache des Oberkommandierenden teilte Juan Carlos I. unmissverständlich mit: »Die Krone duldet keine Handlungen, die die demokratische Fortentwicklung der Verfassung stören.« Das war das endgültige Aus, die Putschisten kapitulierten und wurden verhaftet. Ganz Spanien atmete auf – und feierte seinen König.

Für Juan Carlos bedeutete diese Nacht den endgültigen Durchbruch zum wirklichen Landesvater. Mit seiner Entschlossenheit und Durchsetzungsstärke gelang es ihm, die Herzen seiner Untertanen zu gewinnen. Er war jetzt beliebter als alle anderen spanischen Könige zuvor. Auch für seinen Sohn waren die nächtlichen Stunden im Büro seines Vaters ein Lehrstück. »In dieser Nacht hat der Prinz in wenigen Stunden mehr gelernt, als er in seinem ganzen restlichen Leben lernen wird!«, verkündete Juan Carlos später – und bürdete dem jungen Prinzen prompt die nächste Lektion in Sachen königlicher Pflichterfüllung auf: Obwohl Felipe in dieser Nacht kein Auge zugetan hatte, musste er am nächsten Morgen ganz normal zur Schule gehen – übermüdet, aber vorbildlich diszipliniert, so wie der König es wünscht.

Sosehr Felipe seinen Vater freilich für dessen Handlungen bewunderte – diese wurden gleichwohl zu einer gewaltigen Herausforderung für den

Als Sohn darf ich sagen, dass ich sehr stolz auf ihn bin. Und als Spanier bewundere ich ihn für alles, was er im Dienst des Landes geleistet hat und immer noch leistet. Ich glaube, er ist ein Mensch, an dem man sich ein Beispiel nehmen kann. Für mich gilt das vor allem für die Erfüllung der Pflichten, die unsere Verfassung dem Staatsoberhaupt auferlegt. Vielleicht kann man noch ein weiteres Talent anfügen, nämlich seinen besonders ausgeprägten politischen Spürsinn. Aber alles in allem ist es wohl doch seine Berufung zum Dienst an Spanien und den Spaniern, die ihn am besten beschreibt.

Felipe

Thronfolger. Jeden Tag müsse man sich die Krone neu erarbeiten, lautete die Maxime des Königs. Juan Carlos hatte sich mit seiner Demokratisierungspolitik und der Niederschlagung des Putschversuchs die Liebe seines Volkes tatsächlich verdient. Die Spanier, so wird gemeinhin gesagt, wurden zwar keine Monarchisten, dafür jedoch »Juancarlisten«. Doch würde er, Felipe, es jemals schaffen, die Herzen seiner Landsleute in gleicher Weise zu erobern?

Bereits 1977, im Alter von neun Jahren, war er zum Prinzen von Asturien ernannt worden – ein Titel, der den spanischen Thronerben schon seit 1388 vorbehalten ist. Während der feierlichen Zeremonie im asturischen Kloster Covadonga wurde Felipe ein mit Brillanten besetztes Kreuz aus purem Gold überreicht, das an den Sieg des asturischen Königs Pelayo gegen die Mauren Anfang des 8. Jahrhunderts erinnert. »Dieses Kreuz ist zugleich dein Kreuz. Dein Kreuz als künftiger König«, schärfte Juan Carlos damals seinem Sohn ein. »Du musst es mit Stolz und Würde tragen, wie die Krone es verlangt. Du darfst dich keine Minute ausruhen, musst furchtlos an die Dinge herangehen, an deinen Untertanen nicht zweifeln. Dieses Kreuz verlangt von dir und von allen Spaniern, deren junge Generation du repräsentierst, immer das zu tun, was Spanien von dir erwartet.« Noch verstand der kleine Felipe nicht wirklich, was sein Vater damit meinte. Doch instinktiv begriff er seine Berufung und fügte sich in den Weg, den der König für ihn bereitete. Ihm sei damals klar geworden, dass die Monarchie eine Kette sei: »Mein Großvater ist ein Glied dieser Kette, genauso wie mein Vater es ist und wie ich es einmal sein werde.«

Der idyllischen Provinz Asturien im Nordwesten Spaniens fühlte sich der neu ernannte »Príncipe« dabei besonders verbunden. Als besonderer Glücksgriff zur Hebung des Ansehens von Felipe erwies sich die Stiftung des Prinz-von-Asturien-Preises. Dieser sollte nicht nur herausragende persönliche Leistungen, sondern auch beispielhafte Haltungen belohnen – Mitmenschlichkeit, Eintracht, den Willen zur Kommunikation. »Esoterische Genies finden hier ebenso wenig Zustimmung wie kontaktfreudige Banalisierer«, urteilte die *Frankfurter Allgemeine Zeitung* vor einigen Jahren anerkennend. Die mitunter als »spanischer Nobelpreis« umschriebene Auszeichnung wird mittlerweile in acht Kategorien vergeben – von Kultur und Politik bis hin zu Wissenschaft und Sport. Unter den Preisträgern finden sich neben Namen wie Nelson Mandela, Michail Gorbatschow,

Helmut Kohl, Woody Allen und Stephen Hawking auch Sportler wie Formel-1-Weltmeister Fernando Alonso oder Steffi Graf. Inzwischen reisen »tout Madrid« und sogar Hollywoodgrößen nach Oviedo, wenn der Thronfolger zur Preisverleihung lädt.

Die Anfänge im Herbst 1981 nahmen sich dagegen ziemlich bescheiden aus. Im »Teatro Campoamor« der asturischen Hauptstadt hielt der dreizehnjährige Felipe seinerzeit die erste öffentliche Rede seines Lebens. Tagelang hatte er zuvor geübt, konnte aber dennoch seine große innerliche Anspannung nicht vollends ablegen. König Juan Carlos und Königin Sofia, die ihren Sohn nach Oviedo begleitet hatten, waren nicht minder nervös. Gemeinsam mit der übrigen Zuhörerschaft hielten sie den Atem an, als Felipe mitten in seiner Rede einmal plötzlich den Faden verlor. Doch der Prinz fand rasch wieder zu seinem Text zurück und meisterte diesen ersten großen Auftritt bravourös. Das sollte in den darauffolgenden Jahren auch so bleiben – die Preisverleihungen in Oviedo waren für den jungen Prinzen eine gute Schule. Hier fand er die Gelegenheit, an seinem Talent zu feilen. Hier lernte er, im Rampenlicht zu stehen, Hände zu schütteln, Reden zu halten. Hier konnte sich die spanische und zunehmend auch die internationale Öffentlichkeit ein Bild von ihm machen.

Bald wusste sich Felipe sicher auf dem diplomatischen Parkett zu bewegen und wurde von seinem Vater zunehmend mit Terminen in Spanien, aber auch im Ausland betraut. So vertrat er den König 1985 bei der Beisetzung der Großherzogin Charlotte von Luxemburg oder bei der Eröffnung des europäischen Kulturfestivals »Europalia« in Brüssel. Am 30. Januar 1986, seinem achtzehnten Geburtstag, legte er in Anwesenheit seines

Der außerordentlich höfliche junge Mann machte einen sehr angenehmen Eindruck auf mich, denn weder tat er sich in irgendeiner Weise wichtig, noch behauptete er, gelesen zu haben, was er nicht gelesen hatte (was in Spanien äußerst verdienstvoll ist). Ich erinnere mich, dass er leicht und oft lachte, er wirkte ziemlich heiter und mehr noch vertrauensvoll. Ich weiß, warum wir über Shakespeare sprachen, und ich weiß nicht, warum wir auch über die Liebe sprachen – er war ohne Zweifel gut informiert.

Javier Marías, spanischer Schriftsteller

Vaters vor dem spanischen Parlament den Eid auf die Verfassung ab und wurde so offiziell als Thronfolger bestätigt. »Schon lange weiß ich, dass ich eines Tages König sein werde«, hatte er zuvor erklärt. »Der Gedanke daran beunruhigt mich nicht.«

Ein ehrgeiziges Mädchen aus Asturien

Kein Wunder, dass die Spanier bald sehr stolz auf Felipe waren – und ganz besonders liebten die Asturier »ihren« Prinzen. Verschaffte er der vom Strukturwandel stark gebeutelten einstigen Hochburg des Bergbaus und der Schwerindustrie doch ein neues, positives Image. Nach Felipes erstem Auftritt in Oviedo 1981 schrieben zehntausende asturische Schüler an den Bourbonen, gratulierten ihm zu seiner Leistung oder malten Bilder für ihn. Auch die ersten Anträge waren darunter: »Wenn Sie einmal König sind, würde ich gerne Ihre Prinzessin sein.«

Einem gewissen kleinen Mädchen aus Asturien lag es freilich fern, derartige Fanpost zu verfassen: Letizia Ortiz. Sie lebte mit ihren Eltern und den beiden jüngeren Schwestern Erika und Thelma in einem Häuschen am Stadtrand von Oviedo – und nichts fand sie langweiliger als die üblichen Kleinmädchenträume vom Märchenprinzen, der kommen und sie auf einem weißen Pferd auf sein Schloss entführen würde. Wenn ihre Schwestern wie so oft »Prinzessin« spielten, fand die 1972 geborene Letizia das nur albern. Ihre größten Vorbilder waren keine Könige oder Märchenprinzen – sie hatte sie in der eigenen Familie. Vor allem ihr Vater Jesús Ortiz übte einen großen Einfluss auf sie aus – er war Radiojournalist beim lokalen staatlichen Rundfunk, genauso wie ihre Großmutter Menchu Alevarez del Valle, ebenfalls eine bekannte asturische Hörfunkmoderatorin. Kein Wunder, dass auch Letizia davon träumte, eines Tages beim Radio zu arbeiten. Während derartige Berufswünsche sich bei den allermeisten Jugendlichen zur Illusion verflüchtigen, entwickelte die kleine Ortiz-Tochter bereits in der Grundschule einen enormen Ehrgeiz, um ihr Ziel zu erreichen. »Schon als Kind wusste sie genau, was sie wollte, und ließ sich nie einschüchtern«, sagt ihre damalige Lehrerin Josefina Diaz-Facs.

Und Letizia setzte sich durch: Schon mit acht Jahren moderierte sie

beim Regionalsender »Antena Radio 3« ihre eigene Sendung »El Columpio« (»Die Schaukel«),
in der sie Geschichten aus der Schule erzählte,
Hörspiele ankündigte und eine Kinder-Hitparade
präsentierte. Auch von seinen Träumen berich-

tete das Mädchen seinen jungen Zuhörern: »Letzte Nacht habe ich geträumt, dass ich auf einem fernen Planeten bin. Da war alles wunderschön,
grüne Landschaften mit Wäldern und Wiesen. Die Menschen und die
Tiere liebten einander wie eine große, glückliche Familie. Es gab keine
Kriege und keinen Streit. Es war wie im Paradies. Die Lehrer verteilten
keine Noten. Und wir hatten sieben Monate Ferien im Jahr. Nächsten
Samstag erzähle ich euch mehr von diesem wunderschönen Erlebnis …«
Zum ersten Mal in ihrem Leben war Letizia so etwas wie ein Star – und sie
genoss es, im Mittelpunkt zu stehen und bewundert zu werden.

Mit fünfzehn Jahren war es damit erst einmal vorbei. Ihr Vater wollte
nach Madrid, wo er glaubte seine Karriere besser vorantreiben zu können. Im Frühjahr 1987 zog die Familie Ortiz in einen jener gigantischen
Wohnblöcke, die an den Rändern der spanischen Hauptstadt zu Tausenden wucherten. Doch Jesús Ortiz konnte an seine beruflichen Erfolge in
Oviedo nicht anknüpfen. Er war als freier Journalist für verschiedene Arbeitgeber tätig, ohne allerdings irgendwo wirklich ein Bein auf die Erde zu
bekommen. So musste Letizias Mutter wieder in ihrem erlernten Beruf als
Krankenschwester arbeiten und den Hauptteil zur Ernährung der Familie
beisteuern. Letizia jedoch kämpfte auch in Madrid weiter. Zwar war ihre
Radiokarriere erst einmal beendet, doch bald hatte sie ein neues Stecken-
pferd: Sie avancierte zur »Chefredakteurin« einer Schülerzeitung. Das
war eine Aufgabe ganz nach ihrem Geschmack. In ihrem Zimmer stapel-
ten sich hunderte Zeitungen und Illustrierte, die sie nach Informationen
durchkämmt hatte und die sie nach Wichtigkeit sortierte, um sie für ihre
Artikel verwenden zu können. Einer ihrer ersten Texte befasste sich mit
dem Elend der Massentierhaltung in Spanien – ein ungewöhnliches Thema
für eine Schulzeitung, die sonst eher von Klassenausflügen, Ferienerleb-
nissen oder den besten Aussprüchen der Lehrer berichtete. Aber Letizia
ließ sich nicht beirren. Ihre Artikel fanden schnell begeisterte Leser unter
ihren Mitschülern. Zu ihrem größten Fan wurde jedoch ihr eigener Vater,
der sie nach Kräften förderte. So war es kein Wunder, dass ihr Berufs-

wunsch bald feststand – sie wollte Journalistin werden. Nach dem Abitur studierte sie Informationswissenschaften in Madrid und hängte ein Studium in audiovisuellem Journalismus an. In den Jahren 1996 und 1997 verbrachte sie einige Zeit in Mexiko, wo sie mit einer Doktorarbeit begann, bevor sie ihre erste feste Anstellung bei einer Madrider Tageszeitung annahm.

Der begehrteste Junggeselle Europas

Prinz Felipe führte in diesen Jahren ein ganz anderes Leben. 1984 hatten seine Eltern den Sechzehnjährigen an das Lakefield College nach Kanada geschickt, wo er eine internationale Bildung genießen sowie sein Englisch und Französisch vervollkommnen sollte. Für »Prince Flip«, wie ihn seine Mitschüler etwas respektlos nannten, war es die erste längere Trennung von seiner Familie, die er in mancher Hinsicht jedoch besser verkraftete als seine Eltern. Zwar bestimmte Juan Carlos: »Felipe muss langsam lernen, auf eigenen Füßen zu stehen. Da muss er eben durch«, doch machte ihm die Abwesenheit seines Jüngsten mehr zu schaffen, als ihm lieb war. Ebenso erging es Sofia, die an manchen Tagen dreimal mit ihrem Sohn telefonierte. 1985 kehrte Felipe mit bestandener kanadischer Reifeprüfung im Gepäck nach Spanien zurück. Wie bei seinem Vater stand für ihn als nächste Station die militärische Ausbildung auf der Tagesordnung. Auch Felipe absolvierte die Militärakademie in Saragossa, besuchte danach eine Marineschule in Galicien und eine Luftwaffenakademie in der Nähe von Murcia – wie sein Vater absolvierte er alle drei Waffengattungen. Zwar behandelte man den Prinzen offiziell wie alle anderen Offizierschüler, doch wurden ihm einige Privilegien eingeräumt: Er hatte ein Besucherzimmer und konnte am Wochenende im Hotel wohnen. Nach Beendigung seiner Militärzeit schrieb er sich 1988 an der Autonomen Universität Madrid im Fach Rechtswissenschaften ein. Zusätzlich belegte er auch Vorlesungen in Wirtschaftswissenschaften. Im Juli 1993 machte er seinen juristischen Abschluss.

War bis Ende der Achtzigerjahre in der Presse noch oft zu lesen gewesen, dass der stets höflich, aber auch etwas schüchtern auftretende Prinz sich nicht für Frauen interessierte, so änderte sich dies jetzt – zumindest in der Boulevardpresse. Sie diagnostizierte bei Felipe das »Schürzenjäger-Gen« des Vaters und sagte ihm fortan zahlreiche amouröse Abenteuer nach. Bald galt der Prinz von Asturien als der »begehrteste Junggeselle Europas«. Eine durchaus begründete Wahl, wie zumindest die Illustrierte *Stern* meinte: »Er hat keine abstehenden Ohren wie der Müsli-Prinz Charles, auch hält er lieber mit Menschen als mit Gemüse Zwiesprache. Zwar ist er so blauäugig wie Willem-Alexander aus den Niederlanden oder Philippe von Belgien; doch während die über das Charisma eines reifen Goudas und einer Portion Pommes mit Mayo verfügen, kommt Felipe daher wie ein Pracht-Prinz frisch aus den Disney-Studios – schlank und schön anzusehen in Uniform wie in Badehose, in Anzug wie in Jeans.« Zwar waren zahlreiche der Felipe zugeschriebenen Romanzen frei erfunden, doch in der Tat entdeckte der Bourbonenspross nun die Reize des weiblichen Geschlechts. Ein Problem freilich hatte er: Er konnte sich nie sicher sein, ob die Mädchen wirklich in *ihn* verliebt waren oder in seinen Titel – ein Problem, das auch anderen Thronfolgern in Europa nicht gänzlich unbekannt war. Doch damit nicht genug – Felipe war gleichzeitig mit einer gewaltigen Erwartungshaltung seiner Eltern konfrontiert. Von Adel sollte seine Auserwählte sein, natürlich streng katholisch und von untadeligem Ruf, was hieß: Sie musste »unbefleckt« in die Ehe gehen. »Kein Mann darf später einmal sagen, er habe mit der Königin von Spanien geschlafen« – mit diesen Worten gab König Juan Carlos die Richtung für Felipes Partnerwahl vor.

Die erste Frau, die sich ernsthaft Hoffnungen machen konnte, eines Tages Felipes Prinzessin zu werden, war Ende der Achtzigerjahre Isabel Sartorius. Die Tochter einer Argentinierin und eines spanischen Markgrafen erfüllte immerhin zwei Grundvoraussetzungen – sie war adlig und katholisch. Achtzehn Monate lang waren die beiden unzertrennlich. Sie zogen gemeinsam durchs Nachtleben und vergnügten sich auf Felipes Yacht vor der Küste von Mallorca. Doch dann beendete Felipe seine Liaison – wie es heißt, auf Drängen seiner Mutter.

Die strenge Königin hatte entdeckt, dass Isabels Eltern geschieden waren – in ihren Augen ein Verstoß gegen die höfische Etikette. Isabel Sartorius verschwand zunächst von der Bildfläche – erst 1996 horchte die Presse wieder auf: Felipes Ex-

> **Felipe hat seinem Großvater auf dem Sterbebett versprochen, eine Frau mit blauem Blut zu heiraten. Das ist der wahre Grund für sein Liebesleid.**
>
> José Apezarena, Historiker und Autor

freundin war bereits im fünften Monat schwanger, als sie in England den Spanier Javier Soto Fitz-James Stuart heiratete. Im Juni brachte sie in Madrid eine Tochter zur Welt. Paparazzi fotografierten die junge Mutter, wie sie mit traurigem Gesicht und ihrem Baby auf dem Arm allein das Krankenhaus verließ. Wenig später kursierten Scheidungsgerüchte. In spanischen Adelskreisen munkelte man, dass nicht Ehemann Javier, sondern ein anderer Vater des Kindes sei. Tatsächlich ließ Isabel im Zivilregister den Namen des Vaters offen. Die Gerüchteküche brodelte: Hatte Isabel das Kind Felipes ausgetragen?

Dem spanischen König, vor allem aber seiner Gattin Sofia, waren derartige Zeitungsschlagzeilen ein Gräuel. »Eine Monarchie muss einen Staatsstreich und auch einen Krieg ertragen«, schärfte Juan Carlos seinem Sohn ein. »Aber was es niemals geben darf, ist ein Skandal.« Mehrfach unternahm das Königspaar eigene Vorstöße, um eine standesgemäße Partie für Felipe zu finden. Juan Carlos hätte Fleur von Württemberg, seinem Patenkind, den Vorzug gegeben. Sie stammte aus bestem Hause, war streng katholisch und auf dem Parkett der feinen Gesellschaft zu Hause. Die Familien waren befreundet, Fleur und Felipe kannten sich von Kindesbeinen an. Die deutsche Herzogstochter zog Mitte der Neunzigerjahre sogar nach Madrid, um dort zu studieren – und um Felipe nahe zu sein. Die beiden trafen sich oft, aber mehr als eine sehr gute Freundschaft wurde daraus nie. Sofia hingegen favorisierte Prinzessin Tatjana von Liechtenstein, lud sie einige Male ein und stellte sie dem Kronprinzen vor. Doch Felipe zeigte dem Vernehmen nach keinerlei Interesse an der hübschen Adligen aus dem kleinen Alpenfürstentum. Zudem wollte er sich mit zunehmendem Alter in seine Liebesangelegenheiten immer weniger hineinreden lassen.

Wieder einmal wurde er ins Ausland geschickt. Zwanzig Universitäten soll Sofia in Augenschein genommen haben, ehe sie sich für die Georgetown University in Washington entschied. An der katholischen Elitehochschule schrieb sich Felipe im Studiengang »Internationale Beziehungen« ein. Für ihn war es eine schöne Zeit – fern von den Zwängen des sonst allgegenwärtigen Hofprotokolls. Seine Professoren gaben nicht viel

> Ich sage meinem Sohn manchmal: »Glaub nur nicht, dass die Monarchie auf ewig sicher ist. Hier muss man sich das Gehalt jeden Tag verdienen. Wenn wir uns auf die faule Haut legen, werfen sie uns raus.«
>
> Juan Carlos

auf seine Titel – er wurde einfach nur »Felipe de Bourbon« genannt. Der Prinz musste zum ersten Mal in seinem Leben ein Bankkonto eröffnen und lebte gemeinsam mit anderen Studenten auf dem Campus der Universität. Als er nach zwei Jahren seinen Mastertitel in Empfang nahm, hatte er als erster spanischer Kronprinz einen internationalen akademischen Grad erworben. Auch seine ganz privaten »internationalen Beziehungen« pflegte er in der Neuen Welt. Bei seinem Cousin Paul von Griechenland in New York lernte der Kronprinz damals die bildhübsche US-Amerikanerin Gigi Howard kennen, die eine Zeit lang als Mannequin gejobbt hatte. Zwischen den beiden knisterte es heftig, und sie wurden ein Liebespaar. Bald vergnügten sie sich gemeinsam in den Bergen Colorados oder an den Stränden der Karibik. Die Liebesbeziehung ging in die Brüche, als die spanische Presse von der Liaison Wind bekam. Es tauchten Fotos auf, die Felipe zeigten, wie er seine Geliebte am Strand der Antilleninsel Saint Martin ins Wasser trug. Der spanische Skandalreporter Carlos Hugo Arriazu ließ gegen ein Schmiergeld sogar Gigis Telefon in New York anzapfen, um ihre Gespräche mit Felipe zu belauschen. Die Sache flog auf, und der Journalist wanderte für sechs Monate hinter Gitter. Wie es hieß, soll Gigi Howard die Beziehung beendet haben, weil sie den Druck der Medien nicht länger ertragen konnte.

Königinnenmodell statt Modellkönigin?

War schon Gigi Howard keine standesgemäße Partie für den Thronfolger, so schockierte seine nächste Wahl die Spanier und das Königshaus erst richtig. Im Sommer 1998 war Felipe zum fünfundzwanzigsten Geburtstag des norwegischen Kronprinzen, seines Freundes Håkon, eingeladen. Auf der zwanglosen Party wurde Felipe einem norwegischen Mädchen vorgestellt, in das er sich Hals über Kopf verliebte: Eva Sannum, auch sie ein Fotomodell. Über ein Jahr lang gelang es den beiden, ihre Affäre vor der Öffentlichkeit geheim zu halten. Meist trafen sie sich in Norwegen, wo sie in preiswerten Touristenhotels die Wochenenden verbrachten. Aber auch auf Inkognitoreisen nach Florida, Italien oder Indien kamen sich die beiden näher. Als Felipe Eva eines Tages nach Spanien einlud, schlugen die Paparazzi zu: Fotos des spanischen Kronprinzen mit seiner blonden

Begleiterin landeten auf den Titelseiten der Zeitschriften. Noch wusste in Spanien niemand, um wen es sich bei Felipes neuer Flamme handelte. Doch norwegische Journalisten ließen wenig später die Bombe platzen: »Felipe liebt Eva, unser Dessousmodel!« Damit hatte Spanien den Skandal, den Königin Sofia um jeden Preis vermeiden wollte. Die Klatschpresse überschlug sich geradezu vor scheinheiliger Entrüstung: »Was will diese Frau an der Seite unseres künftigen Königs?«, lautete die Frage in den Leitartikeln. »Sie arbeitet als Dessousmodel für eine Werbeagentur, sie ist evangelisch, sie ist Ausländerin. Ihre Eltern sind geschieden. Vater: Autolackierer. Mutter: Hausfrau. So etwas akzeptiert das spanische Volk nicht als zukünftige Königin!« Die Presse forderte umgehend eine Volksabstimmung über die Zukünftige. Spontane Umfragen erbrachten niederschmetternde Ergebnisse: Angeblich sprachen sich 97 Prozent der Befragten gegen die Verbindung von Felipe mit der zwar blauäugigen, aber leider nicht blaublütigen Eva Sannum aus. »Eine Frau, die ihren Busen so öffentlich zur Schau stellt, kann nicht die Braut eines Thronerben sein«, polterte Jaime Peñafiel, einer der renommiertesten Beobachter des Königshauses, und warnte Felipe: »Wenn er so weitermacht, kann er nicht König werden!« Das Land stand Kopf.

Als sich auch José Luis de Vilallonga, der offizielle Biograph des Königs, einschaltete, wuchs sich der Wind der Empörung zum Orkan aus. In der konservativen Zeitung *ABC* wetterte er, die Verbindung zwischen Felipe und Eva sei ein »schwerer Irrtum« und eine eventuelle Vermählung der beiden der Anfang vom Ende der Monarchie. Vilallonga behauptete, dass sein ketzerischer Artikel vom König abgesegnet worden

> **Mit achtzehn schlittert man in solch ein Abenteuer, aber doch nicht mit über dreißig!**
> José Luis de Vilallonga, Biograph von Juan Carlos, 2001

sei. Doch Juan Carlos veranlasste eine Gegendarstellung – was Vilallonga da geschrieben habe, gebe nicht die Meinung des Palastes wieder. Der König hatte sich zu diesem Zeitpunkt vielleicht längst damit abgefunden, dass es mit der von ihm und seiner Gattin favorisierten adligen Schwiegertochter nichts werden würde. »Mein Sohn heiratet, wann und wen er will«, wurde er zitiert. Die Monarchie, so der König, müsse mit der Zeit gehen, wenn sie überleben wolle. »Machohaft und antiquiert« fand auch Pedro J. Ramirez, der Chefredakteur des regierungstreuen Blattes *El Mundo*, die Auslassungen Vilallongas: Als ob sich die Persönlichkeit einer Frau auf ihre Erscheinung reduzieren lasse und man alle hübschen Mädchen für frivol und ungebildet halten dürfe, ohne ein einziges Wort mit ihnen gewechselt zu haben. In der Tat war Eva Sannum kein oberflächliches Dummchen. Zwar fehlten ihr Adelstitel und Hochschuldiplom, doch beherrschte sie sechs Sprachen, darunter Spanisch, fließend. Nach Bekanntwerden ihrer Beziehung zu Felipe beendete sie ihre Auftritte auf den Laufstegen der Modewelt und nahm sogar katholischen Religionsunterricht. Bald hielten in Umfragen mehr als sechzig Prozent die Skandinavierin für eine gute Wahl. Der Schriftsteller Juan Manuel de Prada forderte unverblümt, Felipe solle zu Eva stehen und sich nur ja nicht »von den dynastischen Schmeißfliegen« verbiegen lassen.

> *Das Ganze grenzte an Paranoia. Die Heimlichtuerei war mitunter kaum zu ertragen. Die ganze Zeit schaust du dich um, ob irgendwo in den Büschen ein Paparazzo lauert. Du beschäftigst dich die ganze Zeit nur noch damit, was die Leute von dir halten. Die Menschen kommentieren, wie du aussiehst und was du anhast. Du traust keinem mehr.*
>
> Eva Sannum

Im August 2001, beim Polterabend des norwegischen Kronprinzen Håkon mit seiner Verlobten Mette-Marit, trafen Felipe und Eva ganz offiziell aufeinander. Das Protokoll ließ die beiden während des Banketts nebeneinander sitzen. Tags darauf titelten die Gazetten: »Das nächste Brautpaar!« Doch daraus wurde nichts. Als eine norwegische Parfümeriekette 1,2 Millionen Plastiktüten an ihre Kunden verteilen ließ, die mit einem freizügigen Foto von Eva Sannum bedruckt waren, soll es Königin Sofia endgültig gereicht haben. Sie habe, so hieß es aus Palastkreisen, Felipe zu sich bestellt und ultimativ die Trennung gefordert. Nach dem Vieraugengespräch zwischen Mutter und Sohn kapitulierte der Thronfolger. Auf einer Pressekonferenz, die sich eigentlich mit den Themen Natur und Umwelt beschäftigen sollte, erklärte der Prinz im Dezember 2001 knapp: »In beiderseitigem

Eine Frau, die in Schlüpfer und Büstenhalter posiert und ihren Busen auf Laufstegen in aller Welt zeigt, kann nicht die Braut des Thronfolgers werden. Wir können keine Frau als Königin akzeptieren, die ihren Körper unverhüllt verkauft hat.

Jaime Peñafiel, Journalist und Königshausexperte, 2000

133

Einvernehmen, aus freien Stücken und aus rein privaten Gründen haben wir uns entschlossen, getrennte Wege zu gehen.«

Wieder einmal war eine Beziehung Felipes gescheitert. Er schien gefangen in einem Teufelskreis: Einerseits wurde der Druck der Öffentlichkeit und des Königshauses auf den nun schon über dreißig Jahre alten Thronfolger immer stärker, endlich eine Frau zu finden. Hinzu kamen die offensichtlichen Wünsche seiner Eltern bezüglich einer zukünftigen Kronprinzessin – adlig, katholisch, ohne amouröses Vorleben. Eine Liebesheirat des Thronfolgers stand dabei für sie nicht unbedingt im Vordergrund. Sofia wurde mit den Worten zitiert, man müsse »mit Herz und Verstand« heiraten. War es denn nicht auch am Anfang ihrer eigenen Beziehung zu Juan Carlos wenig romantisch zugegangen? Und hatten sie nicht erst im Laufe der Jahre zueinandergefunden und waren ein hervorragendes Paar geworden? Zudem hatte Felipe 1993 seinem Großvater Don Juan auf dessen Sterbebett noch versprechen müssen, in jedem Fall eine Frau »königlichen Blutes« zu wählen. Doch je älter er wurde, desto weniger wollte er davon wissen. Er nannte stets nur noch zwei grundlegende Bedingungen für seine Zukünftige: Er wolle nicht heiraten, bevor er richtig verliebt sei, und seine Braut müsse ihre Pflichten als Königin kennen. Meistens zog er es freilich vor, sich auf entsprechende Fragen von Journalisten taub zu stellen: »Ich höre heute nicht sehr gut«, war dann seine lakonische Antwort an neugierige Pressevertreter.

Das enorme Interesse der Medien am Liebesleben des Bourbonen verhinderte freilich, dass Felipe tatsächlich eine Frau in Ruhe kennenlernen und sich wirklich in sie verlieben konnte. Eine dauerhafte und solide Beziehung konnte nicht wachsen, da ihn die Klatschpresse auf Schritt und Tritt verfolgte. Nach der Trennung von Eva Sannum hatten die selbsternannten Königshausexperten der Regenbogenpresse wieder einmal alle Hände voll zu tun. Da hieß es zunächst, dass Felipe sich in den Armen seiner Cousine Maria Zurita über den Verlust Evas hinwegtröste. Dann wieder wurde vermeldet, dass Elisabeth von Thurn und Taxis, die zwanzigjährige Tochter von Fürstin Gloria, seine neue Herzensdame sei.

> Felipe sieht gut aus, ist warmherzig. Genau der Typ Mann, den ich immer wollte.
> Gwyneth Paltrow, Hollywoodschauspielerin

Im Sommer 2002 brodelte es geradezu in der Gerüchteküche, als vermeldet wurde, dass Felipe mit der Hollywoodschönheit Gwyneth Paltrow liiert sei, ehe man im Herbst desselben Jahres wieder eine alte Bekannte ins Spiel brachte: Kronprinzessin Victoria von Schweden – »Hochzeit mit Felipe« lauteten die Schlagzeilen. »Das Königshaus müsste eigentlich eine eigene Abteilung für Dementis einrichten«, meinte die spanische Kolumnistin Carmen Rigalt damals spöttisch. »Oder einen Schönheitswettbewerb mit den ausgeschiedenen vermeintlichen Freundinnen des Prinzen organisieren.« Denn davon gab es immer reichlich.

Der Prinz und die Fernsehkönigin

Nach der Enttäuschung mit Eva Sannum war Felipe fest entschlossen, beim nächsten Mal alles besser zu machen. Er wandte sich an den bekannten spanischen TV-Journalisten Pedro Erquicia. Mit ihm war er befreundet, seit dieser ein längeres Fernsehinterview mit dem Thronfolger zu dessen dreißigstem Geburtstag geführt hatte. Nach dem verhängnisvollen Scheitern der Liaison mit Eva Sannum suchte er bei ihm Rat im Umgang mit der Presse. Felipe wollte wissen, wie man bei zukünftigen Freundinnen, die den hohen Ansprüchen des Hofes und der Öffentlichkeit möglicherweise nicht genügten, Negativ-PR vermeiden könnte. Im Laufe des Gesprächs erwähnte er, dass er sich für eine Frau interessierte, die er bislang nur vom Bildschirm kannte: Letizia Ortiz.

Die hatte inzwischen eine bemerkenswerte Karriere hingelegt. Nach ihrer ersten festen Anstellung bei der Madrider Tageszeitung *ABC* folgte ein Vertrag mit der spanischen Presseagentur EFE. Ihre jahrelange akribische Vorbereitung auf den Journalistenjob als Schülerin und Studentin zahlte sich aus: Ihre Artikel und Interviews waren fundiert recherchiert und gekonnt formuliert. Sie kamen bei den Lesern gut an. Bald schaffte sie auch den Sprung ins TV-Geschäft. Bei EFE hatte sie schon den spanischen Ableger des Finanzkanals Bloomberg TV betreut, ehe sie eine Aufnahmeprüfung als Moderatorin beim Nachrichtenkanal CNN bestand. Ihr lang gehegter Traum wurde Wirklichkeit: Ab Januar 1999 präsentierte sie auf CNN die Morgennachrichten. Ein Jahr später folgte der nächste Karrieresprung – sie wechselte zum Informationsprogramm des größten spa-

> Jeder hat seinen eigenen Begriff von Erfolg. Das Entscheidende ist nur, dass man mit sich zufrieden ist und ehrlich in dem, was man tut.
>
> Letizia

nischen Senders Televisión Española, kurz TVE. Als Sonderkorrespondentin reiste sie in die Krisengebiete der Welt und berichtete unter anderem über die Anschläge des 11. September 2001 aus New York. Für ihre informativen und einfühlsamen Reportagen kürte sie der spanische Journalistenverband APM 2001 zur besten Journalistin unter dreißig Jahren. Schnell bekam sie immer bessere Sendezeiten und schließlich eine eigene Sendung, »Informe Semanal«, die jeden Sonntagmittag ausgestrahlt wurde. Im Wechsel mit anderen Kolleginnen und Kollegen moderierte sie zudem das tägliche TVE-Frühstücksfernsehen.

Genau diese Frau war Felipe am Bildschirm aufgefallen, und er wollte sie näher kennenlernen. Der vollkommen überraschte Erquicia musste erst einmal tief Luft holen, als der Prinz ihn bat, eine unverfängliche Begegnung mit dem Shootingstar von TVE zu arrangieren. Schließlich organisierte er am 17. Oktober 2002 in seiner Privatwohnung im noblen Madrider Stadtteil Salamanca ein Dinner mit Topjournalisten. Das »Blind Date« funktionierte perfekt: Letizia, die von dem Arrangement nichts ahnte, platzierte der Gastgeber direkt neben Felipe – und sie verstand sich auf Anhieb prächtig mit dem Kronprinzen. Wie Manuel Rubio, ein Fernsehkollege Letizias, später berichtete, unterhielten sich die beiden den ganzen Abend angeregt, lachten viel und hatten kaum noch Augen für die anderen Gäste. Beide waren wenige Monate zuvor umgezogen – Letizia in eine kleine Zweizimmerwohnung in einem Vorort-Plattenbau, Felipe in ein neu errichtetes 3150-Quadratmeter-Domizil in unmittelbarer Nähe des Zarzuela-Palasts seiner Eltern. So unterschiedlich die beiden Behausungen auch waren, sie dienten gleichwohl als Anknüpfungspunkt für ein intensives Gespräch, das sich bald auch um Filme, Schauspieler und Musik drehte. Schließlich konnte Felipe sogar noch eigene Erfahrungen als Fernsehmoderator beisteuern: Der junge Bourbone war Mitte der Neunzigerjahre der Präsentator von »La España salvaje« gewesen, einer TVE-Serie über Landschaften und Tiere Spaniens, die zur besten Sendezeit ausgestrahlt wurde. Darin warb er für den Naturschutz, der bis dahin in seinem Land recht stiefmütterlich behandelt wurde.

Es hatte wohl schon an diesem Abend zwischen den beiden gefunkt, doch noch übten sie sich in vornehmer Zurückhaltung. Felipe wollte sich nach dem Scheitern der Beziehung zu Eva Sannum seiner Sache ganz sicher sein. Und auch Letizia zögerte: Ihr war Felipe zwar sympathisch,

Es wird ihm nicht mehr lange die Wahl gelassen, auf die Frau seiner Träume zu warten. Sein Vater Juan Carlos heiratete mit vierundzwanzig, Großvater Don Juan mit zweiundzwanzig und sein Urgroßvater, König Alfonso XIII., mit zwanzig. Es gibt genug Aspirantinnen, unter denen er wählen kann, darunter mit María Carolina de Bourbon-Parma sogar eine Spanierin.

José Luis de Vilallonga, Biograph von Juan Carlos, 2003

doch für ihn alles stehen und liegen lassen und die eigene, hart erarbeitete Karriere womöglich aufgeben – das wollte sie dann doch noch nicht. Schon zwei Monate später begegneten sich die beiden wieder. Diesmal war der Anlass weniger romantisch: Der Öltanker »Prestige« war vor der galicischen Küste gesunken und hatte eine Umweltkatastrophe verursacht. Während Felipe als offizieller Vertreter des Königshauses den ölverseuchten Küstenstrich besichtigte, machte Letizia mit ihrem Kamerateam vor Ort Reportagen. Als die beiden einander vorgestellt wurden, taten sie jedoch, als wären sie sich noch nie zuvor begegnet.

Erst im Mai 2003 sollte die Romanze zwischen Felipe und Letizia richtig beginnen. Letizia war gerade aus dem Süden Iraks zurückgekehrt, wo sie sechs Wochen lang aus dem Kriegsgebiet berichtet hatte. In einer Bar in Madrid, die nur besonderen Gästen Einlass gewährt, verabredeten sich der Kronprinz und die schöne Journalistin zum ersten Mal allein. Händchenhaltend saßen sie an ihrem Tisch und schauten sich tief in die Augen. Auch in den nächsten Wochen sahen sich die beiden so oft wie möglich, und die gegenseitige Liebe wuchs. Doch Felipe ahnte, dass seine Eltern die schöne TV-Moderatorin als Schwiegertochter nur schwer akzeptieren würden: Letizia war bürgerlicher Herkunft, sie war zwar katholisch getauft, praktizierte ihren Glauben jedoch schon seit Jahren nicht mehr – und sie hatte eine »Vergangenheit«. Nicht allein, dass sie damals, im Mai 2003, noch mit dem Journalisten David Tejera liiert war. Drei Jahre war sie mit ihm zusammen gewe-

Die Spanier wünschen sich jemanden wie Königin Sofía – intelligent, gütig, ausgeglichen, zurückhaltend, vernünftig, humorvoll, mit Engagement für die Bedürftigen, Liebe zu Spanien, religiös und ständig pflichtbewusst.

Luis María Anson, Journalist, Juli 2003

Wie die Königin aussehen soll, da habe ich keine Ahnung. Was ich aber weiß, ist, wie meine Frau sein sollte.

Felipe, 2003

sen und hatte sogar eine Wohnung mit ihm geteilt. Doch zwischen den beiden hatte es bereits gekriselt, bevor Letizia Felipe näher kennenlernte. Aus der gemeinsamen Wohnung war sie schon ausgezogen. Als der Journalistin klar wurde, dass sie sich in Felipe verliebt hatte, löste sie die Beziehung zu Tejera endgültig.

Doch Tejera war nicht der einzige Fleck auf ihrer weißen Weste: Letizia hatte schon eine Ehe hinter sich! Als sie 1997 aus Mexiko zurückgekommen war, hatte sie feststellen müssen, dass sich ihre Eltern immer mehr auseinandergelebt hatten. Sogar von Trennung war die Rede. Für die angehende Journalistin war das ein Schock – ihr Elternhaus war für sie stets ein Vorbild und ein wichtiger Kraftquell gewesen. In ihrer Verzweiflung rief sie ihren Jugendschwarm an – einen Mann namens Alonso Guerrero. Begegnet waren sich die beiden einst an ihrer Madrider Schule Ramiro de Maeztu, an der Guerrero Literaturunterricht gab. Eigentlich war er jedoch Schriftsteller. Bald traf sich Letizia häufiger mit ihm und schüttete ihm ihr ganzes Herz aus. Guerrero war zehn Jahre älter als sie und ein guter Zuhörer. Letizia fühlte sich bei ihm geborgen. Schnell wuchs in ihr eine tiefe Zuneigung zu dem Mann, der ihr in dieser Krisensituation so mitfühlend beistand. Als er ihr einen Heiratsantrag machte, nahm sie ohne großes Zögern an. Im August 1998 wurden Alonso Guerrero und Letizia Ortiz in der Nähe von Mérida standesamtlich getraut. Doch in der jungen Ehe kriselte es rasch. Irgendwie harmonierten die beiden nicht miteinander – der verkopfte Intellektuelle, der die meiste Zeit des Tages mit seinen Büchern zubrachte, und die lebenslustige Journalistin, die in dieser Zeit gerade ihre TV-Karriere startete. Schon dreizehn Monate nach der Hochzeit trennte sich das Paar wieder. Die Ehe wurde geschieden und wegen ihrer Kürze annulliert. »Es war ein Fehler, dass ich mich in diese Ehe geflüchtet hatte«, erklärte Letizia später. »Durch unsere Jobs führten wir völlig verschiedene Leben.« Sollte sich dieser Fehler jetzt rächen? Schließlich hatte der Hof schon die Verbindung Felipes mit Isabel Sartorius sabotiert, weil deren Eltern geschieden waren. Welche Chancen sollte sich da eine Frau ausrechnen, die selbst schon einmal verheiratet war?

Im Juni 2003 nahm sich Letizia eine Auszeit und flog nach Costa Rica – zum Nachdenken und Meditieren, wie sie später sagte. Noch einmal wog sie das Für und Wider ihrer Situation ab. Sie liebte Felipe, und er liebte sie. Letizia zweifelte nicht an den Gefühlen des Kronprinzen, doch würde seine Liebe stark genug sein, um alle Widerstände gegen ihre Beziehung aus dem Weg zu räumen? Was wäre, wenn die Presse Wind von ihrer Verbindung bekäme? Würde das Königspaar dann sein Veto einlegen und der Traum wie eine Seifenblase zerplatzen? Ihre eigene Karriere als seriöse TV-Moderatorin wäre dann sicherlich zu Ende – und ihr jahrelanger Kampf um Anerkennung als Journalistin vergeblich gewesen. Sie würde dann höchstens noch zum Objekt der Klatschpresse taugen, die ihr auf ewig das Etikett einer verschmähten Liebhaberin des Kronprinzen aufstempeln würde.

> **Letizia ist keine Träumerin. Sie wusste vom ersten Tag an, dass sie ihre große Liebe zu Felipe mit dem Verlust ihrer Freiheit, Unabhängigkeit und Karriere bezahlen muss.**
> José Luis de Vilallonga, Biograph von Juan Carlos

Nach ihrer Rückkehr traf sie sich heimlich wieder mit Felipe, dessen Entscheidung nun feststand: »Ja, ich will mein Leben mit dieser Frau teilen.« Der Kronprinz machte ihr einen Heiratsantrag! Letizia beschieb diesen Moment später als »unglaublich romantisch« – mehr wollte sie nicht verraten. Noch einmal bat sie ihn um Bedenkzeit und reiste allein an die Costa Brava – in der Tasche zwei Handys: ihr eigenes und ein anderes, das ausschließlich für die Telefonate mit Felipe bestimmt war. Natürlich fühlte sie sich zu Felipe hingezogen. Und sicherlich hätte sie sofort Ja gesagt, wenn – ja, wenn der Mann, den sie liebte, nicht der spanische Kronprinz gewesen wäre. Trotz ihrer Fernsehprominenz hatte sie bis dahin ein relativ ruhiges und unbeobachtetes Leben führen können. Sie tauchte regelmäßig in das kulturelle Leben der spanischen Hauptstadt ein, traf sich abends in Bars und Restaurants mit ihren Freunden. Damit, das wusste sie, wäre für sie als Mitglied des Königshauses Schluss. Keinen Schritt würde sie ohne Begleitung tun können und ständig unter Beobachtung stehen. Ihre hart erarbeitete Position als Journalistin würde sie aufgeben müssen zugunsten einer passiven Rolle als Frau an der Seite des Kronprinzen. Und natürlich kannte sie auch die Schattenseiten des royalen Ruhms. Sie würde zur meistfotografierten Frau in Spanien werden und zu einem scharf beobachteten Objekt der Kritiker. Der Aufstieg und der Fall der britischen Prinzessin Diana waren ihr nur allzu gewärtig. Dennoch – ihr Herz siegte schließlich über ihren Verstand. Als Felipe sich nach zwei Tagen meldete, rief sie ins Telefon – noch bevor er überhaupt etwas sagen konnte: »Ja, ja, ja! Ich will dich heiraten!« Sie hatte sich entschieden. Noch am selben Abend packte sie ihre Koffer und flog nach Madrid zurück. Hinter sich ließ sie ihr bisheriges Leben – nichts würde mehr so sein, wie es vorher war.

Operation Schweigen

Der Prinz wusste, dass von nun an jeder Schritt genau geplant werden musste. Den Sommerurlaub verbrachte er wie immer mit seiner Familie auf Mallorca. Doch in diesem Jahr verließ er den Marivent-Palast, das Urlaubsdomizil der Königsfamilie in der Nähe der Inselhauptstadt Palma, meist schon am Vormittag. In einem Auto mit abgedunkelten Scheiben ließ er sich, begleitet von zwei Leibwächtern, zum Hafen bringen. Dort bestieg er die unauffällige Yacht »Danae«, die ihm von Freunden zur Verfügung gestellt worden war. Niemand ahnte, dass an Bord schon Letizia wartete. Die beiden Verliebten ließen sich dann zur Insel Cabrera schippern, einem paradiesischen Fleckchen Erde mit Pinienwäldern, Lagunen, kristallklarem Wasser – und einer berühmten Grotte, der »Cueva Azul«, mit ihren einzigartigen blauen Lichtspiegelungen. Es heißt, dass alle Wünsche von Verliebten in Erfüllung gehen, die sich dort um Punkt vier Uhr nachmittags mit geschlossenen Augen küssen.

Mitte August flog Letizia nach Madrid zurück. Felipe blieb auf Mallorca, ließ sich jedoch nicht mehr als unbedingt nötig in der Öffentlichkeit sehen. Er wusste: Wenn er Letizia wirklich heiraten wollte, durfte er seinen Eltern diesen Entschluss nicht mehr lange vorenthalten. Ganz zu schweigen davon, was passieren würde, wenn die Presse Wind von der Affäre bekäme. Letizia würde ähnlich unbarmherzig in der Luft zerrissen werden wie Eva Sannum. Nur eine schnelle Aufnahme ins Königshaus würde sie schützen, denn in Spanien gab und gibt es eine goldene Regel

Die Gerüchte verdichteten sich immer mehr, und ihr Telefon stand nicht still. Da sagte ich ihr auf den Kopf zu: »Ich weiß es, Leti, dein heimlicher Freund ist der Prinz.« Da sagte sie nur zu mir: »Bitte, María, sag niemandem etwas. Sag allen, er heißt Juan und ist Diplomat.«

María Oña, Exkollegin Letizias

für Journalisten: »Nichts Schlechtes über den König und seine Familie.« Erst nach einer offiziellen Verlobung würde die Frau, die er liebte, diesen Schutz genießen. Zurück in Madrid, ließ er sich ganz förmlich einen Termin beim Königspaar geben. Am 30. August 2003 stellte Felipe Letizia im Großen Salon des Zarzuela-Palastes seinen Eltern vor. Mit einem tiefen Hofknicks begrüßte die schöne TV-Moderatorin zuerst den König, anschließend die Königin. Alle waren nervös. Die erste Unterredung bei Kaffee und Mineralwasser dauerte nur dreißig Minuten, dann brachte Felipe seine Freundin wieder zurück nach Madrid. Als er in den Zarzuela-Palast zurückkehrte, las er schon aus dem Gesichtsausdruck seiner Eltern, dass sie seine Wahl keineswegs guthießen. Doch diesmal war Felipe nicht bereit, kampflos aufzugeben. Er liebte Letizia und hatte nicht die Absicht, sich erneut von seinen Eltern in Liebesdingen Vorschriften machen zu lassen.

Diskret ließ er seine Beziehungen zu den Chefs des Senders TVE spielen und sorgte dafür, dass Letizia künftig die Abendnachrichten moderieren durfte – die Königsdisziplin für Nachrichtenjournalisten. Der Sender ging dabei kein Risiko ein: Letizia hatte längst bewiesen, dass sie alle Qualifikationen mitbrachte. Am 29. September 2003 moderierte Letizia zum ersten Mal – mit vollem Erfolg. Schon bald kannte nahezu jeder Spanier den Namen »Letizia Ortiz« und ihr sympathisches Gesicht. Genau das hatte Felipe beabsichtigt. Er hoffte, dass seine Eltern mit Letizia einverstanden sein würden – oder besser: mussten –, wenn sie die Unterstützung der spanischen Bevölkerung erhielt. Aber so schnell ließen sich Juan Carlos und Königin Sofia nicht umstimmen. Schließlich ging es um die Zukunft des Kronprinzen – und damit der spanischen Dynastie. Am Ende blieb Felipe nichts anderes übrig, als seine letzte Karte auszuspielen: »Entweder Letizia, oder ich werde niemals König!« Er gab seinen Eltern eine Frist bis zum 31. Oktober. Doch das Königspaar nahm an, dass Felipe nur bluffte. Weiterhin rückten sie keinen Millimeter von ihrer Entscheidung gegen Letizia ab. Als Felipe jedoch dem spanischen Nationalfeiertag am 12. Oktober fernblieb, der normalerweise für die gesamte Königsfamilie Pflicht ist, ahnten sie, dass er mit seiner Drohung Ernst machen würde. Statt die traditionelle Militärparade über sich ergehen zu lassen, schlenderte Felipe mit Letizia durch New York, und die beiden trafen sich mit dem Regisseur Woody Allen zum Abendessen.

Kurz vor Ablauf des »Ultimatums« von Felipe lenkte das Königspaar schließlich ein. Königin Sofia, so heißt es von Insidern, habe Ende Oktober um eine Unterredung mit Letizia gebeten. Noch am selben Abend habe das Königspaar der Verbindung von Felipe und Letizia seinen Segen gegeben. Die Wahrheit ist: Juan Carlos und Sofia konnten irgendwann gar nicht mehr anders, als zuzustimmen, denn die am Hof kursierenden Gerüchte ließen sich nicht mehr unter der Decke halten. Auch einige Journalisten hatten Wind von der neuen Liebe des Thronfolgers bekommen – und nicht alle waren begeistert, dass Felipe wieder eine Bürgerliche ausgewählt hatte. Einer von ihnen brauchte nur einen Wink zu geben, um eine Lawine loszutreten: Es war jener ominöse Freitag, der 31. Oktober 2003 – der Tag des von Felipe gesetzten Ultimatums. In einer Morgensendung des spanischen Fernsehens erging sich der bekannte Adelsexperte Jaime Peñafiel in Andeutungen: »Die Auserwählte von Kronprinz Felipe ist eine Spanierin, kommt aus einer bekannten Familie und ist nicht adlig. Die Hochzeit findet nächstes Frühjahr statt.« Die »Operation Schweigen« war gescheitert. Im Königspalast schrillten alle Alarmglocken. Eine Krisensitzung jagte die nächste, zumal in den Abendstunden andere TV-Sender die Nachricht aufgriffen. Am nächsten Tag sickerte auch der Name der zukünftigen Kronprinzessin durch. Jetzt musste schnell gehandelt werden: Um 19.30 Uhr ging bei allen wichtigen Medien ein Fax ein: »Ihre Königlichen Majestäten haben die große Zufriedenheit, die Ehe ihres Sohnes, des Prinzen von Asturien, Don Felipe, mit Doña Letizia Ortiz Rocasolano anzukündigen.« Die Nachricht schlug ein wie eine Bombe. Sofort wurden alle Fernsehprogramme unterbrochen. Bei Letizias Arbeitgeber TVE lief passenderweise gerade die Schmonzette »Du hast mich um den Verstand gebracht«. Jetzt flimmerte Letizias Gesicht über die Bildschirme. Jeder wollte mehr über die elegante TV-Frau wissen. Die Einschaltquoten schnellten in die Höhe. Die Internetseite der Illustrierten *HOLA* brach zusammen.

Das Volk reagierte auf die Bekanntgabe der Verlobung mit nahezu einhelliger Begeisterung. In Blitzumfragen gaben siebzig Prozent der Spanier

> *Das Volk liebt Letizia. Der spanische Adel entfachte jedoch eine Hetzjagd auf die zukünftige Königin. Letizia leidet wie einst Diana unter diesen Vorurteilen und diesem versteckten Hohn. Es gibt Monarchisten, die unter keinen Umständen wollen, dass eine Bürgerliche, die geschieden ist und nicht in die Kirche ging, in den Hochadel aufsteigt und sogar Königin von Spanien wird.*
>
> José Luis de Vilallonga, Biograph von Juan Carlos

und Spanierinnen an, Prinz Felipe habe die richtige Entscheidung getroffen. Zeitungskommentare sprachen von einem »Paar für das 21. Jahrhundert«. Selbst die sonst eher monarchiekritische Zeitung *El Mundo* titelte »Die Fernsehkönigin« und lobte Letizia als »Spanierin, die repräsentativ ist für unsere Zeit: jung, professionell, weit gereist, unabhängig und mit persönlicher und beruflicher Erfahrung«. Sogar die Linksparteien, die traditionell eigentlich gegen die Monarchie sind, übermittelten dem Paar ihre Glückwünsche. Nur eingefleischte Monarchisten wie Jaime Peñafiel grummelten vernehmlich: »Kann jetzt eigentlich jede nächstbeste Muchacha Königin werden?«

Eine Frau mit Vergangenheit

Natürlich wurde jetzt Letizias Biographie von den Medien genauer unter die Lupe genommen. Dass sie bereits einmal verheiratet war, löste zunächst allgemeine Bestürzung aus. Obwohl ein Sprecher des Palastes dazu nur knapp erklärte, dass es sich dabei »um einen im heutigen Spanien ganz normalen Umstand« handelte, hegten doch viele Menschen Vorbehalte: Eine geschiedene Frau auf dem spanischen Thron? Doch die Ehe mit Alonso Guerrero war seinerzeit nur standesamtlich geschlossen worden. Deshalb signalisierte selbst die katholische Kirche grünes Licht für Felipe und Letizia. Spätestens als Kardinal Antonio Rouco Varela, der Erzbischof von Madrid, den Majestäten nach drei Tagen zur Verlobung des Kronprinzen ein Glückwunschschreiben sandte, waren die Bedenken ausgeräumt.

Dennoch gruben viele Sensationsreporter weiter in der Vergangenheit der »Anne Will von Spanien«, wie die *Bunte* später einmal schrieb. Viel Privates ließ sich jedoch nicht mehr finden. Mitarbeiter des Königshauses hatten in einer Nacht-und-Nebel-Aktion längst sichergestellt, was der zukünftigen Kronprinzessin womöglich hätte gefährlich werden können: Fotos, Briefe und Dokumente. Die Hochzeits- und Scheidungsunterlagen Letizias wurden in einem Safe eingelagert. Weggesperrt wurde auch das Hochzeitsvideo von Letizia. Ihr Exmann Alonso Guerrero verpflichtete sich, nicht mehr über die Ehe zu sprechen. Das Einzige, was ihm Reporter jemals entlocken konnten, war seine Aussage, dass er dem Kronprinzenpaar »sehr viel Glück« wünsche. Auch David Tejera war für niemanden zu erreichen.

Eine Episode ihres Lebens hatten die eifrigen königlichen Spurenverwischer jedoch nicht mehr unter den roten Teppich kehren können. Bevor Letizia Ortiz ihre Journalistenkarriere in Spanien startete, hatte sie einige Zeit in Mexiko gelebt, dort an einer Doktorarbeit geschrieben und nebenbei für eine Zeitung gearbeitet. In dieser Zeit war sie dem im Exil lebenden kubanischen Maler Waldo Saavedra begegnet, mit dem sie sich auf Anhieb gut verstand. Sie willigte auch ein, sich von ihm porträtieren zu lassen. Das Gemälde, das aus dieser Zusammenarbeit entstand, zeigt eine nackte, im Wasser stehende Frau, die einen Papiervogel hält. Zu allem Überfluss hatte die mexikanische Rockband »Maná« das Bild später für ein Plattencover verwendet – und die LP hieß ausgerechnet »Sueños líquidos« (»Feuchte Träume«).

Als das in Spanien bekannt wurde, war der Skandal perfekt. Die zukünftige Königin nackt auf einem Plattencover? Der Künstler bemühte sich, die Sache klarzustellen: Er habe Letizia lediglich fotografiert und dann ihr Gesicht auf einen nackten Torso gemalt. »Sie hat mir nicht nackt Modell gestanden«, erklärte Saavedra. Doch Gerüchte, dass den Maler und Letizia mehr verbunden habe als nur eine gute Freundschaft, halten sich dennoch bis heute.

Zwei Tage nach der überraschenden Verlobungsankündigung zeigten sich Felipe und Letizia erstmals gemeinsam der Öffentlichkeit. »Ich verstehe die Überraschung, die diese Entscheidung für fast alle bedeutet«, verkündete die Frau, die noch drei Tage zuvor die Abendnachrichten verlesen hatte. »Aber es ist eine reife Entscheidung, Frucht sehr intensiver Überlegungen und vor allem getroffen mit dem Gewicht unser gemeinsamen Liebe und unseres gemeinsamen Projektes.« Ihr zukünftiger Ehemann antwortete: »Wir sind hier, um unser Glück zu zeigen. Ich sage mit Überzeugung, dass Letizia die Frau ist, mit der ich mein Leben teilen und eine Familie gründen will.« Sie vereine »alle Qualitäten und nötigen Fähigkeiten« für ihre Rolle als künftige Königin Spaniens. Und falls es trotz des trauten Anblicks und des geröteten Gesichts der Braut noch Zweifel gab: »Wir sind sehr verliebt.«

Schon drei Tage später, am 6. November 2003, wurde die offizielle Verlobung verkündet. Formgerecht hielt Felipe mittags um zwölf Uhr im Madrider Zarzuela-Palast um die Hand von Letizia an – im engsten Familienkreis und ohne Kameras. Der zweite Teil mit Gruppenbildern im Patio, Pressekonferenz und Gartenspaziergang folgte im Pardo-Palast, wo einst der General Franco residierte und jetzt der König seine ausländischen Staatsgäste unterzubringen pflegt. Dort war einfach mehr Platz. Den brauchte man – schon um die mehr als dreihundert Journalisten aus fünfzig Ländern unterzubringen. Letizias Start ins offizielle Leben als Prinzessin verlief jedoch eher unglücklich. Da war ihr forscher weißer Armani-Hosenanzug, den sie statt des bei Hofe üblichen gediegenen Kostüms trug. Er wirkte auf viele Spanier, als wollte sie aller Welt zeigen: Ich habe in dieser Partnerschaft das Sagen! Dieses Bild verfestigte sich, als sie Felipe, der ihre etwas zu lange Rede abkürzen wollte, ins Wort fiel: »Lass mich mal ausreden.« Damit war ihr ein ungeheurer Fauxpas unterlaufen. Zudem zupfte sie dauernd an ihrem Verlobten herum, damit dieser ihr Geschenk – goldene Manschettenknöpfe mit Saphiren – in die Kameras hielt. Außerdem, so vermerkten es die royalen Benimmexperten, habe sie sich nicht vor dem Königspaar verbeugt und sei an der falschen Seite des Prinzen gegangen. Zwar jubelten die Vertreterinnen der spanischen Frauenverbände: Frischer Wind im Königshaus! Doch die zahlreichen Letizia-

Kritiker im Dunstkreis des Königs senkten den Daumen: Warum musste der Thronfolger sich auch ausgerechnet wieder eine Bürgerliche aussuchen?

Fortan verschwand die »Prometida«, die »Versprochene«, aus der Öffentlichkeit, und es hieß für sie: Hofetikette lernen. »Ich habe nichts gegen ein bürgerliches Mädchen«, hatte Königin Sofia einst orakelt. »Aber alles, was für eine Prinzessin normal ist, muss eine Frau aus dem Volk erst lernen. Das ist schwer, und ich halte es fast für unmöglich.« Letizias Stundenplan war entsprechend lang: Tischmanieren, Tanzunterricht und Hofprotokoll standen auf der Agenda. Außerdem im Lehrplan: Nachhilfe in »Queen's English«, Jagdstunden und Skiunterricht. Besonderen Wert legten die Schwiegereltern auch auf Letizias religiöse Erziehung – schließlich war ihrer Schwiegertochter in spe der Glaube schon seit einiger Zeit abhanden gekommen. »Letizia entspricht dem Archetypus der jungen Leute, die nach einer religiösen Kindererziehung eine eher indifferente als agnostische Haltung der Kirche gegenüber einnehmen«, verkündete Militärbischof José Manuel Estapa, der als »Brautlehrer« engagiert wurde, um dann hinzuzufügen: »Doña Letizia ist fleißig und wird das im Glauben Verlorene bald aufgeholt haben.« Wenig später sah man das Paar gemeinsam vor dem Altar der Jungfrau von Covadonga in Asturien beten. Statt enger Kostüme und Hosenanzüge, Jeans, kurzen Röcken und knappen Blusen trug Letizia nun überknielange Röcke ohne allzu viel Taille. Das ehemals leicht toupierte Haar wurde gekürzt und lag enger am Kopf an, das Make-up war dezenter und dünner aufgetragen. Der Crashkurs vom TV-Star zur standesgemäßen Braut des Kronprinzen gelang. »Wenn sie mir sagen, dass ich reden soll, rede ich; wenn ich schweigen soll, schweige ich; wenn ich mich nicht bewegen soll, werde ich mich nicht bewegen«, bilanzierte Letizia ihre »Ausbildung«. So gesehen, erlebte Spanien am 22. Mai 2004 eine perfekte Hochzeit: »Letizia hat ihre Lektion gelernt«, lobte denn auch die konservative Zeitung *ABC* nach der wenig emotionsgeladenen Trauung.

Alles für Spanien

»Majestät, habt keinen Zweifel daran, dass wir immer an Spanien denken werden und dass unser ganzes Leben dem Wohlergehen der Spanier gewidmet sein wird«, hatte Felipe auf dem Hochzeitsbankett am 22. Mai 2004 seinem Vater versichert. Diese Lebenshaltung war dem Thronfolger schon von Kindesbeinen eingeimpft worden. Nun sollte auch Letizia erfahren, was der Hof darunter verstand. Flitterwochen? Nicht für das Kronprinzenpaar. Stattdessen war die erste »Dienstreise« durch die spanischen Provinzen fällig. Schon einen Tag nach der Trauung flanierten die beiden durch Cuenca, einen kleinen Ort in der Nähe von Madrid. Es folgten Kurzbesuche in Saragossa, Girona und anderen Städten. Wenig später vertraten sie das spanische Königshaus bei der Hochzeit des jordanischen Kronprinzen Hamzah. Ein paar Tage danach wurde das Paar schon in Bahrein erwartet. Anfang Juni 2004 stand der Antrittsbesuch bei Papst Johannes Paul II. in Rom auf dem Programm.

Das umfangreiche Reiseprogramm allein wäre sicherlich keine allzu große Belastung für die weltgewandte Journalistin Letizia Ortiz gewesen. Doch »alles für Spanien« – das hieß für die frischgebackene Kronprinzessin jetzt zuallererst: gefälligst einen Thronfolger zu gebären. Mindestens zwei, höchstens aber fünf Kinder wollten sie gemeinsam bekommen, hatte das Paar bei der Verlobung scherzhaft angekündigt. Doch jetzt stand die damals zweiunddreißigjährige Letizia unter einem fast unerträglichen Druck, schwanger zu werden. Wilde Spekulationen über ihre Fruchtbarkeit wurden verbreitet. Millionen Spanier fragten sich beinahe täglich, ob eine »königliche Empfängnis« stattgefunden hatte. Als die Monate vergingen und die Prinzessin immer stärker abnahm, kamen Gerüchte auf, sie sei magersüchtig und unfruchtbar. Tatsächlich wirkte die einst selbstbewusst auftretende Karrierefrau bald bedrückt und verhärmt. Die Angst, einen Fehler zu begehen und für neue negative Schlagzeilen zu sorgen, ließ sie gleichsam versteinern. Fast schien es so, als sollten sich die bösen Befürchtungen schon in den ersten Monaten ihrer Ehe erfüllen. Schließlich sah sich sogar König Juan Carlos gezwungen einzuschreiten. Bei einem Presseempfang ermahnte er die anwesenden Journalisten nachdrücklich, Letizia nicht weiter zu belästigen.

Doch erst als am 8. Mai 2005 die spanischen Fernsehsender ihr Programm unterbrachen, um »die Nachricht des Jahres« – Letizias Schwangerschaft – zu verkünden, ließen die hässlichen Spekulationen nach. Stattdessen breitete sich eine neue Hysterie in Spanien aus: Was wäre, wenn die Prinzessin »nur« mit einer Tochter niederkommen würde? Was, wenn sie Zwillinge – einen Jungen und ein Mädchen – bekäme? Die spanischen Medien sorgten dafür, dass sich weite Teile der Bevölkerung als Ernährungsexperten und Gynäkologen aufführten: »Su Alteza sollte mehr essen!«, forderten die spanischen Untertanen oder beäugten misstrauisch die Absatzhöhe der werdenden Mutter. Der Druck auf Letizia war nicht weniger geworden – nur anders. Die Schwangerschaft verlief nicht immer problemlos. Letizia litt unter Übelkeit und Hitzewallungen, wegen Verdachts auf Frühwehen wurde sie vorzeitig ins Krankenhaus eingeliefert. In der Nacht zum 31. Oktober 2005, um 1.46 Uhr, kam das Kind schließlich per Kaiserschnitt zur Welt: ein Mädchen, 47 Zentimeter lang und 3540 Gramm schwer. Rund eine Woche nach der Geburt präsentierte das stolze Elternpaar die Infantin Leonor zum ersten Mal der Öffentlichkeit. Am 14. Januar 2006 wurde sie in der Hauskapelle des Zarzuela-Palastes bei Madrid feierlich getauft.

Es war nicht das erste Mal, dass eine Taufe in der Privatresidenz des spanischen Königs und der Königin abgehalten wurde. Doch diesmal war es etwas ganz Besonderes. Dies machte schon das fast tausend Jahre alte Taufbecken des heiligen Dominikus von Guzmán deutlich, des Begründers des Dominikanerordens. Es ist allein königlichen Hoheiten und ihren Thronerben reserviert und wird normalerweise in einem Kloster aufbewahrt. Zuletzt wurde es zur Taufe von Leonors Vater benutzt – achtunddreißig Jahre zuvor.

Das ist das Schönste, was jemandem im Leben passieren kann. Wir sind strahlend und überglücklich wegen der Geburt unserer Tochter Leonor.
Felipe, 31. Oktober 2005

Wem Gott keinen Sohn gegeben hat, dem gibt der Teufel einen Neffen.
Spanisches Sprichwort

Trotz dieser Vorzugsbehandlung kann sich das kleine Mädchen bislang nicht sicher sein, dass es den zweiten Platz in der Thronfolge – direkt hinter Prinz Felipe – auch behalten wird. Zwar können nach geltendem Recht in Spanien Frauen gekrönt werden – aber eben nur dann, wenn kein männlicher Thronerbe zur Verfügung steht. Das passt jedoch mit einem anderen Absatz der Verfassung nicht zusammen, in dem die Gleichstellung von Mann und Frau festgeschrieben ist. Viele Spanier sind spätestens seit der Geburt von Leonor dafür, die Einschränkung zu Ungunsten der Mädchen abzuschaffen. Auch das Königshaus ist für die Reform – das verlange die »Logik der Zeit«, ließ Prinz Felipe verlautbaren, kaum dass

Wenn sich die Dinge in normalen Bahnen entwickeln, wird Leonor eines Tages Königin sein, und ich finde das sehr gut.
José Luis de Vilallonga, Biograph von Juan Carlos

er den Kreißsaal verlassen hatte. Zwar soll sich sein Vater noch gegen die Änderung sträuben, doch für protokollfeste Beobachter gab es bereits eindeutige Hinweise darauf, dass sich die traditionsbewusste spanische Monarchie in dieser Frage bewegt: König Juan Carlos und Gattin Sofia fungierten bei Leonor erstmals gemeinsam als Paten für ein Enkelkind. Und nicht nur die Mitglieder befreundeter Adelshäuser, sondern auch die Spitzenvertreter der spanischen Politik waren am Taufbecken versammelt – wie es sich für ein zukünftiges Staatsoberhaupt gehört. Bis es so weit ist, wird es freilich noch einige Zeit dauern. Denn um eine Verfassungsreform zuwege zu bringen, bedarf es zunächst einer Zweidrittelmehrheit in beiden Kammern des spanischen Parlaments. Dann müssen Senat und Abgeordnetenhaus aufgelöst und eine Neuwahl angesetzt werden. Nach dieser sind abermals Zweidrittelmehrheiten in beiden Häusern vonnöten und schließlich noch eine Volksabstimmung.

Ende September 2006 kam noch einmal Bewegung in die Sache, als der Hof vermeldete, dass Letizia zum zweiten Mal schwanger sei. Doch schon wenige Wochen später wagte Prinz Felipe einen einmaligen Schritt. »Das Kronprinzenpaar gibt voller Freude bekannt, dass ihr zweites Kind, das im Mai zur Welt kommen soll, eine Tochter sein wird«, hieß es Ende November aus dem Palast – sechs Monate vor dem Geburtstermin. Das war ein einzigartiger Vorgang im konservativen katholischen Spanien, wo eigentlich nur einer das Geschlecht eines Kindes festlegt – der liebe Gott. Beobachter des Königshauses interpretierten diese Meldung als einen starken Liebesbeweis Felipes für Letizia. Die wilden Spekulationen um einen möglichen Thronfolger sollten ihre Schwangerschaft nicht erneut belasten.

Nach der Geburt von Töchterchen Leonor war Letizia sichtlich aufgeblüht. Schön und entspannt präsentierte sie sich und ihr Baby beim Weihnachtsurlaub Ende 2005 auf Lanzarote. Einen Monat später besuchte die Gattin des Thronfolgers gemeinsam mit ihrer Schwiegermutter Königin Sofia eine Theatervorstellung im Madrid und glänzte Ende Februar 2006

149

beim Staatsbesuch des russischen Präsidenten Putin. Doch kurze Zeit später begann das schon zur Mode gewordene Rätselraten über ihren Gesundheitszustand erneut. Auf der Straße, in Kneipen und Cafés, in Internetforen und im Fernsehen diskutierten die Spanier über die angebliche Magersucht der Kronprinzessin. Bei einer Größe von 1,68 Meter wiege sie nur noch fünfundvierzig Kilo, wurde in der Presse verbreitet. Als sie nach der Bekanntgabe ihrer zweiten Schwangerschaft beiläufig über morgendliche Übelkeit klagte und in der Folgezeit einige Termine absagen musste, dichteten ihr einige Gazetten sogar eine lebensbedrohliche Krankheit an.

Ein tatsächlicher Schock für Letizia war dagegen die Nachricht vom Tod ihrer Schwester Erika. Diese war Anfang Februar 2007 tot in ihrer Madrider Wohnung aufgefunden worden. Alle Indizien deuteten auf einen Selbstmord hin – die Obduktion ergab, dass Erika eine Überdosis Medikamente eingenommen hatte. Auch wurden Abschiedsbriefe an ihre Familie gefunden. Offenbar war sie mit der Trennung von ihrem Lebensgefährten Antonio Vigo, dem Vater ihrer sechsjährigen Tochter Carla, im Sommer 2006 nicht fertig geworden. Monatelang hatte sie danach unter Depressionen und Angstzuständen gelitten. Doch jetzt machte sich vor allem Letizia Vorwürfe, sich nicht genug um die jüngere Schwester gekümmert zu haben. Erika war in der Öffentlichkeit oft der Sündenbock gewesen, der kritisiert wurde, weil man Letizia nicht anzugreifen wagte. Zur Trauerfeier und Einäscherung Erikas schon zwei Tage nach ihrem Tod war die ganze Königsfamilie gekommen. Als ihre Schwägerin Cristina die Kronprinzessin umarmte, brach Letizia in Tränen aus. Die Hofmediziner befürchteten für die im siebten Monat Schwangere das Schlimmste. Durch den Schock hätten Frühwehen ausgelöst werden können. Es war sogar die Rede davon, dass sie das Baby hätte verlieren können. Sämtliche Termine Letizias wurden abgesagt. Doch alles ging gut: Am 29. April 2007 kam die zweite Tochter des Kronprinzenpaars zur Welt – ebenfalls per Kaiserschnitt. Ihren Namen erhielt sie nach der Großmutter Sofia. Als die glücklichen Eltern das Baby fünf Tage nach der Geburt der Öffentlichkeit präsentierten, konnte auch die Prinzessin endlich wieder lächeln.

Wohin wird der Weg von Felipe und Letizia führen? Noch scheint das

> »Die leichte Brise hätte Letizia fast umgeweht, weil sie so abgemagert ist.«
> Diario de Mallorca, August 2006

Wir wissen nicht, unter welchen Umständen er einmal die Nachfolge seines Vaters antreten wird. Gesetzt den Fall, dass es unter »friedlichen« Rahmenbedingungen geschieht – Juan Carlos dankt ab oder stirbt –, so werden die Spanier sagen: Warum sollten wir irgendetwas ändern? Aber obwohl er wirklich beliebt ist, wird er niemals die Popularität seines Vaters erreichen, der sich den Thron wirklich er-kämpft hat.

Paul Preston, Historiker

Schicksal sich nicht entscheiden zu können. Ein böser Fluch, wie manche Spanier vor der Hochzeit meinten, lastet zwar nicht auf ihrer Verbindung. Doch genauso wenig herrscht in ihrer Ehe eitel Sonnenschein – was auf den permanenten öffentlichen Druck wie auf die Anpassungsschwierig-keiten der Bürgerlichen Letizia im spanischen Königshaus zurückzuführen ist. Noch haben Felipe und Letizia einen weiten Weg vor sich. Laut einer Umfrage der Tageszeitung *El Pais* sind zwar achtzig Prozent der Spanier Anhänger von König Juan Carlos, aber im Moment wünschen sich nur zwanzig Prozent Felipe als Monarchen. Aus den »Juancarlisten« werden so leicht wohl keine »Felipisten«. Eingefleischte Royalisten sehen ohne-hin schwarz für das spanische Herrscherhaus: »Nach Juan Carlos ist Schluss«, sagt der Historiker Fernando Gracia. Wozu brauche man noch eine Monarchie, wenn sich ihre Protagonisten kaum noch von den ge-wöhnlichen Sterblichen unterschieden? Viele junge Spanier halten das Kronprinzenpaar dagegen für eine glückliche Besetzung des modernen Königtums im 21. Jahrhundert. »In einem Spanien der bürgerlichen Frei-heiten wird die Monarchie republikanisch sein. Oder sie wird gar nicht sein«, verkündet der Kolumnist Enric Sopena. Und seine Kollegin Pilar Urbano ergänzt: »Die Könige sind eine Konstante. Sie müssen sich nur der Zeit anpassen. Und genau das passiert gerade.« Felipe und Letizia je-denfalls haben gelernt zu kämpfen. Sie wollen sich die Krone verdienen und die Herzen ihres Volkes erobern.

Aschenputtel und der Prinz

Mette-Marit und Håkon von Norwegen

In deiner Seele lodert es … Mette-Marit, du bist sensibel, leicht zu begeistern, detailorientiert, manchmal teilnahmslos, brennend engagiert, temperamentvoll, couragiert, unergründlich. Du kannst abwehrend sein oder resolut. Du hast eine gehörige Portion Humor und ein großes und warmes Herz. Du bist eine absolut phantastische Person. Ich war noch niemals so wütend auf jemanden wie auf dich. Ich war noch nie so schwach und noch nie so stark wie in diesem Moment. Ich war noch nie so mit Liebe erfüllt wie mit dir. Du holst aus mir alles hervor. … Mette-Marit, ich liebe dich!« Die Worte des Bräutigams rührten nicht nur die schöne Braut zu Tränen. Über anderthalb Millionen Norweger und mehrere Millionen Zuschauer weltweit waren vor ihren Bildschirmen gerührt. Die Trauung des norwegischen Kronprinzenpaars zählte sicher nicht nur wegen der bewegenden Rede des Bräutigams zu den ungewöhnlichsten Hochzeiten innerhalb des europäischen Hochadels. Der Thronfolger des norwegischen Königshauses heiratete eine junge Frau aus dem Volk. Doch damit nicht genug: Mette-Marit Tjessem Hoiby, damals achtundzwanzig, war nicht nur bürgerlich, sondern darüber hinaus alleinerziehende Mutter eines kleinen Sohnes. Das Sündenregister der schönen Braut, die jahrelang in der Osloer Partyszene unterwegs gewesen war und angeblich sogar Drogen genommen hatte, schien selbst den sonst so liberalen Norwegern eine Spur zu viel: Einer Umfrage zufolge, die kurz vor der Hochzeit von der norwegischen Tageszeitung *Aftenposten* veröffentlicht worden war, befürworteten nur noch fünfundsechzig Prozent der Befragten die norwegische Monarchie. Knapp zehn Jahre zuvor waren es noch sechsundneunzig Prozent gewe-

Man sollte diejenige heiraten, bei der man das Gefühl hat: Mit ihr will ich den Rest meines Lebens verbringen. Das ist so viel wichtiger als irgendwelche Adelstitel. Die sind wirklich ein alter Zopf.

Håkon

sen. Zum ersten Mal seit Bestehen des norwegischen Königshauses schien der Thron zu wackeln. Dabei gilt die Monarchie als überaus identifikationsstiftend für die norwegische Bevölkerung, markiert sie doch die Unabhängigkeit des Landes von seinen skandinavischen Nachbarn.

Die Erben der Wikinger

Bis um das Jahr 900 bestand das karg besiedelte Land aus einer Vielzahl kleiner Fürstentümer und Herrschaften. Erst unter Harald Schönhaar, der als der erste gesamtnorwegische Herrscher gilt, konnten die einzelnen Stämme des Landes zu einem Großkönigtum vereint werden. Trotz des oftmals erbitterten Widerstands zahlreicher Territorialherren gelang es den nachfolgenden Königen, die Reichsbildung zu festigen. Die Wikinger galten als raue Zeitgenossen, die mit ihren Schiffen – »die dunkelroten Seevögel des Nordens«, wie die Araber sie nannten – die Meere beherrschten und fremde Länder plünderten. Bis nach Byzanz lässt sich ihre Spur verfolgen. Unter König Håkon Håkonson erreichte Norwegen den Gipfel seiner Macht: 1247 wurde ihm sogar die Kaiserkrone angeboten, doch Håkon lehnte ab. Zu viel war in seinem eigenen Land zu tun: die Besiedlung des Nordens, die Entwicklung von Literatur und Kultur. Der Wikingerkönig ließ die bittersüße Liebesgeschichte von Tristan und Isolde ins Norwegische übersetzen und den »Königsspiegel«, das wichtigste literarische Werk des mittelalterlichen Norwegen, aufzeichnen. Sein Königshof in Bergen war glanzvoller Mittelpunkt einer nach dem Kontinent orientierten Oberschicht. Unter Håkons Regentschaft erreichte Norwegen die größte territoriale Ausdehnung seiner Geschichte, indem das Land um die Gebiete Grönland und Island erweitert wurde. Die damalige Blütezeit Norwegens endete Mitte des 14. Jahrhunderts mit dem Ausbruch der Pest, der große Teile der Bevölkerung zum Opfer fielen. Margarethe von Dänemark, Witwe des 1380 verstorbenen Königs Håkon VI., übernahm für ihren minderjährigen Sohn Olaf die Regentschaft und schwang sich nach dessen frühem Tod 1387 selbst zur Herrscherin über beide Länder auf. Zwei Jahre später errang sie auch noch die schwedische Krone und schuf einen Verbund der drei skandinavischen Reiche. Norwegen sollte damit seine Unabhängigkeit für ein halbes Jahrtausend verlieren. Bis ins 19. Jahrhundert blieben die Erben der Wikinger der dänischen Krone unterworfen. Als sich die Dänen mit Napoleon einließen, mussten sie die Konsequenzen seiner Niederlage mittragen: Der schwedische Kronprinz Karl XIV. Johann, ehemals Marschall der Franzosen, zwang Dänemark 1814 zur Herausgabe des Nachbarlandes an Schweden. Die Norweger hingegen sahen ihre Stunde gekommen, die jahrhundertelange Fremdherrschaft zu beenden und wieder die Selbstständigkeit zu erlangen. Am 17. Mai 1814 verabschiedete eine gewählte Versammlung in Eidsvoll unweit von Oslo eine eigene Verfassung für das Land, die eine Erbmonarchie und das sogenannten Storting, die gesetzgebende Volksvertretung, vorsah. Doch der schwedische Kronprinz Karl Johann wollte nicht kampflos auf das Nachbarterritorium verzichten und rückte mit seinen Truppen in Norwegen ein. Im November 1814 zwang er die norwegische Bevölkerung, den schwedischen König Karl XIII. zu ihrem Herrscher zu wählen. Statt der dänischen Krone hatte nun Schweden die Oberhoheit über das Königreich. Als Kompromiss erkannte der schwedische König jedoch die in Eidsvoll beschlossene Verfassung an. Doch in der norwegischen Bevölkerung gärte es weiterhin. Der Unmut über die als Gängelung empfundenen Weisungen aus Stockholm wuchs. Dank der aufblühenden Handelsschifffahrt entwickelte sich die Wirtschaft Norwegens immer besser und stärkte das Selbstbewusstsein des Landes. 1905 folgte der endgültige Schritt zur Unabhängigkeit: Im Juni kündigte das Storting die unpopuläre Union mit Schweden auf. Mit großer Mehrheit sprachen sich die Norweger in einer Volksabstimmung für eine parlamentarische Monarchie und gegen eine Republik aus. Da sie aufgrund ihrer Geschichte keinen eigenen Anwärter auf den norwegischen Thron vorweisen konnten, entschieden sie sich für einen. Kurioserweise kam dieser ausgerechnet aus dem Land, an das sie im 14. Jahrhundert ihre Unabhängigkeit verloren hatten: Prinz Carl von Dänemark, der zweitgeborene Sohn des Dänenkönigs Friedrich VIII. Nach mehr als einem halben Jahrtausend hatte Norwegen wieder einen eigenen König, der mit seiner Thronbesteigung an die frühe Zeit der ersten norwegischen Herrscher anknüpfen wollte und sich den Namen Håkon VII. gab.

Inzwischen kann Norwegen auf über hundert Jahre Unabhängigkeit zurückblicken, die nur durch den Zweiten Weltkrieg unterbrochen wurde: Norwegen hatte seine Neutralität erklärt, doch am 9. April 1940 marschierten deutsche Truppen ein und besetzten das Land. Nach der Invasion versuchten die Nazis, den norwegischen König als Geisel in ihre Gewalt zu bekommen. Seine spektakuläre Flucht führte durch ganz Norwegen, über verschneite Täler und abgelegene Hochebenen, verfolgt von Fliegern und Fallschirmjägern der deutschen Wehrmacht. Wohin König Håkon VII. auch kam, schürte er den Geist des norwegischen Widerstands und erlebte, wie ein britisches Expeditionskorps seinem Volk beistand. Nach langen, blutigen Kämpfen konnten Ende Mai die deutschen Truppen bei Narvik bereits zurückgedrängt werden, als die Hiobsbotschaft vom Ende der britischen Expeditionsarmee durch Flucht aus dem Kessel von Dünkirchen – unter Verlust aller schwerer Waffen – kam. Am 10. Juni kapitulierte die norwegische Armee, König Håkon VII. beendete seine Odyssee und rettete sich in buchstäblich letzter Sekunde auf einen britischen Kreuzer. Während Königin Maud und die Kinder in den USA Aufnahme fanden, gingen König Håkon und Kronprinz Olav nach England, wo sie eine Exilregierung bildeten und unermüdlich die Widerstandsbewegung in Norwegen unterstützten. Die königliche Familie weigerte sich, die von den Nationalsozialisten eingesetzte Regierung des Faschisten Vidkun Quisling anzuerkennen. Für Norwegen begann die düstere Zeit der Besatzung unter dem Hakenkreuz: Vierzigtausend Norweger landeten in deutschen KZ oder wurden von den Nazis erschossen. Als die königliche Familie am 7. Juni 1945 nach dem Sieg der Alliierten nach Norwegen zurückkehrte, begrüßte sie die norwegische Bevölkerung mit frenetischem Jubel. »Für die Norweger ist das Königshaus ganz bedeutend und wichtig«, erklärt die norwegische Entertainerin Wencke Myhre. »Wir alle lieben unseren König, und kaum jemand kann sich vorstellen, wie Norwegen ohne Monarchie aussähe.«

Die Geschichte wiederholt sich

Als der norwegische Hof am 1. Dezember 2000 die Verlobung des Kronprinzen Håkon Magnus mit Mette-Marit Tjessem Hoiby bekannt gab, waren sich nicht wenige Norweger sicher: »Das ist das Ende der norwegischen Monarchie!« Obwohl der öffentliche Druck auf das junge Paar stetig zunahm, beharrte Håkon unbeirrbar auf seiner Entscheidung, die er selbst in einem Interview einmal als »mutig« bezeichnet hatte. Mit seiner Brautwahl zeigte der Thronfolger, dass er fest entschlossen war, die norwegische Monarchie ins 21. Jahrhundert zu führen und überkommene Traditionen über Bord zu werfen.

So ganz glücklich mögen König Harald V. und Königin Sonja über die Partnerwahl ihres Sohnes nicht gewesen sein. Doch spiegelte sich darin in gewisser Weise auch die – gemessen an »königlichen Maßstäben« – ungewöhnlich liberale Erziehung, die das Königspaar seinen Kindern Märtha Louise und Håkon angedeihen ließ. Und fast schien es, als würde sich in der Geschichte Håkons und seiner bürgerlichen Braut Mette-Marit die Geschichte seiner Eltern wiederholen: Auch Königin Sonja entstammte schließlich nicht dem europäischen Hochadel, sondern war eine einfache »Nähmamsell«, wie sie damals von der norwegischen Presse genannt wurde. Lange hatte seinerzeit König Olav V., der Vater des heutigen Monarchen, gezögert, bevor er der Verbindung seines Sohnes mit der Bürgerlichen Sonja Haraldsen zustimmte. Obwohl sich die gelernte Schneiderin weitergebildet hatte, ihr Abitur in der Schweiz nachholte und sogar Kunstgeschichte studierte, befürchtete der norwegische König Konflikte mit dem Parlament wegen der unstandesgemäßen Ehe. Bei einer Sommernachtsparty im Jahr 1959 hatten sich der große, schüchterne Harald und die temperamentvolle Sonja kennengelernt. Als die junge Norwegerin erfuhr, an wen sie ihr Herz verloren hatte, versuchte sie zunächst vor ihren Gefühlen zu fliehen. Sie besuchte Modeschulen im Aus-

> **Damals waren außer einem Mitglied der Regierung alle überzeugt, dass die Monarchie nach Olavs Tod zugrunde gehen würde, da die Belastung durch die Verbindung von Harald und Sonja zu groß war.**
> Per Egil Hegge, Journalist

> **Uns ist schließlich klar geworden, dass wir unser Leben dieser Aufgabe widmen wollen. Es ist ein gutes Gefühl, hier zu sitzen und zu wissen, dass wir an die Monarchie glauben.**
> Håkon, Pressekonferenz anlässlich der Verlobung

land und lebte eine Zeit lang in der Schweiz, England und Frankreich. Heimlich kaufte sie dort alle norwegischen Zeitungen, die sie bekommen konnte, und verschlang die Berichte über ihren Liebsten. Der begann nach Absolvierung der Militärakademie ein Studium in Oxford, wo er sich für Wirtschaft, Politik und Geschichte eingeschrieben hatte. 1965 verkündeten die norwegischen Medien die bevorstehende Verlobung des Kronprinzen mit Prinzessin Irene von Griechenland. Doch die Meldung sollte sich als Zeitungsente entpuppen: Harald hatte sich längst für eine andere entschieden – für Sonja. »Die oder keine«, soll er seinen Vater, König Olav V., damals vor die Wahl gestellt haben. Seine Argumentation für die Bürgerliche klang stichhaltig: »Wenn ich eine Norwegerin heiraten soll, kann es keine Adlige sein, denn das Storting hat 1821 alle Adelsprädikate und Vorrechte in Norwegen abgeschafft!« Als sein Vater noch immer zögerte, wandte Harald einen äußerst geschickten Schachzug an: Zwar drohte er seinem Vater nicht damit, auf den Thron zu verzichten, doch lehnte er es entschieden ab, eine andere als Sonja zu heiraten. Damit wäre Harald zwar nach dem Tod seines Vaters König geworden, aber es hätte keine weiteren Thronfolger gegeben – die norwegische Monarchie wäre ausgestorben.

König Olav spürte, dass es seinem Sohn ernst war. Dennoch tat er sich schwer, der Verbindung zuzustimmen. Seine eigene Frau Märtha, eine schwedische Prinzessin, war bereits 1954 im Alter von dreiundfünfzig Jahren gestorben. Die Frau des Kronprinzen hätte also gleich nach der Heirat als First Lady an der Seite ihres Schwiegervaters viele Termine wahrzunehmen. Der König zweifelte, ob es einer jungen Bürgerlichen gelingen würde, sich dem Hofzeremoniell zu unterwerfen und auf dem schwierigen Parkett des europäischen Hochadels sicher zu bewegen. Als er Sonja Haraldsen jedoch selbst in Augenschein nahm, zerstreuten sich seine Bedenken. Am 20. März 1968, neun Jahre nach ihrem Kennenlernen, gab der Hof schließlich die Verlobung von Harald und Sonja bekannt. Die Reaktion der norwegischen Bevölkerung überraschte den alten König: Mit Begeisterung nahmen die Norweger die bevorstehende Hochzeit des Kronprinzen mit einer Bürgerlichen zur Kenntnis. »Ich hatte den Eindruck, dass nicht nur wir sehr erleichtert waren, sondern auch ein großer Teil der norwegischen Bevölkerung«, erinnerte sich Harald später. Am 29. August desselben Jahres gaben sich der Kronprinz und Sonja Ha-

32 »Nun haben Sie drei Bourbonen, unter denen Sie wählen können«: Felipes Urgroßmutter Victoria Eugenie bei der Taufe des Prinzen im Februar 1968.

33 »Vor Freude in die Luft gesprungen«: Das spanische Thronanwärterpaar mit seinen Kindern Elena, Felipe und Cristina (von links).

34 »Die Königin und ich sind glückliche Eltern«: Sein Vater war für den jungen
Infanten das wichtigste Vorbild (Foto aus dem Jahr 1972).

35 »Heute beginnt eine neue Etappe in der Geschichte Spaniens«: Den Amtsantritt von König Juan
Carlos I. im November 1975 erlebte Felipe hautnah mit.

36 »Langsam lernen, auf eigenen Füßen zu stehen«: Der Aufenthalt im kanadischen Lakefield war die erste Auslandsstation des Prinzen.

37 »Ausgebildet in allen drei Waffengattungen«: Felipe an Bord eines Helikopters der spanischen Luftwaffe im Herbst 1987.

38 »Der begehrteste Junggeselle Europas«: Isabel Sartorius war die erste große Liebe des spanischen Thronfolgers (Foto von Juli 1990).

39 »Was will diese Frau an der Seite unseres künftigen Königs?«: Felipe gemeinsam mit dem Fotomodell Eva Sannum beim Polterabend des norwegischen Kronprinzenpaars, 25. August 2001.

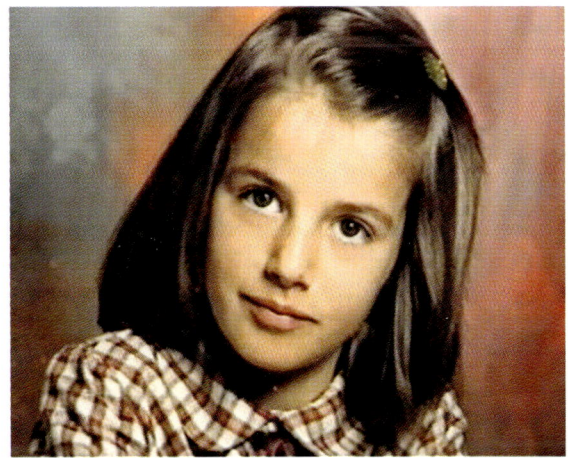

40 »Ich verkroch mich hinter Büchern und lernte, was das Zeug hielt«: Letizia Ortiz als Schülerin in ihrer asturischen Heimatstadt Oviedo.

41 »Schon als Kind wusste sie genau, was sie wollte«: Letizia (2. von links) mit ihrem Großvater und ihren Schwestern Erika und Thelma.

42 »Jeder hat seinen eigenen Begriff von Erfolg«: Beim größten spanischen Fernsehsender TVE
machte Letizia ab dem Jahr 2000 rasch Karriere.

43 »Die Anne Will von Spanien«: Bald kannte fast jeder Spanier das Gesicht der schönen Moderatorin.

44 »Mit offenen Armen und der größten Zuneigung aufgenommen«: Beim Hochzeitsbankett waren alle Querelen der vergangenen Monate vergessen.

45 »Immer an Spanien denken«: Statt Flitterwochen stand für Felipe und Letizia die erste gemeinsame »Dienstreise« auf dem Programm. Cuenca, 24. Mai 2004.

46 »Das Schlimmste befürchtet«: Bei der Trauerfeier für ihre verstorbene Schwester Erika im Februar 2007 stand die hochschwangere Letizia unter Schock.

47 »Endlich kann sie wieder lächeln«: Anfang Mai 2007 präsentierte das Kronprinzenpaar seine beiden Töchter Sofia und Leonor.

48 »Warme, herzliche Menschen«: Kronprinz Harald und seine Frau Sonja mit ihren beiden Kindern Märtha Louise und Håkon nach der Taufe des Prinzen im September 1973.

49 »Nicht so gern mochte ich Fächer, die etwas mit Zahlen zu tun haben«: Prinz Håkon besuchte eine normale staatliche Schule (Foto von Anfang der Achtzigerjahre).

50 »Königskinder hautnah«: Der kleine Håkon und eine Freundin beim Auftritt einer Volkstanz-gruppe vor Senioren in Oslo.

51 »Es wäre uns merkwürdig vorgekommen, alles auf einmal auf den Kopf zu stellen«: Prinz Håkon und seine Schwester Märtha Louise im Sommer 1988.

52 »Stelldichein des europäischen Hochadels«: Die norwegische Königsfamilie auf einem Ball anlässlich Håkons achtzehnten Geburtstags im Juli 1991.

53 »Ernst, zielstrebig, verantwortungsbewusst«: Zu den Leidenschaften des
Kronprinzen gehört auch die Musik.

54 »Begeisterter Sportler«: Bei der Eröff-
nungsfeier der Olympischen Winterspiele
in Lillehammer im Februar 1994 entzündete Håkon die olympische Flamme.

55 »Was die Luftwaffe betrifft, muss ich sagen, dass meine Augen dafür nicht gut genug sind«: Der norwegische Thronfolger als Gast im Cockpit eines F-16-Kampfjets.

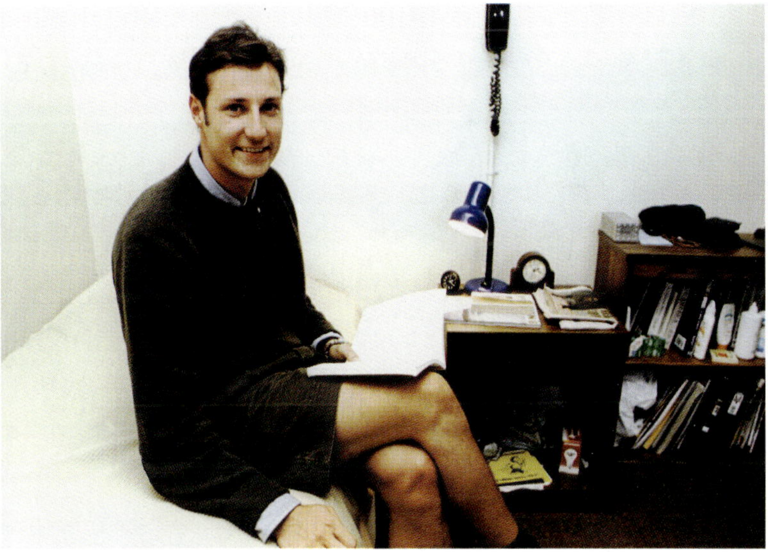

56 »Gibt es denn einen König in Norwegen?«: An der US-amerikanischen Universität Berkeley konnte Prinz Håkon ein ganz normales Leben führen.

57 »Alle waren an ihrer Erziehung beteiligt«: Die kleine Mette-Marit (2. von rechts) auf dem Schoß ihres Bruders Espen, daneben ihr Bruder Per, ihre Großmutter Ingrid und ihre Schwester Kristin (von links).

58 »Ausagierendes Feiern«: Mette-Marit und Håkon als Besucher des »Quart-Festivals« im Sommer 2000.

59 »Hochzeit zu dritt«: Nach ihrer Trauung zeigten sich Mette-Marit und Håkon gemeinsam mit dem kleinen Marius auf dem Balkon des Osloer Königsschlosses.

60 »Bewährung im Alltag«: Das Kronprinzenpaar präsentiert sich als ganz normale Familie, wie hier bei einem Ausflug im Osloer Vorort Baerum im März 2004.

61 »Hervorragende Botschafterin der norwegischen Krone«: Mette-Marit besucht Anfang 2005 ein Aids-Hospital in Malawi.

62 »Spagat zwischen Tradition und Moderne«: Das norwegische Königshaus blickt optimistisch in die Zukunft. Ein Familienbild von Weihnachten 2006.

raldsen im Osloer Dom das lang ersehnte Jawort. Fast tausend geladene Gäste sowie hunderttausende Schaulustige jubelten dem Paar zu. Bischof Fridtjof Birkeli, der die Trauungszeremonie leitete, sprach bei seiner Predigt vielen aus dem Herzen: »Heute ist ein neues und festes Band zwischen der königlichen Familie und dem Volk geknüpft worden.« Kronprinz Harald hatte nicht nur seinen Vater davon überzeugen können, dass auf Dauer nur die Öffnung des Königshauses sowie eine Anpassung an die modernen Zeiten das Überleben der Monarchie sichern würden.

Ihre Kinder, beschlossen Harald und Sonja, sollten in möglichst »normalen Verhältnissen« aufwachsen. Am 22. September 1971 wurde Märtha Louise geboren, zwei Jahre später, am 20. Juli 1973, kam der Thronerbe Håkon Magnus zur Welt. Wie seine ältere Schwester besuchte der Kronprinz einen öffentlichen Kindergarten. Die Erziehung ihrer Kinder übernahmen Sonja und Harald selbst und überließen sie nicht – wie sonst in höfischen Kreisen üblich – der Obhut von Kindermädchen. Auf dem Landgut Skaugum, das König Olav V. seinem ältesten Sohn Harald zur Hochzeit geschenkt hatte, hatten Märtha Louise und Håkon ihr Zuhause. Der Wohnsitz der königlichen Familie, heute das Heim von Kronprinz Håkon und seiner Familie, liegt am Stadtrand von Oslo. Vierzehn Hektar Park, Obstgärten, Wiesen, Ackerland und Wald umgeben das helle und freundliche Haus. Hier verbrachten Håkon und Märtha Louise eine unbeschwerte Kindheit. Immer wieder bekamen die Norweger Gelegenheit, die beiden »Königskinder« hautnah zu erleben: im Osloer Kindertheater beispielsweise oder bei Reitausflügen in der Nähe von Skaugum. Harald und Sonja legten bei der Erziehung ihrer Kinder besonders großen Wert darauf, dass Håkon Magnus und Märtha Louise Kontakt zu Gleichaltrigen erhielten. So besuchte Håkon Magnus, der einmal der König Norwegens sein wird, die Grundschule in Asker, bevor er auf das Christliche Gymnasium in Oslo wechselte.

Dabei entspricht die Volksnähe dem generellen Habitus des norwegischen Königshauses, das keine große Hofhaltung, sondern einen einfachen Lebensstil pflegt. Fast Legende sind die Straßenbahnfahrten König Olavs in Oslo während der

Ich habe oft Lärm gemacht und sicher nicht immer meine Hausaufgaben.
Håkon

Energiekrise in den Siebzigerjahren. Damals ließ er wie viele andere Norweger seine Limousine in der Garage stehen und stieg auf öffentliche Verkehrsmittel um. Im Winter konnte man dem alten Herrn auf dem Holmenkollen begegnen, wo er vergnügt durch den Schnee stapfte und seinen verblüfften Untertanen ein fröhliches »Ski Heil!« zurief. Auch König Harald und Königin Sonja pflegen die Tradition der Volksnähe. Bei einer Veranstaltung des Roten Kreuzes im Jahre 1977 sang die Königin ein Duett mit Wencke Myhre. Das Lied wurde millionenfach verkauft, der Erlös floss in eine Einrichtung für behinderte Kinder. »Der König und die Königin sind warme, herzliche Menschen«, sagt Wencke Myhre. »Sie sind sehr offen und gehen auf die Bürger zu. Dennoch bewahren sie sich stets eine respektvolle Distanz.«

Der Thronfolger

Auch Kronprinz Håkon Magnus wurde früh auf seine Rolle in der Öffentlichkeit vorbereitet. Die Eltern bemühten sich, dem zurückhaltenden Jungen die Befangenheit zu nehmen, wenn er von anderen Menschen angestarrt wurde. Håkon Magnus bereitete seinen Eltern viel Freude. Er gilt als ernst, zielstrebig und überaus verantwortungsbewusst. Auf dem Christlichen Gymnasium in Oslo, einer der besten Schulen des Landes, zählte er zu den guten Schülern. »Ich hatte eigentlich kein Lieblingsfach«, blickte er später auf seine Schulzeit zurück. »Alles, was mit gesprochenem Norwegisch zu tun hat, mochte ich. Also Geschichte, Literatur, Dichtung, vor allem norwegische Theaterstücke, hier insbesondere Henrik Ibsen. Nicht so gern mochte ich Fächer, die etwas mit Zahlen zu tun haben, wie zum Beispiel Mathematik. Man mag die Fächer, in denen man gut ist. Aber am Ende habe ich's geschafft. Ganz so schlimm war es also nicht.« Im Frühjahr 1992 legte Håkon Magnus sein Abitur ab. Ein halbes Jahr zuvor, im Juli 1991, war der Kronprinz volljährig geworden. Zu seinem achtzehnten Geburtstag veranstalteten seine Eltern einen großen Ball, bei dem sich der europäische Hochadel ein Stelldichein gab. Noch am selben Tag nahm Håkon zum ersten Mal an einer Sitzung des Staatsrats teil. Seine feierliche Vereidigung zählte dabei zu den wichtigsten Tagesordnungspunkten. Denn der König hat den Vorsitz im Staatsrat, in seiner Abwesenheit wird er vom Kronprinzen vertreten. Mit Erreichen der Volljährigkeit übernahm Håkon zunehmend repräsentative Pflichten und erhielt mehr und mehr einen Vorgeschmack auf die Rolle als zukünftiger König Norwegens. Dazu gehört auch die alljährliche Eröffnung der Sitzungsperiode im Storting, bei der der Monarch eine Thronrede hält. Als König eines demokratischen Landes besitzt er keine unmittelbare Macht. Dennoch ist er es, der bei einem Regierungswechsel den Ministerpräsidenten mit der Regierungsbildung beauftragt. Und er kann selbst die Initiative ergreifen, wenn aus einer Wahl kein eindeutiger Sieger hervorgegangen ist. Als Staatsoberhaupt ist er zugleich auch Oberhaupt der Landeskirche und Oberbefehlshaber der Streitkräfte.

Um ein Haar allerdings hätte Håkon Magnus seine königliche Berufung verloren. Als der Kronprinz siebzehn Jahre alt war, plädierte die Mehrheit des norwegischen Parlaments für eine Änderung des Thronfolgerechts. Seit 1814 galt in Norwegen die agnatische Thronfolge, nach der nur der jeweils älteste Sohn dem verstorbenen König nachfolgen kann. In den Achtzigerjahren hielten viele Abgeordnete im Storting diese Regelung jedoch für unzeitgemäß und sprachen sich für ein sogenanntes Primogeniturgesetz aus, demzufolge das erstgeborene Kind, also auch ein Mädchen, Anspruch auf die Krone hätte. Durch die Änderung des Thronfolgerechts wäre demnach Märtha Louise zur künftigen Königin geworden, Håkon hingegen als der Zweitgeborene in der Thronfolge zurückgestanden. Der damals amtierende Monarch, König Olav, widersetzte sich dem Prinzip der Gleichberechtigung nicht, auch Håkons Vater Harald, damals noch Kronprinz, sprach sich für die Regelung aus – mit einer Einschränkung: Die Änderung sollte nicht mehr für seine Kinder gelten, da sie seit frühester Jugend auf ihre künftigen Rollen vorbereitet worden seien. »Das ist völlig in Ordnung, wenn man es sozusagen von Geburt an weiß. Aber von dem einen zu der anderen zu wechseln, also einen Rollentausch vorzunehmen, halte ich für schwierig und eigentlich auch für unfair«, sagte er damals in einem Interview. Auch zwischen Håkon und Märtha Louise wurde das Thema diskutiert. Die Geschwister verstanden sich gut, in der Sache der Thronfolge waren sie sich einig: »Wir sind beide in dem Bewusstsein aufgewachsen, dass ich eines Tages das Amt zu übernehmen hätte«, erklärte Håkon gegenüber der Presse. »Es wäre uns merkwürdig vorgekommen, das auf einmal auf den Kopf zu stellen. Wir haben deshalb nie in dem Sinne darüber gesprochen, dass die Thronfolge geändert werden sollte. Man muss sich ja auch erst langsam an eine solche Idee gewöhnen. Die ganze Lebensplanung würde sich ändern – und zwar enorm ändern!« Das Parlament verabschiedete 1990 eine Verfassungsänderung, die einem Kompromiss gleichkam: Künftig sollte in Norwegen auch die weibliche Thronfolge gelten, jedoch erst für die Königskinder, die nach diesem Zeitpunkt geboren würden.

Der Tradition entsprechend, absolvierte Håkon Magnus nach Schulabschluss eine Militärausbildung. Seine privilegierte Stellung als Kronprinz des Landes erlaubte es ihm, jede Waffengattung auszuprobieren, bevor er sich für eine entschied. So fuhr der junge Mann mit schweren Panzern durchs Gelände, sprang mit dem Fallschirm ab und setzte sich sogar in das Cockpit eines Düsenjägers. Dass er schließlich der Marine den Vorzug gab, schrieben manche dem »Wikingerblut« in seinen Adern zu, andere seiner Vorliebe für maritime Sportarten. Wie sein Vater ist Håkon ein begeisterter Segler und Schwimmer. Håkon selbst erklärte es so: »Seit ich lebe, habe ich alles, was mit der See zusammenhängt, besonders gern. Und was die Luftwaffe betrifft, so muss ich sagen, dass meine Augen dafür nicht gut genug sind.« Während seiner vierjährigen Ausbildung zum Reserveoffizier der Marine in Bergen, Horten und Stavanger sah man den Kronprinzen nur selten in der Öffentlichkeit. Wenn Repräsentationsaufgaben seine Anwesenheit erforderlich machten, flog der Kronprinz von seiner Ausbildungsstätte in die Hauptstadt. Doch gab das Königshaus stets der Ausbildung des Kronprinzen den Vorrang.

Anders als viele Sprösslinge des europäischen Hochadels machte Håkon wenig von sich reden. Das Privatleben des norwegischen Kronprinzen schien stets skandalfrei zu sein, auch wenn es natürlich Liebesbeziehungen gab. Mit Celina Midelfart, der Tochter des inzwischen verstorbenen »Kosmetikbarons« Finn Erik Midelfart, hatte Håkon Magnus nur eine flüchtige Romanze. Doch stets suchte der stille junge Mann nach einer dauerhaften, ernsthaften Verbindung. Katrine Brustad lernte der Kronprinz kurz vor seiner Abiturfeier in Oslo kennen. Das blonde Mädchen war seine erste große Liebe. Håkon Magnus stellte sich bei ihren Eltern vor und überließ Katrine seinen schwarzen Peugeot 205, wenn er auf Reisen war. Sie war die erste Frau, die er zu seinen Eltern mit auf Skaugum nahm. Doch irgendwann zerbrach diese

> In meiner Marinezeit habe ich sowohl bei der Grundausbildung als auch an Bord meine Kajüte immer mit anderen geteilt.
>
> Håkon

Liebe. Es folgte Cathrine Knudsen, mit der Håkon drei Jahre lang befreundet war. Das Mädchen aus Baerum war damals eines der bekanntesten Models« des Landes. »Sie war wirklich bezaubernd«, erinnerte sich später Håkons Tante, Prinzessin Ragnhild, an Cathrine. Sogar an den Osterfeierlichkeiten der Königsfamilie in Sikkilsdalen durfte Håkons Freundin teilnehmen, die fortan von den Medien als künftige Königin gehandelt wurde. Doch auch diesmal war es keine Liebe für die Ewigkeit. Mona Woll Haland, ein Model aus Cathrine Knudsens Bekanntenkreis, wurde die nächste Freundin des Kronprinzen. Inzwischen hatte Håkon Magnus seine militärische Ausbildung beendet und sich an der Universität Berkeley in Kalifornien für Politikwissenschaften eingeschrieben, wobei die Wahl seines Studienorts in Hofkreisen eine Überraschung darstellte: Der norwegische Thronfolger hatte sich nicht für Oxford entschieden, wo einst sein Vater und auch sein Großvater studiert hatten; auch anderen konservativen Universitäten hatte Håkon Magnus eine Absage erteilt.

Ganz bewusst wählte der junge Prinz die Hochschule in Berkeley im US-Sonnenstaat Kalifornien, der nachgesagt wird, flexibler, liberaler und kreativer zu sein. Die Studienzeit in Berkeley, weit weg von seiner Heimat im hohen Norden, sollte für den jungen Kronprinzen prägend werden. Hier sprach ihn niemand mit »Ihre Königliche Hoheit« an, hier war er ein Student unter Tausenden, den seine Kommilitonen nur als »Magnus« kannten. Schon immer hatte er sich nichts sehnlicher gewünscht, als ein »ganz normales Leben« zu führen. Bei seiner Abiturfeier hatte er sich zum Spaß »Johnny von Stovner« genannt, weil er einen Namen wie jeder andere haben wollte. In Berkeley erlebte er zum ersten Mal, wie Menschen auf ihn reagierten – ohne dass diese ahnten, dass sie einen leibhaftigen Prinzen vor sich hatten. »Vorher wusste ich wirklich nicht, wie das ist«, gestand Håkon Magnus dem norwegischen Journalisten Petter Nome. »Die Reaktion der Leute hier ist ganz anders als in meiner Heimat. Dort haben die Leute schon ein gewisses Bild von mir im Kopf. Hier geht man ganz offen auf mich zu und stellt mir auch ganz andere Fragen.«

In einem ausführlichen Gespräch, aufgezeichnet während seines Aufent-

> Mein Großvater und mein Vater haben in England studiert. Aber mich hat niemand gezwungen, auch nach Oxford zu gehen. Ich habe die Hilfe der Universität Oslo in Anspruch genommen. Wir haben eine ganze Reihe von Universitäten in allen Teilen der Welt Revue passieren lassen, und dabei habe ich mich dann für Berkeley entschieden.
> Håkon

halts in den USA, setzte sich der Kronprinz vehement für die Rechte der Homosexuellen ein und zeigte sich als aufgeschlossener, moderner junger Mann. Das Interview wurde im norwegischen Fernsehsender NRK ausgestrahlt und sorgte in der fernen Heimat für einigen Wirbel: Noch nie zuvor hatte ein Mitglied des europäischen Hochadels so eindeutig politische Stellung bezogen. Als der Thronfolger nach drei Jahren nach Norwegen zurückkehrte, wirkte er reifer. Håkon, der sich stets mit seiner privilegierten Stellung in der norwegischen Gesellschaft schwergetan hatte, schien in seiner Rolle als Kronprinz »angekommen« zu sein.

Mona Woll Haland hatte den Kronprinzen einige Male in Berkeley besucht. Freunde hielten ihre Beziehung für sehr ernst und schilderten, wie sehr Håkon in das Mädchen aus Westnorwegen verliebt gewesen sei. Doch zu aller Überraschung trennte sich Mona im Frühjahr 1999 von Håkon. Zum ersten Mal litt der junge Mann an heftigem Liebeskummer. Bislang hatte er das Ende einer Beziehung bestimmt, nicht seine Partnerin. Einige Zeit trauerte Håkon um Mona. Er wirkte niedergeschlagen und noch ernster und verschlossener als gewöhnlich. Doch im Sommer 1999 begegnete er einem Mädchen wieder, das sein Leben verändern sollte.

Wie beinahe jedes Jahr besuchte der norwegische Thronfolger im Juli das »Quart-Festival« in Kristiansand. Das Rockkonzert im milden Süden Norwegens zieht alljährlich tausende – meist junge – Menschen an. Auch Håkon und seine Freunde gehörten zu den begeisterten Musikfans, die die lockere Atmosphäre des Festivals genossen. Schon 1996 war der Kronprinz dabei gewesen. Damals hatte er bei seinem Freund Morten Andreassen gewohnt, den er seit seiner Dienstzeit bei der Marine kannte und der jetzt zu den Organisatoren des Festivals gehörte. Dieser stellte ihm damals eine gute Freundin, Mette-Marit Tjessem Hoiby, vor. Håkon und die schöne, lebenslustige Mette-Marit verstanden sich auf Anhieb. Während des gesamten Festivals sah man die beiden immer wieder zusammen tanzen und lachen. Angeblich soll es damals eine kurze, aber heftige Sommerromanze gewesen sein, behauptet jedenfalls der norwegische Skandalreporter Håvard Melnæs. Eine pikante Mutmaßung: Denn zu diesem Zeitpunkt war die bezaubernde Mette-Marit bereits im dritten Monat schwanger!

Die Party-Queen

Vater des Kindes war keinesfalls Kronprinz Håkon – wie später immer wieder von der Klatschpresse kolportiert werden sollte –, sondern der Osloer Fotograf und Kameramann Morten Borg. Mette-Marit hatte den gut aussehenden Mann um Ostern 1996 kennengelernt und viel Zeit mit ihm verbracht. Doch die beiden jungen Leute führten keine feste Beziehung miteinander. Morten Borg, der im exklusiven Osloer Stadtteil Bygdoy aufgewachsen war, gehörte in der trendigen Musik- und Drogenszene der norwegischen Metropole keineswegs zu den Unbekannten. Sein Geld gab er für »Partys, Spaß, vor allem aber… Kokain«, aus, wie Håvard Melnæs in seiner inoffiziellen Mette-Marit-Biographie zu berichten weiß. Tatsächlich war Morten Borg Anfang der Neunzigerjahre in einen Kokainskandal verwickelt gewesen und wegen Drogenbesitzes zu zwei Jahren und sieben Monaten Gefängnis verurteilt worden. Damals hatte der junge Mann ein Verhältnis mit der amerikanisch-jamaikanischen Sängerin Grace Jones, die sich »mit Haut und Haar in den blonden Norweger« verliebt hatte.

Als er 1996 Mette-Marit kennenlernte, war es um Morten Borg zwar etwas ruhiger geworden, doch an eine feste Bindung dachte der junge Mann damals sicher nicht. Auch Mette-Marit war bis dahin noch nicht dauerhaft mit jemandem liiert gewesen.

Die junge Frau war am 19. August 1973 in Kristiansand zur Welt gekommen – im selben Jahr wie der norwegische Kronprinz. Ihre Mutter, Marit Tjessem, kümmerte sich seinerzeit um die fünfköpfige Familie, zu welcher der bei Mette-Marits Geburt vierzehnjährige Espen, der elfjährige Per und die neunjährige Kristin zählten. Vater Sven O. Hoiby arbeitete als Journalist, später verdiente er sein Geld mit Werbetexten. Die ersten Jahre ihrer Kindheit erlebte Mette-Marit unbeschwert im kleinen, familienfreundlichen Stadtteil Slettheia. »Die älteren Geschwister waren alle an ihrer Erziehung beteiligt«, erinnerte sich Vater Sven später.

An den Wochenenden und im Urlaub besuchten sie oft den Wintersportort Hovden in der Gemeinde Bykle, wo die Hoibys eine Skihütte besaßen. Begeistert erlernte Mette-Marit bereits als Vierjährige das Skifahren und fuhr ohne Furcht die Hänge hinab. Für den Segelsport hingegen konnte Sven O. Hoiby seine jüngste Tochter nicht erwärmen, das fand die Kleine »langweilig«. Ende August kam Mette-Marit auf die nahe gelegene Grundschule von Slettheia. Mitschülern ist sie als »lebhaftes Mädchen« in Erinnerung geblieben, die oft Tagträumen nachgehangen habe, aber dennoch gute Zensuren nach Hause brachte. Mette-Marits sorglose Kindheit endete im Jahr 1984, als sich die Eltern scheiden ließen.

Ihre Geschwister waren zu diesem Zeitpunkt längst erwachsen und führten ihr eigenes Leben. Das Nesthäkchen fühlte sich plötzlich von allen verlassen – auch wenn sich die Eltern um eine möglichst reibungslose Trennung bemühten. Die Elfjährige blieb bei ihrer Mutter in der gewohnten Umgebung wohnen, jedes zweite Wochenende und an einem festen Tag in der Woche besuchte sie ihren Vater. »Sie nahm es sich schwer zu Herzen, dass wir nicht mehr zusammenlebten«, erinnerte sich Sven O. Hoiby später an diese Zeit. »Die Scheidung hat ihr bestimmt wehgetan.« In der Schule machte Mette-Marit jedoch keine Probleme. Ihre Zensuren bewegten sich im Mittelmaß, auch als sie später die Realschule besuchte. Als aus dem süßen blonden Mädchen mit dem frechen Lachen ein bildhübscher Teenager wurde, entwickelte Mette-Marit jedoch mehr und mehr Interesse für außerschulische Aktivitäten: tanzen, mit Jungen flirten, Popmusik und Sport – eben wie zigtausende andere Jugendliche in ihrem Alter auch. Der Unterricht auf der Realschule von Oddernes begann Mette-Marit zu langweilen. Ende 1989 hatte die inzwischen Sechzehnjährige die Schule satt und teilte ihren Eltern mit, dass sie fest entschlossen sei, eine Auszeit zu nehmen. In Norwegen ist es möglich, die Schulzeit für ein Jahr zu unterbrechen, um beispielsweise ins Ausland zu gehen. Mette-Marit hatte sich in den Kopf gesetzt, als Austauschschülerin ein Jahr in Australien zu verbringen. Trotz anfänglicher Skepsis ihrer Eltern setzte sich das Mädchen durch.

Im Schuljahr 1990/91 brach die junge Norwegerin auf zu ihrer Reise auf die andere Seite des Erdballs – zum ersten Mal ohne Eltern und Freunde, ganz auf sich allein gestellt. Der Teenager hatte sich erhofft, in einer der australischen Großstädte, wie Sydney oder Melbourne, zu landen. Doch die Wahl war schließlich auf Wangaratta gefallen, einen verschlafenen Ort im Bundesstaat Victoria mit rund 20 000 Einwohnern. Der erste Eindruck muss wie ein Schock für Mette-Marit gewesen sein: verstaubte Straßen, über die gemächlich Pick-ups holperten, kleine Bauernhöfe, umgeben von vielköpfigen Rinderherden. Die Fa-

> **Vielleicht ist die Scheidung der Hauptgrund gewesen, dass sie eine Zeit lang aus Norwegen wegwollte.**
> Michael Green, Mette-Marits Gastvater in Australien

milie, die den norwegischen Teenager bei sich aufnahm, hieß Green und lebte außerhalb der Kleinstadt, in einem kleinen Haus mit großem Garten und frei laufenden Gänsen. Um in die Schule zu gelangen, musste Mette-Marit eine gute halbe Stunde mit dem Bus fahren. Doch mit Eva und Michael Green verstand sich das junge Mädchen auf Anhieb gut. Auch auf der Wangaratta Highschool, die Mette-Marit mit sieben weiteren Austauschschülern aufnahm, fand sich der Teeanger erstaunlich schnell zurecht. »Ich denke, es war eine gute Erfahrung für sie, in eine andere Kultur zu kommen und eine Weile in Australien zu leben«, sagt Robert Findlay, damals Mette-Marits Sport- und Biologielehrer an der Wangaratta Highschool. »Sie lernte jede Menge Freunde kennen und lebte sich rasch ein. Sie verlor sogar ihren norwegischen Akzent. Nach gut drei Monaten hatte sie sich vollkommen akklimatisiert.« Einzig die Essgewohnheiten der Australier bereiteten der Norwegerin anfangs Schwierigkeiten: In Wangaratta liebte man – wie überall in Australien – das Barbecue, das Grillen von Fleisch. Mette-Marit hingegen war beinahe Vegetarierin.

Die riesigen Fleischmengen, die zu beinahe jeder Gelegenheit auf dem Grill brutzelten, bereiteten ihr Unbehagen. Selten schaffte sie es, ihre Portion aufzuessen. Doch schließlich gewöhnte sie sich auch an diese

Landessitte und vertilgte tapfer ihre Portionen. Da ihre Gastfamilie außerhalb lebte, verbrachte Mette-Marit häufig die Wochenenden bei ihren neuen Freunden in Wangaratta, übernachtete bei Freundinnen, ging aus oder machte Sport. »Sie war eine sehr lebhafte Persönlichkeit, ging sehr aus sich heraus und wirkte immer gut gelaunt«, wird sie von Robert Findlay beschrieben. »Sie war gar nicht so, wie man es von einer Norwegerin erwartet hätte, die ja eher als zurückhaltend und ein wenig zugeknöpft gelten.« Das Schuljahr ging rasch vorüber. Mehrfach dachte Mette-Marit daran, in Australien zu bleiben und sich hier ein Leben aufzubauen. Schließlich kehrte sie doch wieder nach Norwegen zurück. Robert Findlay, der sie dort ein Jahr später besuchte, erinnert sich: »Für ihre Mutter, mit der ich lange darüber sprach, war es sicher schwierig. Mette-Marit war als ein Mädchen nach Australien gegangen und als sie zurückkehrte, war sie plötzlich erwachsen.«

Mette-Marit konnte sich nur schwer an die norwegische Wirklichkeit gewöhnen. In dem Jahr in Australien war sie sehr selbstständig geworden, sie hatte Schwierigkeiten, sich wieder einzuordnen und Regeln zu befolgen. Ihre Opposition gegenüber Eltern und Lehrern äußerte sich in dieser Zeit auch in Kleidung und Frisur: Eines Tages erschien Mette-Marit mit kahl rasiertem Schädel in der Schule. Ihre Mitschüler fanden den neuen »Look« toll, doch ihre Mutter war schockiert. Es schien, als hätte Marit Tjessem den Zugang zu ihrer Tochter verloren. Zum ersten Mal hatte sich das junge Mädchen ernsthaft verliebt. Der Junge war zwei Jahre älter als sie, schwärmte für Gedichte und Romane und begeisterte sich für Jazz. An der Hochschule in Agder hatte sich der junge Mann für Ökonomie eingeschrieben, doch verbrachte er wesentlich mehr Zeit mit der lokalen Band »Blaesen«, deren Leitung er übernommen hatte. »Blaesen war eine lustige Truppe, die aufs Feiern ebenso großen Wert legte wie aufs Proben«, schreibt der Skandalreporter Håvard Melnæs. Einige Mitglieder aus der Band und Mette-Marits Freund waren routinierte Haschischkonsumenten. Oft kreiste der Joint, wenn sich die Clique zum Feiern oder zum »Proben«

traf. Auch Mette-Marit probierte in dieser Zeit wohl zum ersten Mal Cannabis. Doch geriet sie mit ihrem Freund auch in Streit, weil sie der Meinung war, dass er und seine Freunde zu oft »kifften«. Schon nach wenigen Monaten trennten sich die beiden.

Mette-Marit und ihre Clique feierten ausgiebig in jenen Jahren. Manche Party dauerte tagelang, dabei floss Alkohol in Strömen, und auch andere Rauschmittel waren wohl im Spiel. Kristiansand gilt als der Umschlagplatz von Drogen in Norwegen. Etliche Jugendliche konnten der Versuchung nicht widerstehen, angeblich auch Mette-Marit nicht. Dennoch schaffte sie 1994 ihr Abitur. Kurz zuvor hatte Mette-Marit einen rund fünfzehn Jahre älteren Mann aus Ostnorwegen, John Ognby, kennengelernt, der in der norwegischen Party- und Musikszene als Discjockey unterwegs war. Die beiden verliebten sich ineinander. Als John ihr vorschlug, zu ihm nach Lilleström zu ziehen, zögerte Mette-Marit nur kurz. Gut ein Jahr lebte Mette-Marit bei ihrem Freund – es war die ausschweifendste Zeit ihres Lebens.

> »1972 nahm König Olav die Straßenbahn. 1992 nahm Mette-Marit Ecstasy. Die Leute müssen einsehen, dass die Zeiten sich ändern und es viele Arten von Volksnähe gibt.«
> Leserbrief an die Zeitung *Dagbladet*, Juli 2001

> Ich habe mich in einem Umfeld bewegt, in dem Grenzen erprobt wurden, und wir haben diese Grenzen auch überschritten.
> Mette-Marit auf der Pressekonferenz vor der Hochzeit

Beinahe jeden Tag stürzte sich das Paar in wilde Partys, bei denen auch Drogen kursierten. Ecstasy, eine Pille, die dafür sorgt, dass der Konsument stundenlang tanzen kann, ohne zu ermüden, gehörte dabei ebenso zum Repertoire wie LSD oder Pilze mit halluzinogener Wirkung.

Doch irgendwann wachte Mette-Marit auf. Sie erkannte, dass das Leben keine ewige Party war, sondern dass sie sich um ihre berufliche Zukunft Gedanken machen musste. Sie wollte das Privatgymnasium Bjorkness in Oslo besuchen, um ihre Abiturprüfung noch einmal abzulegen – und besser abzuschneiden als zuvor. Sie zog bei ihrem Freund aus und machte Schluss. John war außer sich vor Liebeskummer und Enttäuschung. Monatelang stellte er Mette-Marit nach, die zu einer Freundin im Osloer Stadtteil Grünerlokka gezogen war. Schließlich erstattete die junge Frau Anzeige wegen Telefonterrors. Da verlor John endgültig den Kopf: Mit einem Messer in der Hand bedrohte er sie auf offener Straße. In Todesangst flüchtete Mette-Marit und zeigte ihren Exfreund erneut bei der Polizei an. Nach vierundzwanzig Stunden Arrest wurde John Ognby wieder auf freien Fuß gesetzt. »Wir waren verlobt«, behauptet er heute in einem Buch von Håvard Melnæs. Mette-Marit habe damals bereits Ringe gekauft und ihre Eltern von der bevorstehenden Hochzeit informiert. In Las Vegas wollte sich das Paar angeblich trauen lassen. Doch daraus wurde nichts.

Mette-Marit hatte sich für ein anderes Leben entschieden.

Als sie 1996 Morten Borg kennenlernte und von ihm schwanger wurde, war dies sicher kein Schritt, den sie geplant hatte. Sie jobbte als Kellnerin in verschiedenen Cafés und versuchte nebenbei, ihre schulische Ausbildung abzuschließen. Noch immer führte sie ein unstetes, von Partys und Ausschweifungen beherrschtes Leben. Dennoch war sie fest entschlossen, das Kind zu bekommen. Sie besprach die Situation mit ihrer Mutter Marit, die sie darin bestärkte, ihre Schwangerschaft nicht zu unterbrechen. Marit Tjessem hatte inzwischen wieder geheiratet. Ihr Mann Rolf Berntsen und sie versicherten Mette-Marit, ihr so viel Unterstützung zukommen zu lassen, wie es nur eben möglich war. Schließlich fügte sich auch Morten Borg in die Lage und versprach, ebenfalls für sein Kind dasein zu wollen. Am 13. Januar 1997 wurde Mette-Marit im Aker-Krankenhaus in Oslo von einem kleinen Jungen entbunden. Er erhielt den Namen Marius.

Als Mette-Marit und Håkon sich 1999 auf dem Quart-Festival in Kristiansand erneut trafen, war der kleine Marius zweieinhalb Jahre alt. Mette-Marit hatte inzwischen einen Studienvorbereitungskurs erfolgreich abgeschlossen und nur wenige Monate nach der Geburt von Marius die Zulassungsprüfung für einen Studienplatz an der Universität Oslo bestanden. Seit Herbst 1998 besuchte sie die Ingenieurhochschule in Grimstad. Eine Weile hatte die junge Frau ohne Partner gelebt, doch im Sommer 1997 war sie mit einem zehn Jahre älteren Mann, der sich als Discjockey und »Lebenskünstler« durchschlug, zusammengezogen. Marius lebte in dieser Zeit oft bei seinen Großeltern Marit und Rolf Berntsen. Schon im Frühjahr 1998 beendete Mette-Marit die Beziehung und zog nach Kristiansand – mit einem neuen Freund. Das Paar wohnte in einer kleinen Kellerwohnung in der Nähe von Marius' Großeltern. Doch auch diese Romanze endete nach wenigen Monaten. Als die junge Mutter Håkon Magnus wiedersah, war sie praktisch obdachlos. Nach ihrem ersten Jahr an der Ingenieurhochschule in Grimstad hatte Mette-Marit beschlossen, den Studiengang abzubrechen und wieder nach Oslo zu ziehen. An der

Universität wollte sie sich für Sozialanthropologie einschreiben, doch noch hatte sie keine Bleibe. »Du kannst bei mir einziehen«, soll ihr Håkon spontan angeboten haben. Der Kronprinz lebte seit seiner Rückkehr aus den USA in Oslo, wo er sich im Ullevalsveien 7 eine geräumige Junggesellenwohnung eingerichtet hatte. Mit seinem Angebot riskierte der junge Prinz viel: Natürlich machte er sich keine Illusionen darüber, dass seine Eltern und der Hof einverstanden wären, wenn er – ohne Trauschein – mit einer jungen Frau zusammenlebte, die überdies noch ledige Mutter war. Sollte die Presse davon Wind bekommen, wäre der Skandal perfekt. Doch Håkon Magnus hatte sich Hals über Kopf in die Schöne aus Kristiansand verliebt, und sein Beschützerinstinkt war geweckt worden, als er hörte, in welcher Lage sich die junge Mutter befand. Auch Mette-Marit war sich klar, dass es alles andere als selbstverständlich war, wenn der norwegische Kronprinz sein Quartier mit ihr teilen wollte. Dennoch nahm sie sein Angebot an. Von August bis Dezember 1999 blieb Marius meistens bei seinen Großeltern Marit und Rolf Berntsen.

In dieser Zeit sollen Mette-Marit und Håkon Magnus noch kein Liebespaar gewesen sein. Zwar teilten sie die Wohnung, doch noch nicht das Bett miteinander. »Für Mette-Marit war es keine Liebe auf den ersten Blick«, erzählte ein gemeinsamer Freund des Paares. »Sie mochte ihn, aber es brauchte Zeit, bis aus der Sympathie Liebe wurde.« Schon zu oft war Mette-Marit in ihren Beziehungen gescheitert. Die Männer, mit denen sie bislang zusammen gewesen war, hatten ihr keinen Halt geboten. Håkon hingegen erwies sich als fürsorglich und verantwortungsbewusst. Vor allem die liebevolle Art, mit der er ihren kleinen Sohn Marius behandelte, nahm Mette-Marit immer mehr für ihn ein. Dennoch war sie sich bewusst, dass eine Verbindung mit dem Kronprinzen Schwierigkeiten mit sich bringen würde. Håkon musste viel Zeit und Geduld aufbringen, um seiner Freundin ihre Rolle an seiner Seite schmackhaft zu machen – und die Tatsache, dass sie damit ein Teil des norwegischen Königshauses werden würde. »Ich pfeif auf die Monarchie!«, soll sie einer Freundin anvertraut haben. »Ich bin mit Håkon zusammen, nicht mit dem Kronprinzen. Ich könnte mir nie vorstellen, Kinder in die Welt zu setzen, wenn ich so leben müsste wie die Königlichen. Wie Tiere

> **Bei uns war es nicht Liebe auf den ersten Blick, wir kamen uns durch Gespräche näher. Håkon ist ein sehr nachdenklicher und ernster Mensch. Er fängt mich immer wieder auf.**
>
> Mette-Marit, 2003

173

im Käfig. Immer überwacht von der Polizeieskorte, der Presse und dem üblichen Publikum. Nein, dazu hätte ich keine Lust!« Für Håkon hingegen stand fest: »Mette-Marit ist die Frau meines Lebens. Und nur sie will ich heiraten.«

Einstweilen hatten Mette-Marit und Håkon mit ganz anderen Problemen zu kämpfen: Jedes Mal, wenn König Harald, Königin Sonja oder ein anderes Familienmitglied seinen Besuch ankündigte, musste Mette-Marit aus Håkons Wohnung verschwinden – und durfte keine verräterischen Spuren hinterlassen. Durch den Hintereingang des Hauses schlich sie sich davon, bis die Luft wieder rein war. Auf Dauer war eine solche Belastung nicht zu ertragen. Håkon drängte Mette-Marit, ihre Beziehung endlich »öffentlich« zu machen. Doch der alleinerziehenden Mutter ging alles zu schnell.

Vom 29. Dezember 1999 an war die Liebe zwischen Mette-Marit und dem Kronprinzen jedoch kein Geheimnis mehr. Die Journalistin Brigitte Klaekken von der südnorwegischen Zeitung *Fadrelandsvennen* war bereits eine ganze Weile den Gerüchten um Håkon und seine neue Freundin nachgegangen. Jetzt meldete sie als Erste, dass die ledige Mutter Mette-Marit Tjessem Hoiby die Auserwählte des norwegischen Kronprinzen sei. Ein Foto, das Mette-Marit auf der Hochzeit einer Freundin zeigte, prangte neben den Schlagzeilen. Die Journalistin hatte es zufällig selbst in ihrem eigenen Fotoalbum gefunden – so klein ist die Welt in Südnorwegen.

Mit der Bekanntgabe seiner Liaison begann für das junge Paar eine unschöne und schwierige Zeit. Kronprinz Håkon war klar, dass Journalisten weltweit nun damit beginnen würden, in der Vergangenheit seiner Freundin zu wühlen – und die bot jede Menge Zündstoff: Mette-Marits wilde Partyjahre, ihre oft freizügigen Eskapaden in Diskotheken oder der peinliche Auftritt als »Flirtkönigin« in der TV-Sendung »Lysthuset« – was so viel heißt wie »Lusthaus«. Hierin kämpften im Herbst 1996 hundert männliche Singles um ein Date mit der schönen – übrigens hochschwangeren – Mette-Marit.

Nach und nach begannen Mette-Marit und Håkon, Privatfotos und -videos von Freunden und Familie einzusammeln, damit sie nicht in die Hände der Öffentlichkeit gerieten. Auch an John Ognby wandte Mette-Marit sich Ende 1999. Aus

Als die beiden immer häufiger gesehen wurden, kam es zu vielen Spekulationen und Unwahrheiten vonseiten der Presse, was dazu führte, dass sie so früh mit einer Stellungnahme herauskamen.

Petter Nome, Journalist

> *Es gab, von der Presse gesteuert, unglaubliche Vorurteile gegen Mette-Marit. Als deutlich wurde, dass Kronprinz Håkon nicht bereit war, von dieser Frau zu lassen, trotz ihrer Drogenvergangenheit, mit ihrem unehelichen Kind und all diesen Dingen, da ist auch die norwegische Bevölkerung aufgewacht und hat gesagt: »Jetzt, im 21. Jahrhundert, sind wir bereit, auch eine Bürgerliche dieser Couleur zu akzeptieren.«*
>
> Nina Ruge, ZDF-Societyexpertin

der wilden Zeit mit ihrem Exfreund existierten angeblich einige brisante Fotos und Videos, darunter auch ein Musikvideo der Musikband »Pogo Pops«, bei dem Mette-Marit und eine Freundin eine lesbische Szene gespielt haben sollen. John Ognby behauptete, das Material vernichtet zu haben. Mette-Marit ahnte zwar, dass ihr Ehemaliger log, doch konnte sie nichts dagegen unternehmen. Tatsächlich spielte der Mann aus Lilleström auf Zeit. Kurz bevor seine Exfreundin den norwegischen Kronprinzen heiratete, bot er »intime Fotos und Videos« zum Verkauf an – und sollte damit eine Lawine auslösen.

Zunächst jedoch schienen Mette-Marit und Håkon mit ihrer Fotosammelaktion erfolgreich zu sein: Freundinnen, Familienangehörige und Klassenkameraden händigten meist ohne Nachfrage ihre Fotoalben aus. Dafür lauerten dem jungen Paar jetzt ständig ganze Horden von Journalisten und Pressefotografen auf. Ob beim Kaffee auf der Parkbank, beim Spaziergang oder Einkauf im Supermarkt – überall wurden Mette-Marit und Håkon fotografiert und belagert. Von dem Wirbel um ihre Person wurde Mette-Marit förmlich erdrückt. Sie verließ kaum noch die Wohnung, weigerte sich, auf die Straße zu gehen, und wirkte kraftlos und deprimiert. Håkon machte sich Sorgen um seine Freundin und überlegte, wie er den Druck von ihr nehmen könnte. Er war an der Universität von Oslo in Staatswissenschaften eingeschrieben und besuchte seit einiger Zeit einen Spanischkurs. Ein Wechsel an die Universität von Barcelona schien ihm daher eine gute Lösung zu sein. Mit dem Auslandsaufenthalt hoffte er, zwei Fliegen mit einer Klappe schlagen zu können: Zum einen würden er und Mette-Marit in Spanien als »normales« Paar leben können, zum anderen würde sich dort erweisen, ob sich ihre Beziehung bewährte und stark genug war für ein ganzes Leben. Irgendwie bekam die Presse Wind von Håkons Vorhaben. Im Frühjahr 2000 berichtete die Boulevardzeitung *Se og Hør* vom geplanten »Auslandsjahr« des Prinzen. Die Nachricht schlug vor allem bei Hofe ein wie eine Bombe.

Inzwischen hatten König Harald und Königin Sonja die Auserwählte ihres einzigen Sohnes kennengelernt. Die beiden waren zwar höflich zu Mette-Marit, allerdings noch lange nicht davon überzeugt, dass die junge Frau die Richtige für Håkon sei. Doch sie kannten ihren Sohn – offene Ablehnung hätte bei ihm nur Opposition erzeugt. Stattdessen rieten sie Håkon, sich mit der Suche nach der Frau fürs Leben noch Zeit zu lassen und die Dinge nicht zu überstürzen. Eine Zeit lang hoffte das Königspaar, dass der Kronprinz wieder in die USA zurückkehren würde, um die Angelegenheit aus einem gewissen Abstand zu betrachten. Håkons heimlicher Plan vom Auslandsjahr mit Mette-Marit und Marius kam für seine Eltern daher völlig überraschend. Vorsichtig versuchten sie ihren Sohn dazu zu überreden, allein nach Spanien zu gehen. Doch Håkon war fest entschlossen: Entweder zu dritt – oder keiner.

»Ausagierendes Feiern«

Der Kampf um Mette-Marit war damit keineswegs auf seinem Höhepunkt angelangt. Im April 2000 brachte *Se og Hør* einen Artikel, in dem von einem Polizeibericht über Mette-Marit die Rede war. Mette-Marit habe zu einer Reihe von Personen aus kriminellen Kreisen Kontakt gehabt, bevor sie den Kronprinzen kennenlernte, hieß es da. Sie selbst sei unbescholten. Die Polizei meinte jedoch, dass die neue Freundin des Kronprinzen aufgrund ihrer Vergangenheit ein zu großes Sicherheitsrisiko für das Königshaus darstelle. Damit nicht genug, enthüllte die Presse wenige Tage später, dass der Vater des unehelichen Kindes von Mette-Marit, Morten Borg, wegen Kokainbesitzes angeklagt und verurteilt worden war. Der Skandal war perfekt. Im Schloss wurden hektisch Krisensitzungen einberufen. Die

Meinungen waren gespalten. Einige hielten es für klug, die Sache totzuschweigen. Doch Håkon beschloss, in die Offensive zu gehen und in einem Exklusivinterview mit dem staatlichen Fernsehsender NRK seine Liebe zu verteidigen und sich öffentlich zu Mette-Marit zu bekennen. »Man hat Dinge über sie gelesen und gehört«, sagte er in dem Gespräch mit dem Fernsehjournalisten Terje Svabo. »Anfang der Neunzigerjahre entwickelte sich in Oslo eine Jugendkultur, die häufig als ›House-Szene‹ bezeichnet wird. Es ist klar, dass es hier zu relativ ausagierendem Feiern gekommen ist. Mette war in dieser Zeit aktiver Teil dieser Szene. … Ich glaube, für sie war es eine bewusste Entscheidung, die Kontrolle zu verlieren bei gegebenen Anlässen und in der Szene. … Heute ist ihre Situation eine ganz andere.« Auf die Frage, welcher Art seine Beziehung zu Mette-Marit sei, antwortete der Kronprinz: »Wenn wir unser Verhältnis amtlich machen, ist es klar, dass wir das norwegische Volk darüber informieren. Daran gibt es keinen Zweifel. Doch wir brauchen Zeit, damit wir unsere Beziehung und die Liebe, die wir füreinander haben, entwickeln können. Liebesbeziehungen brauchen Zeit, um Wurzeln zu schlagen und zu reifen…«

Das Interview sorgte für Aufsehen in der norwegischen Bevölkerung. Håkon hatte zugegeben, dass seine Freundin in der Vergangenheit »die Kontrolle verloren« hatte. Der Ausdruck »ausagierendes Feiern« wurde sogar zum Wort des Jahres 2000 gewählt.

Trotz des spektakulären Auftritts von Kronprinz Håkon änderte sich an der Situation für Mette-Marit zunächst nur wenig – im Gegenteil: Sie befürchtete, von nun an ständig mit dem Begriff »ausagierendes Feiern« in Verbindung gebracht zu werden, und schämte sich für ihre Vergangenheit. Mehr denn je war sie davon überzeugt, dass sie niemals Königin werden wollte – trotz ihrer Liebe zu Håkon. Zu dieser Zeit etwa muss sich

Ich finde es sehr schön, dass mein Bruder, der Kronprinz, ein Mädchen gefunden hat, das er liebt. Ich hoffe, ihr gebt ihr die Zeit und die Möglichkeit, die sie braucht, um die Rolle einer Prinzessin auszufüllen. Ich weiß aus eigener Erfahrung, dass das Zeit braucht.

Märtha Louise, 2000

auch der Kronprinz gefragt haben, ob er Mette-Marit sein eigenes Schicksal aufbürden durfte und wollte. Mette-Marit drohte daran zerbrechen, den hohen Anforderungen, die der Hof und die Öffentlichkeit an eine künftige Königin stellten, gerecht zu werden. Dieser Preis für die Krone erschien ihm zu hoch. Im Sommer 2000 – vielleicht auch etwas später – wandte sich Håkon Magnus an seine ältere Schwester Märtha Louise mit der Frage, ob sie Königin werden wolle, falls er der Liebe wegen auf den Thron verzichte. Doch die Prinzessin hatte andere Pläne. Sie war selbst frisch verliebt, in den dänischen Schriftsteller Ari Behn, der wegen seiner »halbpornographischen« Bücher von der norwegischen Presse als »Schwiegersohn aus der Hölle« bezeichnet wurde. Außerdem waren Videoaufnahmen bekannt geworden, die den Freund der Prinzessin beim Koksen mit Prostituierten in Las Vegas zeigten. Zwar verteidigte Ari Behn selbst die peinlichen Filmszenen als »Junggesellenausschweifung«, doch tat sich die Öffentlichkeit schwer mit dem vorlauten Popliteraten und TV-Filmer. Als er dann noch lauthals den amerikanischen Präsidenten George W. Bush als »wenig glaubwürdig« bezeichnete und »die Deutschen« pauschal als »schlechte Menschen« abwertete, schlugen die Wellen auch international hoch. Doch Prinzessin Märtha Louise stand unbeirrt zu ihrem Auserwählten. Am 24. Mai 2002 schritt sie mit ihm vor den Traualtar – aller Zwist schien da vergessen.

Dass Märtha Louise den Thron ablehnte, als ihn ihr Håkon anbot, war

Sowohl die Prinzessin als auch der Erbprinz Håkon Magnus suchen sich Partner mit einem etwas sonderbaren Hintergrund. Im Falle der zukünftigen Königin wird das als ein »etwas ausagierendes Feiern« beschrieben. Das schließt Umgebung, Personen und den Konsum von Rauschmitteln mit ein. Herr Behn rühmt sich sogar seines Rauschmittelkonsums. Nichts gegen Stallburschen und Pferdediebe. Aber ein Zahnarzt oder Diplomkaufmann darf doch nicht von vornherein aufgrund seiner Ausbildung oder seines Einkommens ausgeschlossen werden. Oder wegen seines Wohnortes. Hier muss es bei König Harald und Königin Sonja an irgendeiner Stelle ausgesetzt haben. Im Vergleich zu Ari Behn wäre selbst der lächerliche Prinz von Hohenzollern noch eine gute Wahl.

Trygve Hegnar, norwegischer Medienunternehmer

indes keine Überraschung. Die Kinder des norwegischen Königspaares waren bereits früh auf ihre Rollen vorbereitet worden, und Königin Sonja selbst gestand gegenüber einem Hofberichterstatter ein: »Märtha ist froh, dass sie davonkommt!«

Als sie sahen, dass ihr Sohn unbeirrbar zu Mette-Marit stand, traten der König und die Königin die Flucht nach vorn an: Statt die Liebe ihres Sohnes in Bausch und Bogen zu verurteilen, stellten sie sich demonstrativ vor die junge Frau. Mette-Marit sei »ein ganz wunderbarer Mensch«, ließ Königin Sonja verlauten. Sie habe die Freundin ihres Sohnes von Anfang an gemocht. In einem Interview machte sie deutlich, dass sie großes Verständnis für die Situation von Mette-Marit hatte. Sie selbst habe damals vor ihrer Hochzeit mit Harald Ähnliches durchmachen müssen. »Es war seltsam und schmerzhaft zu erleben, wie die Vergangenheit mich wieder eingeholt hat«, gestand sie später einer Hofberichterstatterin.

Auch König Harald schaltete sich kraft seines Amtes ein und verurteilte die Paparazzi, die seinem Sohn und dessen Freundin permanent auflauerten. Im Oktober 2000 zogen Mette-Marit, Marius und Håkon in eine Eigentumswohnung im Ullevalsveien 67 in Oslo um. Obwohl das Paar auch zuvor ständig zusammen gewesen war, waren Håkon und Mette-Marit bislang offiziell unter verschiedenen Adressen gemeldet.

Ihre »wilde Ehe« spaltete die Nation. Meistens fand die jüngere Generation nichts dabei, dass das Liebespaar ohne Trauschein zusammenlebte. Doch viele Ältere taten sich damit schwer. Da Kronprinz Håkon als künftiger König auch das weltliche Oberhaupt der Landeskirche sein würde, schaltete sich jetzt auch die Kirche ein: »Die gute Lösung für Håkon ist die Ehe. Ich bete zu Gott, dass der Kronprinz heiraten möge«, ließ sich ein bekannter Pastor vernehmen. Und der Rektor der Theologischen Fakultät Oslo, Halvor Nordhaug, kritisierte, dass der Kronprinz eine Form des Zusammenlebens gewählt habe, die die Kirche nicht gutheiße. »Wir müssen junge Menschen bei der Wahl ihrer Lebenspartner respektieren, und ich hoffe, dies ist ein Schritt auf dem

> **Das Zusammenziehen vor der Ehe war für einen Großteil der Norweger völlig normal – und die Kirche ist nur ein kleiner Teil der Bevölkerung,**
> Carl-Erik Grimstad, Staatswissenschaftler

> **Es hat wohl noch nie eine so umfangreiche Debatte in einer einzigen Angelegenheit gegeben. Håkon und Mette-Marit beschäftigten das ganze norwegische Volk, von der Südspitze Lindesnes bis zum Nordkap. Die Debatte war besonders heftig zu der Zeit, als sie zusammenzogen.**
> Elisabeth Seliger, Journalistin bei der Zeitung VG

Weg zu einer Ehe«, erklärte der frühere Ministerpräsident Kjell Magne Bondevik, der der Christlichen Volkspartei angehörte. König Harald jedoch verteidigte seinen Sohn: »Lassen Sie mich zuallererst sagen, dass ich sehr froh bin, dass der Kronprinz eine Freundin gefunden hat. Die Königin und ich haben in letzter Zeit Mette-Marit sehr schätzen gelernt«, antwortete er der Presse während einer UNO-Konferenz in New York und fügte hinzu, dass auch er hoffe, dass die beiden bald heiraten würden.

Am 1. Dezember 2000 verkündete der norwegische Hof die Verlobung des Kronprinzen mit Mette-Marit Tjessem Hoiby. Was viele für nicht möglich gehalten hatten, war nun offiziell: Mette-Marit würde Håkon heiraten und an seiner Seite einmal auf dem norwegischen Thron sitzen. Selbst Freunde des jungen Paares waren überrascht über diese Wendung der Geschichte. Viel eher hatte man die Trennung der beiden erwartet.

Hatte Mette-Marit nicht noch vor wenigen Monaten ihre Entschlossenheit bekundet, sich niemals an die norwegische Monarchie zu binden? Doch der Widerstand, mit dem sich Mette-Marit und Håkon konfrontiert gesehen hatten, hatte die beiden nur noch fester zusammengeschweißt. Dass Håkon auch in schlechten Zeiten zu ihr stehen würde, hatte er mehr als einmal bewiesen. »Einen besseren Mann findet man nicht«, sagte die junge Frau immer wieder zu ihren Freundinnen. Letztlich aber hatte der Kronprinz den Weg zu Mette-Marits Herzen auf ganz andere Weise gefunden: über Marius. Der kleine Sohn seiner Freundin war Håkon so lieb wie sein eigener geworden. Er kümmerte sich rührend um ihn, brachte ihn zum Kindergarten, ging mit ihm spazieren und spielte selbstvergessen mit ihm. Bald hatte auch Marius sein Herz an den Kronprinzen verloren und hing an ihm wie an seinem leiblichen Vater.

»Håkon ist ein toller Mensch, vor dem ich großen Respekt habe«, schwärmte die junge Frau von Håkon auf einer Pressekonferenz im Schloss anlässlich ihrer Verlobung mit dem Kronprinzen. »Er ist sehr fürsorglich und rücksichtsvoll mir gegenüber, aber vor allem auch gegenüber meinem Sohn Marius.« Doch gab es auch andere Töne während der Veranstaltung: »Ist die Vergangenheit von Fräulein Tjessem Hoiby eine Belastung für die Monarchie?«, lautete die Frage einer Journalistin an die künftige Königin Norwegens. Deren Antwort fiel erstaunlich diplomatisch aus: »Ich kann verstehen, dass das Volk über meine Vergangenheit nachdenkt, aber ich hoffe, dass die Leute mich nehmen, wie ich heute bin. Wir müs-

> *Ihr war klar, dass ein unheimlicher Druck auf ihr lasten würde, dennoch entschied sie sich, in die Öffentlichkeit zu gehen und dazu zu stehen, dass sie eine Vergangenheit hat, und das Volk um Verzeihung zu bitten. Damit hat sie die Herzen der Menschen gewonnen.*
>
> Petter Nome, Journalist

sen alle lernen, nach vorne zu schauen.« Kein Zweifel: Mette-Marit hatte bereits gelernt, sich als »Royal« in der Öffentlichkeit zu verhalten. Als sich die Frischverlobten anschließend vom Balkon des Schlosses der Bevölkerung zeigten, wirkte die Braut jedoch deutlich erleichtert.

Die Liebe hat gesiegt

Die Hochzeit des Paares war auf den 25. August 2001 festgelegt worden – ganz Norwegen fieberte dem Ereignis entgegen. Obwohl die Umfrageergebnisse bezüglich der Zustimmung der Norweger für die Monarchie auf einen historischen Tiefstand gefallen waren, freuten sich viele Menschen auf die Hochzeitsfeierlichkeiten, die Glanz und Pomp versprachen. Allerdings hatten Håkon und Mette-Marit kurz vor der Trauung noch einmal eine schwere Prüfung zu bestehen: Schon seit geraumer Zeit kursierten Gerüchte, dass John Ognby, der Exfreund von Mette-Marit, umfangreiches Foto- und Videomaterial von seiner ehemaligen Geliebten besitze. Nun war der Mann aus Lilleström offensichtlich gewillt, die kompromittierenden Bilder zu verkaufen. Verhandlungen liefen, doch als John Ognby immer mehr Geld verlangte, wurden alle Gespräche mit dem vorbestraften Mann abgebrochen. Ein Anwalt, der die Verhandlungen im Auftrag seiner Klienten geführt hatte, setzte den norwegischen Ministerpräsidenten Jens Stoltenberg in Kenntnis, der wiederum den König informierte. In einer Krisensitzung am Hofe wurde beschlossen, dass sich Mette-Marit offensiv der Angelegenheit stellen sollte, anstatt von der Presse kalt erwischt zu werden. So lud das Schloss am 22. August, drei Tage vor der Hochzeit, noch einmal zu einer Pressekonferenz ein – es sollte Mette-Marits öffentlicher Bußgang werden.

Sie hat viele Fehler gemacht, was zum Schluss ein Vorteil für sie war, denn die Bevölkerung hat dadurch Mitleid mit ihr gehabt. Viele konnten sich vorstellen, wie sie selbst reagiert hätten, wenn sie in diese Rolle hätten schlüpfen müssen.

Petter Nome, Journalist

Mit den Tränen kämpfend, immer wieder nach der Hand von Håkon greifend, gestand die schöne Braut Details aus ihrer bewegten Vergangenheit: »Mein Jugendaufruhr hat sich bei mir, glaube ich, viel stärker geäußert als bei anderen, und zu der Zeit war es für mich wichtig, kontrovers zu dem zu leben, was akzeptiert war«, erklärte sie den anwesenden Journalisten. »Das hat auch dazu geführt, dass ich ziemlich ausschweifend gelebt habe. Ich war in einer Umgebung, in der Grenzen erprobt wurden und wir diese Grenzen auch überschritten haben. Das war für mich eine furchtbar teure Erfahrung, und es hat lange gedauert, sie zu verarbeiten. Und damit es keinen Zweifel gibt, wo ich heute stehe, möchte ich sagen, dass ich mich von den Drogen distanziere.« Die meisten Medienvertreter, die zum Teil aus dem Ausland angereist waren, waren über dieses Geständnis der Braut ehrlich überrascht. So kurz vor der Hochzeit standen normalerweise andere Themen auf der Tagesordnung – die Frage nach dem Brautkleid zum Beispiel oder nach der bevorstehenden Hochzeitsreise. Dass sich die Braut zu »Ausschweifungen« bekannte, damit hatten wohl die wenigsten gerechnet. Doch die Strategie des Königshauses ging auf. Das Bild von einer sichtlich bewegten jungen Frau, die sich in aller Öffentlichkeit selbst bezichtigte, ging vielen Menschen zu Herzen. Ihr Auftritt, den später Medienexperten als ein »Meisterwerk der Öffentlichkeitsarbeit« bezeichneten, sorgte dafür, dass Mette-Marit von der umstrittenen Geliebten des Kronprinzen zum »Juwel der norwegischen Krone« avancierte. Viele, vor allem Jüngere, identifizierten sich mit der jungen Frau aus dem Volk: War sie nicht ein ganz normales Mädchen, das wie jedes andere auch Fehler machte? War es nicht wie im Märchen, dass sich der Prinz in dieses »Aschenputtel« verliebte?

Ganz Norwegen schien kopfzustehen: Wäschekörbeweise gingen bei den Zeitungen Leser-

Das ist keine Geschichte vom Aschenputtel, sondern ein Spiegel der norwegischen Gesellschaft: Mette-Marits Hintergrund war eher ein Vorteil als ein Nachteil.

Carl-Erik Grimstad, Staatswissenschaftler

briefe ein, die Sympathiewerte für das norwegische Königshaus, die nach der Verlobung stark gelitten hatten, stiegen steil nach oben.

Als sich Håkon und Mette-Marit am 25. August 2001 im Osloer Dom das Jawort gaben, kannte der Jubel keine Grenzen mehr: Der uralte Traum des Menschen, dass Liebe stärker ist als alles andere, schien Wirklichkeit geworden. Und wie um zu zeigen, dass nicht nur das norwegische Volk, sondern auch die Adelshäuser Europas Mette-Marit in ihr Herz geschlossen hatten, gaben sich die gekrönten Häupter in Oslo die Ehre: Königin Beatrix der Niederlande, der König und die Königin von Schweden, von Dänemark und Belgien, Spaniens Königin und Kronprinz Felipe – sie alle waren gekommen, um dem jungen Paar Glück zu wünschen.

> **Wir haben Marius gesagt, dass wir drei am Samstag heiraten.**
>
> Håkon

»Als alleinerziehende Mutter hast du einen Weg auch für andere Mütter gezeigt«, wandte sich Bischof Gunnar Stalsett in seiner Predigt an die Braut. »Ihr habt nicht den Weg des geringsten Widerstands gewählt. Aber die Liebe hat gesiegt. Ihr habt vielen Mut gemacht – vielen, die sich nach einer Liebe sehnten, die ›alles erträgt, alles glaubt, alles hofft, alles duldet‹.« Mette-Marit, die in ihrem schlichten weißen Brautkleid des norwegischen Designers Ove Harder Finseth an die unvergängliche Grace Kelly erinnerte, kämpfte bei diesen Worten mit den Tränen.

Die Außerordentlichkeit der royalen Hochzeit zeigte sich indes nicht nur in der Ansprache des Bischofs. Die Brautleute hatten ihren eigenen Musikgeschmack in das Zeremoniell eingebracht – so übernahm der international bekannte Jazzsaxophonist Jan Garbarek gemeinsam mit dem Osloer Domchor die musikalische Gestaltung. Daneben sang die samische

> *Das Wichtigste an unserer Hochzeit war nicht die Begeisterung der Massen, sondern – so komisch das klingen mag – die Tatsache, dass wir uns vermählt haben. Wir haben das alles von innen betrachtet. Wir wollten uns an jenem Tag trotz des Medienauftriebs auf uns selbst konzentrieren. Ob Sie es glauben oder nicht: Es war für uns ein intimes Ereignis – etwas zwischen uns beiden und den Anwesenden in der Kirche.*
>
> Håkon

Musikerin Mari Boine die anrührende, traditionelle norwegische Weise »Mitt hjerte alltid vanker«. Damit gaben Mette-Marit und Håkon überdies noch ein politisches Signal, zählen die Samen doch zu den sozial häufig benachteiligten Minderheiten des Landes. »Ich empfand es als ungeheuer positives Zeichen«, meint Mari Boine. »Es zeigt, dass Mette-Marit und Håkon unsere Kultur hochschätzen.« So ungewöhnlich sich das Ereignis bereits im Dom darstellte, so ungewöhnlich war auch der weitere Verlauf der Feierlichkeiten: Nachdem Mette-Marit und Håkon unter dem Jubel des norwegischen Volkes in einer offenen Limousine über die »Karl Johan«, Oslos Haupt- und Prachtstraße, gefahren waren, zeigte sich das strahlende Paar auf dem Balkon des Schlosses.

Doch die Frischvermählten waren nicht allein: Auf dem Arm der Braut saß der kleine Marius und blickte halb schüchtern, halb staunend auf die riesige Menschenmenge hinab, die sich vor dem Schloss versammelt hatte. Ein ungewöhnlicheres Bild hatte es in der Geschichte der europäischen Royals wohl bis dahin nicht gegeben.

Bewährung im Alltag

Im Märchen gehen an dieser Stelle die Geschichten meist zu Ende. »Und wenn sie nicht gestorben sind, so leben sie glücklich bis ans Ende ihrer Tage«, heißt es da. Doch die Geschichte von Mette-Marit und Håkon ist kein Märchen – und auch noch lange nicht zu Ende.

Auch wenn die junge Frau aus Kristiansand durch ihre Hochzeit mit dem Kronprinzen in der monarchischen Welt angekommen war, zu Hause war sie dort deshalb noch lange nicht. Die folgenden drei Jahre sollten für Mette-Marit, aber auch für den norwegischen Kronprinzen, zu einer Zerreißprobe werden. Fast schien es, als wäre das frisch vermählte Paar von einem Fluch verfolgt, der jeden Gedanken an Normalität und Ruhe zunichte machte. Schon die Hochzeitsreise des Kronprinzenpaars sollte überschattet werden: Durch einen Trick war es Mette-Marit und Håkon gelungen, ihre Flitterwochen beinahe unbehelligt von Paparazzi in New

York zu verbringen. Doch glückliche Erinnerungen sollten sie nicht daran bewahren. Das junge Paar befand sich noch in den USA, als der entsetzliche Terroranschlag vom 11. September auf das World Trade Center geschah und damit die Welt veränderte. Trauer, Bestürzung und maßloses Entsetzen lähmten auch Mette-Marit und Håkon, ihr privates Glück schien angesichts der Katastrophe banal und unwichtig. Mit einem der ersten Flugzeuge, die New York wieder verlassen durften, reiste das Kronprinzenpaar am 18. September nach Norwegen zurück.

Dort begann der monarchische Alltag, an den sich die frischgebackene Kronprinzessin nur schwer gewöhnte. Zu schwer lastete die Angst auf ihr, sie könne ihrer neuen Rolle nicht gerecht werden. Jeder Schritt, jede Geste, jedes Wort der Kronprinzessin wurde von den Medien genau unter die Lupe genommen. Dabei kam es immer wieder zu peinlichen Szenen, die der ohnehin labilen Psyche Mette-Marits schwer zusetzten. Im Januar 2002 berichtete die Presse über eine »wild gewordene Kronprinzessin«, die nach einem Fünfzig-Minuten-Flug von Oslo nach Haugesund ihre Sekretärin wüst beschimpft habe und Håkon grob wegschubste, als er sie beruhigen wollte. Mette-Marit hatte mit Flugangst zu kämpfen – in ihrem »Job« ein schweres Handicap, da sie sich häufig in die Lüfte begeben muss, um an der Seite ihres Ehemanns und ihrer Schwiegereltern Repräsentationspflichten wahrzunehmen.

Auch der Vater des neuen königlichen Familienmitglieds erwies sich als Problemfall: Sven O. Hoiby, einst Journalist und Werbetexter, war schwer herzkrank, angeblich Alkoholiker und lebte seit einigen Jahren von der Sozialhilfe. Schon als seine Tochter noch mit dem norwegischen Kronprinzen liiert gewesen war, hatte er festgestellt, wie lukrativ ein »Gespräch mit den Medien« sein konnte. Ausgiebig plauderte er in der Öffentlichkeit über Mette-Marits Kindheit und Jugend, ihre Stärken und Schwächen, ihre Vorlieben und Freunde. Dabei gab er – bewusst oder unbewusst – viele private Dinge über seine Tochter preis. Immer wieder sorgte Sven O. Hoiby für peinliche Auftritte in den Medien – ein Albtraum für die junge Frau, die gerade versuchte, die Wogen der Aufmerksamkeit zu glätten. Als er sich mit einer

Ich bin eine Frohnatur, aber das Verhältnis zu König Alkohol habe ich hundertprozentig im Griff. Ich kann tagelang feiern, aber auch ein paar Wochen völlig ruhig verbringen.
Sven O. Hoiby, Mette-Marits Vater

Sven O. Hoiby war alkoholabhängig und völlig skrupellos, und das nutzten wir aus.
Håvard Melnæs, ehemaliger Boulevardjournalist

platinblonden Stripteasetänzerin verheiratete und ankündigte, ein Buch über seinen Enkel Marius zu schreiben, schien der Gipfel der Peinlichkeit erreicht. Mette-Marit, die immer wieder vergeblich versucht hatte, ihren Vater zur Vernunft zu bringen, brach den Kontakt zu ihm weitgehend ab. Erst auf seinem Sterbebett sollten Vater und Tochter wieder zusammenfinden. Sven O. Hoiby litt seit Jahren an Lungenkrebs, im September 2006 wurde ihm im Rikshospital in Oslo eine bösartige Geschwulst aus der Lunge entfernt. Abgemagert und schwach verbrachte der Mann seine letzten Tage im Krankenhaus, wo er am 21. März 2007 starb.

Bei einem Interview mit der deutschen Journalistin Sandra Maischberger, das unter strahlend blauem Himmel in praller Sonne stattfand, erlitt die Prinzessin im Mai 2002 schwere Hautverbrennungen im Gesicht. Das gleißende Sonnenlicht hatte – gepaart mit den Scheinwerfern des Fernsehteams – den hellen Teint und auch die Augenhornhaut der schönen Norwegerin beschädigt. Auch Håkon hatte Verbrennungen davongetragen. Im offiziellen Pressebericht des Hofes hieß es: »Die vom Kronprinzenpaar erlittenen Sonnenverbrennungen haben zu einer Verbrennung ersten Grades, aber bei der Kronprinzessin auch stellenweise zu Bläschenbildung wie bei Verbrennungen zweiten Grades geführt. So schwere Hautverletzungen sind in den letzten zwanzig Jahren nur zweimal in der dermatologischen Abteilung der Universitätsklinik festgestellt worden. … Aufgrund der Hautverletzungen darf die Kronprinzessin keinem UV-Licht ausgesetzt werden. Das hat zur Folge, dass die Kronprinzessin selbst bei bewölktem Wetter nicht außer Haus darf.« Die Bilder der entstellten norwegischen Kronprinzessin gingen um die Welt. Die geplante Deutschlandreise, bei der das junge Paar um Sympathien werben wollte, musste der Kronprinz allein absolvieren.

Was auch immer die Kronprinzessin unternahm, es schien ihr zu missglücken. Gerüchte über Trennungsgespräche zwischen Mette-Marit und Håkon kursierten, sogar von Scheidung war bereits die Rede – angeblich wollte Mette-Marit das Handtuch werfen. Viele Norweger waren damals überzeugt: Mette-Marit wird niemals unsere Königin!

Was genau sich in dieser Zeit hinter den Mauern des norwegischen

Schlosses abspielte, wird wohl niemand außer den Beteiligten selbst wissen. Doch kann man sich vorstellen, dass die psychische Belastung für Mette-Marit auf Dauer kaum zu ertragen war. Håkon, der die sensible Persönlichkeit seiner Frau kannte, spürte, wie verzweifelt Mette-Marit war. Einerseits versuchte sie alles, um ihrer Rolle als Kronprinzessin gerecht zu werden. Andererseits scheiterte sie immer wieder an Alltagssituationen, auf die sie niemand vorbereitet hatte. Nun bangte auch Håkon um seine Ehe – und vor allem um Mette-Marit. Erneut beriet sich das junge Paar mit dem König und der Königin. Håkon bat seine Eltern um eine Auszeit – im Ausland. Nur wenn Mette-Marit die Möglichkeit habe, sich eine Zeit lang jenseits der norwegischen Presse frei zu bewegen, werde sie, davon war der Kronprinz überzeugt, wieder zu sich finden. Bliebe sie jedoch in Norwegen, wäre das Schlimmste zu befürchten. Im August 2002 übersiedelte das Paar nach London – laut offizieller Erklärung des Hofes zu »Studienzwecken«: Während sich Mette-Marit an der School of Oriental and African Studies einschrieb, studierte Håkon an der London School of Economics. Die hohen Kosten des Londonaufenthalts, angeblich dreizehntausend Euro im Monat, sowie ihre Abwesenheit bei Hofe nahmen die Norweger dem Kronprinzenpaar übel.

Erneut sanken die Umfrageergebnisse in den Keller. Hatten vor der Hochzeit, als Mette-Marit im Zentrum der Kritik stand, noch knapp sechsunddreißig Prozent der Befragten angegeben, sie glaubten, der Kronprinz und seine künftige Frau würden einmal als König und Königin einen »ordentlichen Job« machen, so waren es jetzt nur noch zweiundzwanzig Prozent. Auch die Tatsache, dass Morten Borg, der leibliche Vater von Marius, häufig in London gesichtet wurde, warf jede Menge Fragen auf. Daraufhin soll schließlich auch dem sonst so ausgeglichenen Håkon der Kragen geplatzt sein, und er habe gefordert, dass Borg nur noch alle zwei Wochen zu Besuch kommen dürfe. Als Mette-Marit und Håkon selbst zum Osterfest im April 2003 nicht in der Heimat erschienen, sondern lieber zu einem Brasilienurlaub aufbrachen, wurde der schwelende Unmut der Norweger öffentlich laut. Doch der König verteidigte das Paar: Die fleißigen Studenten hätten sich »Ferien vom Lernen«

> **Der Hof selbst kommentiert keine Meinungsumfragen, aber sie beobachten natürlich die Stimmung im Volk – wenn das Volk sich gegen die Monarchie entscheidet, muss sich die königliche Familie zurückziehen.**
>
> Per Egil Hegge, Journalist

Das letzte Jahr in London hat Mette-Marit und mir gutgetan. Wir haben viel gelernt. Als ich meinen Vater Ende des Jahres wegen seiner Krankheit vertreten musste, habe ich gemerkt, dass ich die Aufgaben viel besser bewältigen kann als früher.

Håkon, 2004

verdient, sagte der Monarch in einer Pressekonferenz. Nach all den nass-kalten Monaten in London sei ihre Sehnsucht nach Sonne wohl verständlich. Doch zu einem rechten Verständnis für das Verhalten von Mette-Marit und Håkon wollten sich die norwegischen Untertanen nicht durchringen. Für die seinerzeit jährliche Apanage von rund 570 000 Euro sollte das Kronprinzenpaar seinen Pflichten nachkommen, forderten manche Stimmen. Sie verstummten erst, als Mette-Marit und Håkon im Sommer 2003 nach Norwegen zurückkehrten – mit einer guten Nachricht im Gepäck: Die Kronprinzessin war schwanger! Das Kind wurde für den Januar 2004 erwartet. Nicht nur bei Hofe atmete man erleichtert auf. Endlich schien sich alles zum Guten zu wenden.

Doch gegen Ende desselben Jahres fiel noch einmal ein Schatten auf die norwegische Monarchie: Im November 2003 diagnostizierten die Ärzte des Rikshospitals bei König Harald Blasenkrebs. Da der Tumor in einem sehr frühen Stadium entdeckt wurde, bestanden gute Aussichten auf Heilung. Dennoch musste sich der Monarch einer längeren Behandlung unterziehen. Bis zur Genesung seines Vaters sollte Kronprinz Håkon die Amtsgeschäfte übernehmen. Jetzt würde sich zeigen, ob die jahrelange Ausbildung des Thronfolgers Früchte getragen hatte. Doch Håkon Magnus machte seine Sache gut. Dass er sogar auf seinen in Norwegen üblichen Vaterschaftsurlaub nach der Geburt seines ersten Kindes verzichten wollte, um seine monarchischen Pflichten nicht zu vernachlässigen, nahm die Norweger endgültig für ihn ein. Als im April 2004 König Harald die Amtsgeschäfte wieder aufnahm, hatte Håkon bewiesen, dass er in der Lage ist, die Königsrolle in Zukunft auszufüllen.

Die neue Generation

Mit einundzwanzig Salutschüssen wurde am 21. Januar 2004 die Geburt von Prinzessin Ingrid Alexandra in Oslo verkündet. Aufgrund der neuen Thronfolgeregelung hat das kleine Mädchen einmal gute Aussichten, Norwegens erste Monarchin nach über sechshundert Jahren zu sein.

> Die Verfassung ist so revidiert worden, dass auch eine Frau und damit unsere Enkelin nach unserem Sohn Håkon Anspruch auf den Thron erhalten kann.
>
> Harald

Die Herzen ihrer Untertanen hat Ingrid Alexandra schon heute erobert. Geradezu verliebt sind die Norweger in ihre kleine »Medienprinzessin«, die sich mit ihren dreieinhalb Jahren erstaunlich selbstbewusst präsentiert. Spätestens seit der Geburt ihrer entzückenden Tochter schei-

> Mette-Marit war eine schlechte Wahl von Håkon. Sie passt nicht zu uns.
>
> Prinzessin Ragnhild, König Haralds Schwester

nen Mette-Marit und Håkon unantastbar. Als im Februar 2004 ausgerechnet aus den eigenen Reihen harsche Kritik am Kronprinzenpaar laut wurde, reagierten die Norweger empört. Prinzessin Ragnhild, die in Brasilien lebende älteste Schwester König Haralds, ätzte in einem Interview, dass es ihr unbegreiflich sei, wie ihr Neffe eine solche Frau heiraten konnte.

Die Norweger hingegen befanden drei Jahre nach der Hochzeit Mette-Marit in einer repräsentativen Umfrage für ein »würdiges Mitglied der Königsfamilie«. Inzwischen haben viele den »Marktwert« ihres illustren Kronprinzenpaars erkannt: Jahrzehntelang war es um die Monarchie im hohen Norden still gewesen – im Reigen der europäischen Königshäuser hatte Norwegen immer eine untergeordnete Rolle gespielt. Dank der romantischen Liebesgeschichte von Håkon und Mette-Marit war das Land wieder ins Licht der Öffentlichkeit gerückt worden – mit steigenden Touristenzahlen und großem Imagegewinn. Das Paar verkörpert heute das junge, fortschrittliche Norwegen und arbeitet hart daran, den Spagat zwischen Tradition und Moderne zu bewältigen. Dabei wollen Håkon und Mette-Marit mehr sein als royale Popikonen. Anlässlich ihrer Hochzeit gründeten sie einen humanitären Hilfsfonds und engagieren sich intensiv für Aids- und Umweltprojekte. Auch Mette-Marit wirkt nach der schweren Zeit der ersten Jahre, als hätte sie sich mit ihrer Rolle als Kronprinzessin angefreundet. Statt wie früher verkrampft in die Kameras zu lächeln, zeigt ihre Körpersprache, wie wohl sie sich an der Seite ihres Mannes fühlt – auch bei offiziellen Anlässen. Inzwischen absolviert die Kronprinzessin, die einst als Kellnerin in Bars jobbte, auch souverän Termine. Ob in Malawi im Februar 2005 oder bei der Eröffnung des Generalkonsulats in Hamburg im Oktober 2006 – die Kronprinzessin ist zu einer hervorragenden Botschafterin der norwegischen Krone avanciert und erobert mit ihrer natürlichen Ausstrahlung überall die Herzen im Sturm.

Die Schmuddelgeschichten von einst sind zwar noch nicht vergessen, doch steht heute die Klatschpresse am Pranger – ein später Triumph für Mette-Marit. Anfang 2007 veröffentlichte der Boulevardjournalist Håvard Melnæs in einem Buch, mit welchen Methoden es damals gelang, der Vergangenheit der jungen Frau nachzuschnüffeln. Dabei schreckten die Reporter nicht zurück, den Drogenkonsum eines Exfreundes von Mette-Marit zu finanzieren oder Polizisten und Bankangestellte zu schmieren. »Wir waren völlig skrupellos«, gesteht Melnæs heute ein. Allerdings mag man die späte Reue dem Skandalautor nicht so recht abnehmen.

Zum fünften Hochzeitstag überraschte Mette-Marit ihren Ehemann mit einer öffentlichen Liebesbeichte: »Håkon gibt mir Kraft. Er ist einer der offensten Menschen, die ich kenne. ... Ich habe mich in Håkons Herzlichkeit verliebt. Er hat einen besonderen Humor. Wir lachen viel zusammen. Unseren Hochzeitstag werde ich nie vergessen!« Doch der schönste Liebesbeweis wurde am 3. Dezember 2005 geboren: Sverre Magnus, was übersetzt »großer, wilder Mann« heißt. Bei seiner Taufe in der Kapelle des königlichen Schlosses in Oslo machte das jüngste Mitglied der norwegischen Königsfamilie seinem Namen alle Ehre: Als er über das Taufbecken gehoben wurde, zappelte der kleine Sverre und brüllte wie ein Wilder. Unterdessen untersuchte seine Schwester Ingrid Alexandra neugierig den Blumenschmuck, und Halbbruder Marius schaute ein wenig gelangweilt dem Treiben zu – eine Bilderbuchfamilie.

»Wunderbar, dass es Mette-Marit gibt«, sagte König Harald am Nationalfeiertag im Jahr 2006 und machte seiner Schwiegertochter damit ein großes Kompliment. Zum ersten Mal erschien die Königsfamilie komplett auf der Treppe vor Schloss Skaugum und präsentierte sich traditionsgemäß der norwegischen Bevölkerung. Der Generationenwechsel ist längst eingeläutet. Im Februar 2007 feierte König Harald seinen siebzigsten Ge-

Wir sind sehr glücklich mit unserer kleinen Familie. In unserer knappen Freizeit pflegen wir auch Freundschaften. Aber was für uns das Wichtigste ist: Håkon und ich nehmen uns Zeit für unsere Liebe. Wir brauchen einander und sind dankbar, dass wir uns haben. Wir versuchen, uns täglich so viel Aufmerksamkeit wie nur möglich zu schenken.

Mette-Marit, 2006

burtstag. Sein Gesundheitszustand hat ihn in den letzten Jahren gezwungen kürzerzutreten, inzwischen übernimmt das Kronprinzenpaar viele repräsentative Aufgaben. »Wir reden gerne von einem ›Vierpersonenteam‹«, sagte der Monarch kürzlich in einem Interview. »Wir haben wöchentliche Konferenzen, bei denen wir entscheiden, wer von uns was macht. Meinen Sohn und meine Schwiegertochter betrachte ich immer mehr als unsere Freunde, nicht mehr so sehr als unsere Kinder.« Dennoch versteht der Monarch sein Amt als »Aufgabe auf Lebenszeit«: »Bei uns ist es Tradition, dass der König König bleibt, bis er die Augen schließt.« Um sein Haus muss sich der Regent jedenfalls keine Sorgen machen. Es ist gut bestellt.

Der Schatz des Wikingers

Frederik und Mary von Dänemark

Da steht er, die Tränen laufen über sein Gesicht, und er schämt sich nicht. Dieser Mann wird einmal König sein in der ältesten, der traditionsreichsten Monarchie Europas. Er hat die härteste Ausbildung des dänischen Militärs durchlaufen, als Elitesoldat einer Spezialeinheit. Er hat Grönland mit dem Hundeschlitten durchquert, vier eisige Monate lang. Er hat in Harvard politische Wissenschaften studiert. Und jetzt steht er da und weint. Und die ganze Nation sieht ihm dabei zu.

> Mary und Frederik sind ein phantastisches Team. Es hat wirklich den Anschein, als ob die Liebe, die bei ihrer Hochzeit nicht zu übersehen war, weiterbesteht.
>
> Hans Bonde, Historiker

»Die Freude und Kraft, die du mir gibst, ist wie die Sonne am Tag, die mit ihrem Strahlen alle Zweifel, alle Dunkelheit auf der Erde dahinschmelzen lässt. Und wie der Mond in der Nacht scheinst du mit einem wachsamen Auge und einem sanften, zärtlichen Strahlen, das alles Unheil, allen Trug auslöscht.«

Diese Worte findet Frederik, Kronprinz von Dänemark, am 14. Mai 2004 für Mary Elizabeth Donaldson, seine Braut vom anderen Ende der Welt. Für ihn ist dieser Tag ein lang ersehnter Neuanfang, für sie bedeutet er auch Abschied – von ihrer Familie, von ihrer Heimat Tasmanien, von ihrer beruflichen Unabhängigkeit, einer Karriere als PR-Managerin im australischen Sydney, von einem unbeobachteten und selbstbestimmten Leben, in dem sie tun und lassen konnte, was sie wollte. Ihre neue Rolle wird ihr sehr viel abverlangen. Doch »zu wagen heißt, für eine Stunde den Halt zu verlieren. Nicht zu wagen heißt, sich selbst zu verlieren« – das hatte Frederik ihr in der Zeit der Entscheidung einmal mit den Worten des dänischen Philosophen Søren Kierkegaard mit auf den Weg gegeben. Jetzt ist Mary bereit.

195

Die Königsfamilie ist das Symbol des Dänentums. Das ist schon merkwürdig, weil viele von ihnen ja gar keine Dänen sind. Man hat einen französischen Prinzgemahl, und man hat nun eine tasmanische Kronprinzessin, die irgendwann einmal Königin werden wird. Die ganze Familie stammt von den schwedischen Königen ab, die ihrerseits wiederum die Nachfahren eines französischen Generals sind.

Benito Scocozza, Historiker und Monarchiekritiker

»Ich versuche, mein Schicksal immer mehr anzunehmen – ich muss einfach an meine Situation glauben und dass es einen Grund dafür gibt, dass ich hier bin. Verdiene ich wirklich, hier zu sein? Kann ich allem gerecht werden? Ich muss lernen, meinem Schicksal mehr zu vertrauen, weil ich es mit nichts anderem vergleichen kann. Und es fühlt sich im Herzen ganz richtig an, mit Frederik zusammen zu sein. Ich muss daran glauben, dass es sinnvoll ist, dass sich alles so gefügt hat«, sagt sie im Rückblick angesichts der überwältigenden Veränderung ihrer Lebenssituation, in der sie sich durch ihre Entscheidung für Frederik plötzlich befindet.

So sieht die Nation dieser Hochzeit zu, ist gerührt. Ganz Dänemark schließt den Kronprinzen und seine neue Frau an diesem Tag endgültig ins Herz. Denn das ganze Land sieht, versteht: Mit dieser Heirat ist Kronprinz Frederik angekommen am Ende einer langen Suche nach sich selbst, einer *Reise ins Leben* – so auch der Titel des Buches, in dem Frederik im Juli 2002 unter anderem seine Vorstellung von Partnerschaft schildert. Und weil seine Worte nicht reichen, greift er zu Stift und Papier und zeichnet zwei Kreise, die symbolisch für Mann und Frau stehen und sich in der Mitte überschneiden – genau an diesem Schnittpunkt, so Frederik, ist das Licht.

Was zu dem Zeitpunkt des Interviews niemand ahnt – Frederik hat die Quelle seines Lichts, seine große Liebe gerade gefunden. Im australischen Sommer 2000 lernt er während der Olympischen Spiele in Sydney Mary Elizabeth Donaldson bei einem Abend mit Freunden in einer Bar kennen. Fünfzehn Monate gelingt es den beiden, ihre Beziehung geheim zu halten – Monate der Annäherung, der Briefe, E-Mails, langen Telefonate, der heimlichen Besuche Frederiks in Sydney, wo sie für einige Wochen sein können wie andere Liebespaare auch: unbehelligt von Journalisten, Spaziergänge Hand in Hand am Strand, Besuche im Café, Rückzug in Marys

Wohnung in der Porter Street. Fünfzehn kostbare Monate, die nur ihnen allein gehören, eine Zeit, in der die Schatten aus Frederiks Leben endgültig zu verschwinden beginnen.

Die Geschichte von Mary und Frederik – ein modernes Märchen. Zwei Menschen, die im anderen finden, was jedem für sich fehlte, und die damit für eine ganze Nation zum Traumpaar auf dem Thron werden.

Der einsame Prinz

»Man sagt, wen man liebt, den züchtigt man. An deiner Liebe haben wir nie gezweifelt.« Mit diesen Worten fasste Frederik von Dänemark in der Tischrede zur Silberhochzeit seiner Eltern 1992 seine und die Kindheit seines Bruders Joachim zusammen, er selbst inzwischen Mitte zwanzig. Die unmittelbare Reaktion seines Vaters auf diese Anklage könnte man mit etwas gutem Willen als beinahe herzhaftes Lachen interpretieren. Ob ihn die Worte seines Sohnes im tiefsten Innern getroffen haben, weiß nur er selbst. Doch nach all dem zu urteilen, wie Prinz Henrik sich zeitlebens über die Erziehung seiner Kinder geäußert hat, wird das eher nicht der Fall gewesen sein.

> *Er wollte ehrlich sein und der dänischen Öffentlichkeit seine Gefühle mitteilen. Er machte das mit Takt und Humor, und die Dänen akzeptierten das. Man hatte nicht das Gefühl, dass Prinz Henrik, sein Vater, ausgeliefert wurde. Natürlich wurde er ein kleines bisschen an den Pranger gestellt. Das hatte er wohl auch verdient. Der Kronprinz ging bis hart an die Grenze, aber er überschritt sie nicht.*
>
> Hans Bonde, Historiker

»Als Königlicher hat man mehr Pflichten als Privilegien. Das ist sehr wichtig, dass Kinder das verstehen: Dass die Pflichten wichtiger sind als die Privilegien«, meinte Prinz Henrik schon viele Jahre zuvor. In anderem Zusammenhang waren seine Worte noch drastischer, als er die Kindererziehung mit der Aufzucht junger Hunde verglich. »Beide brauchen eine strenge Hand.«

In den Archiven findet sich eine Szene, die diese väterliche Strenge beinahe schmerzhaft illustriert. Frederik mag sechs oder sieben Jahre alt sein, sein Bruder ein Jahr jünger. Die Kamera darf einen Ausritt der Familie begleiten. Frederik sitzt auf einem kleinen weißen Pony und fühlt sich sichtlich unwohl. Irgendwann kommt der Moment, da will Frederik nicht mehr – ein schlechter Tag oder vielleicht Angst nach einigen Stürzen. Doch der Vater kennt kein Pardon: Frederik, der sich im Gebüsch zu verstecken versucht, muss wieder in den Sattel, muss durchhalten. Der Vater zieht ihn zurück zum Pferd, hebt ihn auf dessen Rücken, trotz aller Angst. Der Betrachter fragt sich in diesem Moment, was unbarmherziger ist: die väterliche Strenge gegenüber dem kleinen Sohn oder die Beobachtung der Kamera, der der weinende Junge nicht entkommen kann. Noch auf dem Pferderücken rinnen ihm die Tränen über das Gesicht, die Nase läuft, und der kleine Frederik beißt sich auf die Oberlippe, scheint schwer zu schlucken an Scham und Enttäuschung.

Prinz Henrik sei »vermutlich strenger gewesen«, sagt Königin Margrethe über ihren Mann und führt das auch auf dessen kulturellen Hintergrund zurück, der sich so von dem ihren unterscheide. In gewisser Weise sei ihr Mann eben ein französischer Vater mit einem französischen Erziehungsstil, so Frederiks Mutter.

Das unterschiedliche Naturell seiner Eltern machte dem sensiblen Frederik häufig zu schaffen, wie er ebenfalls am Abend der Silberhochzeit seiner Eltern in der Tischrede betonte. »Als kleiner Junge war es manchmal verwirrend, sich inmitten eines dänisch-französischen Kulturzusammenstoßes wiederzufinden. Aber ich und mein Bruder Joachim haben viel Toleranz gelernt und begriffen, dass der Horizont nicht hinter Kopenhagen endet.«

Ihren späteren Mann und Vater ihrer Kinder lernte Kronprinzessin Margrethe während eines Studienaufenthalts an der London School of Economics im Jahr 1965 kennen: Henri Marie Jean André Graf de Laborde de Monpezat, Sohn französischer Adliger, aufgewachsen in Indochina, ausgebildet an der Pariser Sorbonne und Gesandter im Dienste Frankreichs in Großbritannien, ein blendend aussehender, groß gewachsener junger Mann mit bester Bildung und ausgezeichneten Chancen auf eine vielversprechende Karriere im diplomatischen Dienst.

Die Tatsache, dass der Auserwählte ihrer Tochter Franzose war, stellte grundsätzlich kein Problem für Margrethes Eltern dar, im Gegenteil. »Vergiss nicht, in unserer Familie heiraten wir in der Regel jemanden aus dem Ausland«, hatten sie der Kronprinzessin eingeschärft, und auch vorgelebt. Margrethes Mutter, Königin Ingrid, war Schwedin, ihre Großmutter kam aus dem Hause Mecklenburg-Schwerin. Frederik IX., Margrethes Vater, bekannt als besonders liberaler Monarch, hatte seiner Tochter für ihre eigene Partnersuche sogar noch etwas anderes mit auf den Weg gegeben: Selbst der gesellschaftliche Hintergrund ihres Bräutigams habe keine entscheidende Bedeutung – »ein anständiger Mensch« müsse er sein. Kein Wunder also, dass die Dänen knapp vierzig Jahre später auch die bürgerliche Mary aus Australien mit offenen Armen empfingen.

Nicht nur für die junge Frau, sondern auch und vor allem für die Kronprinzessin Margrethe war die Offenheit der Eltern von ganz besonderer Bedeutung. »Mir war sehr, sehr bange bei der Aussicht auf eine arrangierte Ehe«, bekannte sie später. »Um ganz ehrlich zu sein, habe ich mir nie vorstellen können zu heiraten, ohne wahnsinnig verliebt zu sein.« Mit Henri hatte sie offensichtlich den Mann gefunden, der diese wichtigste Voraussetzung erfüllte – und noch eine weitere: Er schien bereit, ein Leben im Schatten seiner Angetrauten zu führen.

So sollte mit der Hochzeit am 10. Juni 1967 aus dem Franzosen Henri Marie Jean André Graf de Laborde de Monpezat ein Däne werden: Prinz Henrik von Dänemark. Wirklich geklappt hat das allerdings nicht – bis heute mokieren sich dänische Zeitungen über Prinz Henriks französisch gefärbtes Dänisch. Prinz Henrik selbst wiederum fühlt sich in seiner Rolle als Prinzgemahl, so sein offizieller Titel, unterfordert, unter Wert gehan-

Es war nicht immer leicht für meinen Mann, der Prinzgemahl zu sein.
Margrethe, 2003

Für eine Frau ist es einfacher, in ein neues Land zu kommen. Man ist netter zu ihr.
Henrik

delt und immer mal wieder von den Dänen unverstanden und zieht sich dann auf das Weingut der Familie in seine französische Heimat zurück.

Schon bald nach der Hochzeit stellte sich Nachwuchs ein: Frederik wurde am 26. Mai 1968 geboren, Joachim gut ein Jahr später, am 7. Juni 1969. In der höfischen Einsamkeit entwickelten die beiden Brüder schon

bald ein außerordentlich enges Verhältnis zueinander, was umso wichtiger war, da Margrethe
ihre eigene Mutterrolle eher selbstkritisch betrachtet. »Ich bin nicht besonders gut im Umgang
mit kleinen Kindern, aber die Beziehung zu den
eigenen Kindern muss nun einmal an diesem Ende
der Leiter anfangen – wir können sie nicht einfach
mit einundzwanzig übernehmen, nicht wahr?«, bekannte sie 1989 in dem
Buch »Beruf: Königin«, einer Sammlung von Gesprächen mit der dänischen
Journalistin Anne Wolden-Ræthinge, die mit allen Mitgliedern des Königshauses über Jahrzehnte hinweg lange, intensive Interviews geführt hat.

Schon bevor ihr das Königtum zum Beruf wurde, gab Margrethe die
Betreuung ihrer Kinder häufig in fremde Hände, was ihr später oft leidtat.
Es habe sie immer wieder belastet, nie genug Zeit mit den Kindern verbracht zu haben, und erst spät, mit dem Ende der Schulzeit, als beide
Jungen diesen Mangel offen beklagten, habe sich das geändert. »Genau
wie es meine Eltern mit mir und meinen Schwestern machten, überließen
wir einen Großteil der Erziehung und Betreuung der Jungen anderen, und
als Folge davon ist uns und den Jungen viel entgangen.«

Diesen Fehler will Frederik keinesfalls wiederholen. Mehrfach bekannte
er öffentlich, durch die häufige Abwesenheit der Eltern als Kind unter
Einsamkeit gelitten zu haben, klagte nicht zuletzt noch in der Hochzeitsrede an Mary, dass er zwar viele Möglichkeiten gehabt habe, doch seine
Welt oft einsam gewesen sei – ein Gefühl, das tief in der Kindheit begründet scheint. Und auch Margrethe wusste, dass Frederik seinen jüngeren
Bruder als große Stütze und Hilfe brauchte, obwohl die beiden Jungen
nicht nur äußerlich schon immer ein ungleiches Paar waren.

*Als die Kinder kleiner waren, konnte ich nicht so viel mit ihnen anfangen. Aber es
sind prächtige Menschen geworden. Wir haben uns immer noch eine Tochter gewünscht. Doch nach einer Operation konnte ich keine Kinder mehr bekommen.
Nun habe ich zwei fabelhafte Schwiegertöchter und genieße es, nicht mehr die einzige Frau in der Familie zu sein.*

Margrethe

»Tatsache ist, dass sie auch sehr verschieden sind; aber sie konnten sich immer gut leiden«, erinnert sich die Mutter an den eher schüchternen Frederik und den lebhafteren, extrovertierten Joachim, der seinem älteren Bruder immer den Rücken gestärkt habe. »Frederik kann ziemlich nach innen gekehrt sein, und er konnte, besonders als er klein war, sehr ungeduldig mit sich selbst sein. Joachim gelang es immer, zwischen Frederik und allem, was ihn plagte, zu vermitteln«, so Margrethe.

Und den kleinen Frederik plagte einiges. Denn alle, die den dänischen Thronfolger kennen, beschreiben ihn zwar als harten Mann, der seine eigenen Grenzen sucht, gleichzeitig aber auch als sehr gefühlvoll, sensibel und selbstkritisch. »Frederik kämpft viele Kämpfe mit sich selbst. Es geht bei ihm oft darum, was er machen soll«, so Mary über ihren Mann, den sie in einer ständigen Entwicklung begriffen versteht. »Er hat ein warmes, warmes Herz, er ist loyal und ehrlich, ein Mensch ohne Fehl und Tadel. Er hat viel Humor. Es tut gut, mit ihm zusammen zu sein. Er ist neugierig, voller Überraschungen, ein Mensch mit ganz vielen Facetten! Er hat so viele Seiten. Er hat den Wunsch, sich zu entwickeln und im Leben zu wachsen. Er ist liebevoll. Ich glaube, dass Frederik die Herzen der Menschen berührt. Er mag es sicherlich nicht, dass ich das sage, aber er ist auch ein einsamer Mensch.« Die Kindheit eines Kronprinzen mit einem von ihm als streng empfundenen Vater und einer Mutter, deren Leben dem Beruf verpflichtet sein muss, dürfte gerade für einen eher empfindsamen Jungen mit weichen Zügen nicht einfach gewesen sein.

Wenn die Eltern wieder einmal auf Dienstreise gingen und sich Frederik und sein Bruder winkend an der Tür, am Kai oder an der Gangway verabschiedeten, stand immer eine andere Frau hinter den beiden Jungen: Margrethes Mutter, Königin Ingrid. Bis zu ihrem Tod mit neunzig Jahren im Herbst 2000 – Mary und Frederik waren gerade frisch verliebt – war sie der Mittelpunkt der Familie, für die sie gern Feste ausrichtete. Sie wohnte seit 1972 auf dem Sommerschloss Gråsten an der Flensburger Förde in Südjütland oder im Kanzleihaus von Schloss Fredensborg, heute das Domizil von Mary und Frederik. Die beiden Jungen fanden bei der alten Dame immer ein offenes Ohr, wenn sie Probleme hatten. Besonders für Frederik hatte sie zeitlebens große Bedeutung, war seine Anlaufstelle in Stunden manch großer und kleiner Sorgen. »Das, was ich am meisten vermisse, das ist das Fundament, das sie ausmachte«, so Frederik nach dem

Tod seiner Großmutter. »Diese grundsolide Lehrmeisterin – eine Person, die einem eigentlich nicht recht gibt, aber die einen dazu inspiriert, selber die Antwort auf die eigenen Fragen zu finden. Genau wie ein zenbuddhistischer Meister. Das ist wohl der Kern des Zen. Man sitzt zusammen und redet, und dann kommt ein wenig, aber im Grunde beantwortet man seine eigenen Fragen.« So hat Frederik gerade von seiner Großmutter viel gelernt, viel von ihr übernommen – wohl auch sein grundsätzliches Verhältnis zur Öffentlichkeit. Ingrid lebte zurückgezogen, als besonders volksnah galt sie nie, was ihrer Beliebtheit jedoch keinen Abbruch tat. »Mitten in der Nähe sollte es auch Distanz geben«, sagte sie in einem ihrer wenigen Interviews.

Dies scheint eine ihrer Einsichten zu sein, die den jungen Frederik so nachhaltig prägten, dass sie zu seiner eigenen Leitlinie werden sollten. »Ich glaube es gibt bestimmte Dinge, da werde ich sagen: Bis hierher und nicht weiter. Ich mache mehr und mehr so«, sagte Frederik der schon erwähnten dänischen Journalistin Anne Wolden-Ræthinge 2002 und zog dabei mit der Hand einen imaginären Kreis um sich herum. »Die größte persönliche Gefahr ist wohl die, dass man verrückt wird, nicht wahr? Vollkommen verrückt sozusagen – weil die Welt da draußen alles versucht, um [in unsere Welt] hineinzukommen. Es muss ein gewisses Maß an Integrität geben – etwas Geheimnisvolles, eine Mystik«, womit Frederik auch zeigt, dass er viel davon verstanden hat, was heute die Faszination am Königshaus ausmacht. Gedanken, die auch das Ergebnis eines Lebens sind, das vom ersten Tag an unter ständiger Beobachtung stand.

Ein schweres Erbe

Mit der vollen Aufmerksamkeit der Medien mussten Frederik und sein Bruder schon früher fertig werden, als es selbst ihrer Mutter Margrethe lieb war. Frederik war gerade drei, Joachim zwei Jahre alt, als König Frederik IX. starb und seine älteste Tochter – »Der König ist tot. Es lebe die Königin!« – als Margrethe II. seine Nachfolge antrat. Für Margrethe und die Familie begann eine arbeitsreiche Zeit.

Bis 1953 wusste ich nicht, dass ich einmal Königin sein würde. Damals wurde in Dänemark ein neues Thronfolgegesetz verabschiedet, sodass auch die Tochter des Königs seine Nachfolge antreten konnte, wenn er keinen Sohn hatte. Damals war ich dreizehn und noch ein Kind. Das alles erschreckte mich. Ich wusste nicht, was es bedeutete, außer dass mein Vater eines Tages sterben würde, und ich hasste diesen Gedanken. Allmählich gewöhnte ich mich an die Idee, und zwei Dinge gefielen mir daran. Erstens wurde mir klar, dass ich Dänemark nie würde verlassen müssen. Und zweitens vereinfachte das Wissen darum, dass ich eines Tages Königin sein würde, mein Leben. Meine Altersgenossen mussten herausfinden, was sie eines Tages tun wollten – ich nicht.

Margrethe, 2003

Im Gegensatz zu ihrem Sohn Frederik war Margrethe die Anwartschaft auf den Thron keineswegs in die Wiege gelegt. Zum Zeitpunkt ihrer Geburt galt in Dänemark allein die männliche Thronfolge. Erst als sich kein männlicher Thronfolger einstellen wollte, änderte das dänische Parlament 1953 das Grundgesetz und ermöglichte es Margrethe, dänische Königin zu werden, streng genommen die erste, dem Namen nach jedoch als Margrethe II. Ihre Vorgängerin, Margrethe I., die Dänemark von 1375 bis 1397 regierte, führte die Amtsgeschäfte nur für ihren noch minderjährigen Sohn, war jedoch in dem übernommenen Amt überaus erfolgreich. In ihrer Zeit auf dem Thron gelang es ihr, Dänemark, Norwegen und schließlich Schweden in der Kalmarer Union zu vereinen und damit in die dänische Geschichte einzugehen.

Doch nicht nur ihre Namensvetterin hinterließ der jungen Monarchin ein schweres Erbe, auch ihre unmittelbaren Vorfahren, ihr Vater Frederik IX. und der Großvater, Christian X., hatten die Messlatte in Sachen Popularität ziemlich hoch gelegt – durch Volksnähe, Erfolg und Beliebtheit. Schon in ihrer Jugend hatte Margrethe den Vergleich mit den beiden oft gefürchtet. Vor allem Christian X. gilt durch seine Standhaftigkeit während der deutschen Besatzung Dänemarks von 1940 bis 1945 als Begründer jener Liebe, Wertschätzung und Hochachtung, welche die Dänen für ihre Monarchenfamilie bis heute empfinden. Im Gegensatz zu vielen anderen europäischen Königshäusern entschied sich Christian X. zusammen

Christian X. ritt auf der Welle
der Popularität, die die
Monarchie während der
Besatzung hatte.
Steffen Heiberg, Historiker

mit seiner Frau und dem Kronprinzenpaar gegen das Exil und blieb während des gesamten Krieges in seinem Land. Und damit nicht genug: Tag für Tag ritt er durch die Straßen von Kopenhagen, ohne Bewaffnung und ohne Leibgarde, und vermittelte den Menschen mit dieser Demonstration der Furchtlosigkeit Mut und Zuversicht, bis ihn die Deutschen 1943 schließlich unter Hausarrest stellten. Außerdem unterstützte er den Widerstand im Untergrund, wo er nur konnte. Für alle, die ihm auf dem Thron folgen sollten, hatte er damit einen hohen Standard gesetzt.

»Vor der Besatzung stand die Monarchie in Dänemark eigentlich nicht besonders stark da. Aber während der Besatzung war es Christian X., der geradezu zu einem nationalen Kristallisationspunkt wurde«, erklärt Steffen Heiberg, Forschungsleiter des Dänischen Nationalmuseums. »Während er vor dem Krieg eine richtiggehende Belastung für den Verkehr war, wenn er als alter Mann täglich durch Kopenhagen ritt, wurde er nach dem 9. April 1940 unbestritten zum nationalen Sammlungspunkt. Es besteht kein Zweifel daran, dass sich die Popularität, die die Monarchie dadurch während der Besatzung erwarb, in gewisser Weise bis heute erhalten hat.«

Margrethe wurde nur eine Woche nach dem Einmarsch der Deutschen in Kopenhagen am 16. April 1940 geboren, das erste von drei Mädchen, ein Hoffnungsschimmer in einer dunklen Zeit, der den Dänen Mut machte. Einunddreißig Jahre später musste sie nun das schwierige Amt der Königin übernehmen, es ausfüllen und ihm eine neue, eigene Note verleihen. Sowohl das dänische Volk als auch die Regierung standen der Frau auf dem Thron skeptisch gegenüber.

»Der König ist ein netter Mensch. Die Regierungstreffen mit ihm dauern nur zwanzig Minuten«, vertraute Jens Otto Krag, dänischer Ministerpräsident, seinem Tagebuch vor dem Tode Frederiks IX. an. »Eine neue Königin kann schwieriger in der Zusammenarbeit werden. Sie ist politisch gebildet, und das ist nicht unbedingt ein Vorteil.« Hinzu kam, dass der viel gelobte dänische Wohlfahrtsstaat Anfang der Siebzigerjahre in eine Krise geriet und in seinem bisherigen Umfang nicht mehr länger finanzierbar war. Quer durch alle Parteien herrschte große Uneinigkeit darüber, wie man Einschnitte und

Fredrik IX. war volkstümlich.
Man sprach in den Sechzigerjahren von der »königlich-
dänischen Sozialdemokratie«.
Steffen Heiberg, Historiker

steigende Belastungen auf Bürger und Industrie verteilen und der Arbeitslosigkeit Einhalt gebieten sollte. Außerdem befand sich das ganze Land in einer hitzigen Debatte über das Für und Wider eines Beitritts zur Europäischen Wirtschaftsgemeinschaft (EWG). Nach einer Volksbefragung, bei der rund zwei Drittel der Bürger für den Beitritt stimmten, stand schließlich fest, dass Dänemark sich am 1. Januar 1973 der EWG, der heutigen Europäischen Union, anschließen würde. Und in diesen politisch unruhigen Zeiten starb am 14. Januar 1972 König Frederik IX. nach fünfundzwanzigjähriger Amtszeit – ein Mann, von seinen Untertanen für seine Bodenständigkeit geliebt und nicht zuletzt durch seine regelmäßigen Fahrradtouren durch Kopenhagen als volksnah geschätzt.

So hielt gerade in ihren ersten Amtsjahren eine hohe Erwartungshaltung die eher schüchterne und bei Medienauftritten nicht besonders sicher wirkende Margrethe in Atem. Als sie den Thron bestieg, konnte Margrethe nur zweiundvierzig Prozent der Dänen auf ihrer Seite wissen – fünfunddreißig Jahre später sind es weit über neunzig Prozent. Keine andere Monarchin, kein anderer Monarch in Europa ist auch nur annähernd so beliebt. Margrethe hat es geschafft, mit einem kompromisslosen Einsatz für ihr Volk, und das hatte seinen Preis. Denn

> **Auch wenn neunzig Prozent der Bevölkerung die Monarchie gutheißen und die entsetzlichen royalen Wochenblätter kaufen, wird man nicht belästigt, wenn man sagt, dass man die Monarchie für idiotisch hält.**
>
> Benito Scocozza, Historiker und Monarchiekritiker

mit dem 15. Januar 1972, als Margrethe sich ihrem Volk auf dem Balkon von Schloss Christiansborg als Königin von Dänemark präsentierte, änderte sich ihr Leben von Grund auf, und damit das Leben der ganzen Familie. Auch das Frederiks.

»Es kann ihnen nicht immer Spaß gemacht haben, ihren Vater und ihre Mutter zu begleiten«, äußerte sich Königin Margrethe später über ihre beiden Söhne. »Ich erinnere mich daran, wie sie sich, ich glaube, in Viborg, ernsthaft mit dem Polizeichef unterhielten – zwei kleine Jungen in hellblauen Mänteln, die noch nicht daran dachten, dagegen zu protestieren, so angezogen zu werden!« So begleiteten Frederik und sein Bruder die Mutter schon früh zu offiziellen Terminen, hangelten sich bereits als kleinen Jungen durch das langwierige Protokoll öffentlicher Auftritte der Mutter und ihnen endlos erscheinende Redebeiträge unterschiedlichster Qualität. Dabei waren sie doch letztlich nur »zwei kleine Jungs, die einfach nur mit ihren Feuerwehrautos spielen wollten«, so erinnert sich Frederik an diese Zeit. Doch Margrethe wusste aus eigenem Erleben, über welche Eigenschaften die Kinder der königlichen Familie im Erwachsenenalter verfügen müssen, und wenn es darum ging, die Jungen zu Geduld und Haltung zu erziehen, war sie oft nicht weniger streng als ihr Mann. Wenn die Kinder auf einer offiziellen Veranstaltung etwa auf halber Strecke nach unterhaltsamen Alternativen zum protokollarischen Tagesablauf suchen wollten, pflegte sie ihnen zu erklären: »Es gibt nur eins, was langweiliger ist, als einem langweiligen Vortrag zuzuhören – und das ist, bis zum Ende eines Vortrags zu bleiben, dem man nicht zuhört!«

Ein glückliches Nesthäkchen

In ebenjenen kalten Wintertagen, in denen für den kleinen Frederik bereits der Ernst des Lebens begann, wurde auf der anderen Seite der Erde an einem ruhigen Spätsommertag ein kleines Mädchen geboren – hinein in eine Welt, die von der Frederiks unterschiedlicher nicht hätte sein können: Am 5. Februar 1972 erblickte Mary Elizabeth Donaldson als viertes und letztes Kind von John Dalgleish und Henrietta Clark Donaldson das Licht der beschaulichen Welt von Hobart, der Hauptstadt des australischen Bundesstaates Tasmanien.

Marys Eltern waren selbst erst keine zehn Jahre zuvor hierher gezogen – beide kamen aus dem kleinen Fischerdorf Port Seton östlich von Edinburgh in Schottland, hatten sich dort schon als Teenager kennen- und lieben gelernt. Marys Großvater war Fischer und ein ausgezeichneter Skipper, sodass er schließlich ein Angebot einer australischen Handelsgesellschaft bekam. Diese Chance auf einen Neuanfang am anderen Ende der Welt ließ er sich nicht entgehen, er nahm die Stelle an, und so zogen Marys Großeltern mit Johns Geschwistern 1959 nach Hobart. Marys Vater John war zu diesem Zeitpunkt bereits Student im schottischen Edinburgh, doch sobald er sein Studium abgeschlossen hatte, heiratete er seine Henrietta und folgte mit ihr zusammen der Familie nach Hobart, wo sie 1963 eintrafen. Beide fanden ihre berufliche Heimstatt an der Universität von Tasmanien, wo Henrietta als Sekretärin arbeitete, während John seine Karriere als Professor für Angewandte Mathematik begann.

Johns Lehr- und Forschungstätigkeit eröffnete ihm internationale Perspektiven. So ging die ganze Familie 1974/75 nach Austin, Texas, wo John eine Gastprofessur übernommen hatte. Doch schließlich entschieden sich die Donaldsons für die Rückkehr ins beschauliche Tasmanien, eine dünn besiedelte Insel mit frischer Luft, sauberem Wasser und traumhafter Natur – ein idealer Ort, um Kindern ein Zuhause zu geben. 1975 nahmen John und Henrietta die australische Staatsbürgerschaft an. Zu diesem Zeitpunkt konnte Vater John nicht ahnen, dass ihn die Liebe zu seiner jüngsten Tochter dreißig Jahre später abermals in eine neue Heimat führen würde, die seiner eigenen, Schottland, so viel näher liegen sollte.

Mit noch nicht einmal dreißig Jahren hatte Henrietta Donaldson bereits drei Töchter und einen Sohn geboren. Henrietta, genannt »Etta«, war Mutter mit Leib und Seele, das Herz der Familie, die ihr alles bedeutete und die sie bis zu ihrem frühen Tod 1997 zusammenhielt. Marys Elternhaus stand in Taroona, einem Vorort von Hobart, wo die Donaldson-Kinder viele gleichaltrige Spielkameraden hatten, mit denen sie draußen herumtollen konnten. Obwohl John das Haus einige Jahre nach dem Tod seiner Frau verkaufte, blühen die pinkfarbenen Rosenbüsche noch heute entlang der Einfahrt, so wie sie einmal Ettas ganzer Stolz gewesen waren.

Ganz im Gegensatz zu Frederik hatte Mary zu ihrer Mutter ein sehr gutes, enges Verhältnis. »Erinnerungen im Überfluss« kommen Vater John in den Sinn, wenn er an diese ganz besondere Mutter-Tochter-Beziehung denkt. Die Rolle des strengen Erziehers innerhalb der Familie kam eher ihm zu – wobei Mary als die Jüngste es etwas einfacher hatte und weit weniger Konflikte ausfechten musste als ihre Geschwister.

»Ich denke, die meisten meiner Freunde dachten, ich sei sehr streng mit den Kindern gewesen«, sagte John Donaldson später im dänischen Fernsehen über seinen Erziehungsstil. »Wahrscheinlich war ich das. Ich tat, was ich konnte, damit sie ihre Hausaufgaben erledigten. Sie sollten lernen, dass eine sichere Existenz etwas ist, wofür man arbeiten muss.«

Der Liebe der Sprösslinge zu ihrem Vater tat das keinen Abbruch. Gemeinsam verstanden es Etta und John, den Kindern ein starkes Gefühl der Zusammengehörigkeit, Geborgenheit, Wärme und Sicherheit zu vermitteln. Bis heute verbindet die vier Geschwister ein enges persönliches Verhältnis, wobei Mary ihr nur achtzehn Monate älterer Bruder John Stuart

Sie hält Bilder und Geschichten aus ihrem früheren Leben, dem vor Frederik, versteckt. Sie will nicht als die australische Hinterwäldlerin gesehen werden, die einen Prinzen geküsst und sich in einen eleganten Schwan verwandelt hat, sondern den Eindruck erwecken, als wäre sie nie etwas anderes gewesen als eine Frau mit angeborener Anmut, Grazie und Stil.

Vanda Carson, australische Journalistin

besonders nahesteht. Doch auch zu ihrer ältesten Schwester Jane Alison, einer Apothekerin, und zu Patricia, die als Krankenschwester arbeitet, hat Mary auch heute noch ein enges Verhältnis. Bis zum Tod der Mutter 1997 trafen sich die Donaldson-Geschwister mit ihren Partnern und bald auch ihren Kindern so oft und so vollzählig wie möglich am Sonntag zu den berühmt-berüchtigten Grillabenden, einer regelrechten Institution im Hause Donaldson, die Henrietta wie keine andere auszurichten verstand und die viel zum Zusammenhalt der Familie beitrugen.

Nur eine Viertelstunde Fußweg von diesem Zuhause entfernt lag die Taroona High School, die Mary nach Beendigung der Grundschule, von 1983 bis 1986, besuchte. Anschließend erwarb sie auf dem Hobart Matriculation College ihre Hochschulreife. Lehrer aus dieser Zeit erinnern sich ausnahmslos an eine ausgezeichnete Schülerin. Schulkameraden schwärmen von einem gut aussehenden Teenager, der aktiv und erfolgreich an zahlreichen sportlichen Wettkämpfen teilnahm und als Schülersprecherin die Interessen ihrer Mitschüler vertrat.

Mary war zweifelsohne eines der beliebtesten Mädchen der Schule. Natürlich hatte sie auch einen Freund. Mit fünfzehn lernte sie einen jungen Mann, Glenn Marriott, kennen, mit dem sie dann drei Jahre zusammen war. Allerdings – und das sollte später noch wichtig werden – lassen sich keinerlei Berichte auftreiben über Teenie-Exzesse der heranwachsenden Mary, es gibt keine peinlichen Fotos und keine schmutzigen Wahrheiten, die von redseligen Exfreunden oder neidischen Freundinnen ausgeplaudert werden. So macht auch Marys Geschichte sie zur perfekten Prinzessin, sehr zur Freude ihrer Schwiegermutter.

Neben ihren intellektuellen Fähigkeiten war Mary, ganz wie Frederik, auch als Kind schon sportlich aktiv: Sie begann früh mit regelmäßigem

63 »Ich muss zugeben, dass mir kleine Kinder nicht so viel sagen«: Kronprinzessin Margrethe und Prinz Henrik mit dem wenige Wochen alten Frederik, Juni 1968.

64 »Wen man liebt, den züchtigt man«: In Frederiks Kindheit ging es nicht immer so harmonisch zu.

65 »Sie hat mich ein Stück geleitet«: Der junge Prinz mit seiner Großmutter, der Königinmutter Ingrid, im Sommer 1975.

66 »Auf dem Weg zu sich selbst«: Prinz Frederik als Rekrut des dänischen Heeres im November 1986.

67 »Ein Mann, der nicht den leichten Weg wählt, sondern die Herausforderung sucht«: Als Kampfschwimmer im »Frømandskorpset« musste Frederik eine harte Ausbildung durchlaufen.

68 »Schmerz ist nur Schwäche, die den Körper verlässt«: Immer wieder, wie hier beim Kopenhagen-Marathon 1992, geht der Kronprinz bis an die Grenzen seiner körperlichen Belastbarkeit.

69 »Ein Meilenstein im Leben des Kronprinzen«: Bei der »Sirius«-Expedition legte Frederik fast dreitausend Kilometer rund um die Nordspitze Grönlands zurück.

70 »Zum ersten Mal richtig ernst«: Die Beziehung Frederiks zu dem Fotomodell Katja Storkholm Nielsen scheiterte am Veto von Königin Margrethe.

71 »Nicht immer so toll, mit dem Prinzen zusammen zu sein«: Das Popsternchen Maria Montell besang den Kronprinzen sogar in seinen Liedern.

72 »Selbstbewusst auf der Klaviatur der Medien gespielt«: Den ersten öffentlichen Kuss inszenierte Frederik regelrecht – im Januar 2003 in Marys Heimatstadt Hobart.

73 »Die Freude und Kraft, die du mir gibst, ist wie die Sonne am Tag«: Die Vermählung von Frederik und Mary im Mai 2004 war eine echte Traumhochzeit.

74 »Nationaler Sammelpunkt«: Die Königsfamilie bejubelt bei den Olympischen Spielen in Athen 2004 dänische Sportler.

75 »Überwiegend auf Modemessen zu sehen«: Im ersten Jahr nach der Hochzeit wurde in Dänemark auch Kritik an Prinzessin Mary laut.

76 »Meine Kinder haben Vorrang vor allem anderen«: Die Familie des Kronprinzen im Mai 2007.

77 »Ein kleiner Superstar«: Schon ein Dreivierteljahr nach seiner Geburt begleitete Prinz William seine Eltern im Frühjahr 1983 nach Australien und Neuseeland.

78 »Wenn ich König bin, schicke ich euch all meine Ritter«: William als Kindergartenkind in London, Dezember 1985.

79 »William war ein sehr frecher kleiner Junge«: Während der Hochzeit von Prinz Andrew und Sarah Ferguson vertrieb sich der Prinz die Zeit mit allerlei Faxen.

80 »Sensibles und fürsorgliches Wesen«: Diana und ihre Söhne während eines Besuchs in Kanada, Oktober 1991.

81 »Ich will nicht König werden«: Bisweilen litt William unter dem royalen Alltag – wie hier bei einem Auftritt mit seiner Großmutter und seinem Vater in London 1995.

82 »Ungewöhnliches Einvernehmen«: Zum ersten Schultag Williams am Eliteinternat Eton im September 1995 begleiteten Charles und Diana ihren Sohn noch einmal gemeinsam.

83 »Für die Kinder war es sehr hart«: William und Harry betrachten nach dem Tod ihrer Mutter das Blumenmeer vor dem Kensington Palace in London, September 1997.

84 »Alle waren verrückt nach William«: Der Besuch des Prinzen im kanadischen Vancouver im Frühjahr 1998 gilt als Geburtsstunde der »Willsmania«.

85 »Understatement mit einem Hauch von Klasse«: Prinz William im Juni 2000 als selbstbewusster Eton-Schüler.

86 »Die Welt sehen und armen Menschen helfen«: Während seines »Gap Year« in Chile musste William richtig zupacken.

87 »Ein ganz normaler Student«: Prinz William in der Universitätsbibliothek im schottischen Saint Andrews (Foto von November 2004).

88 »Sinnvolle Position im Leben erarbeiten«: Der Thronerbe während seiner Ausbildung an der Militärakademie Sandhurst, Ende 2006.

89 »William und Harry lieben das Spiel«: Der Polosport gehört zu den sportlichen Leidenschaften der beiden Brüder.

90 »Der Prinz kann sich glücklich schätzen, dass er mit mir ausgehen darf«: Prinz William und Kate Middleton als Zuschauer eines Rugbyspiels im Februar 2007.

91 »Am Ende war der Druck zu stark«: Mitte April 2007 trennten sich die von den Medien zum »Traum-paar« stilisierten William und Kate wieder.

Lauftraining, spielte Basketball und Hockey. Vor allem aber war sie von Kindesbeinen an regelrecht in Pferde vernarrt. Pferde waren, so erinnerte sich Marys Vater noch am Abend der Hochzeit, die »erste große Liebe« im Leben seiner Tochter, und er beklagte augenzwinkernd die zahlreichen Chauffeurdienste, zu denen die Eltern gezwungen waren, um ihr diese Liebe zu ermöglichen. Mit ihrem eigenen Pferd konnte Mary später bei lokalen Springwettbewerben manchen Erfolg verbuchen.

Ihre Liebe zu den Tieren wollte die kleine Mary lange zum Beruf machen und – wie viele kleine Mädchen – Tierarzt werden. Doch – ebenfalls wie bei vielen Mädchen – blieb das ein Traum, und Mary entschied sich für Wirtschaft und Jura. Wie die ganze Familie besuchte Mary so die Universität von Tasmanien und verbrachte ihre Studienzeit von 1989 bis 1994 in ihrer Heimatstadt Hobart. Sie verließ die Universität mit einem erfolgreichen Abschluss als Bachelor in Wirtschaft und Recht.

Mit Beendigung ihres Studiums ging auch Marys Zeit in Tasmanien zu Ende, ein Abschied von der Kindheit, auch wenn sie das damals noch nicht wissen konnte. Wie für so viele junge, gut ausgebildete Tasmanier bot die kleine Insel auch für Mary nicht die beruflichen Herausforderungen, die sie sich für ihre Zukunft wünschte. Immerhin, so bekannte sie einmal in einem Interview, träumte sie damals von einer internationalen Karriere, an deren Ende sie einmal Geschäftsführerin eines internationalen Konzerns sein wollte. Tasmanien war da nicht der richtige Ausgangspunkt, viel eher schon das nahe Melbourne auf dem australischen Festland, nur eine gute Flugstunde von Hobart entfernt und sogar mit einer Fähre zu erreichen. Dennoch war der erste Ortswechsel in Marys Leben ein großer Schritt und vor allem auch ein Abschied von den Geschwistern, die allesamt in Tasmanien geblieben waren, und von Mutter Etta. Ihr Vater hat noch »Myriaden von Telefongesprächen« im Gedächtnis, die Mary in und nach der Zeit ihres Umzugs mit ihrer Mutter führte.

»Meine Mutter gab mir die Fähigkeit, jeden Menschen als einen wichtigen Menschen zu begreifen«, so beschreibt Mary die große Bedeutung und zentrale Rolle, die ihre Mutter für sie spielte. »Jedes Lebewesen ist wichtig. Ich hoffe, wenn ich Kinder habe, dann werde ich so sein wie meine Mutter. Ich glaube, eine Mutter ist, ganz besonders in bestimmten Lebensabschnitten, die allerwichtigste Person – die größte Liebe eines Menschen.« So ließ Mary 1995 all das, was dem Jungen Frederik gefehlt hatte, mit ihrem Schritt in die Welt hinter sich – im Gepäck Erinnerungen an eine erfüllte Kindheit und eine Mutter, die vor allem eines für ihre Kinder gehabt hatte: Zeit.

Ein Mann auf dem Weg zu sich selbst

Genau diese Zeit war es, die Frederik in seiner Kindheit so schmerzlich vermisst hatte. »Die Erziehung meiner Kinder wird anders sein. Milder«, so Frederik Mitte der Neunzigerjahre in einem Fernsehinterview. »Auf jeden Fall werde ich mehr Zeit mit meinen Kindern verbringen, mehr mit ihnen zusammen sein.« Mit diesem Statement fällte er öffentlich und gezielt ein bitteres Urteil über die Erziehungsmethoden der eigenen Eltern – den Mut dazu hatte er sich hart erarbeitet.

Das Jahr 1995 war für beide, Mary und Frederik, von großer Bedeutung. Für beide war es ein Jahr des Aufbruchs und markierte einen großen Schritt voran in ihrer beider persönlichen Entwicklung. Mary kehrte ihrer Heimatstadt Hobart und vor allem ihrer geliebten Familie erstmals den Rücken, und Fredrik ging erstmals öffentlich auf Distanz zu seinen Eltern und grenzte sich deutlich von deren Auffassung von Familie und Erziehung ab. Vielleicht war es das Erkennen seiner eigenen Grenzen, vor allem aber auch seiner eigenen Fähigkeiten während seiner harten militärischen Ausbildung, die Frederik den Mut finden ließen, endlich über all das, was ihm zeitlebens gefehlt hatte, darüber, was ihn um- und antrieb, zu reden. In Gesprächen mit Anne Wolden-Ræthinge, die 1996 in dem Buch »*Eine Familie und ihre Königin*« erschienen, sprach Frederik ausführlicher als je zuvor über seine Erziehung, beklagte sie als lieblos und wenig herzlich, redete über seine Einsamkeit als Kind und erzählte zum ersten Mal sogar, er habe zeitweise an Selbstmord gedacht. Königin Margrethe schwieg zu den Vorwürfen ihres Sohnes. Dass ihr Verhalten gerade als junge Mutter nicht vorbildlich gewesen war, hatte sie, die einen so großen Stolz auf ihre beiden Söhne empfand, längst zugegeben und bedauert.

Was Frederik sich außer der Zuwendung seiner

Ich habe als Mutter Fehler gemacht. Ich kann mit kleinen Kindern nicht gut umgehen, aber man kann sie schließlich nicht erst als Einundzwanzigjährige bekommen, nicht wahr?! Die Erziehung hab ich mehr meinem Mann überlassen. Ich spielte lieber mit meinen Söhnen.

Margrethe, 2000

Eltern am sehnlichsten wünschte, war so einfach und für einen Kronprinzen doch so kompliziert: nämlich ein ganz normales Kind sein zu können. Am ehesten erfüllte sich dieser Wunsch während der Schulzeit. Zusammen mit ganz normalen Kindern besuchten Frederik und Joachim seit 1974 und damit von Anfang an eine (fast) ganz normale Schule, die Krebs'-Schule in Kopenhagen. Als Privatschule mit den Schwerpunkten Fremdsprachen und Geschichte genoss sie einen ausgezeichneten Ruf. Bis das Auto mit Chauffeur sie wieder am Schultor abholte, hatten die beiden Brüder hier die Möglichkeit, tatsächlich für ein paar Stunden ihre Sonderstellung zu vergessen. Nach einem Jahr auf der École des Roches, einer Eliteanstalt in der französischen Normandie, wo sie auf besonderen Wunsch ihres Vaters Prinz Henrik französische Sprache und Geschichte lernen sollten, kehrten sie zurück in den dänischen Schulalltag und besuchten das Øregård-Gymnasium im Norden der Stadt. Hier erwarb Frederik 1986, gerade achtzehn geworden, seine Hochschulreife.

Mit seinem achtzehnten Geburtstag wurde es für Frederik unweigerlich ernst. Er war jetzt offiziell erwachsen, wurde Mitglied des Kronrats. Ab sofort traf er sich zusammen mit seiner Mutter regelmäßig mit den Ministern, um Dänemarks neue Gesetze zu unterzeichnen. Und er war jetzt auch seinem Vater im Protokoll übergeordnet. Seit diesem Tag ist nun nicht mehr Prinz Henrik, sondern Frederik der eigentliche Repräsentant des Königshauses, wenn die Königin auf offiziellen Anlässen verhindert ist – was immer wieder für Konfliktstoff zwischen Sohn und Vater sorgte, der sich mit dieser Zurücksetzung nur schwer abfinden konnte.

Die Rolle des Kronprinzen, das auf ihn zukommende Amt, hatte dem heranwachsenden Frederik mehr als einmal große Angst eingeflößt.

»Anfangs erschien das ›König sein‹ als etwas Großes und Erschreckendes. Als etwas Dunkles und Düsteres. Mir war, als würde eine schwere Decke über mich gezogen, etwas, das meine Möglichkeiten und meine Lust, die Welt zu erforschen, einschränkte«, beschrieb der Endzwanziger einmal seine Gefühle.

Wie Margrethe hatte auch Frederik stets äußerst erfolgreiche Vorgänger vor Augen, nämlich seinen Urgroßvater Christian X. und seinen Großvater Frederik IX., und musste in der Person seiner Mutter noch eine weitere Erfolgsgeschichte verkraften: Margrethe war es gelungen, auch die ärgsten Zweifler an den Fähigkeiten einer Frau auf dem Thron zum

Verstummen zu bringen, einen Regierungsstil zu etablieren, der als volksnah und gleichzeitig doch würdevoll und distanziert gilt, als Königin einfach unangreifbar zu werden. Mit ihren schon erwähnten hohen Zustimmungsraten ist Margrethe heute schließlich beliebter beim dänischen Volk als ihr Vater, dessen Popularität sie als junge Frau einst so eingeschüchtert hatte.

Frederik ging es nun, dreißig Jahre später, nicht besser. Die Fähigkeit, seine Rolle als Kronprinz als etwas Natürliches anzunehmen, sich nicht mehr unwohl zu fühlen, sondern im Gegenteil das persönliche Gestaltungspotenzial zu erkennen, war schließlich das Ergebnis einer langen, intensiven Auseinandersetzung mit den eigenen Grenzen und Möglichkeiten.

Den Frieden mit sich und seinem Schicksal hat Frederik sich regelrecht erkämpft, und dies im wahrsten Sinne des Wortes – zuerst als Elitesoldat beim Militär, dann im Kampf gegen Eis und Schnee während einer 2800 Kilometer langen Hundeschlittentour durch das grönländische Eis. Kronprinz Frederik beschreibt diese beiden Erfahrungen als die entscheidendsten Momente seiner persönlichen Entwicklung, bevor er Mary kennenlernte. Mit dem Militär, so empfand es Frederik später, habe sein Leben eigentlich erst richtig angefangen. Er begann mit seiner Ausbildung unmittelbar nach dem Ende seiner Schulzeit 1986, wurde Rekrut in der Leibgarde seiner Mutter, der Königin. Auf eigenen Wunsch ließ er sich 1988 aus der Leibgarde zu den Gardehusaren versetzen und absolvierte dort eine Offiziersausbildung. Bis 2004 schaffte Frederik es zum Kommandeur der Marine, zum Oberstleutnant des Heeres, zum Oberstleutnant der Luftstreitkräfte und zum Dozenten am Institut für Strategie der Königlich-Dänischen Militärakademie – eine beachtliche Karriere für einen gerade mal Fünfunddreißigjährigen.

Einer echten Herausforderung jedoch stellte Frederik sich mit seiner Bewerbung beim Frømandskorpset, der Kampfschwimmereinheit des dänischen Militärs: harte Jungs, speziell ausgebildet für geheime, schwierige Operationen in kleinen Verbänden, Einsätze bei Geiselnahmen und im Antiterrorkampf. Im Rahmen der Operation »Enduring Freedom« etwa waren ab 2002 dänische Kampfschwimmer in Afghanistan im Einsatz.

Genauso wie die dreihundert weiteren Kandidaten musste der Kronprinz sich einer rigorosen Aufnahmeprüfung stellen. Nicht nur herausragende sportliche Leistungen, wie etwa ein 2,8-Kilometer-Lauf in maximal zwölf Minuten und ein Marsch über siebzig Kilometer mit zehn Kilogramm Gepäck, sind Grundvoraussetzung, sondern auch höchste psychische Belastbarkeit, auch für einen angehenden König eine nützliche Qualifikation. Lediglich dreizehn Bewerber bestanden die Aufnahmeprüfung. Die Ausbildung durchgehalten haben am Ende vier – und Kronprinz Frederik war einer von ihnen.

Unter dem Spitznamen »Prinz Pingo«, was übersetzt so viel heißt wie »Prinz Pinguin«, absolvierte er die in jeder Hinsicht härteste Ausbildung des dänischen Militärs. Doch Frederik, der bei seinem ersten Marathon ein T-Shirt mit der Aufschrift »Schmerz ist nur Schwäche, die den Körper verlässt« trug, war für die körperlichen Strapazen offensichtlich auch geistig bestens gerüstet. So lernte er Fallschirmspringen, Tauchen mit und ohne Atemgerät, Einzelkampf und vieles mehr.

Trotz aller Strapazen – mit der Aufnahme in das Frømandskorpset ging für den Kronprinzen ein Traum in Erfüllung. Die Ausbildung zum Kampfschwimmer bot Frederik die Gelegenheit, es allen – und vor allem sich selbst – zu zeigen. Spannung und große Herausforderungen hätten ihn stets fasziniert, beim Militär habe er einige seiner Jungenträume realisieren können, erklärte er später. Der Historiker Hans Bonde, für dessen Männerratgeber »*Kenne deinen Körper, Mann*« Kronprinz Frederik das Vorwort schrieb und dabei die Bedeutung körperlicher Fitness betonte, hat noch eine andere Erklärung für Frederiks Wunsch, seine Grenzen auszutesten: Für jemanden wie Frederik, in eine königliche Familie hineingeboren, zeit seines Lebens in Watte gepackt und frei von jeglichen existenziellen Sorgen, sei eine solche Herausforderung die einzige Möglichkeit, die eigene Lebendigkeit zu spüren.

»Erst wenn der Körper auf die Probe gestellt wird, schmerzt, an seine Grenzen gerät, erst wenn wir wirklich herausgefordert werden, werden in uns starke Kräfte geweckt. Dann wird ein Teil unserer Menschlichkeit aktiviert, den wir sonst nicht erproben würden. Der Kronprinz musste wohl durch all diese Proben gehen, um zu spüren, dass er lebt«, so Hans Bonde. Und schließlich habe die Militärzeit auch dem Ansehen des Königshauses und der Popularität Frederiks genutzt, ganz besonders, weil

Frederik auf eine Sonderbehandlung verzichtet und sich den gleichen Strapazen unterzogen habe wie alle anderen Soldaten auch. »Die Bevölkerung hat den Eindruck gewonnen, dass hier ein Mann ist, der nicht den leichten Weg wählt, sondern der die Herausforderung sucht. Der auch einmal regieren kann, wenn der Wind von vorn kommt. Es ist unglaublich wichtig, dass man nicht nur einen Schönwetterkönig hat«, erklärt Bonde. »Das Königshaus gerät immer wieder in Krisen. Und deshalb ist es wichtig, dass sich der König in Grenzsituationen behauptet hat.«

So verhalf die Ausbildung zum Kampfschwimmer Frederik zu einem eigenen Profil und auch zu neuem Selbstbewusstsein in seiner Rolle als Kronprinz. »Du kannst nicht in Büchern lesen, wie man richtig König ist«, erklärte er im Januar 1996 gegenüber der Kopenhagener Tageszeitung *Berlingske Tidende*. »Du musst es versuchen und dich selbst formen.« Bei anderer Gelegenheit machte er dann deutlich, dass er nicht bereit sei, sich allein an seinen Vorgängern im Amt zu orientieren, sondern seine Aufgabe auf eigene Art bewältigen wolle: »Versuch, den Puls der Zeit zu fühlen, und lass dich von dem prägen, was du erlebst. Und davon ausgehend, schaffe dir dann deine Institution.« Frederik war immer klar, dass sein Hintergrund sich grundsätzlich von dem seiner Mutter unterschied, deren wichtigstes Hobby schon immer die künstlerische Betätigung war: als Malerin, Kostümbildnerin oder auch Übersetzerin anspruchsvoller französischer Literatur: »Meine Mutter war immer eine intellektuelle Monarchin, im Unterschied dazu habe ich mein physisches Training forciert«, so Frederik.

Wie nie zuvor tat Frederik dies im Jahr 2000, als er zusammen mit fünf Gleichgesinnten und einundvierzig Schlittenhunden zu einem Abenteuer der ganz besonderen Art aufbrach: der »Sirius«-Expedition. Bei Temperaturen von bis zu minus siebenundvierzig Grad legte das Team quer durch das ewige Eis rund um die Nordspitze Grönlands eine Strecke von nahezu zweitausendachthundert Kilometern zurück, fünfundzwanzig bis fünfunddreißig Kilometer täglich. Jeder im Team hatte eine festgelegte Aufgabe, Frederik oblag die Sicherung der medizinischen Versorgung.

Die »Sirius«-Expedition, die immer wieder stattfindet, soll an eine his-

> **Kronprinz Frederik hat nicht versucht, sozusagen als »Passagier erster Klasse« durchzukommen. Er hat all die Strapazen durchgestanden, die auch die gewöhnlichen Soldaten bewältigen müssen. Das macht ihn natürlich populär.**
>
> Hans Bonde, Historiker

torische Schlittenpatrouille erinnern, die während der deutschen Besatzung Dänemarks im Zweiten Weltkrieg eingerichtet wurde. Die damaligen Landvögte Dänemarks in Grönland weigerten sich, den deutschen Anweisungen aus dem besetzten Kopenhagen zu folgen, und wandten sich stattdessen an die Amerikaner. Eine Patrouille entlang der Ostküste Grönlands sollte eine mögliche Landung der Deutschen verhindern. Nach dem Krieg wurden diese Expeditionen beibehalten. Startpunkt ist der Ort Qaanaaq, vor allem bekannt durch den Luftwaffenstützpunkt Thule, den die Amerikaner während des Kalten Krieges ganz in der Nähe errichteten. Erst Mitte der Neunzigerjahre stellte sich heraus, dass die dänische Regierung den Amerikanern schon 1957 das Recht eingeräumt hatte, dort Atomwaffen zu lagern – jahrzehntelang ein Geheimnis. Da die Expeditionsteilnehmer aufgrund dieser historischen Gesamtsituation immer auch Botschafter sind, war die Teilnahme des Kronprinzen, einer so wichtigen Person des öffentlichen Lebens, ein ganz besonderes Ereignis.

Frederik jedoch hatte vor allem persönliche Gründe, sich auf dieses Abenteuer einzulassen. »Ich glaube, ich werde im Eis einer Einsamkeit begegnen, die nichts mit Langeweile zu tun hat, sondern damit, dass man sich selbst kennenlernen kann.« Dieser Wunsch ging offensichtlich in Erfüllung. Durch die Bilder des Kameramanns Torben Forsberg, der ebenfalls die ganze Expedition mitmachte, nahm das ganze Land später Anteil an Frederiks Erlebnis, und in zahlreichen Interviews hat er im Anschluss die Bedeutung dieser Reise für sich persönlich immer wieder betont: »Es gibt so etwas wie Oasen, Inseln, zu denen man sich weiter hin- oder von denen man sich fortbewegt, das ganze Leben lang. Man weiß, dass es dort etwas ganz Besonderes gibt. Solche Oasen sind absolut unabdingbar, nennen wir sie einen Balancepunkt. Das ist das, was Grönland mir für alle Zeit und Ewigkeit geschenkt hat. Grönland ist ein Ding für die Ewigkeit.«

Körperliche Anstrengung und geistige Leistung gehörten bei Frederik von jeher zusammen, immer haben seine Äußerungen über physische Grenzerfahrungen auch etwas Philosophisches. In der Tat wird Frederik der erste dänische Monarch mit einem abgeschlossenen Hochschulstudium sein, einem Magister in Politischen Wissenschaften, den er 1995 an

> Die »Sirius«-Expedition war ein Meilenstein im Leben des Kronprinzen. Das war der extremste Test. Es gab Teilnehmer ebenfalls auf hohem körperlichem Niveau, die angesichts der Strapazen aufgaben.
>
> Hans Bonde, Historiker

der Universität Århus erwarb. Für ihn war das Studium ein Mittel, um mehr Unabhängigkeit, noch mehr eigenes Profil zu gewinnen.

»Der Entschluss, eine richtige akademische Ausbildung zu absolvieren, war ein Schritt auf dem Weg, mehr Reserven und Grundlagen zu erwerben. Das gibt zusätzlich Kraft«, so Frederik über sein Studium. »Ich möchte nicht, dass man mir zu irgendetwas verhilft. Ich möchte meine Kräfte mit mir selbst messen.«

Außerdem ermöglichte ihm das Studium einmal mehr das so sehnlich gewünschte Leben in der Normalität, in der Lebenswirklichkeit der jungen Menschen seiner Generation – vor allem als er 1992/93 ein Jahr lang unter dem bürgerlichen Namen »Frederik Henriksen« in Harvard in den USA studierte. Als er von diesem Studienaufenthalt zurückkam und von der dänischen Presse schon am Flughafen empfangen wurde, machte er keinen Hehl daraus, dass die Freude eher einseitig war. Auf die Frage, ob Frederik die Journalisten denn vermisst habe, antworte er freimütig: »Nein, habe ich nicht.« Dabei, so drückte es Königin Margrethe einmal aus, wohne das dänische Königshaus, was die Presse und deren Verhaltenskodex angehe, Tür an Tür mit dem Paradies, was, verglichen etwa mit der Presse Großbritanniens, sicher stimmt. Gründe dafür dürften die Volksnähe sein, die Margrethe bei aller königlichen Distanz nachgesagt wird, und auch die Offenheit, die die Königsfamilie selbst lebt und somit das Bedürfnis der Presse, Privatangelegenheiten überhaupt erst zu enthüllen, in Grenzen hält.

Dennoch machten die bunten Blätter Frederik das Leben in den folgenden Jahren gelegentlich schwer, zumal er sich, wie die meisten jungen Royals, gelegentlich private Fehltritte leistete: Partytouren, betrunken im Auto oder, wesentlich häufiger, viel zu schnell am Steuer, was ihm den Spitznamen »Prinz Turbo« einbrachte. Die königliche Immunität bewahrte ihn zwar vor einer empfindlichen Strafe, nicht aber vor der Kritik. »Die Monarchie ist eine undemokratische Angelegenheit«, so etwa der Historiker Benito Scocozza. »Die Mitglieder des Königshauses können laut Grundgesetz strafrechtlich nicht zur Verantwortung gezogen werden. Das heißt, wenn der Kronprinz völlig idiotisch fährt, kann er nicht bestraft werden. Und so gesehen sind sie sehr, sehr weit entfernt von den rechtlichen und sozialen Bedingungen, unter denen wir anderen fünf Millionen Dänen leben. Das halte ich für völlig unannehmbar.«

Natürlich war auch das Liebesleben des Prinzen für die Medien von großem Interesse. Denn durch die militärische Ausbildung und sein Studium hatte er zwar weitgehend sich selbst gefunden, nicht aber die Frau fürs Leben. Stattdessen wurde er in den Neunzigerjahren immer wieder mit unterschiedlichen blonden Damen gesehen. Den Anfang machte die zu dem Zeitpunkt pikanterweise noch verheiratete Marie Louise Aamund, genannt »Malou«. Sie sorgte für Schlagzeilen, als sie am Silvesterabend bei dem Versuch verhaftet wurde, den betrunkenen Prinzen in dessen Wagen wegzufahren.

Zum ersten Mal richtig ernst wurde es 1994, als Frederik und das Fotomodell Katja Storkholm Nielsen zusammenfanden. Mutter Margrethe war von Anfang an gegen die Verbindung – und hielt mit ihrem Missfallen nicht hinter dem Berg. Eine Frau, die bereits für ein Versandhaus in Unterwäsche posiert hatte, war für Margrethe als Kronprinzessin undenkbar. Zwei Jahre später ging die Beziehung in die Brüche. Frederik stellte jedoch unmittelbar nach der Trennung selbstbewusst klar, dass er sich in Sachen Liebe keinerlei Vorschriften machen lassen und sich bei der Wahl seiner Partnerin weder um Tradition noch um die Meinung seiner Mutter scheren, sondern allein die Liebe entscheiden lassen werde. Tatsächlich ist dies jedoch nur beschränkt möglich, denn als Thronfolger muss der Kronprinz schlussendlich die Erlaubnis zur Hochzeit offiziell von der Regierung und von seiner Mutter einholen. Und für Margrethe hatte die Aussicht auf Dauerhaftigkeit einer Beziehung den allerhöchsten Stellenwert: »Wenn sie heiraten, geschieht es, um verheiratet zu sein und verheiratet zu bleiben. Ihre Ehen müssen halten. Wir können nicht tun, was andere Leute tun. In unserem Leben ist es außerordentlich wichtig, dass wir zusammenbleiben, weil wir nur uns haben.«

Auch die Beziehung zu der Popsängerin Maria Montell, die Frederik sehr zum Missfallen des Königshauses sogar in ihren Liedern besang, war nicht nach dem Geschmack der Königin und nur von kurzer Dauer. Allerdings dauerte sie lang genug, um im bezüglich des Umgangs mit der Presse eigentlich verwöhnten dänischen Königshaus einigen Ärger loszutreten. Frederik verbrachte mit seiner neuen Freundin Ferien im Familienschloss in Frankreich, als ein Fotograf aus dem Gebüsch Bilder der beiden schoss.

Die Zeitung *Seg og Hør* druckte nur diejenigen, in denen Frederik eine Badehose, Maria einen Bikini trug – doch auch das reichte schon, um Per Thornit, Frederiks Hofchef seit 1986, gegen die Verletzung der Privatsphäre des Kronprinzen protestieren zu lassen. Das schwedische Boulevardblatt *Aftonbladet* war weniger zimperlich und zeigte einen splitternackten Kronprinzen mit einem aufgedruckten Krönchen als Feigenblatt, der aus einem Schlossfenster einen Kopfsprung in den Swimmingpool zu seiner ebenfalls nackten Freundin macht. Auch wenn die Fotos in der Tat gegen das dänische Presserecht verstoßen, kamen die Zeitungen ungeschoren davon; das Königshaus klagte nicht, sondern beließ es bei Missfallensbekundungen. Zuletzt machte Frederik dann 1999 mit seiner Beziehung zu der Modedesignstudentin Bettina Ödum von sich reden, der Margrethe Hofverbot erteilte. Die beiden trennten sich.

Frederiks Ausrutscher – oder das, was die Presse dazu machte – konnten jedoch den Eindruck seiner grundsätzlich positiven persönlichen Entwicklung nicht beschädigen. So war es Frederik, der als erstes Mitglied des Königshauses gleich mehrfach, 1997 und 2000, zum »Dänen des Jahres« gewählt wurde und dabei in der Popularität noch vor seiner schon so außergewöhnlich beliebten Mutter rangierte. Er habe mit »zähem und zielbewusstem Einsatz die Probleme seiner Jugendzeit bewältigt«, so begründete die Zeitung *Berlingske Tidende* die Entscheidung der Dänen für den Kronprinzen – sein Mut, seine Offenheit und sein Geschick, offensichtlich auch bei Vorwürfen und Kritik noch den richtigen Ton zu treffen, überzeugten die Dänen.

»Er will keine reine Fassade sein«, so erklärt Hans Bonde die Tatsache, dass Frederik es schafft, vermeintliche Schwächen als Stärken zu nutzen. Der Kronprinz gehe zwar bis hart an die Grenze, aber er überschreite sie nicht. »Er will ehrlich sein und der dänischen Öffentlichkeit seine Gefühle mitteilen. Und das macht er mit so viel Takt und Humor, dass die Dänen das akzeptieren.« So hat Frederik trotz aller öffentlich geübten Kritik an seinen Eltern und seiner Kindheit, trotz oder gerade aufgrund aller Zweifel an sich selbst und seiner Rolle, zur Beliebtheit des Königshauses immens beigetragen. Dabei stand Frederiks größter Trumpf zu diesem Zeitpunkt noch aus.

Eine Frau erobert sich die Welt

Während Frederik in Dänemark alles tat, um sich mit der von Geburt an für ihn vorgesehenen Rolle des Kronprinzen zu arrangieren, musste Mary sich auf der anderen Seite der Welt ihren Platz im Berufsleben erst noch erkämpfen. Nach dem Abschied von der Familie in Hobart, von Mutter Etta, von ihrer Kindheit, nahm Mary in Melbourne eine Stelle bei der internationalen Werbeagentur DDB Needham an. Ihr erster Chef Tom Dery erinnert sich gut und gerne an seine Mitarbeiterin. Er traf Mary zum ersten Mal bei gemeinsamen Freunden. Sie fragte ihn um Rat, wie sie ihre Karriere am besten angehen solle. Die junge Frau beeindruckte ihn so, dass er sie gleich selbst einstellte und ihr eine Position als Trainee anbot.

»Es war die Kombination«, so Dery. »Erstens hatte sie eine ausgezeichnete Ausbildung, das ist schon mal eine der wichtigsten Voraussetzungen. Zweitens war sie offensichtlich bereit, sehr hart zu arbeiten. Und drittens hatte sie eine Art, auf Leute zuzugehen. Es schien mir, dass sie einfach gut mit den Leuten kommunizieren konnte. Das sind Eigenschaften, die in unserer Industrie sehr, sehr wichtig sind.« Den einzigen Fehler, den er an Mary entdecken konnte, war ein gewisses Maß an Ungeduld mit sich selbst. »Ich war begeistert«, so Dery. Und die Kollegen wohl auch – Mary galt als natürlich, nicht abgehoben oder »down-to-earth«, wie ihr ehemaliger Chef es nennt, und trotz ihres jungen Alters als in sich ruhende Persönlichkeit. Bis heute hat er einen guten Kontakt zu Mary – sie wurde Schirmherrin einer von ihm gegründeten Stiftung zur Förderung der Krebsforschung.

1996, nach anderthalb Jahren in Melbourne, wechselte Mary und wurde Kundenbetreuerin bei MOJO Partners, arbeitete an PR-Projekten für die Restaurantkette »Hard Rock Café«, für ein Hotel, eine Bank – eine zielstrebige junge Frau am Beginn ihrer beruflichen Laufbahn. Alles lief nach Wunsch – bis sie im November 1997 völlig überraschend eine schreckliche Nachricht erreichte.

Ihre Mutter hatte sich einem Routineeingriff am Herzen unterzogen, doch es war zu Komplikationen gekommen. Etta starb am 20. November im Alter von gerade einmal fünfundfünfzig Jah-

> **Eine Mutter ist in gewissen Phasen des Lebens die wichtigste Person.**
> Mary, 2005

219

ren, nur zwei Wochen, bevor sie ihren Job an der Uni an den Nagel hängen und in Frührente gehen wollte. Ihr Verlust war für die ganze Familie ein großer Schock.

»Auch wenn das vielleicht jeder über seine Mutter sagen würde: Sie war die beste Mutter der Welt«, sagte Mary, mit den Tränen kämpfend, in einem Porträt, das kurz vor ihrer Hochzeit während eines Besuchs in Tasmanien für das dänische Fernsehen gedreht wurde. Der Verlust der Mutter veränderte die damals Fünfundzwanzigjährige, es vergingen Jahre, bis sie ihn verarbeitet hatte. Schon in Dänemark, sagte sie über diese Zeit: »Das ist das Verrückte daran, dass man durch Trauer so viel lernt. Ganz egal, wie sehr du einen Menschen vermisst – auf irgendeine Art und Weise bist du eines Tages so weit, dass du diesen großen Verlust akzeptiert und es schaffst, etwas Gutes darin zu sehen. Wenn du das schaffst, dann wirst du wirklich erwachsen.«

Nach dem Tod ihrer Mutter begann Mary, ihr ganzes Leben, ihren Beruf, ihre Karriere, all das, was ihr so festgefügt, so sicher und verlässlich erschienen war, zu überdenken und infrage zu stellen. Sechs Monate später kündigte sie bei MOJO, packte ihre Sachen und brach auf in die Welt. Auf Umwegen erreichte sie Schottland, die Heimat ihrer Eltern, und verbrachte einige Zeit mit ihren Verwandten dort. Sie nahm sogar einen Dreimonatsvertrag der britischen Werbeagentur Rapp Collins Worldwide in Edinburgh an, gelangte schließlich jedoch zu der Einsicht, dass es für sie nicht oder zumindest noch nicht an der Zeit war, so weit weg von ihren Wurzeln zu leben. Knapp ein Jahr nach ihrem Aufbruch in die Welt kehrte Mary, über Umwege durch Europa und die USA, zurück nach Australien und machte einen Neuanfang in Sydney. Zunächst nahm sie eine Stelle als Kundenbetreuerin bei der internationalen Werbeagentur Young & Rubicam an. Ihre ehemaligen Kollegen beschreiben sie ausnahmslos als strebsam und fleißig, aber auch einfach als nette und nicht zuletzt aufgrund ihres guten Aussehens sehr beliebte Kollegin, mit der jeder gern zusammenarbeitete.

Auch privat bedeutete Sydney für Mary einen Neuanfang. Seit ihrer Studienzeit in Hobart war sie mit Brent Annells zusammen gewesen, heute ein erfolgreicher PR-Manager. Wie sie stammte er aus Hobart, und wie sie arbeitete er in Melbourne, die beiden wohnten zusammen. Die Trennung sei freundschaftlich gewesen, sagt ihr Exfreund, der sich auch ansonsten freundlich und respektvoll über Mary äußert. Sie hätten sich einfach auseinanderentwickelt, hätten aber bis heute einen guten Kontakt zueinander, so Mary in einer Fernsehdokumentation.

Glenn Marriott, der erste Freund aus Teenietagen, und Brent Annells – diese beiden Geschichten sind alles, was sich über Marys Liebesleben vor Frederik aufdecken lässt. Auch nach ihrem Umzug in die große Stadt existieren keine kompromittierenden Briefe, Fotos oder Videos und wohl auch keine rachsüchtigen Exliebhaber, die aus dem Nähkästchen plaudern und das ans Licht zerren könnten, was für den Ruf der bürgerlichen Bräute europäischer Kronprinzen viel gefährlicher ist als ihre Herkunft: ihre Geschichte.

Ebendiese fürchtete auch Königin Margrethe, deshalb hatte sie ja mit ihrer Kritik an der Vergangenheit früherer Liebschaften Frederiks nie hinter dem Berg gehalten. Doch Mary war eine »Märchenbraut ohne Vorgeschichte«, wie sie in einer Biographie genannt wird, und damit auch für Königin Margrethe eine ideale Braut für den Thronfolger.

Nach dem Tod Henriettas war John Donaldson für einige Jahre allein – bis 1999 die britische Krimiautorin Susan Moody, deren Titel »Herzkönig«, »Der verschwiegene Garten« oder »Die Malerin« auch im deutschsprachigen Raum bekannt wurden, als Gastlektorin an die Universität von Tasmanien kam. Die beiden verliebten sich ineinander und schafften es schließlich, sich zwischen Susans Heimat in Oxford und Johns Domizil in Hobart zu arrangieren. An seinem sechzigsten Geburtstag am 5. September 2001 heiratete John Dalgleish Donaldson Susan Moody in ihrer Heimatstadt Oxford.

Die beiden richteten sich nun ein auf ein Leben zwischen zwei Welten. Marys Elternhaus in der Morris Avenue wurde verkauft. Zusammen mit seiner neuen Frau kaufte Marys Vater ein Haus in Sandy Bay, einem schicken Vorort von Hobart, sodass das Paar die eine Hälfte des Jahres in Oxford und die andere Hälfte in Hobart verbringen konnte. Zu Johns neuer Frau haben die Donaldson-Kinder ein gutes Verhältnis, die Familientreffen fanden fortan in neuer Runde und an neuem Ort, dafür aber nicht weniger herzlich statt. – Was Mary noch nicht ahnte, war, dass auch ihr ein Spagat um die halbe Welt bevorstand.

Romanze auf der anderen Seite der Erde

Als Kronprinz hatte Frederik schon zahlreiche Reisen unternommen, doch Australien war auf seiner Landkarte noch ein blinder Fleck. Das änderte sich, wie sein ganzes Leben, mit den Olympischen Sommerspielen 2000 in Sydney. Zusammen mit seinem Bruder Joachim, der Australien 1986/87 während der Arbeit auf einer Farm in der Nähe von Wagga Wagga kennengelernt hatte, traf Frederik am Freitag, dem 16. September, in Sydney ein, gerade passend zur Eröffnungsveranstaltung im Olympiastadion. Für alle war es ein bewegender Moment, als Cathy Freeman, die Weltmeisterin im 400-Meter-Lauf, das olympische Feuer entzündete. Am nächsten Tag feuerten die Prinzen, ohne Rücksicht auf ihren Jetlag, ihre Landsleute im Triathlon, beim Tischtennis und bei den Schwimmwettkämpfen an. Der Samstagabend war für Party und Ausgehen reserviert. Jetzt fehlte nur noch der passende Tourguide für die angesagtesten Kneipen und Clubs, so beschreiben es Marys Biographinnen Karin Palshøj und Gitte Redder.

Den konnte der Neffe des spanischen Königs, Bruno Gomez-Acebo, beisteuern, der ebenfalls in Sydney war. Viele Jahre zuvor hatte er die Australierin Katya Tarnawski in London kennengelernt. Zusammen mit ihrer Schwester Beatrice war Katya bereit, sich um Brunos Abendunterhaltung und die seiner Freunde zu kümmern. Beatrice bemühte sich, die Gruppe noch um einige attraktive Mitglieder von australischer Seite zu verstärken. Neben anderen rief sie einen guten Freund an, Andrew Miles, lud ihn ein und bat ihn, noch ein paar hübsche Mädchen mitzubringen. Sie wollte sichergehen, dass die Gruppe aus etwa gleich vielen Männern und Frauen bestand.

So traf sich am Abend des 17. September 2000 in der Bar des Regent Hotel eine illustre Gruppe junger Leute: neben dem schon erwähnten Bruno der dänische Kronprinz Frederik und sein Bruder Joachim, die norwegische Prinzessin Märtha Louise, der griechische Prinz Nikolaos und ein Leibwächter. Alle stellten gleich zu Anfang klar, dass der Abend in informellem Rahmen stattfinden sollte. Deshalb verzichtete die Gruppe auch auf den Transport mit den offiziellen Olympiaautos, die extra für die wichtigen Gäste bereitstanden. Stattdessen nahmen sie Taxis.

Gegen neun Uhr kam der gut gelaunte Trupp im Slip Inn an, einer wohl-bekannten Sydneyer Bar. Hier hatte Beatrice sich mit ihrem Freund An-drew Miles und dessen Begleitung verabredet, einer Frau, die mit Andrew im selben Haus wohnte: Mary Donaldson. Die beiden saßen drinnen und unterhielten sich, Mary in Jeans und einem ärmellosen Top in glitzerndem Grün und Gelb, frisch und sportlich sah sie aus, so schildert Beatrice die Szene in der Mary-Biographie von Palshøj und Redder. Nach den ersten Drinks an der Bar nahmen alle an Tischen Platz. Mary, so erzählte Prinz Joachim später den dänischen Medien, wurde zufällig zwischen ihm selbst und Prinz Frederik platziert, und es entwickelte sich eine Unterhaltung zwischen den dreien und vor allem auch zwischen Frederik und Mary.

»Sie haben viele Witze gemacht, gelacht, ich würde sogar sagen, sie haben geflirtet«, erinnert sich Justin Tynan, der Manager des Slip Inn. »Man konnte sehen, dass da zwischen den beiden was lief. Da war eine ganz besondere Präsenz zwischen ihnen.«

Zunächst wusste Mary nicht, mit wem sie es zu tun hatte, erst im Laufe des Abends wurde klar, das sich hinter diesem »Frederik aus Dänemark« niemand Geringerer als »Seine Königliche Ho-heit, Kronprinz Frederik von Dänemark« verbarg. Immerhin hatten Frederik und seine europäischen Freunde sich ja auch einen informellen Abend ge-wünscht.

> Ich hatte absolut das Gefühl, hier habe ich jemand Beson-deren getroffen. Eine, die bestimmt einen Anruf wert ist. Mindestens einen Anruf …
>
> Frederik

Auch die Beschäftigten der Slip Inn Bar hatten keinen Schimmer, wen sie da gerade bewirteten. Erst als es ans Bezahlen ging, dämmerte Manager Justin Tynan, dass er es mit ganz besonderen Gäs-ten zu tun haben musste. »Ein Gentleman schob eine schwarze American-Express-Kreditkarte rü-ber. In diesen Tagen hatte einfach niemand eine schwarze American-Express-Karte, es gab nur ganz, ganz wenige davon. Also wurde mir klar,

> Es hat nicht gleich am ersten Abend »bang« gemacht. Ich dachte: Schade, dass er kein Australier ist. Ich bin immer ziemlich rational, und es schien mir recht irrational, auf die andere Seite des Globus zu gehen, um in Dänemark zu leben.
>
> Mary

dass ich in der Gegenwart einer berühmten Per-sönlichkeit sein musste, von jemandem mit Geld oder Macht. Die Kellner hatten zu der Zeit keine Ahnung, wer Frederik war«, so Justin Tynan. »Wen wir da bewirtet hatten, haben wir erst bei der Abrechnung am nächsten Tag herausgefunden. An dem Abend hatten wir keine Ahnung.«

Für die Slip Inn Bar zahlte sich der Abend langfristig aus – das Etablissement wurde zur Pilgerstätte für Mary-und-Frederik-Fans, die Hochzeit wurde im Slip Inn als Riesenparty und mit Liveübertragung gefeiert. Bis heute werden hier Singleabende angeboten mit dem vieldeutigen Titel »Meet your Prince at the Slip« – »Triff deinen Prinzen im Slip«.

Während der Spiele hatte Prinz Frederik viele offizielle Verpflichtungen, doch es blieb Zeit für mehrere weitere Treffen. So besuchte Frederik Mary während seines Aufenthalts zu Hause in der Porter Street, wo sie in einem hübschen Haus aus den Zwanzigerjahren zusammen mit zwei Mitbewohnern lebte. Und die beiden hatten Glück: Den zahlreichen dänischen Reportern, die für die Berichterstattung über die Olympischen Spiele in Sydney waren, blieben die zarten Bande, die Frederik mit der fremden Australierin knüpfte, verborgen.

So wurden die Olympischen Spiele in Sydney nicht nur für einige dänische Sportler ein Erfolg, sondern auch für den Kronprinzen. Sein erster Besuch bei Mary nach dem Ende der Spiele ließ nicht lange auf sich warten. Nach nur zwei Wochen in Dänemark reiste er schon im November 2000 wieder nach Sydney, den offiziellen Verlautbarungen des Palastes zufolge, um Urlaub zu machen und das Land besser kennenzulernen. Er verbrachte die Zeit mit Mary. Doch früher als geplant musste Frederik nach Dänemark zurückkehren: Seine Großmutter Ingrid, inzwischen neunzig Jahre und immer noch eine ganz wichtige Persönlichkeit in Frederiks Leben, lag nach einigen Wochen schwerer Krankheit im Sterben. Der Kronprinz traf noch rechtzeitig in Kopenhagen ein, um Abschied von der alten Dame zu nehmen.

Im kommenden Jahr flog Frederik noch mindestens fünfmal nach Sydney. Und dort geschah ein kleines Wunder: Es gelang Mary, die wenigen eingeweihten Freundinnen und ihre Mitbewohner zu absoluter Verschwiegenheit über die Identität ihres neuen Freundes zu verpflichten. Frederik und Mary sollten wirklich fünfzehn Monate geschenkt bekommen, in denen sie ohne öffentliche Beobachtung miteinander vertraut werden, in denen sie spazieren gehen, im Café sitzen und essen gehen konnten, ohne dabei in Gefahr zu geraten, dass jemand Frederik sechzehntausend Kilometer fern der Heimat erkannte. Beide konnten ihre Liebe leben

Es ist normal, dass junge Menschen Zeit mit Freunden verbringen und sich Zeit nehmen, einander kennenzulernen.
Per Thornit, Hofchef und Berater Frederiks, 2000

ohne Palast, Pomp und Protokoll, ohne Verpflichtungen, Orden und Uniformen und, was am allerentscheidendsten war, ohne die ständige Beobachtung durch die Presse. So konnte der Kronprinz durch die Beziehung mit Mary mehr als je zuvor endlich das sein, was er sich immer am sehnlichsten gewünscht hatte: ganz normal. Beide haben diese Zeit der unbeobachteten Zweisamkeit wiederholt als ganz entscheidend für die Entwicklung ihrer Beziehung beschrieben.

Auch wenn die beiden mit Freundschaften vorsichtig sein mussten, um ihre Anonymität nicht zu gefährden, hatten sie bald gemeinsame Freunde. Michaela Ward, eine dänische Profiseglerin, hatte Frederik bereits während der Olympischen Spiele ihrem Freund Chris Meehan, Chef des gerade neu gegründeten Immobilienunternehmens Belle Property und ebenfalls leidenschaftlicher Segler, vorgestellt. Gemeinsam unternahmen die beiden dänisch-australischen Paare Segeltouren und verbrachten Zeit zusammen. Für Mary brachte die Bekanntschaft mit Chris Meehan auch eine berufliche Weiterentwicklung mit sich. Schon sehr bald war Chris von Marys fachlichen und persönlichen Qualitäten so überzeugt, dass er sie in sein Managementteam holte. Noch Ende 2000 wurde Mary Verkaufsleitern von Belle Property und erlebte die erfolgreiche Aufbauphase des Unternehmens mit, das schon bald über hundert Mitarbeiter hatte und Zweigstellen einrichtete.

Das Wichtigste an dem neuen Job jedoch war, dass Chris Meehan, der Chef, ebenfalls sehr verschwiegen sein konnte: Selbst Marys Kollegen und manche Freunde, so berichten Marys Biographinnen, kannten den jungen Mann, der Mary gelegentlich in der Firma besuchen kam, lange Zeit nur als »Fred aus Dänemark«.

Aus Sicherheitsgründen ließen sich die Besuche Frederiks allerdings nicht vollständig geheim halten. So war das dänische Konsulat in Sydney immer darüber informiert, wann der Kronprinz Mary besuchte und wo er war. »Der Kronprinz kann gar nicht ins Land kommen, ohne dass wir davon wissen. Das geht einfach nicht, wir müssen ja auch die Sicherheitsbehörden hier in Australien in Kenntnis setzen«, so Joergen Moellegaard, dänischer Generalkonsul in Sydney. Die Heimlichkeit hatte allerdings auch den Vorteil, dass es nicht besonders kompliziert war, für die Sicherheit des Kronprinzen zu sorgen. »Wir halfen ihm, wenn er ein Auto mieten wollte, organisierten die Sicherheitsvorkehrungen am Flughafen, das war's.«

So wie Frederik sein Inkognito-Dasein genoss, sosehr machte Mary sich offenkundig Gedanken darüber, wie sie ihrer neuen Rolle gerecht werden könnte. Nur wenige Wochen nachdem sie Frederik kennengelernt hatte, buchte sie einen Kurs bei Teresa Page, einer Personalitytrainerin, die Kurse unter der Marke »StarQuest« anbietet – was Mary von den Medien später oft als berechnende Vorbereitung auf die Rolle der Kronprinzessin vorgehalten wurde. Für rund siebenhundertfünfzig Euro lernen die Teilnehmer über einen Zeitraum von sechs Wochen in sechs jeweils vierstündigen Unterrichtseinheiten, wie sie sich selbst in der Öffentlichkeit besser darstellen können: angefangen bei einer stilvollen Haltung und einem attraktiven Gangbild über eine selbstsichere Ausstrahlung, die kurze Präsentation von Texten in der Öffentlichkeit und die richtige Positur vor einer Kamera bis hin zu Übungen zur Entspannung und Selbstfindung und für mehr Selbstbewusstsein.

Die Leute, die in meinen Kurs kommen, wollen sich ändern. Sie wollen sich selbst verbessern. Sie wissen, dass es mehr im Leben gibt, dass sie mehr erreichen können, besser aussehen und sich besser fühlen können.

Teresa Page, Persönlichkeitstrainerin »StarQuest«

»Mary sagte, sie sei jetzt achtundzwanzig Jahre alt und wolle ihr Leben verändern. Das Leben ziehe vorbei, und sie wolle sich ändern«, erinnert sich Kursleiterin Teresa Page an das erste Gespräch mit Mary. »Sie ist ein Mensch, der das Wissen liebt und sich selbst entwickeln will, die danach strebt, ihr volles Potenzial auszuleben.« Und dabei sollte ihr Teresa Pages Kurs helfen.

Die Videoaufnahmen, die die Kursleiterin in Marys wie in jedem Kurs gemacht hat, sind von der Kronprinzessin längst vor jeder Veröffentlichung geschützt worden.

Die Entscheidung

In Marys Augen war es keineswegs nur eine Belastung, dass sie und Frederik für ihre Liebe lange Zeit um die halbe Welt reisen mussten, sondern sie sah darin auch eine besondere Chance. Denn eben weil sie sich nicht so häufig sehen konnten, mussten die beiden andere Wege finden, um sich kennenzulernen – etwas, das Mary als im besten Sinne altmodisch empfand: »Unser Kontakt bestand in richtigen Briefen, über E-Mails und Telefongespräche. Fast jeden Tag. Wir schickten uns Bilder und viele verschiedene Kleinigkeiten«, wie etwa Musik-CDs mit der eigenen Lieblingsmusik.

Doch irgendwann schöpfte die dänische Presse dann doch Verdacht und wollte herausfinden, warum der Kronprinz regelmäßig von der Bildfläche verschwand und warum er plötzlich so häufig nach Australien flog. Dem dänischen Wochenmagazin *Billed-Bladet* gelang es schließlich, das Rätsel zu lösen: Am 12. November 2001 wartete die Reporterin Anne Johannesen am Ausgang von Belle Property. Auf die Frage, ob sie die neue Freundin von Kronprinz Frederik sei, antwortete

> Je teurer das Flugticket in ihre Heimat, desto geringer die Wahrscheinlichkeit, dass dänische Journalisten hinfahren und alte Geschichten ausgraben.
> Margrethe, 2000

Mary nur: »Kein Kommentar« – für die Reporterin von *Billed-Bladet* war die Sache jedoch klar. Drei Tage später erschien die neue Ausgabe mit einem Foto der jungen Australierin auf der Titelseite. Und nur eine Woche später fragten auch die deutschen royalen Wochenblätter: »Wird diese junge Frau die nächste Königin von Dänemark?«

Doch bis dahin hatten Mary und Frederik über fünfzehn Monate hinweg die Gelegenheit gehabt, sich von der Öffentlichkeit ungestört kennenzulernen, hatte Frederik seine Traumfrau ganz allmählich hingeführt zu der Frage, ob sie ihre Heimat, ihr ganzes bisheriges Leben für ihn aufgeben könnte. Nun war die Zeit der Entscheidung gekommen – nicht nur begann jetzt der Druck der dänischen Öffentlichkeit, auch die beiden hatten längst eingesehen: Für eine Fernbeziehung über sechzehntausend Kilometer waren ihre Gefühle zu tief, war ihre Beziehung zu ernsthaft geworden.

Also nahm Mary sich den Rat zu Herzen, den Frederik ihr gegeben hatte: »Zu wagen heißt, für eine Stunde den Halt zu verlieren. Nicht zu wagen heißt, sich selbst zu verlieren« – und Mary wagte den großen Schritt. Noch im Dezember 2001 beendete Mary ihren Arbeitsvertrag bei Belle Property und ihren Mietvertrag für das Haus in der Porter Street und nahm Abschied von ihrer Heimat, ihren Freunden, von Sydney – von ihrem ganzen bisherigen Leben.

Der erste Schritt Richtung Dänemark führte Mary für kurze Zeit nach London, dann nach Paris, wo sie von Februar bis Juli 2002 an einer Schule für Business English unterrichtete. Zwar konnten Mary und Frederik sich jetzt häufiger sehen, doch Mary fühlte sich in Paris nicht wohl: »Das war eine schwere Zeit für mich. Ich kannte kaum jemanden. Ich eigne mich einfach nicht für eine so große Stadt, das ist noch etwas, was ich gelernt habe – Paris, das bin nicht ich.«

Auf einem der zahlreichen Flüge von und nach Dänemark war auch der dänische Premierminister Anders Fogh Rasmussen an Bord der Maschine. Frederik nutzte ganz unverkrampft die Gelegenheit, dem Regierungschef seine große Liebe geradeheraus vorzustellen mit den Worten: »Das ist meine Freundin, Mary.«

Nach dem Sommerurlaub 2002 wagte Mary schließlich den Schritt nach Kopenhagen und nahm im September eine Stelle als Projektberaterin im Bereich Geschäftsentwicklung, Kommunikation und Marketing bei der Firma Microsoft Business Solutions an, wo sie das noch verbleibende Jahr bis zu ihrer Verlobung mit Frederik arbeitete. Außerdem nutzte Mary die Zeit, mit ihrer neuen Heimat vertraut zu werden. Erleichtert wurde ihr der Umzug nach Dänemark durch den Umstand, dass ihr Vater seine Stelle an der Universität von Tasmanien aufgab und sich als Gastlektor unter anderem an der Universität von Århus einrichtete.

> Man muss unterscheiden zwischen dem Verliebtsein und der Liebe. Dann fühlt man, wenn die Richtige da ist.
>
> Frederik, Januar 2002

Manche dänische Zeitungen versuchten alles, um das erste Foto von Mary und Frederik auf dänischem Boden zu ergattern. Das andere, mit mindestens ebenso großer Spannung erwartete Motiv war der erste öffentliche Kuss. Den schenkten Mary und Frederik den Reportern zuerst, und zwar im Januar 2003 in Marys Heimatstadt Hobart. Frederik nahm an einer Segelregatta teil, und die beiden standen im Hafen, mit dem Rücken zu den Fotografen. Plötzlich wendet Frederik sich Mary zu und küsst sie auf die Wange – dann lächelte er den Fotografen zu, als wollte er sagen:

»Na, darauf habt ihr doch gewartet – seid ihr jetzt zufrieden?« Nun zahlte sich der Umgang mit der Presse, den Frederik oft unfreiwillig von Kindesbeinen an hatte erlernen müssen, aus – selbstbewusst spielte er auf der Klaviatur der Medien. Das Land war begeistert und hatte die Botschaft verstanden: Diesmal war es wirklich ernst. Die ersten Aufnahmen von Mary und Frederik in Dänemark folgten dann im Mai 2003 vor dem Amalienborger Schloss, als das Paar von einer Segelregatta nach Hause kam und von den Reportern erwartet wurde. Es dauerte dann noch bis August 2003, ehe Königin Margrethe ihrem Einverständnis mit der Schwiegertochter in spe öffentlichen Ausdruck verlieh. Bei ihrem traditionellen Interview zusammen mit ihrem Gatten Henrik auf dem Weingut der königlichen Familie in Frankreich bestätigte sie zum ersten Mal, Mary kennengelernt zu haben: »Wir haben sie getroffen, wie Sie alle wissen, und wir schätzen sie.« Die Mutter, der bis dahin keine Frau an der Seite ihres Sohnes adäquat erschienen war, hatte ihre Zustimmung erteilt. Frederik war sich selbst treu geblieben, war seinem Herzen gefolgt, so wie er es sich immer vorgenommen hatte, und hatte die Frau seines Lebens gefunden.

Am 8. Oktober 2003 gab Königin Margrethe in der Sitzung des Staatsrates gegenüber dem Premierminister ihr unabdingbares Einverständnis zur Heirat ihres Sohnes mit der bürgerlichen Australierin Mary Elizabeth Donaldson. Um zwölf Uhr mittags war dann endlich der Moment gekommen, auf den nicht nur die dänische Öffentlichkeit so lange gewartet hatte: Die frisch Verlobten traten auf den Balkon von Schloss Christiansborg, dem Parlamentsgebäude, und ließen sich von der begeisterten Menge feiern. Nachmittags fand dann in Schloss Fredensborg, dem Sommersitz des Königshauses eine knappe Stunde nördlich von Kopenhagen, die erste gemeinsame Pressekonferenz von Mary und Frederik statt.

Mary hatte für diesen Tag trainiert, sich über Monate auf diesen Moment vorbereitet, innerlich wie äußerlich. Schon lange war sie viel schlanker, zierlicher als noch zu Beginn ihrer Beziehung mit Frederik. Kannten die Medien Mary bis zu die-

Königin Margrethe kann sehen, dass ihr Sohn in Mary verliebt ist. Das ist für eine Mutter doch das Allerwichtigste.

Emilia van Hauen, Soziologin und Hofexpertin

Als sie ihre Verlobung bekannt gaben, habe ich im Internet nachsehen müssen, wo dieses Dänemark eigentlich liegt. Ich bin mir sicher: Kaum ein Australier hat vorher viel über Dänemark gewusst.

Justin Tynan, Manager der Bar Slip Inn in Sydney

sem Tag vor allem leger, in Jeans und Bluse, so stellte sich der versammelten Nation jetzt plötzlich eine elegant gestylte junge Frau im beigefarbenen Kostüm mit schmalem Seidengürtel vor, die langen dunklen Haare perfekt frisiert, mit sympathischem Augenaufschlag, der ihre Nervosität verriet, und doch im Gespräch mit den Journalisten selbstsicher und schlagfertig. Und schon mit ihren ersten Worten – auf Dänisch selbstverständlich – eroberte Mary die Herzen ihrer neuen Landsleute im Sturm.

»Guten Tag, ich würde gern einige Worte sagen, bevor wir anfangen. Ich bin sehr glücklich, in Dänemark zu sein. Heute ist ein sehr aufregender Tag, und ich bin sicher, Sie können verstehen, dass ich ein klein wenig nervös bin. Ich habe gelesen, dass ich fließend Dänisch spreche. Danke! Aber leider ist das nicht ganz richtig. Es ist wichtig für mich, dass ich sehr gut Dänisch spreche, und ich freue mich sehr darauf, es fließend zu beherrschen. Wenn Sie Fragen in Dänisch stellen, wäre es eine große Hilfe, wenn Sie langsam sprechen könnten.«

Eigentlich war es unnötig, dass Mary und Frederik den versammelten Journalisten von ihren Gefühlen füreinander erzählten, ihre innige Liebe war auch ohne Worte kaum zu übersehen: unzählige verliebte, liebevolle Blicke und gerade in Frederiks Augen ein zufriedener Stolz auf seine angehende Frau. »Es ist schwer, etwas so Wundervolles zu beschreiben«, so Frederik über Mary – und umgekehrt: »Jeder, der ihn trifft, kann spüren, dass Frederik ein ganz besonderer Mensch ist.«

Die Hochzeit wurde für Freitag, den 14. Mai 2004, angesetzt. Die Trauung sollte in der Domkirche Unserer Frau von Kopenhagen stattfinden – die den anderthalbtausend geladenen Gästen viel mehr Platz bot als die Kapelle des Sommersitzes Schloss Fredensborg außerhalb der Stadt, wo die dänischen Royals sich üblicherweise das Jawort geben. Mary und Frederik wollten nicht nur den Hochadel und eigene Freunde einladen, sondern auch Vertreter der dänischen Kultur und Wirtschaft. Außerdem konnte das Paar von der Domkirche aus nach der Trauung mit einer Kutschfahrt durch die Stadt die von Frederik angestrebte Volksnähe unterstreichen.

In den Monaten bis zum großen Tag setzte Frederiks Hofchef Per Thornit das umfangreiche Programm fort, mit dem er Mary schon auf die Verlobung vorbereitet hatte. Neben intensivem Sprachunterricht mit zwei Privatlehrerinnen beschäftigte Mary sich mit der Geschichte und Landeskunde Dänemarks ebenso wie mit aktuellen Problemen, besuchte Museen und Theatervorstellungen, traf wichtige Vertreter der dänischen Elite und versuchte sich mit der ihr eigenen sorgfältigen Art all das, was für eine Dänin selbstverständlich war, anzueignen – sicher nicht ohne ihren Schwiegervater Prinz Henrik vor Augen zu haben, über dessen französischen Akzent und die gelegentlichen Rückzugswünsche in seine französische Heimat sich die dänischen Zeitungen bis heute gelegentlich lustig machen.

Für die Dänen war Frederiks und Marys Geschichte wie ein bisher unbekanntes Märchen von Hans Christian Andersen – und ein grandioses, so bisher in Dänemark einzigartiges Medienereignis mit tagelangen Liveübertragungen, angefangen beim Wettsegeln des Kronprinzenpaars im Kopenhagener Hafen – Marys Boot, gesteuert von dem australischen America's-Cup-Sieger John Bertrand, gewann – über die große Gala in der königlichen Oper am Vorabend der Hochzeit und das »Rock 'n' Royal«-Konzert bis hin zur Trauung und den sich anschließenden Feierlichkeiten. So sah das ganze Land eine Märchenhochzeit mit einer Märchenprinzessin: Am 14. Mai 2004 um kurz nach vier Uhr nachmittags schritt Mary am Arm ihres Vaters auf den Altar in der Kopenhagener Domkirche zu, in einem Kleid, kreiert von dem dänischen Designer Uffe Frank, mit einer acht Meter langen Schleppe und – eine ganz besondere, anerkennende Geste der Schwiegermutter – mit dem Schleier, den schon Königin Ingrid bei ihrer Trauung 1935 und Margrethe selbst 1967 getragen hatte. Als Mary in ihrem Brautkleid auf Frederik zukam, war er, der Leistungssportler und Elitesoldat, der »harte Kerl«, so gerührt, dass das ganze Land seine Tränen sehen konnte. Ein Meer von dänischen und australischen Fähnchen wogte den beiden entgegen, als sie sich nach der Trauung auf dem Balkon von Schloss Amalienborg den vom Publikum vehement geforderten innigen Kuss gaben.

> **Es gibt nicht viele Franzosen, die eine fremde Sprache lernen können, ohne dabei einen französischen Akzent zu haben. Dennoch kennt Prinz Henrik viel, viel mehr dänische Wörter als vielleicht der Durchschnitt der Dänen. Aber einige Dänen nehmen einfach an seinem Akzent Anstoß.**
> Bodil Chat, Hofreporterin

> **Bei der Trauung in der Kirche kamen ihm die Tränen, und dieses Bild wurde nicht nur in Dänemark gezeigt, es ging um die ganze Welt: ein Monarch, der sehr machohaft wirkt, andererseits aber auch eine sehr emotionale Seite hat.**
> Hans Bonde, Historiker

> **Liebe Mary, ich begrüße dich in unserer Familie. Mit deiner Wärme und deiner Stärke hast du unser Vertrauen gewonnen. Und Frederik hat sein wahres Ich erst durch dich gefunden.**
> Margrethe

231

Am Abend feierte die Hochzeitsgesellschaft auf Schloss Fredensborg. In ihrer Tischrede zollte Margrethe ihrem Sohn öffentlich Anerkennung. »Als Dänemarks Kronprinz warst du schon früh von sehr viel Aufmerksamkeit umgeben, und das war nicht immer einfach. Aber im Laufe der Jahre konnten wir beobachten, wie du dich entwickelt hast, und wie du gereift bist und deinen eigenen Platz gefunden hast – durch viel zähe Arbeit und dank der reichen Gaben, die du in deinem Innern besitzt. Du bist ein warmherziger Mensch, und das merkt jeder, der dich trifft; du vermittelst Vertrauen; du bist einer, auf den man sich verlassen kann. Viel davon hast du aus eigener Kraft erreicht; aber deine Eltern, Papa und Mutter, wir wissen, wie du dein wahres Ich gefunden hast. Es geschah, als du Mary getroffen hast. Da zog der Frühling in dein Inneres ein, und es begann um dich herum zu blühen, genauso wie an diesem Maitag.«

Die neue Rolle

»Ein Königshaus muss wie eine Firma geführt und wie eine Marke gepflegt werden«, lautet Prinzessin Marys Leitspruch für die Monarchie im 21. Jahrhundert. »Auch ein Königshaus muss wie jedes andere Unternehmen Strategien entwickeln in einer von Konkurrenz geprägten Welt. Wir möchten die nationalen Gefühle bei den Menschen wecken, zeigen, dass wir an ihren Problemen Anteil nehmen. Deshalb können wir uns nicht auf unserem Schloss einigeln, sondern müssen zu den Menschen kommen, ihnen zuhören und mit ihnen reden.«

Mit einem gesunden Gespür für die richtige Dosis hat Mary in den vergangenen drei Jahren bewiesen, dass sie zusammen mit Frederik dem dänischen Königshaus eine ganz eigene Note verleihen kann – ihren beruflichen Hintergrund vermag sie dabei kaum zu leugnen. Das wichtigste Gestaltungselement, über das Frederik und Mary dabei verfügen, ist ihre eigene Vorbildfunktion als Mann und Frau, als Paar, als Vater und Mutter in einer jungen Familie. Dabei hat es Tradition im

> Ich sehe meine Aufgabe nicht nur im Eröffnen von Ausstellungen oder Gebäuden. Ich will mich für etwas einsetzen, das dem Volk wirklich zugute kommt.
>
> Mary

> Sie machen nur das, was sie zu machen haben: Kindergärten besuchen, Heime und Einrichtungen eröffnen, Bänder durchschneiden, eine neue Brücke für den Verkehr freigeben und so weiter.
>
> Benito Scocozza, Historiker und Monarchiekritiker

dänischen Königshaus, Vorbild zu sein für die eigene Generation: Großvater Frederik IX., der »Seemannskönig«, weil er sich wie ein richtiger Seemann den Oberkörper mit Tätowierungen verzieren ließ, radelte unverkrampft und volksnah durch Kopenhagen, führte die Familienidylle der Fünfzigerjahre beim nachmittäglichen Kaffeetrinken mit seiner Frau und den drei Töchtern den Fernsehkameras vor.

> *Am Morgen ihrer Silberhochzeit wurde sie mit unfrisiertem Haar fotografiert. Ich kann mir nur schwer vorstellen, dass das beispielsweise auch Königin Elizabeth von England passiert wäre. Das war vielleicht ein Ausdruck dafür, dass Dänemark ein kleineres Staatsgebilde ist. Ich will nicht sagen, es ist ein Dorf. Aber es besteht dennoch eine Nähe, die bewirkt, dass Königin Margrethe anders agieren kann als beispielsweise die englische Königin.*
>
> Steffen Heiberg, Historiker

Königin Margrethe und Prinz Henrik präsentieren sich der Öffentlichkeit als eher intellektuelles Paar. Weil Margrethes Thronbesteigung als erste weibliche Monarchin Dänemarks mit dem Beginn der Emanzipationsbewegung Anfang der Siebzigerjahre zusammenfiel, repräsentiert sie für viele Dänen und vor allem Däninnen die moderne, selbstbewusste, »berufstätige« Frau. Und sie scheut sich auch nicht, in der Öffentlichkeit ihrem größten Laster zu frönen, dem Rauchen.

Ganz im Gegensatz dazu stehen Mary und Frederik nun, am Beginn des 21. Jahrhunderts, für eine gesundheits- und körperbewusste junge Generation von Paaren, die gepflegt und selbstsicher auftreten, die Medien souverän für ihre Zwecke nutzen und auch Schwächen zugeben können. Die Monarchie sei derzeit nur dann zu rechtfertigen, wenn Mary und Frederik die schwierige Gratwanderung zwischen Volksnähe einerseits und Exklusivität andererseits meistern, den Zauber des Königshauses erhalten, ohne unerreichbar zu erscheinen, meinen zahlreiche Experten.

> **Das Interesse des Kronprinzen für Sport spielt heute eine große Rolle. Das ist seine Art, sich in Szene zu setzen – im Gegensatz zu seiner Mutter, die sich als Intellektuelle präsentierte.**
>
> Steffen Heiberg, Historiker

> **Sie sind gute Vorbilder, weil sie viel Sport treiben. Sie sind beide schlank. Und sie scheinen keine Laster zu haben, soweit man sieht.**
>
> Emilia van Hauen, Soziologin und Hofexpertin

Heute kann man sagen, Kronprinz Frederik formt die Kronprinzenrolle mehr, als diese Frederik formt. Er hat sozusagen seine Form geschaffen, Kronprinz zu sein. Und das ist ihm sehr gut gelungen. Besonders, wenn man ihn mit Prinz Charles vergleicht. Dieser wirkt so, als hätte er stets getan, was andere von ihm erwarteten, und erst im Alter von fünfzig Jahren gemerkt, was für ihn wichtig ist.

Emilia van Hauen, Soziologin und Hofexpertin

»Das ist das Aller-, Allerschwerste für die Royalen heute. Sie sollen gleichsam unsere Zeit und das Leben widerspiegeln, das wir anderen führen, damit wir das Gefühl von Identifikation und Gemeinschaft haben, wir ihr Leben und Verhalten noch verstehen können«, erklärt die dänische Soziologin Emilia van Hauen. »Andererseits sollen sie aber abgehoben sein. Sie sollen ein wenig über dem Alltäglichen stehen, die besondere Position, die sie haben, behalten und ein Vorbild für uns sein. Dieses Gleichgewicht ist extrem schwer einzuhalten«, gerade innerhalb der Generation des Kronprinzenpaars, in der die meisten jungen Menschen Republikaner aus Überzeugung sind. Wenn es Mary und Frederik gelingt, den Balanceakt zwischen Wirklichkeit und Wunsch, Realität und Traum zu meistern, kann die Monarchie in Dänemark auch in Zukunft eine ganz besondere Funktion erfüllen.

»Die Monarchie ist einer der wenigen letzten Sammelpunkte in einer Gesellschaft, die in alle möglichen Richtungen strebt«, sagt Henrik Qvortrup, früher Redenschreiber von Premierminister Rasmussen, heute politischer Berater und Chefredakteur der Illustrierten *Seg og Hør*. »Es gibt eigentlich nur einen Punkt, um den wir uns alle sammeln können, eine gemeinsame Referenz: Und das ist das Königshaus.«

Auch Frederik hat sich schon dazu bekannt, nationaler Sammelpunkt und Botschafter für sein Land werden zu wollen. Die Krisenzeiten der Jugend, das Hadern mit der eigenen Zukunft und den eigenen Fähigkeiten – alles längst vorbei, stattdessen ein starkes Selbstbewusstsein und manchmal sogar ironische Distanz zur eigenen Rolle: »Das Wichtigste ist, Freude an seinem Dasein empfinden zu können. Geradeheraus sein. Seine Intelligenz gebrauchen. Und ein bisschen Sarkasmus, das ist auch sehr gut. Etwas gesunden Menschenverstand im Alltag. Und dann muss man natürlich für die Menschen da sein, die einem wirklich etwas bedeuten, die man wirklich liebt. Hierzu muss man bereit sein weit zu gehen. Sehr weit. Für jemanden da sein. Etwas für jemanden wollen. Und in meinem Fall: für mein Land da sein.«

Bei aller Begeisterung der Dänen für das verliebte Kronprinzenpaar bemängeln einige Monarchiekritiker jedoch, Frederik empfinde gelegentlich ein bisschen zu viel »Freude am Dasein«, werde seinen selbstgesetzten Maßstäben nicht ausreichend gerecht. »Das Problem bei Kronprinz Frederik ist, dass sich oft der Verdacht meldet, ihm könne es mehr darum gehen, selbst seinen Spaß zu haben«, so Chefredakteur und Spindoktor Qvortrup. »Sport, Urlaub, Skilaufen, Segelregatten. Ich würde mir wünschen, dass der Kronprinz in einem Alter von achtunddreißig Jahren das Ganze mit mehr Ernsthaftigkeit betreibt und den Erwartungen besser gerecht wird, die man, wie ich meine, mit Fug und Recht an einen Mann stellen kann, der vermutlich einmal unser König sein wird.«

> Frederik sollte sich vielleicht an seiner Gattin orientieren, an Kronprinzessin Mary, die eine Reihe von Aufgaben übernommen hat, die man als guten Zweck bezeichnen kann. Schirmherrschaften auf dem Gebiet der Psychiatrie und auf sozialen Gebieten. Das Problem bei Kronprinz Frederik ist, dass sich oft der Verdacht meldet, ihm könne es mehr darum gehen, selbst seinen Spaß zu haben.
>
> Henrik Qvortrup, Journalist

Gerade im ersten Jahr nach der Hochzeit häufte sich in der Tat die Kritik an dem jungen Paar. Allein schon den Umfang der Hochzeitsge-

Wir haben wieder und wieder erlebt, dass er einfach nicht in der Lage ist, sich öffentlich darzustellen. Nun könnte man sagen: Was spielt denn das schon für eine Rolle? Er ist nett, liebenswürdig und meint es doch offensichtlich gut. Sollten wir nicht darüber hinwegsehen? Aber immer mehr Dänen sind der Meinung: Nein, das ist nicht gleichgültig. Der Mann ist achtunddreißig Jahre alt. Er ist unser künftiger König. Es ist recht und billig, bestimmte Anforderungen an ihn zu stellen. Dann könnte es doch sein, dass Frederik ein bisschen weniger Segelwettkämpfe bestreitet, ein bisschen weniger Skiurlaub macht, ein bisschen weniger Reisen in die Sonne unternimmt. Und sich stattdessen etwas mehr Zeit nimmt, um sich zielgerichtet weiterzubilden für die Rolle, die er ausfüllen soll.

Henrik Qvortrup, Journalist

schenke fanden manche Dänen übertrieben, sie bestätigten in ihren Augen den gelegentlichen Hang des Kronprinzenpaars zum Luxus: Eine Yacht war dabei, fünf Autos, ein Dressurpferd und vieles, vieles mehr. Hinzu kam, dass Mary, die sich mit der Bekanntgabe der Organisationen, für die sie sich engagieren wollte, viel Zeit gelassen hat, überwiegend auf Modemessen zu sehen war. Außerdem posierte sie für die australische Ausgabe der Zeitschrift *Vogue* in Designerkleidung von Prada, Louis Vuitton und Chanel. Auch die Tatsache, dass Frederik, der offiziell Schirmherr zahlreicher karitativer Organisationen ist, überwiegend im Zusammenhang mit Segelwettbewerben und Fernreisen von sich reden machte, rückte wieder mehr in den Fokus. Des Weiteren wurde mit der Hochzeit auch der Etat des Thronfolgerpaars erhöht, sodass Mary und Frederik jetzt mit rund zwei Millionen Euro jährlich die höchste Apanage aller jungen europäischen Adligen beziehen. Zusätzlich verschlangen die Renovierungsarbeiten des ständigen Wohnsitzes der beiden, des Kanzleihauses auf Schloss Fredensborg, Millionen. Der Umbau eines ganzen Flügels von Schloss Amalienborg in der Kopenhagener Innenstadt, den Mary und Frederik bald beziehen sollen, schlägt mit noch einmal rund neunzig Millionen Euro zu Buche.

Inzwischen ist die Kritik am Kronprinzenpaar jedoch nahezu völlig verstummt – und das ist nicht zuletzt Mary zu verdanken, die ihre Rolle gefunden zu haben scheint. Längst interessiert sie sich nicht mehr vornehmlich für Mode, sondern engagiert sich in verschiedenen karitativen Organisationen, setzt sich weltweit für Kinderrechte ein, für die körperliche und mentale Gesundheit von Erwachsenen und Kindern und für Flüchtlinge.

»Mary ist einer der ganz großen Erfolge des Königshauses«, so Chefredakteur und Spindoktor Henrik Qvortrup, der auch als scharfer Kritiker des Königshauses bekannt ist. »Es besteht kein Zweifel: Ihre glückliche Hand hat dazu geführt, dass die Kritik am Königshaus sich schließlich gelegt hat. Es gibt Leute, die Marys Erscheinung mit der von Jacqueline Kennedy vergleichen. Sie hat so etwas Firstladyhaftes an sich.«

Ihren Ruf als Stilikone hat sie wie keine andere junge Prinzessin gefestigt, den Vergleich mit Jackie Kennedy oder auch Grace Kelly hört man oft.

»Kronprinzessin Mary hat innere Werte, die sozusagen alles, was sie anpackt, veredeln. Das ist etwas, was von innen kommt«, sagt die international erfolgreiche dänische Designerin Marlene Birger, die einen Generationswechsel bei den jungen Familien der europäischen Königshäuser registriert, der neue Standards für die Monarchie setze. Kronprinzessin Mary sei da führend. »Sie hat einen klassischen Stil, ist sportlich. Sie ist wie ein frischer Lufthauch für unsere gesamte Gesellschaft und für unsere Art zu leben.«

> **Meine Kinder werden meine Familie sein und daher Vorrang vor allem anderen haben.**
> Mary, 2005

> **Frederik wird ein älterer Herr sein, wenn er auf den Thron gelangt. Das ist auch sehr gut, denn dann darf er bis dahin mit seinen Kindern zusammen sein und sie erleben und ein Familienleben führen.**
> Bodil Chat, Hofreporterin

> *Kronprinzessin Mary kam nach Dänemark und wurde sehr schnell zu einer Stilikone – auch außerhalb der dänischen Grenzen. Sie hat ohne jeden Zweifel einen ganz bestimmten Stil eingeführt und die dänische Gesellschaft bereichert. Sie hat der dänischen Mode geholfen, international weiterzukommen.*
>
> Marlene Birger, Modedesignerin

Marys Akzeptanz hat natürlich noch einen ganz besonderen Grund: Knapp ein Jahr nach ihrer Hochzeit bewiesen Frederik und Mary, dass sie der wichtigsten Pflicht eines Kronprinzenpaars bereits nachgekommen waren, und verkündeten am 25. April 2005, Mary erwarte ein Baby. Am 15. Oktober desselben Jahres wurde Marys und Frederiks erstes Kind, ein Sohn, Christian, geboren. Am Morgen nach der Geburt erlebte Dänemark einen überglücklichen Kronprinzen vor dem Krankenhaus, der, wieder einmal, das ganze Land an seinen Gefühlen teilnehmen ließ. Frederik gilt inzwischen als der liebevolle, sensible Vater, den er immer vermisst hat.

»Frederik hat die zwei Seiten, die in der modernen Welt von Männern verlangt werden: sowohl eine gewisse Form von Härte und Zielstrebigkeit als auch eine emotionale, weiche Seite«, so der Historiker Hans Bonde. Frederik sei »ein sehr gefühlvoller Mann. Das, wonach Frauen sich heute sehnen: ein Mann, der sich auch emotional geöffnet hat. Er ist ein phantastisches Rollenmodell für den modernen Mann.«

Dass das Familienglück im Schloss so rasch mit einem Baby gekrönt werden konnte, war noch aus ganz anderen Gründen wichtig: Denn kurz nach der Hochzeit verkündeten Frederiks Bruder Joachim und seine Frau Alexandra, ebenfalls eine bürgerliche Ausländerin aus Hongkong, nach zehn Jahren Ehe ihre Trennung. Diese Nachricht bedeutete für das königliche Haus einen Schock, war eine Scheidung doch gerade für Margrethe immer undenkbar gewesen. Doch der dänische Hof bewältigte die Trennung von Joachim und Alexandra erstaunlicherweise formal völlig korrekt und ohne jeglichen Skandal. Für Mary entfiel jetzt auch eine gewisse Konkurrenz um die Gunst der Dänen, da Alexandra seinerzeit ihre Rolle am Hof mit Bravour übernommen hatte und bei der Bevölkerung sehr beliebt gewesen war.

Für Frederik, das hat er wiederholt deutlich gemacht, wäre ein Scheitern seiner Ehe, eine Scheidung von Mary, seiner großen Liebe und dem Ziel all seines Suchens, völlig undenkbar. So scheinen die beiden miteinander und die Dänen mit ihrem Kronprinzenpaar drei Jahre nach der Hochzeit rundum zufrieden zu sein. Und das ganz besonders, nachdem Mary am 21. April 2007 ihr zweites Kind zur Welt gebracht hat – zur Freude aller eine kleine Schwester für Prinz Christian.

Prinz und Rebell

William von England

William Arthur Philip Louis Mountbatten-Windsor ist der letzte wahre Märchenprinz unserer Zeit. Eines Tages in diesem 21. Jahrhundert wird er König von England sein, dessen Monarchie nach wie vor als die traditionsreichste und glanzvollste im heutigen Europa gilt. Mit Charme und Zurückhaltung hat »Wills« die Herzen der Briten erobert und wird inzwischen nach der Queen als das populärste Mitglied der königlichen Familie angesehen. Solange seine Großmutter, Elizabeth II., noch regiert, steht er an zweiter Stelle der Thronfolge, doch immer wieder wird die Frage heiß diskutiert, ob der sympathische junge Mann nicht ein geeigneterer König wäre als sein Vater Charles. Er wirkt einfach lässiger und moderner als der etwas steif daherkommende Prince of Wales und scheint besser in unsere Zeit zu passen. Doch weder die Queen noch Prinz Charles, noch das Parlament denken ernsthaft daran, die Regeln der Thronfolge durcheinanderzuwirbeln. Ist doch gerade erst wieder Ruhe im Hause Windsor eingekehrt nach den turbulenten Jahren, die Williams Mutter, die so tragisch verstorbene Prinzessin Diana, den Royals beschert hat.

So wird der junge Prinz noch ein Weilchen auf sein Erbe warten müssen und kann es in der Zwischenzeit genießen, von den jungen Ladys wie ein Popstar verehrt zu werden. Wo immer »Prince Charming« auftritt, hört man das Rufen und Kreischen der Mädchen, die so gern die Aufmerksamkeit des gut aussehenden, hochgewachsenen Schwiegermutter-Schwarms ein wenig länger auf sich ziehen würden. Doch der begehrteste Junggeselle Großbritanniens, vielleicht sogar der Welt, lässt es gemächlich

> Er ist dazu verdammt, der begehrenswerteste, attraktivste, faszinierendste junge Mann Britanniens zu sein – und ob er es mag oder nicht: Man wird ihn fotografieren, wird über ihn schreiben, wird ihn idealisieren, kritisieren und analysieren für den Rest seines Lebens.
>
> Penny Junor, Biographin von Prinz Charles

angehen. Seine erste feste Freundin war die gleichaltrige Kommilitonin Catherine »Kate« Middleton, von der er sich inzwischen wieder getrennt hat. Vor ihr gab es zwar den einen oder anderen Flirt und einige eher lockere Beziehungen, aber so richtig ernsthaft hat sich der Thronfolger mit dem Thema Partnerschaft und Ehe noch nicht auseinandergesetzt.

Natürlich schmeichelt ihm die weibliche Aufmerksamkeit, ein bisschen eitel sei er schon, erzählt uns ein Bekannter Williams hinter vorgehaltener Hand. Aber für einen Prinzen ist die Wahl der richtigen Lebensgefährtin eine heikle Angelegenheit, zumal für William. Noch einmal dürfe keine Ehe eines britischen Thronfolgers scheitern, wie die seines Vaters Charles mit Diana, die besonders lautstark vor den Augen und Ohren der ganzen Welt zerbrach. Darin sind sich die meisten Beobachter des Königshauses einig, und von diesen gibt es ziemlich viele und meist sehr kenntnisreiche im Vereinigten Königreich. Eine weitere Märchenhochzeit, die zuletzt als Scherbenhaufen endet, könnte das Haus Windsor schlechterdings wohl nicht mehr überleben, schien doch schon beim letzten Mal ein Hauch von Götterdämmerung über dem Buckingham-Palast zu liegen.

Einstweilen bemüht sich William ebenso wie sein jüngerer Bruder Harry, nicht von königlichen Pflichten überwältigt zu werden. Nur wenn es sein muss, repräsentiert er an der Seite seines Vaters – und hin und wieder auch einmal allein. Schulen, Krankenhäuser, Messen, Gedenktafeln – alles, was eröffnet, enthüllt, geehrt oder getauft werden muss, erfordert royale Präsenz. Da ist es schon ganz hilfreich, wenn sich die Pflichten auf viele Schultern verteilen. Die meisten Ereignisse dieser Art bleiben der Welt verborgen und schaffen es gerade mal in die lokalen Abendnachrichten des britischen Fernsehens. Vom sprichwörtlichen Pomp der englischen Monarchie ist da oft nicht viel zu entdecken, und William wird bereits eine gute Vorstellung davon haben, was es bedeutet, König zu sein.

»Wir denken immer an Glitzer und Glamour, die der Job mit sich bringt«, erklärt Tom Bradby, politischer Journalist und Freund von William. »Doch vieles, was die königliche Familie tut, ist ziemlich langweilig. Aber es stellt einen großen

> Mein Vater sagt, ich solle mehr öffentliche Verpflichtungen übernehmen. Aber ich will nicht zu früh damit anfangen und dann den Rest meines Lebens damit zubringen. Außerdem: Die machen derzeit einen hervorragenden Job – da will ich niemandem auf die Füße treten.
>
> William, 2004

Wert für Großbritannien dar, denn es bedeutet für ganz viele Menschen in diesem Land sehr viel. Und das sind die Dinge, die William künftig machen muss, sehr oft sogar. Es mag ihm nicht gefallen, aber das ist sein Leben.«

Der rebellische Prinz

Die Aussicht auf dieses Leben hat William nicht immer gut gefallen. Es gab sogar Zeiten, da hat er es gehasst, der künftige König der Briten zu sein. Schenkt man den Berichten des Biographen Nicholas Davies Glauben, so erschütterte William im Jahr 2000 den königlichen Palast mit einer handfesten Rebellion. »Ich will nicht König werden, ich werde den Job nie machen!«, eröffnete er seinem konsternierten Vater Charles. Künftig wolle er sich nur noch schlicht »William Wales« nennen, auf den Titel »Prinz« lege er keinen Wert mehr. Doch damit nicht genug. Er wünsche, formell auf seinen Platz in der Thronfolge zu verzichten, verkündete William mit Nachdruck. Prinz Charles war tief beunruhigt, denn er konnte nicht sicher sein, ob es sich lediglich um die vorübergehende Launenhaftigkeit eines aufmüpfigen Teenagers handelte oder ob sein Sohn für die Monarchie verloren war. Das, so machte sich Charles keine Illusionen, würde zu einer unkalkulierbaren Krise im britischen Königshaus führen. Schon einmal hatte ein Monarch abgedankt, um sein Leben so führen zu können, wie er es sich wünschte. Edward VIII. verließ 1936 Thron und Vaterland, um seine Geliebte, die geschiedene Amerikanerin Wallis Simpson, heiraten zu können, und löste damit eine schwere Verfassungskrise aus, von der sich das Haus Windsor bis heute nicht vollständig erholt hat.

Würde William sich mit seinen Absichten durchsetzen, so könnte das eine noch dramatischere Konsequenz haben, ja vielleicht sogar das Ende der Erbmonarchie in Großbritannien bedeuten. Mit Sicherheit aber würde das Haus Windsor in seinem Ansehen schwer beschädigt werden. Die »Firma«, wie die Royals ihre Familie selbst nennen, wäre dem Untergang anheimgegeben. Der Skandal um die gescheiterte Ehe von Charles und Diana nähme sich gegen dieses Szenario aus wie eine harmlose Seifenoper.

All das waren ernsthafte Erwägungen, die im jungen Leben Williams sicher nicht im Vordergrund standen. Ihm kam es darauf an, sich ein Dasein außerhalb des Rampenlichts zu ermöglichen, das ihm von klein auf so verhasst war.

»Ich glaube, Williams rebellischer Zug rührt daher, dass er immer gezwungen war, sich anzupassen«, erklärt Judy Wade, die den Alltag der königlichen Familie seit fünfundzwanzig Jahren begleitet. »Wenn man vom Moment der Geburt an nur zu hören bekommt, was man alles tun muss, und dass man kaum eine Wahl hat, das genügt, um einen intelligenten jungen Mann zum Rebellen zu machen. Man kriegt zu hören, dass man kein Rockstar sein kann, kein Astrophysiker und auch kein Gehirnchirurg, man muss König werden – da würde jeder von uns sich auf seine Unabhängigkeit besinnen und darauf, was man wirklich machen will. Rausgehen und Babys küssen und Denkmäler enthüllen und Fabriken besuchen für den Rest des Lebens – o nein!«

So viel Verständnis für seine Gemütslage konnte William von seiner Familie nicht erwarten, aber immerhin versuchte Charles, seinen unbotmäßigen Sohn in zahlreichen Diskussionen auf den rechten Pfad zurückzuführen, ohne allzu viel Druck auf ihn auszuüben. Vertraute wurden beauftragt, William ins Gewissen zu reden, doch schließlich ließ der Ernst der Lage Charles keine andere Möglichkeit mehr, als die Queen zu informieren und um Rat zu fragen. Diese war nicht nur gar nicht amüsiert, sondern schockiert und ärgerlich. Das Benehmen ihres Enkels widersprach zutiefst ihrer Auffassung von Pflichtbewusstsein und Tradition. Sie forderte Charles energisch auf, William in den Griff zu bekommen und ihm klarzumachen, dass es für ihn keine Möglichkeit gab, einfach so aus seiner Rolle als Thronfolger auszusteigen. Doch obwohl die Diskussionen kein Ende nahmen und der Druck der Queen auf Charles lastete, zögerte er doch, zu massiv auf seinen Sohn einzuwirken. Dies, so fürchtete der besorgte Vater, könne noch heftigere Reaktionen Williams hervorrufen. Schließlich trug er auch Züge seiner temperamentvollen Mutter.

»William hat die stählerne Entschlossenheit Dianas geerbt«, erklärt Judy Wade, die die verstorbene Prinzessin gut kannte. »Sie wollte immer ihren Kopf durchsetzen, und dazu manipulierte sie die Menschen, oder sie verzauberte sie. Und William kommt da ganz nach ihr. Er kriegt, was er will.« Und er weigerte sich, Dinge zu tun, die er nicht wollte. So blieb Charles nur die Hoffnung, dass William eines Tages so weit sein würde, sich in sein unausweichliches Schicksal zu fügen. Er war geboren, um König zu sein.

Geboren, um König zu sein

Prinz William erblickte am 21. Juni 1982, einem strahlenden Sommertag, das Licht der Welt im Saint Mary's Hospital im Londoner Stadtteil Paddington. Sechzehn Stunden lang hatte Diana in den Wehen gelegen, Charles immer an ihrer Seite. Es waren schwierige, schmerzvolle Mühen, und der königliche Gynäkologe George Pinker erwog zeitweilig sogar einen Kaiserschnitt. Doch schließlich kam das Kind zur Welt, und die Schwestern der Säuglingsstation wanden ein kleines Armband um sein Handgelenk, auf dem zu lesen stand: »Baby Wales«. Schon bald hielt Diana ihren ersten Sohn im Arm.

Leichter blonder Flaum bedeckte das zarte Köpfchen, das die junge Mutter nun mit beiden Händen schützend umfasste. Das Baby war gesund, und Diana hatte die Aufgabe erfüllt, die ihr das Königshaus zugedacht hatte: Sie hatte den Thronfolger geboren und damit die Dynastie der Windsors und ihren Anspruch auf den Thron für eine weitere Generation gesichert.

> Ich wusste, dass es ein Junge sein würde, denn ich hatte die Ultraschallbilder gesehen. So war es für mich keine Überraschung.
>
> Diana, 1995

Als Charles zwei Stunden nach der Geburt zum ersten Mal das Krankenhaus verließ, warteten bereits Reporter vor der Tür. »Ist das Baby Ihnen ähnlich, Sir?«, wurde er gefragt. »Zum Glück nicht«, gab der Prinz von Wales schlagfertig zurück. Sein Sohn habe feines, blondes Haar und blaue Augen, teilte er mit.

Nur sechsunddreißig Stunden später konnten alle das Baby bewundern, als Diana sich vor dem Krankenhaus mit dem jüngsten Mitglied der Familie Windsor und mit einem sichtlich stolzen Prinz Charles präsentierte. Das Klicken der Kameras wollte kein Ende nehmen, ein Geräusch, das das

Leben Williams von nun an begleiten sollte und das für seine Mutter bald eine verhängnisvolle Rolle spielen würde.

Sieben Tage wusste niemand im Königreich, wie denn der neue Erdenbürger »Baby Wales« nun eigentlich heißen sollte. Diana bevorzugte moderne Namen wie Sebastian oder Oliver, Charles dachte an die Tradition. Sein Favorit war Albert, nach Königin Victorias Ehemann Albert von Sachsen-Coburg-Gotha. Schließlich entschied man sich für »William«.

Schon zu diesem Zeitpunkt hatte der kleine Prinz mit einer ehernen Tradition des britischen Königshauses gebrochen. Als erster Anwärter auf den Thron wurde er in einem öffentlichen Krankenhaus geboren und nicht hinter den dicken Mauern des Buckingham-Palastes. Seine Mutter Diana hatte sich schließlich durchgesetzt mit ihrem Wunsch, ihr Neugeborenes gut versorgt und in der Nähe aller erdenklichen ärztlichen Hilfe zu wissen, sollte bei der Geburt etwas nicht nach Plan verlaufen. Es sollte nicht ihr letzter Bruch mit königlichen Ritualen sein.

> **Leider bin ich von Geburt aus anders als andere, das ist aber nicht mein Verdienst.**
> William, 2003

Nach außen schien das Familienglück des Prinzen und der Prinzessin von Wales die perfekte Fortsetzung der Märchenhochzeit zu sein. Doch schon da war ihre Ehe alles andere als ein Traum. Diana hatte Schwierigkeiten, sich an ihre neue Rolle im Königshaus zu gewöhnen. Ihr Mann, so empfand es die junge Ehefrau, kümmere sich nicht genug um sie. Der Prinz, dessen Terminkalender immer randvoll mit königlichen Pflichten war, zeigte für die Bedürfnisse Dianas wenig Verständnis. In den ersten drei Monaten der Schwangerschaft hatte die Prinzessin von Wales mit starker Übelkeit zu kämpfen und war sich allein und verlassen vorge-

Mit nur zwanzig Jahren war Diana auf ein Leben bei Hofe völlig unvorbereitet. In unserer »griechischen Hütte« sprach sie von jenen ersten Tagen – über die Liebe zu ihrem Ehemann, ihre totale Erschöpfung nach der Jahrhunderthochzeit und über die ungewohnte Position auf Schloss Balmoral. Nun war sie plötzlich »Ihre Königliche Hoheit«, alle blickten auf zu ihr. »Und ich«, so Diana, »wusste nicht, was ich sagen sollte.«

Rosa Monckton, Freundin von Diana

kommen. Nach einem heftigen Streit mit Charles hatte sie sich im Januar 1982 im Landsitz Sandringham die Treppe hinuntergestürzt, wohl mehr ein verzweifelter Hilfeschrei denn ein entschlossener Selbstmordversuch. Zum großen Glück aller war das ungeborene Baby unverletzt geblieben.

Nun, mit William im Arm, schöpfte Diana heimlich neue Hoffnung, dass ihre Ehe endlich glücklich werden würde. So wild und entschlossen sie um die Zuneigung ihres Mannes kämpfte, so entschieden redete sie bei der Erziehung ihres Sohnes mit. Von Anfang an machte sie klar, dass sie nicht gewillt war, sich die Pflege ihres Erstgeborenen aus der Hand nehmen zu lassen. So ließ sie trotz der Widerstände ihres Mannes nach einer Nanny suchen, die lediglich die zweite Geige an ihrer Seite spielen sollte. Bei der Namensgebung hatte die Tradition gesiegt, doch bei der Erziehung wollte Diana ihre Vorstellungen durchsetzen. Sie ließ sich die Rechte und Pflichten einer jungen Mutter nicht von den Kindermädchen streitig machen, obschon sie Hilfe akzeptieren musste. Denn schließlich war sie die Frau des Thronfolgers und musste an der Seite ihres Mannes repräsentieren. Allerdings achtete sie genauestens darauf, dass die Kindermädchen ihre Rolle als Mutter niemals gefährdeten. Standen in der Erziehung des jungen Charles noch von Beginn an Tradition und Pflichtbewusstsein an oberster Stelle, so sollte Klein-William vor allen Dingen Geborgenheit spüren, ein seelisches Polster entwickeln, das ihn in den kommenden Jahren mit all ihren noch unbekannten Schrecken schützend umgeben würde. Ihr Kind sollte eine normale und glückliche Jugend haben, darin waren sich Charles und Diana einig. William sollte nicht die traumatischen Erfahrungen seines Vaters machen, der in einem Klima emotionaler Kälte aufwachsen musste. Seine Mutter, die Queen, hatte immer ihre Pflichten als Monarchin in den Vordergrund gestellt, was tiefe Spuren im Seelenleben des Thronfolgers zurückließ. Als Charles noch ein Baby war, sah er seine Mutter nur zweimal am Tag, jeweils für lediglich dreißig Minuten. In der übrigen Zeit kümmerten sich Kindermädchen um ihn – und so blieb es in den ersten fünf Jahren seines Lebens. Manchmal, wenn die Queen das Commonwealth bereiste, bekam der kleine Charles die Mutter monatelang nicht zu Gesicht. Und kam sie dann wieder nach Hause zurück, fiel auch das Wiedersehen mit ihrem ältesten Sohn nicht gerade herzlich aus. Ein Händedruck nur – kein Kuss, keine Umarmung.

Nach dem Willen der Queen sollte Charles in der gleichen Art und Weise zum zukünftigen Monarchen erzogen werden, wie sie es selbst erfahren hatte. Insbesondere nach dem Debakel um die Abdankung Edwards VIII. im Jahr 1936, als sie plötzlich lernen musste, dass sie eine wichtige Funktion im Leben zu erfüllen hatte. Sie wollte, dass auch Charles sich dessen bewusst war.

Nicholas Davies, Königshausexperte

Die Prinzessin von Wales wusste um die unglückliche Kindheit ihres Mannes und wollte William diese Erfahrungen um jeden Preis ersparen. »Diana hatte sehr klare Vorstellungen, wie ihr Sohn aufwachsen sollte«, erzählt die Biographin Ingrid Seward. »Sie hatte gesehen, was die althergebrachte Erziehung ihrem eigenen Ehemann angetan hatte. Sie wollte, dass ihre Kinder in der Lage wären, sich anderen mitzuteilen. Sie sollten so normal wie möglich aufwachsen und erkennen können, dass nicht jeder einen Range Rover und ein Haus auf dem Land besitzt, wie sie sich ausdrückte.«

Vor allem aber weigerte sich Diana, ihren kleinen Sohn ganz dem Kindermädchen Barbara Barnes zu überlassen, während sie mit ihrem Mann königlichen Pflichten nachkam. Die traditionellen Kräfte im Buckingham-Palast sahen das mit großer Skepsis. Und auch die Queen war zunächst nicht von Dianas modernem Erziehungsstil überzeugt.

Zu einer ersten ernsten Auseinandersetzung kam es, als im Frühjahr 1983, kurz nach Williams Geburt, eine sechswöchige Reise des Prinzen und der Prinzessin von Wales nach Australien und Neuseeland auf dem Plan stand. Diana war entschlossen, sich auf keinen Fall von ihrem Baby zu trennen. Schließlich beugte sich die Queen den Argumenten ihrer Schwiegertochter und stimmte zu, dass der kleine William seine Eltern auf die lange Reise begleiten durfte. Für Diana stand ihr Sohn an erster Stelle, egal, was das Protokoll vorsah. Als »Billy the Kid« nahmen die begeisterten Australier ihren königlichen Besucher in Empfang, und in Neuseeland erwartete ihn eine Feuertaufe im Blitzlichtgewitter: sein erster offizieller Fototermin. Im Garten des Regierungssitzes in Auckland war eine Decke ausgebreitet worden. Vor den Kameras der Fotoreporter ließen sich Charles und Diana mit ihrem Sprössling auf dem Boden nie-

der. William, in einem bestickten Strampelanzug, krabbelte munter drauf-
los und sorgte für Entzücken. Noch bevor er auf eigenen Beinen stehen
konnte, hatte er seinen ersten »walkabout« absolviert – so nennen die
Royals ihre Begegnungen mit dem Volk. Diana war vom Talent ihres
Sohnes hingerissen: »Wer ist jetzt ein kleiner Superstar?«, flüsterte sie
ihm ins Ohr.

Ein Bruder für William

William war zwanzig Monate alt, als sein Bruder Harry 1984 ebenfalls im
Saint Mary's Hospital geboren wurde. Wieder zeigten sich Diana und
Charles kurz nach der Geburt mit dem Baby vor den Türen des Kranken-
hauses als glückliche Familie, doch zu diesem Zeitpunkt war die Ehe der
beiden längst an einem kritischen Punkt angekommen. Diana erzählte
später in einem ihrer freimütigen Interviews, Charles habe sich abfällig
über die roten Haare Harrys geäußert. Ihr Mann hätte sich eine Tochter
gewünscht und anschließend aus seiner Enttäuschung offensichtlich kein
Hehl gemacht. Damals sei sie zu Eis erstarrt, erinnerte sich Diana, und das
sei der Anfang vom Ende ihrer Ehe gewesen. Doch noch gaben sich alle
Mühe, den Schein zu wahren.

Etwa zu dieser Zeit entwickelte William seine ersten rebellischen Züge.
Bei offiziellen Anlässen benahm er sich auffällig unanständig, selbst seiner
Großmutter, der Königin von England, fügte er sich nicht. Sie war es
schließlich, die ihren Sohn Charles überzeugen konnte, über das Verhalten Williams nachzudenken. Würde er weiter zügellos verwöhnt, so fürchtete die Queen, könnte er zu einem ernsten Problem für die ganze königliche Familie werden. Auch Diana musste einsehen, dass ihr geliebter
Sohn dabei war, sich schlechte Manieren anzueignen. Doch über die Lösung waren sich die Eltern uneinig: Charles wollte William weiter im Palast von Privaterziehern auf den richtigen Weg bringen lassen, so wie es
die königliche Tradition vorsah, doch wieder einmal setzte Diana ihren
Willen durch.

Ihr war bewusst, dass ihre Kinder später einmal auf Erfahrungen ange-
wiesen sein würden, die sie im Alltagsleben ihrer Untertanen sammeln
mussten. »Sie war überzeugt, dass die Zeit vorbei war, in denen die Royals

in einer separaten, isolierten Welt hinter Palastmauern existieren konnten«, erzählt Dianas Privatsekretär Patrick Jephson. »Sie wusste, dass William und Harry in der Lage sein mussten, zur gleichen Zeit in zwei verschiedenen Welten zurechtzukommen: in der privilegierten Welt der Monarchie, aber gleichzeitig auch mit gewöhnlichen Menschen in ihrem Alltag, über alle sozialen Grenzen hinweg.«

So wurde der künftige König von England also in einem Kindergarten angemeldet! An einem sonnigen Tag im September 1985 hielt er unter den Augen der Weltpresse Einzug in Mrs. Mynors School in Notting Hill. Doch noch ließ der Wildfang sich von seinen neuen Spielgefährten nicht beeindrucken. »Wenn ich König bin, schicke ich euch all meine Ritter, und die werden euch töten«, drohte er.

1986, bei der Hochzeit von Prinz Andrew und Sarah Ferguson, trat das schlechte Benehmen Williams auch vor laufenden TV-Kameras zutage: Er streckte den Brautjungfern einfach die Zunge raus. Charles, der einen ausgeprägten Sinn für Protokoll und Pflichten hat, war ob solcher Ungebührlichkeiten seines Sohnes entsetzt.

Doch das rebellische Verhalten seines sensiblen Ältesten resultierte, aus heutiger Sicht betrachtet, wohl vor allem aus der zerrütteten Ehe seiner Eltern. Dianas Essstörungen waren kaum noch zu übersehen, und Charles hatte heimlich die Beziehung zu seiner Dauergeliebten Camilla Parker Bowles wieder aufgenommen. Aus dem Kensington-Palast war er so gut wie ausgezogen, seine persönlichen Gegenstände hatte er auf seinen Landsitz nach Highgrove bringen lassen, wo er von nun an die meiste Zeit verbrachte.

William und Harry sahen ihren Vater nur noch an den Wochenenden,

Es ist sehr schwierig, einer Mutter vorzuwerfen, dass sie ihre Kinder zwanghaft liebt, weil William und Harry alles waren, was Diana hatte. Sie erfuhr von ihrem Mann keine Liebe, sie war eine sehr unausgeglichene und unglückliche Frau, und sie gab ihre gesamte Liebe ihren Kindern – ich glaube nicht, dass das zwanghaft war, aber es war einengend. Sie umschloss ihre Söhne damit, und weil sie damit nicht umgehen konnten, entzogen sie sich ihrer Mutter gelegentlich.

Ingrid Seward, Biographin von William und Harry

wenn sie ihn auf Highgrove besuchten. Doch vor der Öffentlichkeit sollte noch immer die Fassade gewahrt bleiben, auch wenn die Atmosphäre zwischen den Eheleuten immer frostiger wurde.

Es war etwa zu dieser Zeit, als der Sicherheitsbeamte Ken Wharfe ins Leben der Prinzessin und ihrer Söhne trat. Ausgebildet bei einer Spezialeinheit von Scotland Yard, sollte er den Schutz der beiden Prinzen übernehmen. Noch heute ist ihm die erste Begegnung lebhaft gegenwärtig. »Als ich Diana das erste Mal traf, war William etwa vier Jahre alt. Es war in Sandringham, einem der ländlichen Wohnsitze in Norfolk. Die Prinzessin bat mich herein, und als ich nach rechts sah, war da William, der Klavier spielte. Und Harry, sein jüngerer Bruder, war gerade dabei, ein großes Glasgefäß mit weißen Lilien ins Wanken zu bringen. Das Ganze wirkte ziemlich kurios auf mich in so einem königlichen Haushalt. Allerdings stellte es sich als etwas ganz Normales heraus, denn die Prinzessin erklärte mit einem Blick auf ihre Kinder: ›Ken, ich beneide Sie nicht darum, auf meine beiden Jungen aufzupassen, sie sind richtige Nervensägen!‹ Da drehte sich William um und sagte: ›Nein, sind wir nicht!‹ Und Harry pflichtete ihm bei. Das war also ein ganz normaler Haushalt, dachte ich mir, auch wenn der künftige König von England hier lebte. Und die Chemie zwischen uns stimmte sofort.«

Von nun an wich Ken Wharfe seinen Schützlingen nicht mehr von der Seite. Er sollte in den folgenden Jahren Zeuge eines unvergleichlichen Ehedramas werden, bei dem er von der Prinzessin, deren späterer Bodyguard er war, oftmals ins Vertrauen gezogen wurde. Und er sollte erleben, wie der junge Prinz William im Streit seiner Eltern um sein eigenes seelisches Gleichgewicht rang.

Zunächst aber galt es, mit den täglichen Herausforderungen eines Lebens im Lichte der Öffentlichkeit zurechtzukommen. Im September 1990 wurde William im Internat Ludgrove eingeschult – und natürlich hatten sich auch zu diesem Anlass wieder zahlreiche Fotografen vor der Schule eingefunden. Diana, die inzwischen an das enorme Medieninteresse gewöhnt war, versuchte, ihren Sohn auf seinen Auftritt vorzubereiten. Ken Wharfe hörte sie sagen: »Schau, William, da werden viele Fotografen sein, und du musst dich so benehmen, dass sie keine Gelegenheit bekommen, schlechte Fotos von dir zu machen!« William aber konnte seine Abneigung gegen die aufdringlichen Wegelagerer mit ihren langen Linsen schon in jungen Jahren nicht verbergen. »Ich hasse die Tografen«, gab er in seiner kindlichen Grammatik zurück. Und doch brachte er seinen ersten Schultag im Blitzlichtgewitter wie ein kleiner Profi mühelos über die Bühne.

Diana allerdings war in Tränen aufgelöst, musste sie sich doch nun von ihrem Liebling trennen, der sich wie alle männlichen Mitglieder der königlichen Familie in ein Leben hinter Internatsmauern einfinden sollte. Für seine emotionale Mutter war dies ein schwieriger Einschnitt, schien sie doch nun den letzten Halt in ihrem bewegten Leben zu verlieren. Je härter der Ehekrieg im Hause Windsor wurde, desto verzweifelter suchte die unglückliche Prinzessin Unterstützung bei ihren Kindern. Und obwohl William nun nicht mehr mit seiner Mutter unter einem Dach lebte, schien ihn der Kummer seiner Eltern mehr und mehr zu bedrücken. Mitschüler berichteten, oft sei er mit den Händen in den Hosentaschen umhergewandert, die Schultern gebeugt, als hätte alle Last der Welt darauf geruht.

Sein ungestümes Verhalten schien er vollkommen abgelegt zu haben, stattdessen zeigte er sein sensibles und fürsorgliches Wesen. Er hatte in dieser Zeit das Gefühl, seine Mutter beschützen zu müssen, erzählt die Biographin Ingrid Seward. »Er sah sie weinen, er spürte ihren Kummer. Manchmal schob er Taschentücher für sie unter der Badezimmertür hindurch. Wenn sie unglücklich war, gab er ihr Schokolade. Er ließ sogar einen Tisch in ihrem Lieblingsrestaurant reservieren, um sie aufzumuntern.« Es schien, als wäre der gerade einmal zehn Jahre alte William der einzige Mensch auf der Welt, dem Diana noch vertrauen konnte. Sie nannte ihn »den Mann in meinem Leben«, schreibt Nicholas Davies in seiner Biographie »*Der Mann, der König sein wird*«.

Manchmal schien sich Diana sogar im wahrsten Sinne des Wortes an ihrem ältesten Sohn festzuhalten, sich an ihn zu klammern. Während dieser Zeit, 1992, kamen all die schrecklichen und unappetitlichen Details des Ehelebens der Familie Wales mit einem Paukenschlag ans Tageslicht. Andrew Mortons Buch, an dem Diana maßgeblich beteiligt war, enthüllte

Die Leute ließen ihm den Vortritt. Obwohl er sehr ungestüm war, hatte er gegenüber
Erwachsenen sehr gute Manieren. Diana nannte ihn »ihren kleinen alten Mann«,
und später, als sich die Königinmutter mit den Kindern unterhielt, sagte sie immer:
»Komm her, William, und setz dich zu mir.«

Ingrid Seward, Biographin von William und Harry

die Tatsache, dass der Prinz von Wales und Camilla Parker Bowles ihr
Verhältnis wieder aufgenommen hatten. Auch die Gerüchte über eine Affäre zwischen Diana und dem Rittmeister James Hewitt hielten sich hartnäckig. Kurz darauf wurden Tonbänder von Telefonaten veröffentlicht, in
denen sich Diana gegenüber einem weiteren Liebhaber, James Gilbey,
deutlich abfällig über die königliche Familie äußerte. Sie fühlte sich aus-
genutzt und missachtet und war allein, daran änderte auch das Verhältnis
zu Gilbey wenig. Und die Welt wusste nun, dass hinter der märchenhaften Fassade der Ehe von Charles und Diana ein schrecklicher Trüm-
merhaufen lag. Die beiden hatten einander nichts mehr zu sagen und
lebten auch in Highgrove längst getrennte Leben. Während Charles allein im Esszimmer speiste, saßen Diana und die Kinder in ihrem Raum vor
dem Fernseher. Nachdem der Schleier endgültig
gefallen war, empfahl die Queen ihrem Sohn und
ihrer Schwiegertochter, sich auch offiziell zu
trennen.

William litt, vielleicht mehr noch als andere
Kinder, deren Eltern auseinandergehen, denn er
musste damit fertig werden, dass die peinlichen
Details der gegenseitigen Untreue seines Vaters
und seiner Mutter in allen Zeitungen ausgebreitet
wurden.

»Von heute aus betrachtet, ist William da ganz
gut durchgekommen«, findet die Biographin Judy
Wade. »Doch man muss sich vorstellen, dass sich
William damals in einer ganz besonderen Situa-
tion befand. Er stand im Rampenlicht, und die
Leute starrten ihn an und fragten sich, wie er

Als Familienoberhaupt ist die Queen gleichzeitig oberstes Schiedsgericht. Aber sie handelt nur, wenn es absolut keinen anderen Ausweg mehr gibt. Solange es geht, drückt sie sich vor einer Entscheidung.
Lord Saint John of Fawsley, Freund der Familie Windsor

Die Trennung seiner Eltern, Streitigkeiten und die folgende Scheidung wurden so öffentlich ausgetragen, dass es für ihn sehr beschämend war. Dieses Gefühl der Beschämung wird er in gewisser Weise immer mit sich tragen.
Ingrid Seward, Biographin von William und Harry

damit fertig wurde. Der Krieg zwischen seinen Eltern war sehr boshaft und sehr hässlich, und natürlich hat William gesehen, was da passierte. Seine Mutter ist mit den Kindern bei Nacht und Nebel aus dem Haus gelaufen, ohne dass Charles wusste, was vorging. Das ist kein guter Weg, Kindern zu erklären, was eine Ehe ausmacht.«

Am 9. Dezember 1992 verkündete Premierminister John Major im Unterhaus, dass der Prinz und die Prinzessin von Wales sich getrennt hätten. Tags zuvor war Diana ins Internat nach Ludgrove gefahren, um ihrem ältesten Sohn unter Tränen mitzuteilen, dass die Ehe seiner Eltern endgültig gescheitert war. William, so wird berichtet, nahm die Mitteilung gefasst auf, vielleicht sogar erleichtert nach all den Szenen und Streitereien. »Ich hoffe, ihr beide seid nun glücklicher«, soll der Zehnjährige seine aufgelöste Mutter getröstet haben.

Auch wenn jetzt klare Verhältnisse geschaffen waren, so schienen doch beide Eltern nun darum zu wetteifern, wer die größere Rolle im Leben ihrer Söhne spielen würde. Reisen in ferne Länder, Skiurlaube, Ausflüge in Erlebnisparks – für William und Harry hatte sich das elterliche Programm verdoppelt. Mal waren sie mit dem Vater unterwegs, mal mit der Mutter. Und Diana, der Medienprofi, machte im Vergleich zum eher reservierten Charles die bessere Figur vor den Objektiven der Weltpresse.

Die Zeitungen folgten dankbar dem Klischee und beschrieben Diana als emotionale und liebevolle Mutter, die ihren Söhnen ein sorgloses und normales Leben bescheren wollte. Dagegen erschienen die Ferien mit dem Vater eher formell und steif. Doch die Kinder liebten ihn ebenso wie die Mutter, erzählt Ingrid Seward. »Wann immer die Kinder an den Wochenenden nach Highgrove kamen, rannten sie zuerst in den Garten und riefen nach ihrem Papa. Sie bewunderten Charles! Aber Diana war es recht, dass er in einem schlechten Licht dastand, da es sie zu einer besseren Mutter machte. Ich fürchte, Diana benutzte ihre Kinder als Waffe, weil sie nach all den Tränen und den Streitereien wusste, dass sie Charles damit treffen konnte.«

> **Diana war ein Medienprofi. Wenn ihr etwas gefiel, was geschrieben wurde, ließ sie es uns wissen. Wenn es ihr aber nicht gefiel, ließ sie es uns schneller wissen.**
>
> Ross Benson, *Daily-Express*-Kolumnist

> **Charles ist längst nicht so ein unsympathischer Kerl, als der er oft in den Zeitungen porträtiert wird. Er ist in der unglücklichen Position zwischen einer kühlen Familie auf der einen und einer feindlichen Öffentlichkeit auf der anderen Seite.**
>
> Mary Riddell, Hofberichterstatterin

Je älter William wurde, desto mehr schätzte er die Ausflüge mit seinem Vater aufs Land. Ob auf Highgrove oder im schottischen Hochland, William genoss es, mit Charles auf die Jagd zu gehen, und entwickelte erstaunliche Fähigkeiten im Schießen – sehr zum Leidwesen seiner Mutter. Das unzugängliche schottische Schloss Balmoral wurde zu einer Art Zuflucht für William und seinen Bruder Harry. Hier lauerten keine Paparazzi, hier konnten sie sich unbeschwert in der freien Natur bewegen.

> **Balmoral war immer eine Art Zufluchtsort für William und Harry. Es ist so privat und so gut geschützt, dass sie dort die Freiheit haben, ganz sie selbst zu sein.**
>
> Judy Wade, Journalistin

William besuchte inzwischen das Eliteinternat Eton nahe Windsor, an der Themse gelegen. 1995 war er hier eingeschult worden, wieder unter dem Klicken Hunderter Kameras. Noch einmal hatten seine Eltern ihre gegenseitigen Aversionen hintangestellt und waren beide präsent, als ihr ältester Sohn mit der linken Hand den Füller ergriff und sich ins Buch der Schule eintrug.

In ungewöhnlichem Einvernehmen hatten sich Charles und Diana gemeinsam für das traditionsreiche Internat entschieden, wegen seines ausgezeichneten Erziehungssystems, der familiären Atmosphäre und wegen der guten Kameradschaft, die unter den Schülern herrschte.

Williams Erziehung wurde nun in die Hände von Dr. Andrew Gailey, dem Master of Manor House, und Elizabeth Heathcote, Matron of Manor House, gelegt. Sie sollte während seiner Zeit in Eton die wichtigste Frau im Leben des jungen Prinzen werden. Fünfzig Jungen standen unter ihrer Aufsicht, die sich mit all ihren seelischen und schulischen Problemen an sie wenden konnten. Auch William brauchte ihre Unterstützung in dieser turbulenten Zeit, vielleicht mehr noch als andere Jungen. Unter den 1260 Schülern war der Prinz keine Ausnahmeerscheinung. Er wurde beim Vornamen gerufen wie alle anderen und erhielt keine Sonderbehandlung, abgesehen von der ständigen Begleitung durch seine Bodyguards, vierundzwanzig Stunden, rund um die Uhr. Wann immer William das Schulgebäude verließ, um im Dörfchen Windsor einzukaufen oder einen Tee zu trinken, hatte er bewaffnetes Sicherheitspersonal im Schlepptau. Doch alle gewöhnten sich an diesen Anblick, und schon bald schien der Prinz an seiner neuen Schule ein ganz normales Leben – wie es in einer solchen Eliteanstalt geboten wird – zu führen, wie alle anderen auch. Auf dem Lehrplan

> *William genoss die Zeit in Eton, weil er sicher war. Er war in der Schule geschützt,*
> *und er genoss es. Er musste sich nicht in Acht nehmen vor Objektiven, die auf*
> *ihn gerichtet waren, er musste nicht nach Leuten Ausschau halten, die ihn ver-*
> *folgten. Er war dort beschützt – nicht durch Sicherheitsleute, sondern durch die*
> *Schule.*
>
> Eugene Campbell, Kameramann

standen Englisch, Latein und Französisch, naturwissenschaftliche Fächer sowie Kunst, Musik und Design. Trotz seiner familiären Probleme kam William gut zurecht, erreichte hervorragende Noten und fand Spaß und Ablenkung in allen sportlichen Aktivitäten.

Sehr zur Freude der Königin erwies sich ihr Enkel als fähiger Schüler, er war weit begabter als viele seiner Vorfahren. Der künftige König würde in der Lage sein, eine akademische Laufbahn einzuschlagen. Eton schien ein Segen für William, ein Ort, an dem er geschützt war vor den scheußlichen Auseinandersetzungen seiner Eltern und vor den öffentlichen Demütigungen, die damit einhergingen. Aber dann entfachte die Prinzessin von Wales im November 1995 ein mediales Großfeuer, das die gesamte königliche Familie in Aufruhr versetzte. In einem Interview mit dem britischen Fernsehsender BBC sprach Diana öffentlich über ihr Verhältnis zu James Hewitt und gab Camilla Parker Bowles die Schuld am Scheitern ihrer Ehe.

Damit nicht genug, zog sie in Zweifel, dass Prinz Charles fähig wäre, ein guter König zu sein. »Diana war immer der Überzeugung, William würde der nächste König sein und nicht sein Vater«, berichtet Ken Wharfe aus seinen Gesprächen mit der Prinzessin. »Sie hatte die Auffassung, dass die Monarchie sich neu ausrichten müsse. Diana glaubte an das offene System, wie es andere europäische Königshäuser praktizieren. Sie fand, die Monarchie sollte sich besser einpassen, ohne den ganzen Pomp, der in Großbritan-

> **Ganz ruhig und ganz effizient nahm sie die königliche Familie auseinander. So ernst, so gelassen saß sie da – und hätte genauso gut einen Flammenwerfer in Händen halten können.**
>
> Simon Hoggart, *Guardian*-Kolumnist

> **Als Prinz genießt Charles noch Freiheiten, die er aber als König verlieren wird. Weil ich seinen Charakter sehr gut kenne, weiß ich, dass ihn der »Topjob« klar an seine Grenzen bringen würde. Ich bezweifle, dass er ihm überhaupt gerecht werden könnte!**
>
> Diana, 1995

nien veranstaltet wird. Und natürlich zweifelte sie an Charles' Eignung wegen seiner andauernden Affäre mit Camilla Parker Bowles. Diana glaubte fest daran, dass William eines Tages König sein würde, eher als sein Vater.« Ob in einem Anflug von Rachegefühlen oder aus der tatsächlichen Sorge um die Monarchie heraus, Dianas Zweifel an ihrem Ehemann zwangen William in eine Art öffentlichen Wettstreit mit seinem Vater. Und es gab nicht wenige Anhänger der Monarchie, die Diana insgeheim beipflichteten.

Die Queen aber hatte genug gehört. Sie fürchtete nicht mehr nur um das Ansehen des Hauses Windsor, sondern sie sah nun auch den Bestand der Erbmonarchie in Großbritannien in Gefahr. Sie befahl Charles und Diana, sich scheiden zu lassen. Fünfzehn Jahre Ehe waren vorüber. William war mit den Turbulenzen in der Beziehung seiner Eltern aufgewachsen, und obwohl das endgültige Ende traumatisch war, hoffte er doch auf eine bessere Zukunft für seine Mutter und seinen Vater. Vielleicht, so dachte er, könnten die beiden Freunde werden, so wie es sein Onkel Andrew und dessen geschiedene Frau Sarah zum Wohle ihrer Kinder vorlebten.

Zum letzten Mal kam die Familie zusammen, als William am 9. März 1997 in Saint George's Chapel von Windsor Castle konfirmiert wurde. Prinz Harry machte die Scheidung seiner Eltern weit mehr zu schaffen als seinem Bruder. »Er war jünger, und er war seiner Mutter sehr, sehr nah«, erklärt Ingrid Seward. »Harry war sehr anhänglich. Nach außen schien er gut zurechtzukommen, aber ich glaube, wie sehr er wirklich litt, kam erst später zutage.«

Sie habe die Scheidung nicht gewollt, erzählte Diana noch Jahre später. Bis zum Schluss glaubte sie, es könne eine andere Regelung geben. Verheiratet bleiben, aber von Charles getrennt leben, darauf hatte sie gehofft. Nun würde sie auf ihren Titel »Königliche Hoheit« verzichten müssen und galt künftig nicht mehr als Mitglied der königlichen Familie. Eine Zeit lang musste sie sogar fürchten, auch ihre Söhne zu verlieren – doch dann konnte ein gemeinsames Sorgerecht ausgehandelt werden.

> **Am Tag von Williams Konfirmation fürchtete sich Diana vor der Familienfeier und sagte: »Oje, ich muss hingehen und mit der Queen und der ganzen Familie zusammen sein.« Sie mochte das überhaupt nicht.**
>
> Judy Wade, Journalistin

Ihr den Titel »Königliche Hoheit« zu nehmen, das tat ihr weh. Einmal kam ihr Sohn Prinz William, nahm sie in den Arm und sagte: »Mommy, weine nicht, wenn ich eines Tages König bin, bekommst du den Titel zurück.«

Paul Burell, Dianas Butler

In der folgenden Zeit wuchs William zu einem attraktiven Teenager heran, der sich auch schon mal nach hübschen Mädchen umdrehte. Er blätterte in den Hochglanzmagazinen seiner Mutter, in denen die schönsten Models abgebildet waren. Mit gerade einmal vierzehn Jahren zierte der smarte Prinz dann selbst das Cover des *Time Magazine*. Die Schlagzeile lautete: »Kann dieser Junge die Monarchie retten?« Eine große Aufgabe für einen Heranwachsenden, der sich selbst erst finden wollte. Doch nach all den Turbulenzen, die der Ehekrieg von Charles und Diana verursacht hatte, brauchte das Haus Windsor Hoffnung für die Zukunft. Im *Time*-Artikel hieß es: »Falls die Wales' die Monarchie furchtbar beschädigt haben, so haben sie doch mit William gleichzeitig die Heilung gebracht. Der gescheite, liebenswerte Prinz beginnt, die Phantasie der Öffentlichkeit zu beschäftigen. Nachdem die Scheidung einen Akt des königlichen Dramas beendet hat, beginnt der nächste, mit einem frischen und anziehenden neuen Star.« Dies war ein fast visionärer Blick in die Zukunft, denn nur wenige Jahre später sollte der gut aussehende Prinz gefeiert werden wie ein Popstar. Noch aber war seine schöne und fotogene Mama der Liebling der Fotografen.

Im Juli 1997 waren William und Harry zusammen mit Diana Feriengäste in Saint-Tropez in der Villa von Mohammed Al Fayed, dem Besitzer des Londoner Luxuskaufhauses Harrods. Es sollte ihr letzter gemeinsamer Urlaub sein. Während die Brüder anschließend nach Balmoral fuhren, um den Rest der Ferien mit ihren Großeltern und ihrem Vater im schottischen Hochland zu verbringen, kehrte Diana auf die Yacht der Al Fayeds im Mittelmeer zurück. Dort wartete ihr neuer Lieb-

Das war eine Sommeraffäre, nicht mehr. Kurz bevor der Unfall passierte, war sie der Geschichte schon ein wenig überdrüssig geworden. Dodi überhäufte sie mit Aufmerksamkeiten und Geschenken, die sie gar nicht wollte.

Andrew Morton, Diana-Biograph

Sie mochte Dodi, sie genoss sicher die Komplimente, mehr nicht. Sie sagte wörtlich: »Paul, was tue ich, wenn er mir einen Antrag macht? Eine neue Ehe wünsche ich mir so sehr wie Bauchweh.«

Paul Burell, Dianas Butler

haber Dodi auf sie, Sohn des Harrods-Besitzers und offensichtlich sehr verliebt in die Prinzessin. Nach den sonnigen Tagen am Meer beschloss das Paar, ein Abschiedsessen im Pariser Hotel Ritz einzunehmen. Diana, so erzählten später Freunde, spielte da schon mit dem Gedanken, Dodi wieder den Laufpass zu geben.

Vor allem William habe seiner Mutter ins Gewissen geredet, da er in dem Millionärssohn nicht den passenden Partner für sie sah. Gerüchte über einen Streit zwischen der Prinzessin und ihrem ältesten Sohn machten die Runde. Am Abend des 31. August 1997 sollte also noch ein letztes Mal gefeiert werden in Paris. Für Diana war es der Abschied von einem kurzen, turbulenten Leben. Mit nur sechsunddreißig Jahren starb sie bei einem Autounfall in einem Pariser Tunnel.

Der Tod einer Mutter

Für William bedeutete es das Ende seiner Kindheit. Dianas jäher, brutaler Tod stellte auch sein eigenes Leben, wie er es bisher kannte, infrage. Durch den Schmerz, den der Verlust der Mutter ihm zufügte, wuchs bei William im Laufe der folgenden Jahre die Überzeugung, dass vor allem Dianas Rolle in der Monarchie und die hysterische Jagd der Paparazzi für ihr tragisches Ende verantwortlich waren. Berichte von den Umständen des dramatischen Autounfalls legten das nahe.

In der Nacht des Unglücks schliefen William und sein Bruder Harry in ihren Betten im Schloss Balmoral, dem magischen Ort, den sie mehr liebten als alle anderen Ländereien der Windsors. Sie freuten sich auf eine unbeschwerte Zeit in Freiheit, auf lange Pirschgänge mit Vater und Großvater, auf die fröhlichen Barbecues am Abend.

Während die Prinzen in dieser Nacht, die ihr Leben verändern sollte, fest schliefen, war die Nachtruhe in den königlichen Gemächern abrupt beendet. Ein Anruf aus der britischen Botschaft in Paris hatte das Unheil verkündet.

Zunächst wurde die Queen geweckt und darüber informiert, dass Diana nach einem Autounfall schwer verletzt im Krankenhaus lag. In kürzester

Zeit waren alle auf den Beinen, die Königin, Prinz Philip, Prinz Charles, und versuchten, die schreckliche Nachricht zu verkraften. Die Kinder, darin waren sich alle schnell einig, sollten weiterschlafen. Am nächsten Morgen wäre es noch früh genug, sie mit den Einzelheiten zu konfrontieren. Noch war Hoffnung, denn die ersten Meldungen aus Paris besagten, Diana sei lediglich verletzt, während der Tod ihres Begleiters Dodi Al Fayed und des Fahrers Henri Paul bereits bestätigt war. Um drei Uhr in der Nacht wurde Charles über Dianas Tod informiert. Er hatte wach am Telefon gesessen und auf Informationen aus Paris gewartet. Nun war es seine Aufgabe, seine beiden Söhne vom Ableben ihrer Mutter zu unterrichten. Die Sorge war groß, wie der erst zwölf Jahre alte Harry mit der schrecklichen Tragödie fertig werden würde. Zwanzig Minuten lang sprachen Charles, die Queen und Prinz Philip an jenem Sonntagmorgen mit den Prinzen. Schließlich beschlossen alle gemeinsam, wie sonst üblich den Gottesdienst zu besuchen. Vor den Toren Balmorals hatten sich bereits Journalisten, Fotografen und Kamerateams postiert, doch die königliche Familie fuhr mit regungslosen Gesichtern ohne ein öffentliches Zeichen der Trauer weiter zur Kirche. Weder William noch Harry vergossen eine Träne, ihre Haltung war bemerkenswert, aber hinter verschlossenen Türen ließen sie ihren Gefühlen freien Lauf. Immer wieder stellte Harry dieselbe Frage, auf die niemand eine Antwort wusste: »Warum? Warum musste sie sterben?«

In der ersten Woche nach dem Tod Dianas waren William und Harry wie gebannt von den Sondersendungen und Berichten im Fernsehen, wollten alles über die Umstände des tragischen Unglücks erfahren. Besonders William war bald schon fest überzeugt, dass seine Mutter das Opfer der Paparazzi war, die sie in der Nacht vom Hotel Ritz auf der rasenden Fahrt durch die nächtliche Stadt auf Motorrädern verfolgt hatten. Wären sie nicht gewesen, hätte die Limousine nicht mit überhöhter Geschwindigkeit fahren müssen, um die lästigen Fotografen abzuhängen. Dann, so Williams fester Glaube, wäre es niemals zu dem verhängnisvollen Unfall gekommen. Er hatte erlebt, wie seine Mutter unter den Nachstellungen der Pressemeute gelitten hatte. Kaum dass sie Kensington Palace verlassen hatte, hingen sie an

> Harry hing viel mehr an seiner Mutter als William. William ist sehr verschlossen, er versteckt seine Gefühle sehr. Harry ist sehr offen, und er weinte viel und schluchzte und heulte sich die Augen aus – vor allem nach dem Tod seiner Mutter.
>
> Judy Wade, Journalistin

ihren Fersen, folgten ihr auf Schritt und Tritt, oft genug bedrängten sie die Prinzessin sogar körperlich. Nicht selten musste William mit ansehen, wie Diana in Tränen aufgelöst von einer solchen Hatz zurückkam. Nun, so war William überzeugt, hatten sie seine Mutter in den Tod getrieben. Seine Abscheu und seine Verachtung für die Paparazzi hätten größer nicht sein können. »Der Tod seiner Mutter ist ein absolut dunkler Abschnitt in seinem Leben«, bestätigt Williams Freund Tom Bradby. »Ich glaube, er hasste die Presse in dieser Zeit, und Harry ging es ebenso. Sie brauchten einen Feind, auf den sie ihren Hass richten konnten, und das war die Presse. Dianas Tod traf sie wie ein Schlag, und sie waren sehr aufgebracht, als sie von den letzten Augenblicken im Leben ihrer Mutter erfuhren. … Alles, was sie sehen konnte, war die Linse einer Kamera, klick, klick, klick, in dem Moment, als sie Hilfe brauchte.«

Schock und Trauer ergriffen die Welt. Das tragische Ende der »Prinzessin der Herzen« rührte auch Menschen zutiefst, die sonst kaum vom Schicksal der königlichen Familie Notiz nahmen. Ob Alt oder Jung, Schwarz oder Weiß, Müllmann oder Medienstar – alle trauerten um die meistfotografierte Frau der Erde, als sei ein gemeinsamer Bezugspunkt verloren gegangen. Und niemand konnte verstehen, wieso es von den Windsors kein Zeichen des Mitgefühls gab. Die Nation schien zum Stillstand gekommen, und die Queen versteckte sich in Balmoral. Vielleicht geschah das auch zum Wohle ihrer Enkel, die keine internationale Ikone verloren hatten, sondern ihre Mutter. »Oft ist da unmittelbar wenig Trauer, der Schock überwiegt«, versucht die Biographin Ingrid Seward eine Erklärung. »Wenn jemand, der einem sehr nahesteht, stirbt, befindet man sich in einem absoluten Schockzustand, alles wird mechanisch erledigt. William und Harry liefen hinaus in die Hügel des Hochlands und schossen mit ihren Gewehren auf alles, was sich dort bewegte.«

Die Menschen in Großbritannien brachten ihre Trauer zum Ausdruck, indem sie vor den Toren der Paläste Blumen niederlegten. Von Tag zu Tag wuchs das Blütenmeer und wirkte bald wie eine stumme Anklage gegen die Königin. Warum blieb sie in Balmoral, warum fand sie keine Worte des Trostes? Zumindest kamen sie vors Schloss: die Queen, Prinz Philip, Charles, William und Harry. An der Hand seines Vaters untersuchte Dianas jüngster Sohn die Blumensträuße, fand kleine Notizen mit liebevollen Worten und hörte die tröstenden Zurufe der Menschen am Straßenrand.

> *Die Queen vermochte es nicht, mit ihren Untertanen auf einer ganz normalen zwischenmenschlichen Ebene zu kommunizieren. Sie schaffte es nicht, nach London zu kommen, auch nur kleinste Gesten zu machen, wie zum Beispiel die Fahne auf dem Buckingham-Palast auf halbmast zu setzen. Sie war dabei, die Monarchie in den Abgrund zu manövrieren.*
>
> Piers Brendon, Biograph der Queen

Niemand auf der Welt, der diese Szenen im Fernsehen sah, konnte sich der Bewunderung für die tapferen Kinder verschließen, die nun ein Leben ohne ihre Mutter führen mussten. Judy Wade erinnert sich: »Es war absolut schrecklich für die Jungen, da herumlaufen zu müssen und den Leuten in der Menge zuzuhören. Schon der Anblick der Blumenbouquets und der Botschaften daran war genug, um einen in Tränen ausbrechen zu lassen, auch wenn man mit Diana gar nicht verwandt war. Für die Kinder war es sehr hart, und ich habe beobachtet, dass Harry mehrmals kurz davor war, in Tränen auszubrechen.«

Schließlich fanden sich die Windsors nach einer Woche in London ein, die Flagge auf dem Buckingham-Palast wurde zu Ehren Dianas zum ersten Mal in der Geschichte auf halbmast gesetzt, und die Vorbereitungen für die Trauerfeierlichkeiten begannen. Am Morgen der Beisetzung bezog Ken Wharfe vor Westminster Abbey Stellung. »Ich war für die Sicherheit im Innern der Kirche zuständig. Niemals zuvor habe ich so einen öffentlichen Ausbruch von Trauer erlebt, niemals werde ich diese Momente vergessen. Und niemals werde ich den Anblick von William und Harry vergessen, ihre Einsamkeit, als sie hinter dem Sarg ihrer Mutter hergingen, fast vier Kilometer durch die Stadt. Sie taten das mit solcher Ehrerbietung, sie teilten einen Moment persönlicher Trauer mit allen Menschen auf der Welt.« William hatte sich zunächst geweigert, die weite Strecke hinter dem Sarg seiner Mutter herzulaufen. Erst als Prinz Philip ihn seines Beistands versicherte, willigte er ein. Auch Judy Wade verfolgte die Beisetzung Dianas, mit der sie so oft für ihre Kolumnen im *Hello*-Magazin gesprochen hatte.

»Als der Sarg aus Kensington Palace getragen wurde und seine lange Prozession zur Westminster-Abtei begann, schien die ganze Nation den Atem anzuhalten; es war, als wäre ein scharfes Luftholen zu hören. Jeder

der Trauernden an diesem Tag war sich bewusst, dass William und Harry den größten Verlust erlitten hatten. Auf dem Sarg zwischen den Gebinden mit weißen Lilien und Rosen, die Diana so geliebt hatte, steckte eine Karte mit der Aufschrift ›Mummy‹. Diese kleine, zittrige Handschrift zu sehen war unfassbar.« Der letzte Gruß der Prinzen an ihre verstorbene Mutter.

> **Der Tag der Beerdigung war ungewöhnlich. London wirkte sehr fremd, verlassen, und doch waren da diese riesigen Menschenmassen, die fast vollkommen still waren.**
>
> Patrick Jephson, ehemaliger Privatsekretär Dianas

> *Die Jungen schafften es, hinter dem Sarg ihrer Mutter herzugehen, weil sie noch immer unter Schock standen. Anders hätten sie es nicht geschafft. Es war etwas Mechanisches, und solange sie in sich sein konnten, schaute Prinz William nicht auf. Er ging in seinem eigenen Tunnel, und so kamen sie mit der Situation zurecht.*
>
> Ingrid Seward, Biographin von William und Harry

Bis heute hat Prinz William nicht in der Öffentlichkeit über den Tod seiner Mutter gesprochen. Er tauchte von nun an ab, im wahrsten Sinne des Wortes. Man sah ihn in der Öffentlichkeit stets mit gesenktem Kopf, weniger ein Zeichen einer ausgeprägten Schüchternheit als des steten Misstrauens der verhassten Presse gegenüber. Auftritte vor Kameras wurden ihm zuwider. Um die beiden Söhne Dianas vor ähnlichen Paparazzijagden zu schützen, wie sie der Mutter widerfahren waren, wurde vom Hof ein Arrangement mit der britischen Presse getroffen, das den Jungen Schutz vor Nachstellungen gewähren sollte, solange ihre Schulzeit andauerte. Lord Wakeham, damals Vorsitzender des Rates für Beschwerden gegen die Presse, vermittelte zwischen den unterschiedlichen Interessen. »Die Prinzen sind kein Freiwild, das habe ich damals völlig klargestellt. Aber selbstverständlich hat die Presse ein legitimes Interesse zu berichten. Wir hatten zu berücksichtigen, wer William ist: der künftige König von England. Aber Belästigungen und Menschenjagden sind inakzeptabel.« So wurde mit den Verlegern der großen britischen Printmedien vereinbart, nicht in die Privatsphäre von William und Harry auf dem Schulgelände einzudringen. Im Gegenzug gab es immer wieder Gelegenheiten zu offiziell arrangierten Fotos: etwa im Skiurlaub oder bei Feiern.

Obwohl von bewaffneten Bodyguards beschützt, verlebte William seine Jahre in Eton also in relativer Freiheit. »Ich mag die Aufmerksamkeit nicht. Ich fühle mich damit unwohl, und ich habe es ganz besonders zu schätzen gewusst, dass ich in Eton in Ruhe gelassen wurde, was es mir ermöglicht hat, mich auf meine Schularbeiten zu konzentrieren und mit Freunden zusammen zu sein, ohne von Kameras verfolgt zu werden«, erzählte er später.

Zu Williams sechzehntem Geburtstag wurde ein Presseinterview veröffentlicht, dessen Fragen er schriftlich beantwortet hatte. Darin gab er einige karge Hinweise auf seine Interessen und auf die Dinge, mit denen er sich in seiner Freizeit gern beschäftigte. Lesen stand an erster Stelle, aber er mochte auch Actionfilme und spielte wie wohl jeder Junge in seinem Alter Computerspiele. Damals träumte er davon, nach Afrika auf Safari zu gehen – ein Wunsch, der wenige Jahre später in Erfüllung gehen sollte. Besonderen Wert legte William darauf, sich seine eigene Kleidung aussuchen zu können. Individuell sollte sie sein, aber auf keinen Fall auffällig. Berühmt wurde das Foto, das ihn im gedeckten Anzug zeigt, wie er bei Eton-Schülern üblich ist. Darunter trägt der Prinz eine Weste mit dem Muster des Union Jack, der britischen Flagge. Understatement mit einem Hauch von Klasse – so normal wie möglich und doch etwas Besonderes.

»Willsmania«

Allmählich wuchs William zu einem außergewöhnlich gut aussehenden, selbstsicheren jungen Mann heran. Schwimmen, Rugby und vor allem das Polospiel zählten zu seinen Leidenschaften und halfen ihm über die schwere Zeit nach dem Tod seiner Mutter hinweg.

Doch je älter William wurde, desto frappierender zeigte sich die Ähnlichkeit mit Diana, vor allem sein Lächeln war ihr wie aus dem Gesicht geschnitten. Judy Wade war auf vielen Reisen der Royals dabei und wurde oftmals Zeugin der Begeisterung, die dem jungen Prinzen entgegenschlug. »Alle Frauen in der Menge riefen dann: ›Oh, ist er nicht genau wie Diana?‹ Ich dachte oft, das muss schrecklich sein für ihn, denn er ist ja eine eigene Persönlichkeit. Er ist kein Abziehbild von Diana, und er ist auch kein Ersatz für sie. Diana war einzigartig, und William ist zu bedauern, dass er es noch eine Weile mit ihr aufnehmen muss.« Die Prinzessin von Wales war der Star der königlichen Familie, und seit ihrem Tod ist es zwar ruhiger geworden, aber auch ein wenig langweiliger. Die Seifenoper, mit der das Leben der Royals oftmals verglichen wird, hat ihre Hauptdarstellerin verloren. Mit wem soll man jetzt leiden, wen bewundern für sein atemberaubendes Aussehen auf dem roten Teppich? Es ist, als hätte Diana eine Lücke hinterlassen, die darauf wartet, geschlossen zu werden. William könnte diese Persönlichkeit sein. Welche Magie er auszustrahlen vermag, zeigte sich überraschend bei seinem ersten großen Auftritt nach Dianas Tod 1998 in Kanada. Gemeinsam mit seinem Vater und seinem Bruder Harry sollte er in Vancouver das übliche »Bad in der Menge« nehmen. Was dann geschah, verblüffte alle: die Prinzen, die Journalisten und vielleicht sogar die Menschen, die sich plötzlich vom Sturm der Begeisterung mitreißen ließen. Beim Anblick ihres »Märchenprinzen« gerieten die jungen Mädchen in der Menge in Aufruhr. Hysterische Schreie wurden laut: »William, William, William!« schallte es über den Platz, als sei ein Popstar zu Besuch. Tränen und Schluchzer aus hunderten Kehlen, das war selbst für einen künftigen König zu viel. Niemals zuvor hatte ein britischer Thronfolger solche Gefühlsausbrüche entfacht. William errötete. Doch erstaunlich schnell schien er den Trubel zu genießen und im Feuer der Bewunderung seiner Teenagerfans aufzutauen. Zunächst musste Charles ihn noch ermuntern, durch die Tür des Waterfront Centre Hotel nach draußen zu gehen, um sich der wartenden Menge zu stellen. Doch schon bald ergriff er die ihm entgegengestreckten Hände und nahm lächelnd die Ovationen entgegen, sprach mit einigen der Mädchen und dankte höflich für die ihm zuteil werdende Aufmerksamkeit. Eine junge Frau presste ihren Teddybären fest an die Brust, der ein kleines rotes Pappherz mit der Aufschrift »I love you« trug. Alle waren verrückt nach William, die »Willsmania« war geboren. Und zum ersten Mal seit seiner frühesten Kindheit hatte der Prinz die Kameras vergessen, bewegte sich völlig frei und ungezwungen, schien das Rampenlicht sogar zu genießen. Und die Beobachter der Royals ahnten, dass der britischen Monarchie ein neuer Star geboren war, der die Sympathien des Volkes gewinnen könnte und dem verstaubten Protokoll frischen Wind bescheren würde. Kurz vor ihrem Tod hatte Diana in einem Interview mit dem Magazin *New Yorker* dies fast prophetisch vorausgesehen. »Alle meine Hoffnungen ruhen jetzt auf William.

Ich versuche, ihm die Gefahren begreiflich zu machen, die die Medien mit sich bringen, und wie er damit umgehen kann. Für den Rest der Familie ist es zu spät. Aber William, ich glaube, er hat das gewisse Etwas.« Diana hatte zeit ihres Lebens ein gespaltenes Verhältnis zu den Medien. Mal beklagte sie sich über die große Aufmerksamkeit, dann wieder gab sie selbst Geschichten aus ihrem Privatleben preis. Lord Wakeham, ehemals Präsident des Presserats, erlebte die Prinzessin als eher unentschlossen und wankelmütig. William, der die Presse nach dem Tod seiner Mutter verabscheute, musste nun seine eigene Linie finden. Als künftiger König würde er ohne ein gutes Verhältnis zur vierten Gewalt im Staat nicht regieren können. Eine schlechte oder gar keine Presse würde das Ende der Monarchie bedeuten, da die Untertanen nur durch die Berichterstattung am Leben der Royals teilhaben können. Einstweilen schien dem jungen Prinzen dieses komplexe Geflecht noch viel zu kompliziert und belastend.

Sehnsucht nach Freiheit

Zurück in der Heimat, zog William es vor, sich wieder in der Öffentlichkeit rar zu machen. Der Wirbel um seine Person hatte ihn zwar beeindruckt, aber dies alles war dem Teenager auch ausgesprochen peinlich. Nach wie vor war ihm nichts so wichtig wie seine persönliche Freiheit, und die lebte er vor allem in der Natur aus. Jagen und Fischen gehörten schon seit jeher zu seinen liebsten Beschäftigungen. Als William achtzehn Jahre alt wurde, bekam er von seinem Vater ein eigenes Gewehr geschenkt. »Williams bevorzugter Sport im Winter ist das Schießen. Er hat es in Sandringham gelernt, von einem Polizisten, der dort arbeitete«, weiß Judy Wade zu berichten. »Er liebt das Jagen, ist damit aufgewachsen wie seine besten Freunde auch, und an den Wochenenden verbringen sie viel Zeit damit.«

Als William seinen ersten Hirsch erlegt hatte, fand Prinz Charles seinen Sohn über das tote Wild gebeugt, mit vor Stolz glänzenden Augen, die Stirn über und über mit dem Blut des Tieres beschmiert. Seiner Mutter hatte Williams Faszination für das martialische Spektakel stets großen

In dem Punkt sind William und Harry echte Windsors. Jungs sind nun mal Jungs. Die lieben die Jagd. Daran hätte Diana auch nichts ändern können. Sie nannte die beiden immer »meine Killer-Wales«.

Andrew Morton, Diana-Biograph

Kummer bereitet. Diana hatte weder für Pferde- noch Treibjagden etwas übrig und sah es mit Entsetzen, wie sich ihr geliebter Sohn in ein Hobby vertiefte, das sie nicht ausstehen konnte. Oft hatte sie versucht, ihn von ihrem Standpunkt zu überzeugen: dass Tiere zu erschießen etwas Gewalttätiges war und deshalb verabscheuungswürdig. Niemand dürfe nur so zum Spaß töten, versuchte sie ihm begreiflich zu machen. Doch es gelang ihr nicht, ihre beiden Söhne von den Jagdausflügen abzuhalten, wie sie in der königlichen Familie häufig unternommen wurden. Tierliebe wird bei den Windsors differenzierter betrachtet, erklärt uns Judy Wade. »Es gibt da keinen Widerspruch. Auf so riesigen Anwesen wie Sandringham und Balmoral muss es eine Auslese unter den Tieren geben. Gerade die alten und gebrechlichen Hirsche müssen in jeder Saison erlegt werden, um ihnen eine bedauernswerte Existenz zu ersparen. William ist sehr am Tierschutz interessiert, aber das bezieht sich ganz stark auf die bedrohten Arten in Afrika.«

Weniger spannend als die Jagdausflüge in die Wälder fand der junge Prinz eine Freizeitbeschäftigung, die die königliche Familie gern mit anderen Mitgliedern der britischen Upperclass teilt: die Fuchsjagd zu Pferde. Man müsse zu viel warten, sitze untätig auf dem Pferderücken, bis endlich etwas geschehe. Dem stürmischen jungen Prinzen war das nicht rasant genug, er liebte den schnellen Galopp, und er forderte seinen Bruder Harry oft zu einem scharfen Ritt um das Anwesen in Highgrove auf. Tom Bradby, der William als einen cleveren, entschlossenen und gelegentlich sturen Charakter beschreibt, hat bei seinem Freund auch einen gewissen Ehrgeiz entdeckt. »Er will alles gewinnen, leider gelingt ihm das beim Polo nicht so oft. Er und Harry lieben das Spiel, es gehört für sie einfach zu den Dingen, die sie liebend gerne tun: Jagen, Reiten, Polo. Harry und William mögen es, gegeneinander anzutreten und sich die Hölle heiß zu machen. Harry schlägt sich besser, was seinen Bruder ärgert, und sie nehmen sich deswegen auch dauernd hoch.«

Die geschützte Schulzeit in Eton neigte sich dem Ende entgegen, und als William achtzehn Jahre alt wurde, entschloss sich der Palast, einen der seltenen öffentlichen Auftritte der Nummer zwei in der Thronfolge zu arrangieren. Eugene Campbell, einer der erfahrensten Kameramänner

> William ist Linkshänder, und Polo ist ein Spiel für Rechtshänder, er ist also im Nachteil. Er spielt nicht so gut Polo wie sein Bruder. Harry ist bei allen Sportarten viel besser.
>
> Judy Wade, Journalistin

des britischen Senders ITN, bekam einen überraschenden Anruf. »Ich war gerade bei einem dieser Erste-Hilfe-Kurse, die man vor einem Einsatz in einem Kriegsgebiet absolviert, als das Telefon klingelte. Der Palast war dran. Sie fragten mich, ob ich daran interessiert sei, etwas mit Prinz William zusammen zu machen. Sein achtzehnter Geburtstag stand bevor, er war in Eton, und sie wussten, dass sie etwas mit ihm und der Presse unternehmen mussten, um einem massenhaften Auflauf von Fotografen und Kamerateams vor der Schule zuvorzukommen. So hatten sie beschlossen, nur einen Fotografen und einen Kameramann auszuwählen, die eine Beziehung zu ihm aufbauen sollten, um dann gute Bilder zu machen.« Die erste Begegnung fiel reserviert aus. William, in Schuluniform gekleidet, war auf der Hut. Nicht unfreundlich, aber sehr zurückhaltend, trat er den Medienleuten entgegen. »Ich bin sicher, William hatte eine sehr tiefe und starke Abneigung gegen die Medien, speziell gegen die Paparazzi«, erzählt Eugene Campbell. »Ein Teil unserer Aufgabe in Eton war es, ihn davon zu überzeugen, dass nicht jeder hinter einem Kameraobjektiv so war wie die, dass wir ganz normale menschliche Wesen waren und ihm nicht nach dem Leben trachteten.« Schnell verflog das Misstrauen, und William zeigte sich kooperativ. Es entstanden sehr privat anmutende Aufnahmen von seinem Leben an der Schule, beim Studium in der Bibliothek, beim Kochen mit seinen Mitschülern, beim Einkaufen im nahe gelegenen Dorf. Ein normaler Teenager an einer normalen Schule, ganz so wie William sich selbst sah. Eugene Campbell beschreibt den Prinzen als jungen Mann ohne Starallüren, sehr liebenswert, mit einem schalkhaften Humor, schnell im Denken und intelligent.

Er fühle sich wohl und geborgen in Eton, vertraute er Campbell an. »Er sehnte sich danach, normal zu sein. Er liebte es, nur er selbst zu sein, und nicht irgendwie besonders behandelt zu werden. Er war dort niemals die ›Königliche Hoheit‹, er war niemals ›Prinz William‹, sondern schlicht ›William‹. Enge Freunde nannten ihn ›Wills‹.« Eton war für den Prinzen, der in seinem jungen Leben bereits so viel Tragisches erlebt hatte, zu einem sicheren Hafen geworden. Hier fühlte er sich geborgen, konnte entspannen und sich auf seine eigene Entwicklung konzentrieren. Sicherlich ist das kameradschaftliche Klima in Eton ei-

Meiner Meinung nach haben William und Harry durch Eton eine Art von Vertrauen erlangt, das sie anders nicht erfahren hätten.

Ingrid Seward, Biographin von William und Harry

ner der Gründe, warum William trotz seiner herausragenden Stellung und seiner besonderen familiären Situation unbeschadet vom Teenager- ins Erwachsenenalter hineinwuchs.

Auszeit im Dschungel

Nachdem er die Schule in Eton im Jahr 2000 erfolgreich beendet hatte, entschloss sich William zu einem sogenannten »Gap Year«. In England ist es Tradition, nach der Schule zunächst einmal zwölf Monate Auszeit zu nehmen, bevor der Ernst des Lebens an der Universität seine Fortsetzung findet. Dabei geht es nicht um unbeschwerte Freizeit, sondern darum, den eigenen Horizont zu erweitern. William war entschlossen, etwas Sinnvolles zu tun, wollte aber zunächst einmal reisen. Er flog nach Mittelamerika, nach Belize, einer ehemaligen britischen Kolonie. Dort durchwanderte er den Dschungel mit den Welsh Guards, lernte, sich selbst zu versorgen mit dem, was die Natur bot. Nächste Station war die Insel Rodrigues im Indischen Ozean, nahe Mauritius. Für einen Monat beteiligte sich der Prinz dort an einem Projekt der Geographischen Gesellschaft zum Schutz der bedrohten Korallenriffe.

Noch aber stand die Entscheidung aus, welches seine nächste, dauerhafte Station sein sollte. Während eines Fototermins auf Highgrove enthüllte der Achtzehnjährige seine Pläne. Diesmal sollte es nach Südamerika gehen. Chile war sein Ziel, dort wollte er an einem Projekt der Hilfsorganisation »Raleigh International« teilnehmen. Den erstaunten Reportern eröffnete William, dass er für den Aufenthalt selbst aufkommen wolle. Er hatte in den letzten Monaten Wasserpolo gespielt und damit Sponsorengelder gesammelt – genug, um seine eigene Reise zu finanzieren und darüber hinaus einem Jungen aus weniger begüterten Verhältnissen das Abenteuer eines Auslandsaufenthalts zu spendieren. »Ich möchte etwas Konstruktives mit diesen Jahr anfangen«, erklärte William. »Ich denke, das ist der richtige Weg, anderen Menschen in den abgelegenen Gegenden von

> **Ich will die Welt sehen und armen Menschen helfen!**
> William

> **William entschied sich aus zwei Gründen für Chile: Erstens wollte er nicht in ein sehr heißes Land, und zweitens wollte er in ein weit entferntes Land. Er wollte weit weg sein mit einer Gruppe von Leuten, mit denen er sich einfach entspannen und er selbst sein konnte.**
> Eugene Campbell, Kameramann

Chile zu helfen und viele Leute aus anderen Ländern zu treffen.« Der Trip nach Patagonien sollte für den Prinzen zu einer Herausforderung werden. Die Lebensumstände hatten so ganz und gar nichts Vergleichbares mit dem behüteten Dasein, das William bis dahin gewöhnt war.

Mit 110 anderen jungen Leuten aus unterschiedlichen Ländern und gesellschaftlichen Schichten arbeitete er in dem kleinen Dorf Caleta Tortel. Häuser und Wege mussten ausgebessert und befestigt werden, Kinder wollten beschäftigt und unterrichtet sein. Die Gruppe junger Helfer schlief in engen Baracken auf dem Boden, sie mussten ihr Essen selbst kochen und ihre Wohnstatt nebst Behelfsklosett selbst sauber halten. »Die Lebensumstände sind nicht ganz so, wie ich es gewöhnt bin«, scherzte William. »Man kann keine Geheimnisse haben. Du teilst alles mit allen. Am Anfang fand ich es sehr schwierig, weil ich eine sehr zurückgezogene Persönlichkeit bin. Aber ich habe gelernt, damit klarzukommen.« Die Arbeit in dem abgelegenen chilenischen Dorf war hart und ermüdend, aber William war entschlossen, seine gute Laune nicht zu verlieren. Sein Körper war gestählt von vielen sportlichen Aktivitäten, und die Kinder, denen er Englischunterricht gab, liebten ihn. Daheim im Palast wuchs die Überzeugung, all dies sei guter Stoff für eine Berichterstattung über den künftigen Thronfolger. Wieder war es Eugene Campbell, den man bat, mit der Kamera nach Chile zu reisen und dort einen Bericht über Williams soziales Engagement zu drehen. »Im Palast war man sich im Klaren darüber, dass etwas über Williams Zeit dort gemacht werden musste. Auf keinen Fall wollte man dort unten ein Flugzeug voller Reporter haben, die in das kleine Dorf eindrangen und mit hunderten Kameras umherwuselten. Das hätte alles ruiniert. So flog ich mit nur einem Fotografen und einem Begleiter vom Palast nach Chile, um einige Zeit mit William zu verbringen und über die ›Operation Raleigh‹ zu berichten.«

Eugene Campbell sah nun einen Prinzen wieder, den er aus ihrer gemeinsamen Arbeit in Eton kannte, und doch war er überrascht, wie sehr sich der junge Mann in der kurzen Zeit verändert hatte. Er war größer und kräftiger geworden, fast erwachsen kam er nun daher. Offensichtlich hatte er gelernt, Verantwortung für sich und seine Gruppe zu tragen, und hatte

Ich denke, Williams Zeit in Chile kann nicht leicht gewesen sein. Sie lebten in sehr einfachen Verhältnissen. Sie lebten in einer Holzhütte und schliefen auf dem Boden in Schlafsäcken. Sie kochten ihr Essen selbst, es war sehr einfach. Und dann arbeiteten sie hart im Dorf – es war harte körperliche Arbeit. William war mittendrin und leitete die Arbeiten sogar manchmal.

Eugene Campbell, Kameramann

bereits in kurzer Zeit das Vertrauen aller gewonnen. Wie schon in Eton zeigte sich William während der Dreharbeiten sehr kooperativ, alles wirkte ganz natürlich. Er selbst machte den Vorschlag, ihn beim Putzen der Toiletten zu filmen, und es war überraschend, zu beobachten, wie sehr der Prinz diese gewöhnlichen Tätigkeiten genoss. Auch der hartgesottene Kameramann Eugene Campbell, der kein Anhänger der Royals war, konnte sich dem Charme Williams am Ende nicht mehr entziehen. »Ich mochte ihn, und ich respektierte ihn. Nicht wegen seiner Herkunft, sondern wegen seiner Persönlichkeit. Das Großartige an William ist, wenn er einen Raum betritt, dann will er sich in die Gruppe von Menschen einfügen, die sich dort aufhält. Er will ein Teil davon sein, und das ist genau das Gegenteil vom königlichen System.« Die Filme und Fotos aus Williams Zeit in Chile verfehlten nicht ihre Wirkung. Er präsentierte sich bodenständig und sehr aktiv, sympathisch und intelligent und wurde von nun an zu einem der beliebtesten Royals. Doch noch immer war ihm seine persönliche Freiheit mehr wert als seine künftige Aufgabe als Monarch. Freunden vertraute er an, er habe sich noch immer nicht richtig mit allen staatspolitischen Fragen beschäftigt, die mit seiner Position einhergingen. Die letzten Monate seiner Auszeit vor dem Studium verbrachte er in Afrika. Der Artenschutz schien ihm ein drängenderes Problem zu sein als der Fortbestand der britischen Monarchie. Tom Bradby hat William und Harry in den letzten Jahren beobachtet und bei beiden einen ähnlichen Freiheitsdrang ausgemacht. »William und Harry sind in den letzten Jahren besessen davon gewesen, wie jeder andere behandelt zu werden. Deshalb war William in Afrika: Den meisten Menschen dort ist es egal, wer der künftige König von England ist. Das bedeutet für sie überhaupt nichts. Er mag das sehr, und auch Harry mochte es, er war ebenfalls in Afrika. William schwimmt im Mainstream der britischen Mittelklasse, hat dort gute Freunde, und das gibt ihm einen gewissen Schutz.«

Zu dieser Zeit muss bei William die Idee gereift sein, aus dem königlichen System auszusteigen. Doch noch lag die lange Studienzeit vor ihm, die ihm für Jahre Ruhe vor den königlichen Pflichten schenken würde.

Ein königlicher Student

Die meisten Leser der Klatschpresse, die die Entwicklung des Prinzen aufmerksam verfolgten, hatten wohl noch nie in ihrem Leben von Saint Andrews gehört. Oxford und Cambridge, die traditionsreichen Universitäten Englands, schienen angemessener für einen königlichen Studenten. Doch William hielt wieder einmal eine Überraschung bereit. Er hatte sich für die kleine Stadt an der schottischen Küste entschieden, die nur Insidern bekannt ist als Schauplatz großer Golfwettbewerbe, darunter die British Open. Er wollte dort Kunstgeschichte studieren.

Gegründet im Jahr 1413, ist Saint Andrews die älteste Universität Schottlands. Sie liegt malerisch inmitten der kleinen Küstenstadt, ist gleichermaßen in sie hineingewachsen. Drei Hauptstraßen, die Ruinen einer Kathedrale, ein Glockenturm und am Ende der Halbinsel das Meer, das ist nahezu alles, was es dort zu sehen gibt. Mittelalterliches Flair und eine überschaubare Studentenschaft machen Saint Andrews dennoch zu einem begehrten Studienort.

Prinz William hoffte, hier sein unabhängiges Leben fortsetzen zu können, das er in Eton so schätzen gelernt hatte. »Ich wollte an keine englische Universität gehen, weil ich dort bereits gelebt habe und mich jetzt anderswo ausprobieren möchte«, erklärte er. Wie immer ging es ihm nicht um Ruhm und Ehre oder um akademische Meriten. Er hoffte, seinen Freundeskreis zu erweitern, etwas Neues von der Welt kennenzulernen und möglichst unabhängig leben zu können.

> Ich möchte ein ganz normaler Student sein. Ich gehe nur zur Universität. Es ist nicht so, dass ich heirate. Obwohl es sich manchmal so anfühlt.
>
> William

Auch wenn ein Beschützer immer in seiner Nähe war, ließ sich im beschaulichen Saint Andrews ein ungezwungener Kontakt zu Kommilitonen und Bevölkerung herstellen. Andrew Neil war Rektor der Universität,

> *Williams Erfahrung an der Universität unterschied sich sehr stark von der seines Vaters. Es war viel mehr wie im 21. Jahrhundert und viel weniger ehrerbietig. Als Charles nach Cambridge ging, wartete Rab Butler, der Dekan des dortigen Trinity College, auf ihn. Bei uns wartete niemand von der Universität auf William.*
>
> Andrew Neil, Rektor der Universität Saint Andrews

als die Wahl des königlichen Studenten auf die schottische Provinz fiel. Er vermutete, dass auch politische Hintergründe eine Rolle gespielt haben könnten. »Ich glaube, ein Grund, warum William auf Saint Andrews aufmerksam wurde, hing damit zusammen, dass Schottland gerade sein eigenes Parlament innerhalb des Vereinigten Königreichs bekommen hatte. Die Windsors legen sehr viel Wert darauf, als königliche Familie des ganzen Königreichs wahrgenommen zu werden. Ich denke, es war eine Geste an Schottland, dass der Thronerbe auf eine schottische Universität geht, und Saint Andrews erschien dafür geeignet. Es ist eine Eliteuniversität, die auf ebenso alte Traditionen zurückblicken kann wie Oxford und Cambridge. Viele englische Schuljungen kommen hierher, und daher war es für William kein fremdes Territorium.«

Am 23. September 2001 fuhr ein grüner Vauxhall in Saint Andrews vor, am Steuer Prinz Charles. Er wollte seinen ältesten Sohn persönlich zu seinem neuen Wohnort begleiten. Zuvor hatten die beiden noch mit Queen Mum, der Urgroßmutter Williams, auf deren schottischem Landsitz Birkhall zu Mittag gegessen. »Wenn es irgendwo eine gute Party gibt, lad mich ein!«, hatte sie ihren Urenkel zum Abschied aufgefordert. Die Ankunft in Saint Andrews hatte nichts Majestätisches an sich. Prinz Charles verfehlte zunächst die Einfahrt zum Campus und musste seinen Wagen zum Amüsement der etwa anderthalbtausend Schaulustigen noch einmal wenden. Ein bisschen verspätet waren die beiden, und William stieg etwas zögerlich und scheu aus dem Wagen. Sein ganzes Auftreten wirkte betont lässig, als käme hier irgendein neuer Student von irgendwo in England. Er trug hellblaue Jeans und einen dunkelblauen Pullover, und alles an ihm schien auszudrücken: »Ich bin ein ganz normaler Student.« Keine Zeremonie, kein königlicher Pomp – nach einem kurzen Rundgang war der Erbe des britischen Throns angekommen, in Zukunft sollte er schlicht »William Wales« genannt werden.

»Saint Andrews ist ein guter Ort, wenn man auf Privatsphäre Wert legt«, erklärt der ehemalige Rektor Andrew Neil. »Etwa sechzehntausend Menschen leben hier, Fremde erkennt man auf den ersten Blick. Da es am Ende einer Halbinsel liegt, führt nur ein Weg hinein oder heraus. Die Sicherheitsleute von William waren begeistert. Für die war es viel einfacher, als wenn er sich für eine große Universität, wie Manchester, Glasgow oder Newcastle, entschieden hätte. Selbst Oxford und Cambridge sind wesentlich größere Städte. Für die königlichen Sicherheitsleute war Saint Andrews ein Traum.« William konnte sich also ungezwungen und ohne Protokoll bewegen. Ab und an kam ein Journalist vorbei, aber viel zu berichten war da nicht. Es dauerte eine Weile, bis sich William eingewöhnt hatte, aber irgendwann fiel er gar nicht mehr weiter auf unter seinen Kommilitonen und ging wie sie im Städtchen spazieren. Er wurde schon mal mit einer Plastiktüte gesehen, wenn er im Supermarkt eingekauft hatte – für den künftigen König von England war es ein unkompliziertes Leben.

Alles schien gut zu laufen, die sonst so gefürchtete britische Boulevardpresse hielt sich an die Abmachungen und ließ den Prinzen in Ruhe. Doch dann ereignete sich ein Skandal. »Wir dachten, wir hätten die Medien im Griff«, erzählt Andrew Neil. »Niemals hatten wir damit gerechnet, dass wir es mit Williams Onkel zu tun bekommen würden.« Der jüngste Sohn der Queen, Prinz Edward, war zu jener Zeit Eigentümer einer TV-Firma. »Der einzige gravierende Eingriff in Williams Privatsphäre ging von ihm aus«, schildert Andrew Neil das unglaubliche Geschehen. »Ein Team der Firma seines Onkels trieb sich eine Woche hier herum, da sie eine Dokumentation über das Leben des Prinzen in Saint Andrews drehen wollten. Sie luden Studenten zum Essen ein, um mit ihnen über William zu reden. Ich erfuhr davon durch die BBC, weil sie mich dazu um einen Kommentar baten. Ich konnte es nicht fassen! Die einzige Person, die in die Privatsphäre Williams eindrang, war ausgerechnet sein Onkel – ein Mitglied der königlichen Familie!«

Andrew Neil glaubte zunächst an einen schlechten Scherz, doch das Unerhörte erwies

> Wir hatten erwartet, dass jemand irgendwann die Vereinbarung verletzen würde, aber dass es dann die Firma des Onkels war, ist schon unglaublich.
>
> Andrew Neil, Rektor der Universität Saint Andrews

sich als wahr. Nicht lange danach erfuhr Prinz Charles, was in der Abgeschiedenheit von Saint Andrews vorging, und geriet außer sich vor Zorn. An der Universität herrschte Alarmstimmung. Nun, da eine Fernsehcrew den Bann gebrochen hatte, fürchtete man, dass noch mehr Journalisten wie die Heuschrecken über das idyllische Städtchen herfallen würden. Der Skandal war perfekt. Da hatten selbst die hartgesottenen Verleger der britischen Presse freiwillig auf ein gutes Geschäft mit Berichten über den jungen Prinzen verzichtet, und nun war ihm ausgerechnet ein Familienmitglied auf den Fersen, um mit kleinen Geschichten über den Thronfolger Geld zu schinden. Auf der Stelle ließ Charles alles unterbinden, was die Ruhe und Sicherheit seines Sohnes und der übrigen Studenten auf dem Campus in Gefahr brachte. Die unrühmliche Episode war alsbald ausgestanden und sollte das einzige Ärgernis dieser Art während Williams Studentenzeit bleiben.

> **Tatsächlich war der Ton zwischen Prinz Charles und Prinz Edward ziemlich harsch, und jeder sollte wissen, dass er von dem, was mit diesem Fernsehteam passierte, genauso entsetzt war wie wir.**
> Andrew Neil, Rektor der Universität Saint Andrews

Winterdepression

Die Universität Saint Andrews war dank der Anwesenheit des britischen Thronfolgers so beliebt wie wohl noch nie zuvor in ihrer Geschichte. Schon immer kamen viele Studenten aus Amerika hierher für einen Auslandsaufenthalt ohne lästige Sprachprobleme, meist junge Männer. Die »Golf Connection« nennt sie Andrew Neil. Aber nachdem der Prinz sich eingeschrieben hatte, ereignete sich ein kleines »Wunder«. Die Zahl der Bewerbungen aus den USA stieg um fünfunddreißig Prozent, und alle waren Mädchen. Auch dem Rektor Andrew Neil blieb das neu erwachte weibliche Interesse an seiner Universität keineswegs verborgen. »Natürlich ging es um William. Aber alle Frauen verhielten sich trotzdem sehr gesittet. Es gab keine Groupies, kein Gedränge von weiblichen Studenten, die ihn bewunderten und verrückt danach waren, ihn zu sehen. Dazu waren sie alle zu intellektuell und gelassen. Doch es machte schon was aus, dass wir auf einmal all die amerikanischen Frauen hierhatten. Das hat unser internationales Ansehen enorm gesteigert.« So nüchtern muss das wohl der Rektor einer Universität beurteilen. Hinter dem regen Interesse vor allem weiblicher Studierender lässt sich aber auch der klassische Kleinmädchentraum vermuten: dem jungen, hübschen Prinzen den Kopf zu verdrehen und mit ihm in seinem Königreich happyenden. Ungeachtet des traurigen Schicksals der verstorbenen Diana schien die Aussicht auf den Titel einer Prinzessin von Wales nichts an Attraktivität eingebüßt zu haben. William war zum begehrtesten Junggesellen Europas, vielleicht der ganzen Welt geworden.

Trotz aller Vorteile, die Saint Andrews für den scheuen Prinzen bot, schien er sich nicht so recht einleben zu können. Der Oktober seines ersten Semesters ging vorüber, und die ersten Novembertage kündigten sich mit Nebel und Regen an. Die Dunkelheit brach bereits früh herein, und überall brannten die Straßenlaternen. Es war kalt und grau, ein scharfer Wind blies von der Nordsee herein. Für die jungen Studenten aus dem Süden Englands bedeutete dies die erste Prüfung, die sie zu bestehen hatten. Gewöhnlich war dies die Zeit, in der viele von ernsthaftem Heimweh geplagt wurden, und William bildete da keine Ausnahme. Andrew Neil, der damalige Rektor der Universität, war sich der Winterdepression seiner neu angekommenen Studenten bewusst. Einige hielten es dann nicht mehr aus und verließen Saint Andrews, kaum dass sie angekommen waren. »William war einer von denen, die unter der dunklen Zeit im November litten. Ich glaube, er fühlte, dass er einen Fehler begangen hatte. Er war weit von zu Hause weg, fühlte sich einsam und vermisste den Rest seiner Familie. Wir liefen Gefahr, ihn zu verlieren.« Gerüchte machten die Runde. Der Thronfolger habe seine Kurse in Kunstgeschichte satt, plane gar, die Universität wieder zu verlassen. Auch seine Rolle als künftiger König bedrückte den jungen Mann, der so sehr auf sein Leben abseits des royalen Rampenlichts bedacht war. Daheim in London liefen die Vorbereitungen für das goldene Thronjubiläum seiner Großmutter auf Hochtouren, und natürlich hatten die Höflinge im Palast dem Hoffnungsträger der Monarchie seinen Platz im Rahmen der Feierlichkeiten zugedacht. Für das Haus Windsor war das Thronjubiläum einer der wichtigsten Anlässe in der Ära nach Diana. Eine geheim gehaltene Umfrage des Meinungsforschungsinstituts MORI hatte ergeben, dass weniger als die Hälfte der Bevölkerung die königliche Familie als wichtig erachtete. Noch nicht einmal ein Viertel hielt sie für ernsthaft arbeitende Menschen, und nur einer von zehn Befragten glaubte, dass sie ihr Geld wert seien. Berater der Queen hofften nun, William könne mit seiner Fähigkeit, die Menschen für sich einzunehmen, diesen verheerenden Trend ins Gegenteil verkehren. An der Seite der Queen sei nur er imstande, die Emotionen der Nation wieder für die Monarchie zu gewinnen, vor allem bei den jüngeren Leuten. Doch der Prinz dachte gar nicht daran, sich vor diesen Karren spannen zu lassen. Ohnehin voller Selbstzweifel, was sein Studium betraf, hinterfragte William auch seine künftige Rolle.

Zuerst vertraute er sich seinem Vater Prinz Charles an. In einer dramatischen Aussprache teilte er ihm mit, dass er nicht daran denke, sich für die Feiern zum Thronjubiläum vereinnahmen zu lassen. Er weigerte sich, durchs ganze Land zu ziehen und die Menschen glauben zu machen, er werde einst die Geschicke der Monarchie zu neuen Höhen führen. Prinz Charles musste erkennen, dass sich sein Sohn in einer ernsthaften Sinnkrise befand. William Wales war drauf und dran, sich seines Erbes zu entledigen. Titel, Thronfolge, Privilegien, alles war ihm offenbar nur noch eine untragbare Bürde. Bereits in jungen Jahren schien er an dem Punkt angelangt zu sein, an dem seine Mutter Diana beschlossen hatte, mit dem höfischen Zeremoniell zu brechen und ihr eigenes Leben zu leben. Unfähig, sich den strikten Regeln des Hofes zu beugen, stürzte sie die Monarchie in die schwerste Krise des 20. Jahrhunderts. Und nun machte sich ihr Sohn offensichtlich daran, ihr Werk zu vollenden. Charles war alarmiert, wusste nur zu genau, was ein Rückzug seines Ältesten aus der königlichen Rolle nach sich ziehen würde. Eine schwere Verfassungskrise drohte, und es war an der Zeit, die Queen über die Eskapaden ihres Enkels zu informieren. Die sprichwörtlich gut unterrichteten Kreise im Palast berichte-

> *Es mag paradox klingen: Aber die Tatsache, dass die königliche Familie von so vielen Skandalen um Ehebruch und Scheidung heimgesucht wurde, hat die Leute nicht etwa abgeschreckt — im Gegenteil: Plötzlich erschienen die Royals in einem ähnlichen Licht wie so viele andere britische Familien: zerstritten, ein bisschen plemplem und bisweilen mit ihrem Schicksal hadernd. Das hat die Monarchie eher gefestigt als geschwächt!*
>
> Dennis Judd, Biograph der Windsors

ten in der Folge von lautstarken Auseinandersetzungen zwischen Charles und seinen Eltern. Die Queen vertrat die Ansicht, William müsse schärfer an die Kandare genommen werden. Für sie, die schon in jungen Jahren nach dem frühen Tod ihres Vaters die Pflichten einer Königin auf sich nehmen musste, war die Rebellion ihres Enkels ein Frevel. Doch Charles hielt den Druckwellen stand. Er kannte seinen Sohn, ahnte vielleicht, wie viel von Dianas impulsivem Temperament auch in ihm schlummerte. Zwang auszuüben schien ihm das größte aller Übel. So versuchte er zwar, William in vielen Diskussionen davon zu überzeugen, dass ihm sein künftiges Schicksal bereits in die Wiege gelegt worden war und es kein Entrinnen gab. Doch er sorgte auch für Williams Entlastung und gab bekannt, er selbst habe es abgelehnt, den Sohn zu sehr in die Feierlichkeiten zum Thronjubiläum einzubinden. Stattdessen solle er sich auf seine Studien in Saint Andrews konzentrieren. William Wales war noch einmal davongekommen. Bis zum Ende seines Studiums würde er sein »normales« Leben weiter genießen können.

Ein Mädchen namens Kate

In den folgenden Jahren entwickelte sich William vom scheuen Teenager zum selbstbewussten jungen Mann. Er lernte schnell, nur denen zu vertrauen, auf deren Diskretion er sich verlassen konnte. Viele seiner Freunde stammen aus besseren Kreisen, in denen es ein ungeschriebenes Protokoll gibt. Jeder weiß hier, wie er sich einem künftigen König gegenüber zu verhalten hat. »William hat einen sehr starken Charakter«, erklärt Ingrid Seward. »Er ist sein eigener Herr, viel mehr als sein Vater. Er hat eine starke humoristische Ader, die ihm hilft, alle möglichen schwierigen Situationen zu bestehen. Das ist wohl ein Erbe seiner Mutter und wahrscheinlich ein Segen. Er kann die lustige Seite der Dinge sehen, und wenn es ganz schlimm kommt, kann er darüber lachen, statt zu heulen. Menschen, die ihm nahe sind, versucht er zu schützen, er ist sehr loyal und genießt es, sich zu amüsieren.« Charmant, gebildet und reich, war der Thronfolger bald ein gern gesehener Partygast. Viele hübsche

> Ich habe einen Wandel bei William bemerkt, als er erwachsen wurde. Mit Anfang zwanzig fand er sich langsam in sein Schicksal ein, und heute scheint er damit sehr gut zurechtzukommen.
>
> Judy Wade, Journalistin

Mädchen machten sich Hoffnungen, doch William blieb vorsichtig. Zunächst ließ er es mit jugendlicher Schwärmerei bewenden, dabei bevorzugte er vor allem hübsche Blondinen.

> **Mir tut jede Frau leid, die sich in mich verliebt.**
> William

Pamela Anderson, Claudia Schiffer und Emma Bunton von den »Spice Girls« hatten es ihm angetan. Später traf er auch Mädchen seines Alters, aber eine ernsthafte Liaison war nicht dabei. Vielleicht machte es die große Auswahl an Verehrerinnen schwierig für ihn, vielleicht war er sich aber auch der Gefahren einer unglücklichen Liebe nur zu bewusst. Als künftiger Thronfolger wurde von ihm erwartet, eine Frau zu finden, die auch bereit und fähig war, sich in das komplizierte Leben am Hof einzufügen. William hatte am Beispiel seiner unglücklichen Mutter Diana erlebt, wie sehr der Ruhm und das Medieninteresse einen weniger gefestigten Charakter beschädigen können.

Während William alles daransetzte, sein Leben hinter den Kulissen zu führen, geriet sein jüngerer Bruder Harry immer häufiger in die Schlagzeilen. Und die waren meist nicht sehr schmeichelhaft. »Eines Tages fanden wir heraus, dass Harry sehr viel trank«, erinnert sich die Journalistin Judy Wade. »Da war eben keine erwachsene Person, die ihm Einhalt gebot, so wie es eine Mutter getan hätte. Ich bin sicher, wäre Diana noch am Leben gewesen, nie wäre Harry auf die Idee gekommen, in einer Naziuniform auf einer Party zu erscheinen.«

Für die britische Boulevardpresse war das Foto des jungen Prinzen mit der Hakenkreuzbinde am Arm ein gefundenes Fressen. Es war heimlich auf einem Kostümfest geschossen worden, von einem der Partygäste. In der Skandalchronik Harrys bildete es den vorläufigen Höhepunkt. Sein fragwürdiger Umgang mit Drogen hatte das Königshaus schon häufiger in Erklärungsnot gebracht, aber diese offensichtliche politische Geschmacklosigkeit löste einen Sturm der Empörung aus. Gemessen am Verhalten vieler Teenager in Großbritannien, war Prinz Harrys Benehmen allerdings keine Ausnahme, sondern eher die Regel. Seit vielen Jahren wird über das sogenannte »binge drink-

> **Er wirkt ein bisschen wie ein Sprengsatz mit Zeitzünder. Tief drinnen aber ist er ein netter Junge, den es jedes Mal sehr schmerzt, wenn er wieder Mist gebaut hat.**
> Penny Junor, Biographin von Prinz Charles

> **Es gab gewisse Schwierigkeiten. William und ich stehen nun mal im Rampenlicht. Wir versuchen, ein ganz normales Leben zu führen wie alle anderen auch. Aber das ist für uns nicht so einfach – leider.**
> Harry, 2004

279

ing« berichtet, eine Art Komabesäufnis, mit dem Jugendliche regelmäßig die Zeit totschlagen. Teenager sehen sich einem riesigen Druck durch ihresgleichen ausgesetzt, wenn es darum geht, Drogen zu konsumieren und besonders cool aufzutreten. Diesem Massenphänomen können sich offensichtlich auch die Sprösslinge besserer Kreise nicht entziehen. »William war da ähnlich schlimm wie Harry«, berichtet Judy Wade. »Aber er wurde von der britischen Presse geschützt. Das Problem war doch, dass da niemand war, der die beiden in die richtige Richtung lenkte. Die Queen wollte sich nicht einmischen, und Charles war ein viel zu nachsichtiger Vater. Er ist ein sehr sensibler Mensch, der eine schreckliche Kindheit hatte. Er ist furchtbar bemüht, freundlich und feinfühlig mit seinen eigenen Kindern umzugehen.« Nachdem bekannt wurde, dass Harry Drogen konsumierte, entschloss sich Charles allerdings, einzugreifen. Sein jüngster Sohn musste einen Besuch in einer Einrichtung für Drogenabhängige absolvieren, eine Schocktherapie, die ihre Wirkung nicht verfehlte. Dennoch blieb sein Image das eines vergnügungssüchtigen Raufbolds, während sein Bruder William niemals eine negative Schlagzeile provozierte. »Das hat etwas mit dem Spiel vom guten und vom schlechten Prinzen zu tun«, erklärt Williams Freund Tom Bradby die unterschiedlichen Rollen, welche die beiden jungen Windsors in den Augen der Öffentlichkeit verkörpern. »William ist nicht der absolut Gute und Harry nicht der absolut Schlechte. Aber so simpel wird das gesehen. Harry hat einige wirklich blödsinnige Dinge gemacht und sich schrecklichen Ärger eingehandelt, weil er manchmal so unbesonnen ist. In einer Naziuniform herumzulaufen, das ist wirklich dumm, und jemand in seiner Position sollte da klüger sein. Aber Harry weiß sich zu amüsieren, und William ebenso. Nur ist der viel vorsichtiger und hat niemals eine negative Schlagzeile riskiert. Harry dagegen ist jetzt als böser Bube gebrandmarkt. Der eine schwarz, der andere weiß, das verkauft sich eben besser.« Die rebellischen Prinzen waren nun mitten in den Flegeljahren angekommen.

Harry ist ein echter Charakter, ein bad boy.

Darryn Lyons, Chef der Paparazzi-Agentur »Big Pictures«

Im Frühjahr 2004 aber gab es erste Anzeichen, dass sich im Leben Williams etwas Außergewöhnliches ereignet haben musste. Er zeigte sich bester Laune und ganz entspannt beim Skiurlaub im schweizerischen Klosters. Selbstsicher wie nie zuvor beantwortete er alle

Fragen der sonst so ungeliebten Journalisten und war dabei sogar zu Scherzen aufgelegt. Einem der Wartenden rief er zu: »Ian, ich freue mich zu sehen, dass Sie noch denselben Skianzug tragen wie immer. Keine Veränderung. Sehr sparsam, das gefällt mir!« Darauf angesprochen, dass sein Bruder Harry nicht dabei sei, konterte er: »Er wäre natürlich gern hier. Ich bin ganz froh, dass er nicht da ist, weil ich ein bisschen besser aussehe!« Nur wenige Tage später verkündete die Boulevardzeitung *Sun* in riesengroßen Lettern auf ihrer Titelseite die Überraschung: »Wills gets a girl!« Fotos zeigten den Prinzen beim gemeinsamen Skifahren mit einer jungen Frau, was unter den Hofbeamten für großen Ärger sorgte. Offensichtlich hatte der arrangierte Fototermin mit Charles und William in Klosters die Medienmeute nicht befriedigt. Diesmal lag etwas Besonderes in der Luft, und tatsächlich war man dem Liebespaar auf die Spur gekommen.

»Who's that girl?«, wollten die britischen Boulevardblätter wissen, aber die Antwort fiel unbefriedigend kurz aus. Catherine Elizabeth Middleton, genannt »Kate«, war zu jener Zeit ein ziemlich unbeschriebenes Blatt. Ein bisschen älter ist sie als William, geboren am 9. Januar 1982. Ihre Eltern werden als bodenständige, sympathische Menschen beschrieben, die ihrer ältesten Tochter viel Nestwärme mit auf den Lebensweg gegeben haben. Sie stammen aus der Mittelschicht, und bis zu ihrer Studienzeit deutete nichts darauf hin, dass Kate einmal in höchsten Kreisen eine herausragende Rolle spielen würde. Ihre Mutter war Flugbegleiterin, ihr Vater Angestellter einer Airline, bis beide schließlich einen Versandhandel für Kinderpartyzubehör gründeten. Das spülte ein ansehnliches Vermögen in die Familienkasse, doch die Middletons blieben mit beiden Beinen auf dem Boden – auch dann noch, als ihre Tochter während des Studiums im schottischen Saint Andrews die Bekanntschaft des Prinzen William machte. Zunächst war es wohl nur eine lose Freundschaft, man fand sich sympathisch. Aber als sie in eine WG zogen, übrigens wieder ein Novum in der Geschichte der britischen Thronfolger, musste es ernst geworden sein zwischen den beiden. Als William in seinem ersten Jahr in Saint Andrews mit seinem Studienort haderte und in Erwägung zog, die Universität zu verlassen, war es Kate, die dem jungen Mann den Rücken stärkte. Robert Jobson, Buchautor und Ken-

> Als ich William auf den Pisten von Klosters fotografiert habe, habe ich gleich gemerkt, dass sich etwas an ihm verändert hat. Jetzt wissen wir auch, was: Er ist verliebt.
> Arthur Edwards, Fotograf der Königsfamilie, 2004

ner der jungen Royals, betrachtet die Beziehung zu der bürgerlichen Kate Middleton als großen Glücksfall für William. »Es war Kate, die William ins Gewissen redete. Sie überzeugte ihn, dass er einfach das Studienfach wechseln sollte. Sie war ihm zugetan und hörte zu, wenn er von seinen Kümmernissen erzählte. Ich glaube, das war der Moment, in dem die Beziehung erblüht ist.« Nach intensivem Nachdenken entschied sich William, in Saint Andrews zu bleiben und den Ratschlag Kates zu befolgen. Er wechselte von Kunstgeschichte zum Studium der Geographie, die Krise war ausgestanden. Aus einer engen Freundschaft entwickelte sich eine tiefe Beziehung zwischen William und Kate, geschützt im Verborgenen. Niemand ahnte, wie ernst es zwischen den beiden war. Erst eine öffentliche Modenschau heizte die Spekulationen über ein ernsthaftes Liebesverhältnis an. Kate Middleton hatte sich für Wohltätigkeitszwecke in einem atemberaubenden Outfit präsentiert, einem durchsichtigen Strickmini-Kleid, ein Bandeau-Top und ein knappes Höschen verhüllten das Nötigste. In der ersten Reihe am Rande des Laufstegs wurde Prinz William gesichtet, mit leicht geröteten Wangen verfolgte er den Auftritt seiner Freundin. Zweihundert britische Pfund (etwa dreihundert Euro) soll er damals für die Karte bezahlt haben. »Man muss schon sehr selbstsicher sein, um so einen Catwalk auf und ab laufen zu können«, beurteilte Robert Jobson damals Kates Auftritt. »Prinz William konnte sich glücklich schätzen, so eine ausgesprochen intelligente, schöne, lustige und bodenständige Freundin zu haben. Sie ist sehr patent, sieht immer gut aus und ist extrem verschwiegen. Das zusammengenommen gehört zu einer Person, die ihren eigenen Wert kennt. Öffentlich hat sie gesagt: ›Der Prinz kann sich glücklich schätzen, dass er mit mir ausgehen darf.‹ William sollte sich gut überlegen, sie bald zu heiraten, damit niemand anderer sie ihm wegschnappt.« Das Mädchen Kate, das eine öffentliche Schule besucht hatte, das Sport liebte und in Florenz Italienisch gelernt hatte, entwickelte sich in den Augen der britischen Öffentlichkeit zur perfekten Frau für den künftigen König von England. Immer häufiger machten Gerüchte über eine anstehende Verlobung die Runde, doch das Paar blieb für die Kameras unsichtbar. Am Ende war der Druck der Medien zu stark. Der Vierundzwanzigjährige hatte wegen seiner militärischen Verpflichtungen nur noch selten Zeit für seine Freundin. Kate fühlte sich vernachlässigt. Die Trennung war die logische Folge.

Nach allem, was man weiß, gibt es keine emotionale Beziehung, keine Nähe zwischen Prinz Charles und der Königin. Wenn wir das Ganze freudianisch sehen, dann verkörpert Camilla die Mutter, die Charles niemals hatte. Nach dem Klischee würde ja ein Mann mittleren Alters eher hinter einer jungen hübschen Sekretärin her sein.

Mary Riddell, Hofberichterstatterin

Es war Williams Vater Prinz Charles, der zuerst vor den Traualtar trat. Nach einem mehr als dreißig Jahre währenden Verhältnis und nach einer unvergleichlichen Imagekampagne, die dem britischen Volk Camilla Parker Bowles als Frau an der Seite des britischen Thronfolgers schmackhaft machen sollte, gaben sich Charles und seine Dauergeliebte das Jawort.

Schließlich hatte auch die Queen ihren Segen zur zweiten Ehe ihres Sohnes gegeben. Sollte er ihr auf den Thron folgen, so wäre dies leichter mit einer Ehefrau an seiner Seite, dessen war sich die Monarchin bewusst. William und Harry hatten die neue Frau ihres Vaters längst akzeptiert.

Charles habe eine sehr schwere Zeit durchgemacht, erklärte William in einem Interview, in dem er noch einmal seinen Wunsch bekräftigte, seine eigenen Entscheidungen treffen zu dürfen. »Ich habe die Freiheit und Unabhängigkeit meiner Studienzeit sehr genossen«, berichtete der Prinz. Er wolle sich zu keiner falschen Karriere zwingen lassen, betonte er. Es klang wie eine verborgene Botschaft an all jene, die hinter den Mauern des königlichen Palastes an der Zukunft des Prinzen feilten. Es gebe Versuche, ihn in eine bestimmte Richtung zu drängen, bekannte William offen. Aber er könne ganz schön hartnäckig sein, wenn er wolle.

Lobende Worte fand er für seine Großmutter, die Queen. Sie sei »brillant, ein großes Vorbild«. Nach dem Tod seiner Mutter sei er seinen Großeltern sehr nahe gekommen, erzählte der Prinz.

> Eine wunderbare Frau. Sie hat unseren Vater sehr, sehr glücklich gemacht. Dafür sind wir dankbar. Ich würde nicht sagen, dass mein Vater ein anderer Mensch geworden ist, aber er ist jetzt viel entspannter. Wir sind froh, dass es Camilla gibt.
> Harry, 2005

> Die Queen ist für mich nicht die Queen, sondern meine Großmutter. Sie ist für mich ein riesiges Vorbild. Sie symbolisiert in beeindruckender Weise die Monarchie. Sie musste mit sehr schweren Situationen fertig werden, und sie behielt alles voll im Griff.
> William

283

Mit ihnen, seinem Vater und seinem Bruder verstehe er sich prächtig. Es sind die Personen, die William am nächsten stehen und als Einzige wohl wissen, was es bedeutet, königlicher Abstammung zu sein. Noch immer haderte William mit seinem Schicksal als Königskind. »William ist Realist, er kennt die wirklich schlimmen Seiten seines Jobs«, bestätigt auch sein Freund Tom Bradby. »Er weiß, welche Unannehmlichkeiten damit verbunden sind. Da hilft es auch nicht, der begehrteste Junggeselle der Welt zu sein, wenn man weiß, welcher Schmerz mit all dem verbunden sein kann.«

Anleitung zum Königsein

Im Jahr 2005 schloss William sein Studium in Saint Andrews mit guten Noten ab. Wieder stellte sich die Frage, was die Nummer zwei der Thronfolge nun in Angriff nehmen werde. Am Beispiel seines Vaters Prinz Charles konnte William verfolgen, wie lange das Warten auf den Thron werden konnte. Da es für ihn keine »normale« Berufswahl gab, entschied er sich, wie sein Bruder Harry die traditionsreiche Militärakademie in Sandhurst zu besuchen. Hier, so hoffte er, könne er sich eine sinnvolle Position im Leben erarbeiten. Und noch einmal gelang es dem Prinzen, sich hinter den sicheren Mauern einer Institution zu verbergen, auch wenn er neben dem militärischen Drill nun immer häufiger repräsentative Aufgaben übernahm. Freunde wie Tom Bradby beobachteten, dass William einen Wandlungsprozess vom rebellischen Prinzen zum künftigen Thronerben vollzogen hatte. »Zunächst sah er nur die Schattenseiten, die Paparazzi; er sah, was mit seiner Mutter geschehen war, all die schrecklichen Aspekte des royalen Daseins, und es war nur konsequent, dass er dachte: ›O mein Gott, will ich das?‹ Ich bin mir sicher, dass er diesen Prozess durchlaufen hat und jetzt Licht am Ende des Tunnels sieht.« Mit den Jahren lernte William, seine Großmutter, die Queen, zu schätzen. »Sie ist berühmt und hat das jeden Tag in den vergangenen fünfzig Jahren gespürt«, erklärt Tom Bradby. »Winston Churchill war ihr erster Premierminister, und allein die Zeitspanne, in der man auf dem Gipfel des Ruhmes

Die Queen ist achtzig Jahre alt und bei bester Gesundheit, und es deutet alles darauf hin, dass sie hoffentlich so lange leben wird wie ihre Mutter. Wenn sie dann sterben sollte, wird William in seinen Vierzigern sein. Bis dahin hoffen wir, dass er glücklich verheiratet ist und ein glückliches Familienleben mit eigenen Kindern führt. Ich denke, wenn die Zeit vergeht und William in naher Zukunft heiratet, wird sich die Aufmerksamkeit verstärkt darauf richten, wie seine Familie aussehen wird. Dies ist schließlich die Zukunft der Windsors – und es gibt viele Zeichen dafür, dass es eine sehr strahlende Zukunft sein wird.

Patrick Jephson, ehemaliger Privatsekretär Dianas

ist, macht es zu einem außergewöhnlichen Leben. Wenn man nun alt genug ist zu verstehen, dass man ein Teil der Geschichte ist, dann sieht man das Aufregende daran. Und William ist nun an diesem Punkt angekommen.«

Die Erwartungen der Nation an einen König William sind hoch gesteckt. Sollte er seinem Vater Charles eines Tages auf den Thron folgen, wird ihm eine moderate Reform der konservativen britischen Monarchie zugetraut. Judy Wade sieht Williams Zukunft als Fortsetzung des Erbes seiner Mutter. »Wir alle hoffen, er wird ein König werden, wie ihn sich Diana wünschte.

Er hat inzwischen ihre Hilfsorganisation Centre Point übernommen, die sich um obdachlose junge Leute kümmert. William kann viel lernen von den anderen europäischen Royals. Sie haben sich mehr Gedanken darüber gemacht, was in ihren eigenen Ländern passiert. Die Königskinder sollten ein Leben führen wie ihre Untertanen auch. Ich glaube, William ist sich dessen sehr bewusst, und wenn er ein nettes Mädchen aus der Mittelschicht heiratet, das nicht zur Aristokratie gehört, kann er die Monarchie näher zum Volk bringen.« Die Zeiten des schüchternen Prinzen William, der seinen künftigen Untertanen mit gesenktem Haupt begegnete, sind endgültig vorüber. Stolz präsentierte er sich bei der Parade in Sandhurst, die seinen Grundwehrdienst abschloss. Die Queen war sichtbar erfreut über ihren Enkel, der nun sein

> **Ich würde gern Obdachlosen helfen. Meine Mutter hat mich vor langer Zeit an dieses Thema herangeführt. Das hat mir die Augen geöffnet. Und ich bin sehr froh, dass sie das getan hat.**
> William

Erbe endlich akzeptiert hatte. »Eines Tages wird er der Oberkommandierende unserer Streitkräfte sein«, meint Tom Bradby. »Das ist etwas, was außerhalb Großbritanniens nicht so richtig verstanden wird. Aber eine der Aufgaben des Monarchen ist es, die bewaffneten Streitkräfte anzuführen, und das ist eine ziemlich wichtige Rolle. Wenn es einen unpopulären Krieg gibt wie den im Irak, ist es sehr bedeutsam, dass die Soldaten aus ihren Schützengräben in den Kampf ziehen und dies für die Queen und ihr Land tun. Im Falle von William natürlich für den König und das Land. Sie machen das nicht für irgendeine Regierung, die gerade am Ruder ist. In der britischen Armee spielt das eine große Rolle, und jeder dienende Soldat wird Ihnen bestätigen, wie wichtig die Tatsache ist, dass der Monarch an der Spitze der Streitkräfte steht. Für William wäre es schwierig, diese Rolle auszufüllen, hätte er nicht selbst gedient.« Eine Entsendung in Kampfgebiete, beispielsweise in den Irak, wird William allerdings erspart bleiben, da ein Einsatz des Thronfolgers zu viele Risiken mit sich bringen würde. Von der Gefahr, Opfer einer Entführung zu werden, bis hin zum Tod, der dann die Nummer drei in der Thronfolge, Harry, zum künftigen König machen würde.

> Das Letzte, was ich tun würde, ist, zu Hause auf meinem Hintern zu sitzen, während meine Kameraden draußen für unser Land kämpfen.
>
> Harry

Denn allen markigen Sprüchen des »kleinen Bruders« zum Trotz entschied man sich im britischen Oberkommando letztlich dafür, Harry nicht in den Irak abzukommandieren. Williams nächste königliche Aufgabe wird es sein, eine passende Frau zu wählen, die die Rolle einer Prinzessin von Wales im 21. Jahrhundert ausfüllen kann, ohne daran zu zerbrechen. Das junge Paar wird dann dafür sorgen müssen, dass das Haus Windsor weiterlebt und neue Königskinder geboren werden.

Literatur

Allgemein

Bachstein, Andrea/Fromme, Claudia: Die neuen Royals – Wenn Liebe adelt. München 2005.

Bedürftig, Friedemann: Königs- und Fürstenhäuser Europas. Köln 2004.

Dünser, Margret: Königs- und Fürstenhäuser heute. Zürich 1980.

Menger, Horst/Worlitz, Jürgen: Die europäischen Königs- und Fürstenhäuser. Bindlach 2002.

Schubert, Ludwig/Seelmann-Eggebert, Rolf: Europas Königshäuser. Köln 1997.

Schubert, Ludwig/Seelmann-Eggebert, Rolf: Europas Königskinder. Köln 1999.

Zu Tulpen und Tango:
Willem-Alexander und Máxima von Holland

Herenius-Kamstra, Ans: Willem-Alexander, Prins van Oranje – Portret van een moderne troonopvolger. Ede/Antwerpen 1989.

Huijsen, Coos: Beatrix – De kroon op de republiek. Amsterdam 2005.

de Vries, Alex/Willems, Menzo: Máxima – Vijf Jaar Prinses der Nederlanden. Willem-Alexander – 40 Jaar Koning-in-Opleiding. Amsterdam 2007.

Zu Ein Mittsommermärchen:
Victoria von Schweden und ihr Daniel

Bah, Alice/Tarras-Wahlberg, Elisabeth: Victoria, Victoria. Stockholm 2002.

Lagerqvist, Lars O.: Sveriges Regenter från forntid till nutid. Stockholm 1997.

Loh, Norbert: Silvia von Schweden – Eine deutsche Königin. München 2003.

Magnergård Bjers, Christina/Rundquist, Ewa-Marie: Drottning Silvia. Stockholm 2001.

Zu Der Kronprinz und die Journalistin:
Felipe und Letizia von Spanien

Portero, Angela/García-Pelayo, Paloma: Tú serás mi reina – Letizia Ortiz, una periodista camino del trono. Madrid 2003.

Loh, Norbert: Felipe und Letizia – Die Krönung einer Liebe. München 2004.

Preston, Paul: Juan Carlos I – A People's King. London 2004.

Vilallonga, José Luis de: Juan Carlos – Die autorisierte Biographie. München 1993.

Zu Aschenputtel und der Prinz:
Mette-Marit und Håkon von Norwegen

Hansen, Frode/Fossum, Tommy: Mette-Marit – I gode og onde dager. Horten 2005.

Hegge, Per Egil: Harald V – En Biografi. Oslo 2006.

Melnæs, Håvard: Mette-Marit – Die neue Königin der Herzen. Berlin 2002.

Melnæs, Håvard: En helt vanlig dag på jobben – Se og Hør fra innsiden. Oslo 2007.

Zu Der Schatz des Wikingers:
Frederik und Mary von Dänemark

Palshøj, Karin/Redder, Gitte: Mary Crown Princess of Denmark. Crows Nest/Australien 2005.

Wolden-Ræthinge, Anne: Beruf: Königin – Margrethe II., Königin von Dänemark. München 1994.

Wolden-Ræthinge, Anne: En Familie og dens dronning. Kopenhagen 1996.

Wolden-Ræthinge, Anne: Kronprinsesse Mary fortæller til Anne Wolden-Ræthinge. Viborg 2005.

Wolden-Ræthinge, Anne: Rejse i Livet – Kronprins Frederik fortæller til Anne Wolden-Ræthinge. Kopenhagen 2002.

Zu Prinz und Rebell:
William von England

Davies, Nicholas: William – The Man Who Will Be King. London 1998.

Davies, Nicholas: William – The Rebel Prince. London 2001.

Graham, Tim/Archer, Peter: William – HRH Prince William of Wales. London 2003.

Hoey, Brian: Prince William. Stroud 2003.

Jobson, Robert: William's Princess – The Love Story that Will Change the Royal Family Forever. London 2006.

Junor, Penny: The Firm – The Troubled Life of the House of Windsor. London 2005.

Seward, Ingrid: William & Harry – The Biography of the Two Princes. London 2003.

Wharfe, Ken: Diana – Closely Guarded Secret. London 2002.

Personenregister

Bildnachweis

Die Macht der Erinnerung

Patrick Estrade

**Wir sind,
was wir erinnern**

*Wie Kindheitserinnerungen
unsere Persönlichkeit
bestimmen*

15459

»Patrick Estrade lässt uns in den Spiegel schauen
und unsere eigenen Geheimnisse entdecken.
Faszinierend!«
Votre Beauté

Mehr Information unter www.goldmann-verlag.de

Guido Knopp

15470

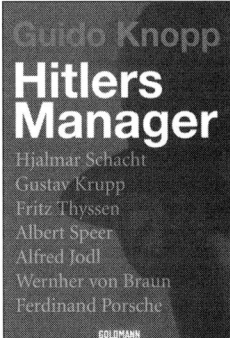

15423

15352

15372

Mehr Information unter www.goldmann-verlag.de